データ分析のための経済数学入門

初歩から一歩ずつ

Tadanobu Tanno
丹野忠晋

日本評論社

はじめに

・・

　この本は，データ分析のための基礎的な数学や，経済分析のための数学を学ぶ教科書です．IT技術の発展により大量のデータを機械学習や経済学で分析し，その結果を政策やビジネスに反映することが可能になりました．本書の目的は，このような急速に発展する分野で，文系大学生がデータ分析に必須の基礎数学を修得することです．特に，データ分析ではベクトルや行列の知識が不可欠です．しかし，私の知る限り，データ分析に焦点をあててこの分野の数学の基礎を学べるテキストはほとんど存在しません．本書は，この重要な空白を埋めることを目指しています．

　例えば，経済学部の学生が微分を用いた最適化手法を学んだ後，データ分析を学ぶための基礎数学をスムーズに修得できるよう本書は設計されています．最近，大学では「データサイエンス学部」など，データ分析を学ぶ学部・学科が相次いで設立されています．本書は，そうした学部の学生が初歩的な内容の数学を学ぶ際に役立つ1冊です．また，そのような学部で教える教員にとっても，専門のデータ分析や計量経済学，機械学習を教えるうえで必要不可欠な基礎数学の教科書となることを目指しています．

　私の前著『経済数学入門──初歩から一歩ずつ』は，基本的な関数や微分を用いた初等レベルの最適化手法が学べる教科書として，好評を博しております．本書は，その『経済数学入門』を読んだ後，さらにベクトルや行列，多変数最適化，最小2乗法を学びたい読者にとって，次のステップとなるテキストとして位置付けています．しかし，『経済数学入門』を読んでいない人にとっても，独立してデータ分析のための基礎数学を学べるよう工夫を凝らしています．

　『経済数学入門』は，従来の経済数学や数学の教科書に囚われることなく，学習者に分かりやすい章立てや説明を心掛けました．高校レベルの基本的な事項を丁寧に解説して，できる限り図や数値例を用いて直観的な理解を促すため，様々な工夫を施しました．本書でもその精神を引き継ぎ，データ分析のための数学を学んでいきます．データ分析で主に使用される数学やその学び方に関しては，まだ確固としたコンセンサスが得られていない状況です．しかし，できるだけ従来から学ばれてきた数学の基礎をしっかりと修得できるよう配慮しています．

　ベクトル・行列はデータ分析にとって必須でありながら，高校の学習指導要領の改編により，学習の機会が限られています．2022年度から実施の学習指導要領 (平成30年告示) では，ベクトルが「数学C」に移動して（前の学習指導要領では「数学B」），多くの文系学生はベクトルを学ばずに大学に入ります．行列は「数学C」で学ぶことになっていますが，その前の指導要領では「数学活用」で扱われていました．

　高校のカリキュラムに関係なく，データ分析や経済分析の基礎を固める必要があります．そのため，基礎的な関数や1変数の微分を学んだら，早い段階でベクトルや行列に慣れて平面や空間の図形に親しむことが，大学高学年のデータ分析や経済学の勉強にとって重要だと考えています．経済学を長年教えてきて，多変数のトピックスになると学生の理解が著しく落ちることを見てきています．2変数関数で関数値を含めて3次元で数学対象をイメージすることは，データ分析や経済学の理解に大変役立ちます．

一方で，確率・統計分野は「数学 I」「数学 A」「数学 B」で取り上げられ，高校の段階で広範囲に推定や検定の基礎を学んでいます．標準的な文系の大学のデータ分析では，データをエクセルシートの配列にして各種の操作を行ない，最小 2 乗法などでモデルのパラメータを推定します．このような分析を行なううえで，データを格納する行列や，その推定手法の背後にある数学的な構造に親しむことは大変重要です．

本書の第 1 の目標は，ベクトルと行列の計算を通じて最小 2 乗法を深く理解することです．この手法によるパラメータ推定が，本質的に最適化問題であることを強調しています．経済学を学んだ人にとって，最適化は馴染み深い概念でしょう．また，機械学習を学び始める人でも，最初に最小 2 乗法に触れることが多いはずです．この手法を徹底的に理解することで，ニューラルネットワークやサポートベクターマシンなど，より複雑な機械学習アルゴリズムの理解も容易になります．つまり，本書は最小 2 乗法のマスターを通じて，ベクトルと行列の特徴，計算方法，そして有用性を学び，その操作に習熟することを目指しています．

第 2 の目標は，2 変数関数やベクトル値関数の微分を分かりやすく解説することです．ベクトルや行列を用いて，これらの概念をより明確に表現します．初学者向けの入門書として，過度な一般化は避け，具体例や図を多用しながら解説を進めます．2 変数関数の分析で得られる直観を活かしつつ，n 変数の場合では 2 次形式を中心に学びます．さらに，多変数最適化問題の 2 階の条件や制約付き最適化問題を，行列で簡潔に記述する方法を学びます．制約付き最適化問題では，ラグランジュ乗数法を用いて問題を表現する手法を習得します．これにより，制約のない最適化と同様のアプローチが適用できることを理解し，最適化の体系的な解法を身に付けることができます．

標準的な数学の教科書では，1 変数の微分の後に積分や級数の理論が続き，多変数の微分にたどり着くまでに時間がかかります．しかし，経済学や機械学習で用いられる最適化手法を学ぶうえで，多変数の微分は特に重要です．そのため，比較的早い段階で多変数の微分に触れると，この分野での学習を容易にします．積分も重要ではありますが，確率や期待値の学習で学ぶとよいと考えております．

第 3 の目標は，上記の 2 つの目標を通じて，最適化手法を「微分してゼロ」という解析的な側面と，「直交性」という幾何学的な側面の両面から理解することです．通常，微分積分学と線形代数学は別々に学びます．ベクトルや行列を用いることで，微分に関連する概念をより便利に表現できます．さらに，両者のあいだに深い関連性があることを実感できれば，数学的な洞察力が大いに深まるでしょう．

本書および前著は，経済学の大学院入学前の準備として，経済数学の基礎を確実に固めるのに適しています．特に，社会人の方々にとっても，自習書として最適です．実際，同志社大学商学部の内藤徹先生のように，大学院進学の条件として前著で勉強することを求める先生もいらっしゃいます．

*　　*　　*

本書の学び方を紹介します．第 1 章は連立 1 次方程式を復習しつつ，推定の問題や最適化の導入を行ないます．最小 2 乗法の基本的なアイデアも提示します．授業で本書を使用する場合は，初回に基礎概念の復習と，何を修得するかを紹介するとよいでしょう．第 2 章はベクトルについて，矢線ベクトルを中心に学びます．類書と違ってベクトルの公理を提示しています．この後の第 3, 4, 5 章で，ベクトルの学びが 2 次，3 次，n 次と続きます．その都度前に戻って確認するとよいでしょう．また，不慣れな初学者は少しずつ勉強していくとよいでしょう．ある程度勉強をしている人やそのような学生を対象としている教員は，適宜省略していくとよいと思われます．そのなかでも内積，正射影ベクトル，1 次従属と 1 次独立はしっかりと学んでほしいと思います．

第 6 章はいよいよ行列の導入です．ここでは計算を中心に学びます．基本的には 2×2 行列を中心に学びます．計算に慣れたら，第 7 章では線形写像としての行列についてと，連立 1 次方程式への応用を学びます．時間がなければ連立 1 次方程式の理論を中心に学ぶとよいでしょう．

第 8 章では 2 変数の微分に入ります．極大・極小の学びは必須です．第 9 章のベクトル値関数の微分は，等高線と勾配ベクトルが直交する部分だけでも理解するとよいと思われます．第 10 章では条件付き最適化について，ラグランジュ乗数法を紹介します．是非とも点と直線の距離の公式をラグランジュ乗数法で解いて，ベクトルで学んだ公式が導出できることを確認してほしいと思います．

第 11 章の 2 階微分は，混合 2 階偏導関数の対称性を中心にして学んでもよいでしょう．第 12 章の 2 次形式の目標は，2 次式に限定した n 変数関数の微分をマスターすることです．最適化の 2 階の条件や，最小 2 乗法の推定量の導出をしっかり学ぶ場合は必須です．第 13 章の 2 階の条件では，1 変数関数との類似や行列の使い方を学んでほしいと思います．第 14 章は本書のクライマックスです．第 1 章の例を再び用いて多変数の微分を行ない，ベクトル・行列を操作して最小 2 乗推定量を導出します．練習問題は期末試験やレポートにも向いているでしょう．

この本を読了してデータ分析のための数学に興味をもったら，各々の分野の教科書や専門書を紐解くとよいでしょう．その際に，本書で学んだ様々な解説が，より精緻に展開されていることに気付くはずです．

* * *

本書の完成には多くの方々の助力がありました．まずは日本評論社の吉田素規氏と道中真紀氏には，執筆が滞りがちな私を励ましていただきました．日本大学経済学部の多鹿智哉先生には，初期の原稿に様々なアドバイスをいただきました．拓殖大学政経学部の講義やゼミナールで使用した際には，多くの学生からフィードバックがありました．須山郁夫氏には LaTeX のタイプを，千葉大学大学院融合理工学府の梅原舜氏には LaTeX で美しい図を描いていただきました．丹野研究室の本荘浩子氏には，いつも原稿の整理でお世話になりました．すべての方々に感謝いたします．

最後に，怠けがちな筆者をいつも笑顔で励ましてくれた家族——妻・佳花と，自宅のパソコンに興味津々な息子・日向豪——に深く感謝いたします．

令和 7 年 3 月

丹野 忠晋

目　次

1 鶴亀算と推測

小学校のときに誰でも解いたことがある鶴亀算について，その背後にある構造を考えてみましょう．また，データから何かを推し量ること表現してみましょう．

1.1 連立1次方程式の構造

鶴亀算
→『経済数学入門』
p.87

皆さんも1回は解いたことがあるでしょう，昔懐かしい鶴亀算を解いてみましょう．

A 鶴亀算

例 1 鶴と亀が合わせて 20 匹います．足の数は合計 52 本です．鶴と亀はそれぞれ何匹いるでしょうか．

解答 1 鶴が x 匹 (羽) いて，亀は y 匹いるとします．題意より

$$x + y = 20 \tag{1}$$

となります．鶴は 2 本足であり，亀は 4 本足なので，

$$2x + 4y = 52 \tag{2}$$

となります．

この連立方程式を解きます．(2) から (1) の 2 倍を引きます．(2)−2×(1) の以下の計算により， x が消去できます．

方程式は未知数を表す文字を含む等式です．
→『経済数学入門』
p.26

$$\begin{array}{rr} & 2x + 4y = 52 \\ -) & 2x + 2y = 40 \\ \hline & 2y = 12 \end{array}$$

これから $y = 6$ を得ます．これを (1) に代入して $x = 20 - 6 = 14$ を得ます．よって，鶴は 14 匹で亀は 6 匹います．

用語をチェックしておきましょう．(1) と (2) のような複数の方程式の組を**連立方程式** (system of equations) といいます．**変数** x と y のように各変数の次数は 1 次であるため，これらを**連立 1 次方程式**といいます．さらに，変数が 2 個あるので **2 元連立 1 次方程式**と呼びます．また，**線形方程式系**とも呼ばれることがあります．連立方程式を満たす変数の組を連立方程式の**解**といいます．例 1 では変数の組 $(x, y) = (14, 6)$ が方程式の解です．連立方程式の解を求めることを連立方程式を**解く**といいます．

B 鶴亀算の図解

前項で計算して解いた方法の他に，鶴亀算を図形的に解くことも可能です．例 1 の (1)，(2) は x と y を変数とする 1 次式です．よって，xy 平面上の直線として表すことができます．この 2 式を変形して直線 ℓ，m の方程式としましょう．

$$\ell:\ y = -x + 20, \qquad m:\ y = -\frac{1}{2}x + 13$$

この 2 直線が図 1 に描かれています．

図 1　鶴亀算の方程式の図形

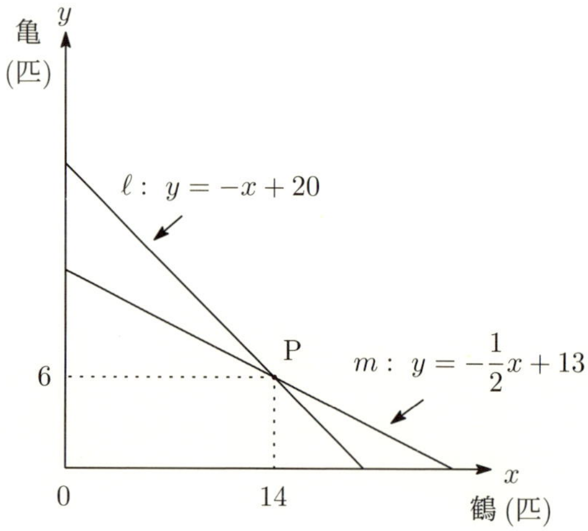

2 直線の交点 P の座標 $(x, y) = (14, 6)$ は，例 1 の答えである鶴が 14 匹と亀が 6 匹に一致しています．つまり，連立方程式の解は，各方程式の図形の交点として表すことができるのです．

C 同次連立 1 次方程式

鶴亀算の解法とこれから学ぶ数学を紹介する前に，鶴亀算よりさらに簡単な方程式を考えましょう．明らかに以下の方程式の解は $x = 0$ しかありません．

$$2x = 0$$

しかし，連立方程式になると状況は異なります．連立方程式 (3) と (4) を比較します．

$$\begin{cases} x + y = 0 \\ 2x + 3y = 0 \end{cases} \tag{3}$$

$$\begin{cases} x + 2y = 0 \\ 2x + 4y = 0 \end{cases} \tag{4}$$

右辺がすべて 0 であり定数項がない (3) や (4) は，**同次連立 1 次方程式**と呼ばれます．

両方の連立方程式に共通の解 $x = y = 0$ があります．このような明白な解を**自明な解**といいます．(3) には自明な解しかありません．

しかし，(4) には他の解もあります．それは，任意の実数 t に対して $(x, y) = (t, -t/2)$ も解になります．このような直ぐには分からない解を**非自明な解**といいます．

この連立方程式の解を図 2 を用いて図解しましょう．(3) の直線は原点で交わっています．一方，(4) は 2 直線が重なっています．

図 2　同次連立 1 次方程式の解

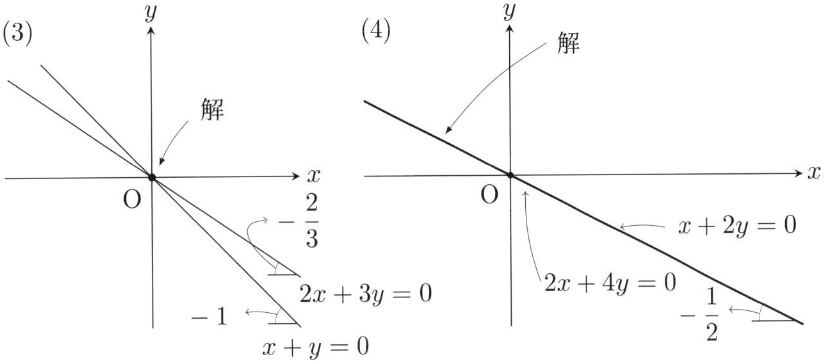

これからベクトルや行列を学ぶことにより，同次連立 1 次方程式に非自明な解があるための条件を学ぶでしょう．さらに同次ではない連立 1 次方程式の解の表現にも，それが役立つことを知ることになります．

D　鶴亀算の構造

以上のように計算で解く方法と図形的に解く方法がありますが，結局鶴亀算は，左辺の変数の係数と右辺の数に対して四則演算を何回か施して解くのです．このような連立 1 次方程式を解く公式を本書では学びます．

ここで 1 変数の 1 次方程式を復習しましょう．ある数 a と b に対して，変数 x の 1 次方程式を考えます．

$$ax = b \tag{5}$$

1 次方程式
→『経済数学入門』
p.27

1 変数 1 次方程式の解

1 変数 1 次方程式 $ax = b$ は，$a \neq 0$ のとき次のただ 1 つの解をもつ．

$$x = a^{-1}b \qquad (a \neq 0) \tag{6}$$

この解 $a^{-1}b$ は a の**逆数**を用いた表現ですが，これは $\dfrac{b}{a}$ を意味します．逆数を用いて丁寧に解きましょう．条件 $a \neq 0$ より逆数 a^{-1} が存在します．

逆数
→『経済数学入門』
p.9, 57

$$ax = b \;\to\; a^{-1}(ax) = a^{-1}b \;\to\; (a^{-1}a)x = a^{-1}b$$
$$\to\; 1x = a^{-1}b \;\to\; x = a^{-1}b$$

連立方程式でもこのような操作ができることをこれから学びます．そのためには少々の工夫が必要です．その工夫をベクトルや行列という言葉を用いて理解していきます．

1 次方程式の解
→『経済数学入門』
p.28

鶴亀算に戻りましょう．(1)，(2) から 1 を省略せずに書きます．

$$\begin{cases} 1x + 1y = 20 \\ 2x + 4y = 52 \end{cases} \tag{7}$$

このままでは公式 $x = a^{-1}b$ が使えないので，左辺にある数 1，1，2，4 と右辺にある数 20，52 をまとめてみましょう．

$$\begin{pmatrix} 1 & 1 \\ 2 & 4 \end{pmatrix}, \qquad \begin{pmatrix} 20 \\ 52 \end{pmatrix}$$

後で詳しく学びますが，4 つの数がカッコに入っているものを**行列**といいます．1 が 2 つありますが，最初の 1 は x の係数，もう 1 つは y の係数です．2 つの数がカッコに入っているものを**ベクトル**といいます．変数の方もまとめてみましょう．

$$\begin{pmatrix} x \\ y \end{pmatrix}$$

これも後で詳しく学びますが，そうすると連立方程式 (7) は次のように書き換えられます．

$$\begin{pmatrix} 1 & 1 \\ 2 & 4 \end{pmatrix}\begin{pmatrix} x \\ y \end{pmatrix} = \begin{pmatrix} 20 \\ 52 \end{pmatrix} \tag{8}$$

ここで (5) の 1 変数の方程式 $ax = b$ との比較では，$\begin{pmatrix} 1 & 1 \\ 2 & 4 \end{pmatrix}$ が a であ

り，$\begin{pmatrix} x \\ y \end{pmatrix}$ が x で，$\begin{pmatrix} 20 \\ 52 \end{pmatrix}$ が b の部分になります．そして，逆数 a^{-1} の対応物が定義できれば，連立方程式を解くことができます．それを下のような表現にしましょう．

$$\begin{pmatrix} 1 & 1 \\ 2 & 4 \end{pmatrix}^{-1}$$

そうすると連立 1 次方程式の解が求まります．

$$\begin{pmatrix} x \\ y \end{pmatrix} = \begin{pmatrix} 1 & 1 \\ 2 & 4 \end{pmatrix}^{-1} \begin{pmatrix} 20 \\ 52 \end{pmatrix}$$

これらの計算はまだ学んでいませんが，答えはもちろん前に解いたものになります．

$$\begin{pmatrix} x \\ y \end{pmatrix} = \begin{pmatrix} 14 \\ 6 \end{pmatrix}$$

少し先走りすぎましたが，ベクトルや行列をマスターすることは，このような連立 1 次方程式をシステマティックに解くことができるようになることなのです．

問い 1　鶴と亀が合わせて 10 匹，その足の数は合わせて 28 本あります．鶴と亀のそれぞれの数を求めてください．

答え 1　鶴の数を x，亀の数を y とします．連立方程式 $x + y = 10$ と $2x + 4y = 28$ を立てることができます．第 2 番目の式から第 1 番目の式を 2 倍して引くと，$2y = 8$ を得ます．よって，$y = 4$ になります．第 1 番目の式から $x + 4 = 10$ となり，$x = 6$ を得ます．よって，鶴は 6，亀は 4 となります．

E　解の不能の構造

1 次方程式の解なし
→『経済数学入門』
p.9, 26

1 次方程式の解の公式 (6) には条件 $a \neq 0$ があります． この a が 0 のケースを考察しましょう．このとき，もし $b \neq 0$ である，例えば $b = 1$ ならば，方程式 (5) は

$$0 \times x = 1 \tag{9}$$

となります．明らかに上記を満たす x はありません．これは**解なし** (no solution) のケースです．これは**不能**とも呼ばれます．

この状況は鶴亀算で再現するとどうなるでしょうか？　それは次のような連立 1 次方程式を考えることです．

$$
\begin{cases}
1x + 1y = 20 \\
2x + 2y = 52
\end{cases}
\tag{10}
$$

つまり，鶴も亀も 2 本しか足がない！　これを第 B 項で学んだ図解の方法で示すと，図 3 のように描くことができます．

鶴亀算の図解
→ p.2

図 3　解なし

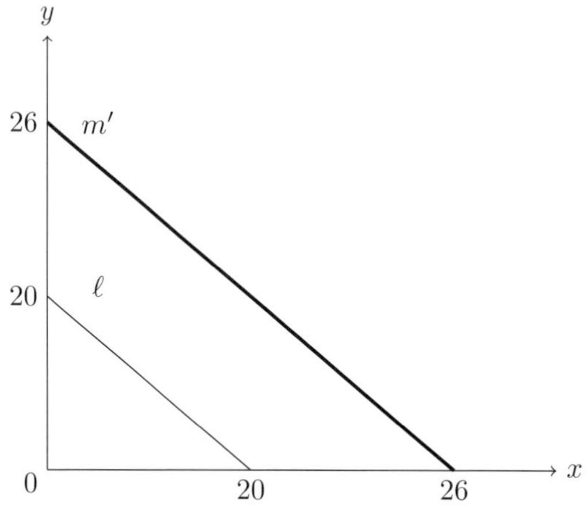

このように図 1 の直線 ℓ は不変のまま，足の数を表す直線 m が変わり図 3 の太線 m' になりました．このとき，2 直線は交わらないので解は存在しません．この 2 直線は**平行**になっています．

連立方程式 (10) にある係数を先ほど示したような行列で表示すると

$$
\begin{pmatrix} 1 & 1 \\ 2 & 2 \end{pmatrix}
\tag{11}
$$

になります．この行列の性質を探ると，「平行」という意味が出てくることを後から学ぶでしょう．つまり，行列とはただ連立 1 次方程式に現れる係数をまとめたものではなく，図形的な意味をもち合わせていることが後から明らかになります．

連立方程式 (10) の係数の行列は (11) ですが，1 変数の条件 $b \neq 0$ に対応する条件を考えるには，右辺の値との関係が必要です．(10) 式の右辺にある数 20, 52 を縦に並べて (11) の左隣に置きましょう．

$$
\begin{pmatrix} 1 & 1 & 20 \\ 2 & 2 & 52 \end{pmatrix}
\tag{12}
$$

この行列 (12) を眺めると，解が存在しないことを見つけることができるようになるでしょう．

F　解不定の構造

前項では係数がゼロのケース $(a=0)$ で $b \neq 0$ の場合の検討を行ないました．次は，最後に残された $a=0$ で $b=0$ のケースです．次の方程式

$$0 \times x = 0 \tag{13}$$

を解いてみましょう．この方程式は解が複数あります．すべての実数 x が (13) を満たします．この方程式には解が無限に多くあります．この場合，解は**不定** (indeterminate) といいます．

1 次方程式の解不定
→『経済数学入門』
p.27

この不定の場合を，(10) を少し書き換えて表現してみましょう．

$$\begin{cases} 1x + 1y = 20 \\ 2x + 2y = 40 \end{cases} \tag{14}$$

鶴と亀の足の数の合計が 40 になりました．この場合，ある実数 t に対して $x = t$ と $y = 20 - t$ を満たす (x, y) がこの連立方程式の解になります．

図 1 や図 3 と同様に，解の構造を図形的に表現したものが図 4 になります．

図 4　解の不定

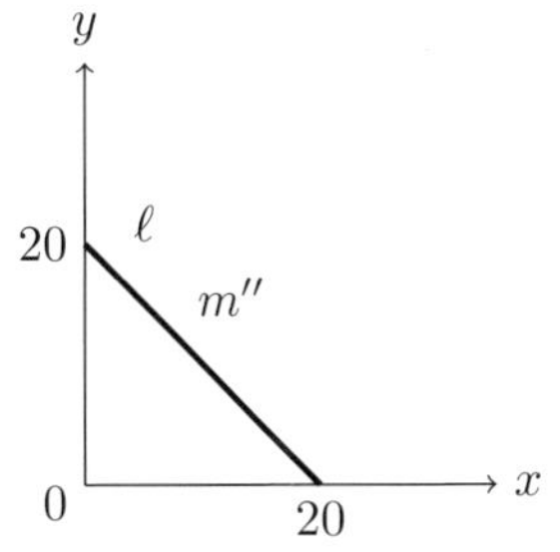

今度は直線 m' が m'' に移動して直線 ℓ に重なってしまいました．よって，直線の方程式 $x + y = 20$ を満たす組 (x, y) すべてが解となり，1 つに定まりません．

連立方程式 (14) の係数の行列は (11) と同じです．解なしのケースの行列 (12) で行なったように，(14) の右辺にある数 20, 40 を縦に並べて行列 (11) の右隣に置きましょう．

$$\begin{pmatrix} 1 & 1 & 20 \\ 2 & 2 & 40 \end{pmatrix} \tag{15}$$

この数値の並びを考察すると，解が無限にあることを見つけることができることが分かるでしょう．

この 2 つの行列 (15) と (12) の違いが，不定と解なしの違いを決めることを学びます．そして，その解の構造の背後にある図形的な意味を図 3

や図 4 からくみ取ることも可能となるでしょう．

これで (6), (9), (13) より，1 次方程式の解の公式が完全に求まりました．

1 変数 1 次方程式の解 (完全版)

変数 x とある定数 a, b の **1 変数 1 次方程式** $ax = b$ の解は次の通りである．

$$\begin{cases} x = a^{-1}b & (a \neq 0) \\ \text{解なし} & (a = 0 \text{ かつ } b \neq 0) \\ \text{全ての実数} & (a = 0 \text{ かつ } b = 0) \end{cases}$$

1.2 推定と誤差

正確には分からない対象の量を推し量る推定の考え方を学びます．パンケーキミックスを作る機械を例に，その製品の重さを測って推定します．

A パンケーキミックス

複数回にわたってパンケーキミックスの重さを測定して，機械が作り出す真の重さを推定する方法を学びましょう．機械の微妙な動作のずれや，袋から取り出すときにこぼれる可能性などが考えられます．様々な影響要因がありますが，この機械が正常に働いたとき，パンケーキミックスの重さは何グラムと推測するのが妥当でしょうか？

例 2 新しいパンケーキミックスを開発してその量産化に成功しました．試作品のパッケージの重さを測り，設計通りになっているか確かめます．2 つの袋を作成すると，それぞれ袋 1 と袋 2 の重さは以下のようになりました．

$$x_1 = 98 \text{ (グラム)}, \qquad x_2 = 102 \text{ (グラム)}$$

設計では 1 袋あたり 100g を目標としていました．これらのデータから設計通りに作られたと推定することが妥当といえるでしょうか？

解答 2 単純に考えて，2 つの測定値の真ん中であると考えるのが普通でしょう．

$$\frac{x_1 + x_2}{2} = \frac{98 + 102}{2} = \frac{200}{2} = 100 \tag{16}$$

これから**真の値** (true value) を**推定** (estimation) する手法を学びます．真の値を推し量る値を**推定値** (estimate) といいます．例 2 の推定値を $\hat{x}$ と置きます．

$$\hat{x} = 100 \tag{17}$$

この記号 ^ はハットといい，$\hat{x}$ はエックスハットです．それが真の値のもっともらしい推定だといえるには，どんな根拠が必要でしょうか？

いま測った各袋の重さ x_1, x_2 を**測定値** (measured value), **観測値** (observed value), あるいは**標本** (sample) といいます．実際には私たちは測定値しか観察できません．測定値に何らかの操作を施して，真の値を推定する推定値を求めます．

ここで神様が現れて，私たちには決して知ることのできない真の値を教えてくれたとしましょう．真の値に**誤差**が加わったものが測定値になります．

$$\text{測定値} = \text{真の値} + \text{誤差}$$

ここで注意してほしいのは，誤差も私たちには分からないことです．もし誤差が分かれば，測定値からそれを差し引いて真の値が分かりますからね．

$$\text{真の値} = \text{測定値} - \text{誤差}$$

この真の値とともに分からない誤差は，測定値から真の値を差し引いた値です．

$$\text{誤差} = \text{測定値} - \text{真の値}$$

私たちには測定した袋 1 と袋 2 の重さがあります．それを用いて真の値に近いと考えられる推定値を求めます．上の式の真の値を推定値で置き換えた

$$\text{測定値} - \text{推定値}$$

を最小にすることが，観察することのできない誤差を小さくすることに他なりません．この値を**残差** (residual) と呼びましょう．

$$\text{残差} = \text{測定値} - \text{推定値}$$

残差は誤差と違い観察されたデータから計算して導くことができます．ここでは単純化して説明しましたが，実際の測定値は複数あります．よって，測定値に対する各々の残差を考えることができます．これらの残差から計算できる「残差の全般」を表す値を最小にする推定値を求めることが，パンケーキミックスの真の重さを推定するものだと考えられます．

このもっともらしいとみなせる推定値は 最小化によってもたらされるので，経済分析で使用される最適化の考え方が入ってきます．最適化問題の復習をしましょう．

最大値・最小値
→『経済数学入門』
p.47

最適化問題

目的関数 $f : X \to \mathbb{R}$ $(X \subset \mathbb{R})$ の値 $f(x)$ を最大 (最小) にする変数 x を選ぶ問題を，最大 (最小) 化問題という．この問題を記号を用いて以下のように表す．

$$\max_{x \in X} f(x), \qquad \min_{x \in X} f(x) \tag{18}$$

最大化問題や最小化問題を**最適化問題**と総称する．**最大値**や**最小値**をそれぞれ $\max f(x)$, $\min f(x)$ で表す．また，$f(x)$ を最大・最小にする x，つまり**最大点**，あるいは**最小点**をそれぞれ $\operatorname{argmax} f$, $\operatorname{argmin} f$ とする．

$$x^* = \operatorname*{argmax}_{x \in X} f(x), \qquad \hat{x} = \operatorname*{argmin}_{x \in X} f(x)$$

関数
→『経済数学入門』
p.34

最大値はただ 1 つ
→『経済数学入門』
p.47

この max は最大を表す英語 maximum から， min は最小を表す英語 minimum から来ています．最大値や最小値は**最適値**，また最大点や最小点は**最適点**ともいいます．最適値は存在するとは限りませんが，存在すればただ 1 つです．

また，最適点は複数存在することがあります．そのときは，例えば $\operatorname{argmax} f(x)$ は最大点からなる集合を意味します．

推定値を求める具体的な方法は，**袋 1 と袋 2 の残差の 2 乗の和**を最小にする方法です．なぜ 2 乗の和なのかを，先の真ん中を推定値とした (16) を用いて検討してみましょう．この測定値と推定値の差は

$$x_1 - \hat{x} = 98 - 100 = -2, \qquad x_2 - \hat{x} = 102 - 100 = 2$$

誤差 = 測定値 − 真の値
残差 = 測定値 − 推定値

となります．この -2 と 2 はそれぞれの袋の残差です．前に述べた通り，残差と誤差は紛らわしいので注意してください．

推定値として，この**残差の和**を最小にする値はもっともらしいでしょうか？　この残差を単純に加えると $(-2) + 2 = 0$ と残差の和がゼロになります．実際には残差が存在するのに，あたかもそれがない状況です．測定値が推定値よりも小さくても大きくても離れていることには変わりはありません．ですから，正負の値を含む残差の総計を最小にする方法は，真の値のもっともらしい値としてはふさわしくありません．

×残差の和

では負の値を正にする絶対値を用いるのはどうでしょうか？　**残差の絶対値の和**を最小にする方法です．念のため絶対値の復習をします．

絶対値

ある数 x の**絶対値** $|x|$ とは，その数の原点からの距離を意味する．

$$|x| = \begin{cases} x & (x \geq 0) \\ -x & (x < 0) \end{cases} \tag{19}$$

絶対値を計算するには，値の符号を確認してマイナスならばその数に -1 を掛ける必要があります．その確認は面倒です．測定値と推定値の差の絶対値の和は

$$|x_1 - \hat{x}| + |x_2 - \hat{x}| = |98 - 100| + |102 - 100| = (-1)(-2) + 2 = 4$$

です．面倒ですが他に方法がなければ仕方ありません．しかし，この方法には別の問題があります．ある推定値 x' が x_1 と x_2 の間にあるならば，$x_1 < x_2$ のとき

$$|x_1 - x'| + |x_2 - x'| = (-1)(x_1 - x') + x_2 - x' = x_2 - x_1$$

となり，x_1 と x_2 の間にある任意の推定値の残差の絶対値の和が一定です．よって，このとき推定値は 1 つに定められませんので，残差の絶対値の和を最小にする方法もふさわしい方法ではないと判断できます．

×残差の絶対値の和

B　最小 2 乗法

残差の 2 乗の和を最小にする推定方法が妥当な方法です．この推定方法を**最小 2 乗法**といいます．この手法は残差の和や絶対値の方法よりも優れた手法です．

最小 2 乗法

残差の 2 乗の和を最小にする推定値を求める．

2 乗を**平方**ともいいますので，**残差平方和**を最小にすると表現してもよいでしょう．残差平方和は英語で Residual Sum of Squares なので略して **RSS** とも表記します．ここで袋 1 と袋 2 の残差をそれぞれ $\varepsilon_1, \varepsilon_2$ と置きます．

$$\varepsilon_1 = x_1 - x, \qquad \varepsilon_2 = x_2 - x$$

この ε はイプシロンと読むギリシャ文字です．この ε はアルファベット

のeに対応します．よって，残差の2乗の和を推定値のある候補 x の関数として $f(x)$ と置くと

$$
\begin{aligned}
f(x) &= \varepsilon_1^2 + \varepsilon_2^2 = (x_1 - x)^2 + (x_2 - x)^2 \\
&= 2x^2 - 2(x_1 + x_2)x + x_1^2 + x_2^2 \qquad (20)
\end{aligned}
$$

となります．この x を動かして最小の値を求めて，それを推定値 $\hat{x}$ とするのです．

$$\hat{x} = \underset{x}{\operatorname{argmin}} f(x)$$

この f は2次関数なので，その最大と最小の復習を行ないましょう．

2次関数の最大・最小

2次関数 f の定義域は実数全体で， $f(x) = a(x-p)^2 + q$ で表されるとき

① $a > 0$ ならば $x = p$ のとき最小値は q となる．最大値は存在しない．

② $a < 0$ ならば $x = p$ のとき最大値は q となる．最小値は存在しない．

2次関数の最大・最小
→『経済数学入門』
p.51

この(20)の f の x の2次の係数の符号は正ですので，最小値が存在します．平方完成で求めてみましょう．

$$
\begin{aligned}
f(x) &= 2x^2 - 2(x_1 + x_2)x + x_1^2 + x_2^2 = 2(x^2 - (x_1 + x_2)x) + x_1^2 + x_2^2 \\
&= 2\left(x - \frac{x_1 + x_2}{2}\right)^2 - 2\left(\frac{x_1 + x_2}{2}\right)^2 + x_1^2 + x_2^2 \\
&= 2\left(x - \frac{x_1 + x_2}{2}\right)^2 + \frac{(x_1 - x_2)^2}{2}
\end{aligned}
$$

この式から残差の2乗の和を最小にする推定値 $\hat{x}$ は

$$\hat{x} = \frac{x_1 + x_2}{2}$$

となります．つまり，2つのパンケーキミックスの重さの平均 $\hat{x} = 100$ を真の値の推定値にした推定は，この最小2乗法によって支持されました！

もし測定値が2つとも等しければ $\hat{x} = a \ (= x_1 = x_2)$ となり，最小化された残差の2乗和は $f(a) = 0$ になります．数式を用いてまとめましょう．

最小 2 乗推定量

測定値 $x_1, x_2, \cdots, x_m$ に対して，推定対象のパラメータ x の最小 2 乗推定量 $\hat{x}$ は，残差の 2 乗の和の最小点になる．

$$\hat{x} = \operatorname*{argmin}_{x} \varepsilon_1^2 + \varepsilon_2^2 + \cdots + \varepsilon_m^2 \tag{21}$$

ただし，各 $i = 1, 2, \cdots, m$ に対して残差は $\varepsilon_i = x_i - x$ で表される．

ここで**推定量** (estimator) は，測定値を用いて計算される公式や計算方法を指します．一方で，推定値 (estimate) は，具体的な文脈のなかで求めた推定結果の値を表します．パンケーキミックスの例では 1 つの値を求めましたが，与えられたデータに対してそれに基づいた関係式を推定することがあります．そのときは推定値は各測定値の一部に対応して計算されることになります．

問い 2　パンケーキミックスの試作品を 3 つ作って重さを測ると，それは 100, 104, 102 グラムとなりました．真のパンケーキミックスの重さは何グラムと推測できるでしょうか？

答え 2　これらの平均は

$$\frac{100 + 104 + 102}{3} = \frac{306}{3} = 102$$

となるので，102 グラムが妥当な推定値だと考えられます．

1.3　直線のあてはめ

第 1.1.B 項では 1 次方程式からその図形である直線を考察しました．同様に 1 次関数のグラフも直線になります．

A　1 次関数のグラフ

1 次関数の復習をしましょう．

1 次関数

1 次関数 f はある定数 $a \neq 0$ と b に対して，以下のように表される．

$$f : \mathbb{R} \to \mathbb{R}, \quad f(x) = ax + b \tag{22}$$

定数 a を**傾き**，定数 b を $\boldsymbol{y}$ **切片**という．

図 5 に 1 次関数のグラフ ℓ が描かれています．その y 切片は $x = 0$ のときの y 座標 b を意味し，また，傾き a は x が 1 単位増えたときの y の増加量です．

上に述べた 1 次関数や 2 次関数は，変数 (複数種類でも構いません) が四則演算とべき乗のみで表された**多項式関数**の一例です．多項式では，各項のなかで最も高い変数の指数をその**次数**と呼びます．

図 5　傾きが正の 1 次関数のグラフ

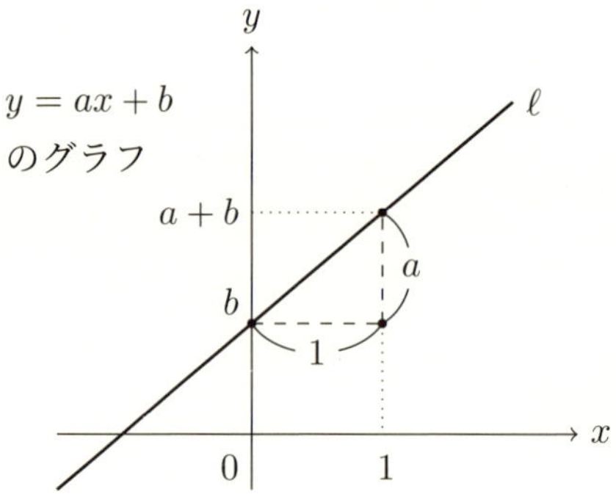

2 点 $P(x_1, y_1)$ と $Q(x_2, y_2)$ が与えられているときに，その 2 点を通る直線 ℓ の方程式を求めてみましょう．傾きを求めるため**変化を表す記号** Δ を導入します．これはデルタと読むギリシャ文字です．点 P から点 Q に移動したとき，x 座標の増加は $\Delta x = x_2 - x_1$ となります．直線 ℓ の傾きは以下になります．

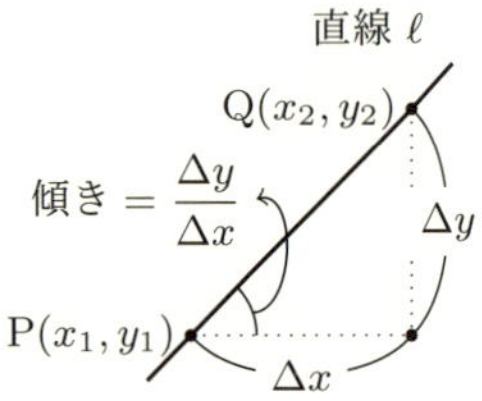

$$\ell \text{の傾き} = \frac{\text{タテの変化}}{\text{ヨコの変化}} = \frac{\Delta y}{\Delta x} = \frac{y_2 - y_1}{x_2 - x_1}$$

2 点を通る直線 ℓ の傾き a は以上のように求められました．あとは y 切片を求めれば直線 ℓ の式が求まります．2 点のうちの 1 点を (22) に代入すると求まります．しかし，もっとよい方法があります．点 (x_1, y_1) に対して，x に x_1 を代入したら 0 になり，y_1 だけが残るようにうまく式を作るやり方です．それは，

$$y = \frac{y_2 - y_1}{x_2 - x_1}(x - x_1) + y_1 \tag{23}$$

となります．具体的に直線の方程式を求めてみましょう．

例 3

点 $(1,2)$, $(3,6)$ を通る直線の方程式を求めてください.

解答 3

各座標の変化は $\Delta x = 3 - 1 = 2$, $\Delta y = 6 - 2 = 4$ となります. 傾きは

$$\frac{\Delta y}{\Delta x} = \frac{4}{2} = 2$$

となります. よって, 直線の方程式は (23) を用いて $y = 2(x-1) + 2$ から

$$y = 2x$$

になります.

以上のように与えられた 2 点を通る直線の方程式 $y = ax + b$ の a と b が求まりました. これは別の見方をすると, 以下の連立方程式を a, b について解くことに他なりません.

$$\begin{cases} y_1 = ax_1 + b \\ y_2 = ax_2 + b \end{cases} \tag{24}$$

鶴亀算に出てきた連立方程式 (7) を思い出しましょう. 連立方程式 (24) を鶴亀算で行なったように行列やベクトルで書き換えてみましょう. ここで x_1, y_1, x_2, y_2 は与えられた数であり, 未知数は a, b であることに注意してください.

$$\begin{cases} x_1 a + b = y_1 \\ x_2 a + b = y_2 \end{cases} \tag{25}$$

鶴亀算では連立方程式を行列で表しましたね. その (8) のように (25) を書き換えてみましょう.

$$\begin{pmatrix} x_1 & 1 \\ x_2 & 1 \end{pmatrix} \begin{pmatrix} a \\ b \end{pmatrix} = \begin{pmatrix} y_1 \\ y_2 \end{pmatrix} \tag{26}$$

このように 2 点が与えられたときに直線の方程式を求めることは, 連立 1 次方程式を解くことに他なりません. そして, それは行列で表されることが分かりました.

この行列とベクトルが直線の方程式を求める鍵となります.

$$\begin{pmatrix} x_1 & 1 \\ x_2 & 1 \end{pmatrix}, \quad \begin{pmatrix} y_1 \\ y_2 \end{pmatrix} \tag{27}$$

問い 3

点 $(1,2)$, $(2,7)$ を通る直線の方程式を求めてください.

答え 3

各座標の変化は $\Delta x = 2 - 1 = 1$, $\Delta y = 7 - 2 = 5$ となります. 傾きは

$\Delta y/\Delta x = 5/1 = 5$ となります．直線の方程式は (23) を用いて $y = 5(x-1)+2$ から $y = 5x - 3$ になります．

B　点が多いときの直線を求める

前項では 2 点を通る直線の方程式を求めました．点が 3 つならばどうでしょうか？　例えば，3 つの点 P(1, 2), Q(2, 7), R(3, 6) が与えられたとき，その 3 点を通る直線はあるでしょうか？　図 6(a) を見れば，明らかにすべての点が一直線上にあるのではない限り，そのような直線はありません．

図 6　3 点が与えられたとき

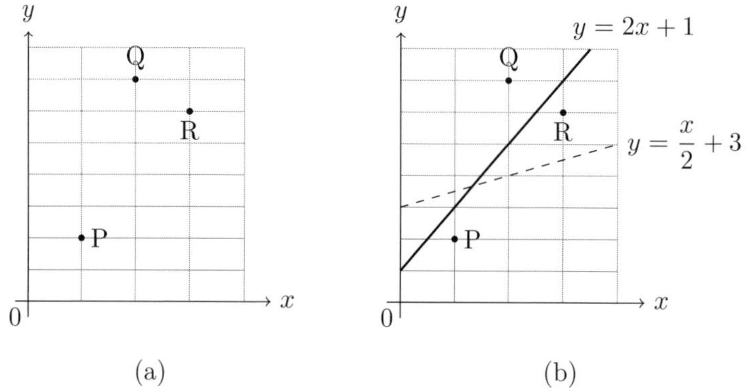

よって，前項で学んだすべての点を通る直線の方程式を求めることはできません．しかし，それが不可能だとしても，それらの点に最も近くなるような直線を見つけ出すことができます．

例 4　3 つの点 P(1, 2), Q(2, 7), R(3, 6) に最も近い直線を求めてください．

解答 4　図 6(b) には直線 $y = 2x + 1$ が太い線で描かれています．様々な直線を考えることができますが，その中で 3 点 P(1, 2), Q(2, 7), R(3, 6) に最も近いものはこの直線となります．それは視覚的にも理解しやすいでしょう．

上の解答が正しいことを説明していきましょう．例えば，細い破線の $y = \dfrac{x}{2} + 3$ も 3 点に近い直線です．しかし，太い直線と比べて点 P や点 Q からいくぶん離れています．各点への距離のバランスを考えると**太い直線が最も各点に近い直線**だということが分かります．

その直線の導出方法は，パンケーキミックスで学んだ残差の 2 乗の和を最小にする方法である最小 2 乗法です．与えられた点が**測定値**であり，直線上の点が**推定値**です．それらの垂直距離が**残差**です．パンケーキでは点と点の距離が残差でしたが，今回は与えられた点とそれに対応する直線上の点の垂直距離が残差になります．

詳しいことは後で学びますが，点 P に対して点 A(1, 3)，点 Q に対して点 B(2, 5)，点 R に対して点 C(3, 7) が各点に対応する推定値になります．具体的な各点の位置関係は図 7 に示されています．

図 7　推定直線

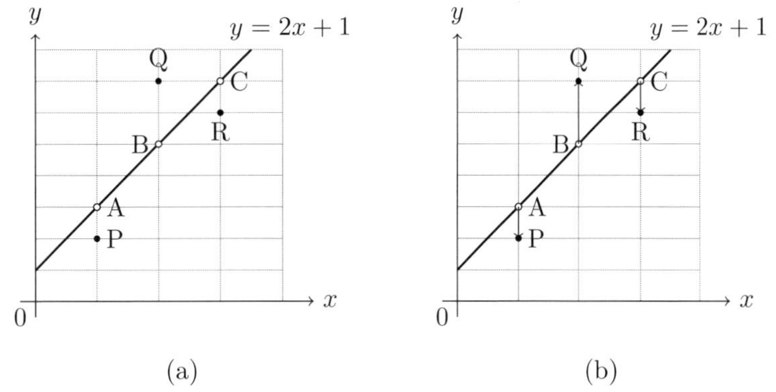

点 P と点 A の間で理解してみましょう．実際の各点の位置は太い直線 $y = 2x + 1$ 上にあると考えられています．例えば，x 座標が $x = 1$ のとき $y = 3$ の点 A (1, 3) です．しかし，何らかの理由で誤差が生じて観測された点は，y 座標が 1 だけズレて点 P(1, 2) になっている状況です．

つまり，図 7(b) の矢印にある点 P と点 A の距離がこの場合の残差になります．残差は測定値から推定値を差し引いた値ですから，それを ε_1 とすると

$$\varepsilon_1 = \text{線分 AP の長さ} = 2 - 3 = -1$$

となります．

同様に，他の点の残差は図 7(b) の線分 BQ, CR の長さになります．同様の記法を用いて，$\varepsilon_2 =$ 線分 BQ の長さ, $\varepsilon_3 =$ 線分 CR の長さ，とすれば，最小 2 乗法の目的関数の最適値である各残差の 2 乗をすべて足した値は

$$\begin{aligned}\varepsilon_1^2 + \varepsilon_2^2 + \varepsilon_3^2 &= \mathrm{AP}^2 + \mathrm{BQ}^2 + \mathrm{CR}^2 = (-1)^2 + (7-5)^2 + (6-7)^2 \\ &= 1 + 4 + 1 = 6\end{aligned}$$

となります．この値 6 は，様々な直線を取ってきてその点と与えられた点の距離の 2 乗の和の中で最小の値であることを後に学びます．

以上をまとめると，与えられた 3 点に対して最もフィットする直線を求める最適化問題を解いて，直線の式の傾きと y 切片である $a = 2$ と $b = 1$ を求めました．そして，その最小値が 6 になりました．その値は最小であるため，より小さい残差の 2 乗和をもつ直線は存在しません．

問い 4 問い 3 で求めた点 P(1, 2), Q(2, 7) を通る直線の方程式 $y = 5x - 3$ を推定式とするとき，各 P, Q, R 点とその直線の点の残差の 2 乗の和を求めて，それが 6 より大きくなることを示してください．

答え 4 点 P, Q は直線 $y = 5x - 3$ を通るので，それらの残差は 0 になります．点 R に対応する推定値の y 座標は $y = 5 \cdot 3 - 3 = 12$ なので，点 R と推定値との間の残差は $\varepsilon_3 = (6 - 12)^2 = 6^2 = 36$ となります．よって，残差の 2 乗の和は 36 であり，6 より大きくなります．

C 最小 2 乗法と行列

この第 1 章では，鶴亀算から始まって連立方程式を復習しました．2 点から直線の方程式を求めることも連立方程式を解くことでしたね．そして，第 2 章から学ぶベクトルや行列を用いて連立方程式を簡単に表現する方法の概要を紹介しました．

3 点 P, Q, R が与えられているときには――すべてが綺麗に一直線に並んでいない限り――類似した連立方程式の解はありません．しかし，各点に最も近い直線を最小 2 乗法で見つけることができました．その方法はパンケーキミックスの推定と同様の方法でしたね．

この直線は各点のデータに基づいて計算されます．よって，2 点から直線の式を導出したときの連立 1 次方程式を表現した行列とベクトルである (27) と同様に表現できます．点 P(1, 2), Q(2, 7), R(3, 6) の x 座標から得られる数 1, 2, 3 を並べた隣に 1 を 3 つ並べた行列と，y 座標から得られる数 2, 7, 6 を並べたベクトルを作ります．

$$\begin{pmatrix} 1 & 1 \\ 2 & 1 \\ 3 & 1 \end{pmatrix}, \qquad \begin{pmatrix} 2 \\ 7 \\ 6 \end{pmatrix} \tag{28}$$

これらは直線 $y = 2x + 1$ の傾き 2 と y 切片 1 を求める重要な情報であることをこれから学びます．

本章は少し詳しく説明したため，分からないところがあったかもしれません．しかし，心配は無用です．これから基礎からしっかりと学んでいきましょう．あるいは，1 次方程式や連立方程式は易しく感じたかもしれません．その知識をもとにさらに詳しく考えていきますので，まずは基礎が確認できたと感じ取ってください．これからデータ分析のための数学を学んで行きましょう！

練習問題 1

[1] 次の連立方程式を解いてください.

$$\begin{cases} x+2y=0 \\ 3x+4y=0 \end{cases}$$

[2] 次の連立方程式を解いてください.

$$\begin{cases} 2x+2y=0 \\ 3x+3y=0 \end{cases}$$

[3] 練習問題 [1], [2]から, 以下の形の連立方程式には解なしの場合があるかどうか考えてください.

$$\begin{cases} ax+by=0 \\ cx+dy=0 \end{cases}$$

[4] (23) の直線が $P(x_1, y_1)$ と $Q(x_2, y_2)$ を通ることを示してください.

[5] 最小化問題 (20) を微分を用いて解いてください.

[6] 問い 2 の答えは最小 2 乗法の答えになることを確認してください.

[7] 例 3 で求めた直線 $y=2x$ と $P(1,2)$, $Q(2,7)$, $R(3,6)$ との残差の 2 乗の和を求めてください.

[8] 3 点 $P(1,2)$, $Q(2,4)$, $R(3,3)$ に対して最小 2 乗法であてはまる直線が $y=\frac{1}{2}x+2$ であるとき, その残差の 2 乗の和を求めてください. 図示するとそれは 3 点に近い直線になるでしょうか?

2 ベクトル

数や集合と並んで数学で最も重要な概念がベクトルです．最初はその意味を図形的に理解して，計算やその応用へ進んでいきましょう．

2.1 ベクトルとは何か

数は個数や順序，あるいは大きさや長さを表すことができました．しかし，天気予報を聞いて「南南東の風，風力 5」とか「北北西に針路を取れ」など方向を考えることも日常生活でしばしば出くわします．速度もそうです．時速 50km で南に進む，微速前進する，バックするなど向きと速さによって速度を表しています．このような 2 種類の性質をもつものがベクトルです．

A ベクトル

ベクトルとは方向と大きさ (長さ) をもった数学的な概念です．経済学では様々な価格を一度に考えるときに，価格の組を**価格ベクトル**といったりします．基礎的な数学の概念はそれに関連する日本語が作られていますが，ベクトルはなぜかドイツ語の用語をそのままカタカナにしています．その由来はラテン語の「運ぶ」を意味する語から来ているそうです．英語の vector はベクターと読みます．

図 1　ベクトル

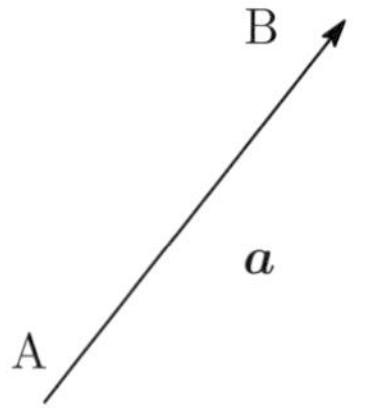

図 1 のような矢印が，方向と長さをもつベクトルになることが直観的に分かると思います．高校の教科書では $\vec{a}$ のように書いてあったことを覚えている方がいるかもしれません．しかし，大学の数学では $\boldsymbol{a}$ と太字で表したり，a のように何も装飾を付けない場合がほとんどです．ここでは太字で行きましょう．

矢印には始まりと終わりがあります．図の A のような始まりを**始点**，B のような終わりを**終点**といいます．A から始まって B に至るベクトルを $\overrightarrow{\mathrm{AB}}$ と書いたりします．このように向きのある線分 AB を**有向線分**といいます．

始点と終点が等しい A = B となる特別なベクトルを考えることもできます．数の 0 と同じように長さや方向がないベクトルです．このようなベクトルを**零ベクトル**，あるいは**ゼロベクトル**と呼び，$\mathbf{0}$ と書くことにします．

A = B
・
$\mathbf{0}$

ゼロベクトルは点

ゼロベクトルは図形的には点になります．つまり点もベクトルの一種です．

B　ベクトルの等しさ

ベクトルの等しさを考えましょう．2 つのベクトルの方向と長さがそれぞれ等しいときに，その 2 つの**ベクトルは等しい**といいます．図 2 の 3 つのベクトルはすべて等しいベクトルです．

図 2　ベクトルの相等

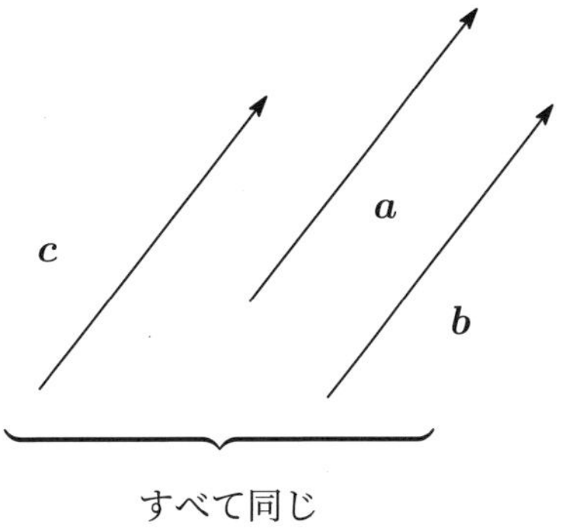

図形的には**平行移動**して重ね合わせることができる場合に，ベクトルは等しくなります．このとき等号を用いて

$$\boldsymbol{a} = \boldsymbol{b} = \boldsymbol{c}$$

と書きます．図 1 の最初の例では，

$$\boldsymbol{a} = \overrightarrow{\mathrm{AB}}$$

となります．有向線分は位置で決まります．一方，ベクトルは位置を問題にせず，方向と長さで決まります．

2.2　ベクトルの計算

数と同じようにベクトルも計算ができます．

A　ベクトルの和

まず最初はベクトルの和を考えます．図 3 にあるベクトル $\boldsymbol{a}$ と $\boldsymbol{b}$ が与えられているとしましょう．

図 3　ベクトルの和

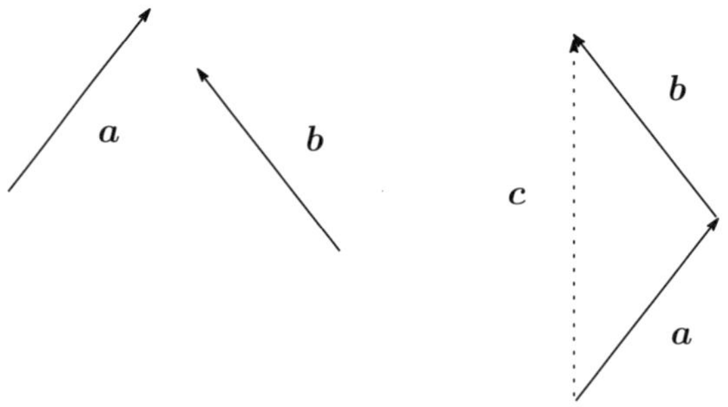

それらの和 $\boldsymbol{c}$ を考えることができます．ベクトル $\boldsymbol{a}$ と $\boldsymbol{b}$ に対して，前者の終点に後者の始点が合うようにベクトルを平行移動します．前に学んだように，平行移動をしてもベクトルは変わりません．そうして結んだ $\boldsymbol{a}$ の始点から $\boldsymbol{b}$ の終点への点線の矢印 $\boldsymbol{c}$ を**ベクトルの和**とするのです．つまり

$$\boldsymbol{c} = \boldsymbol{a} + \boldsymbol{b}$$

です．和のことを**加法**ともいいます．

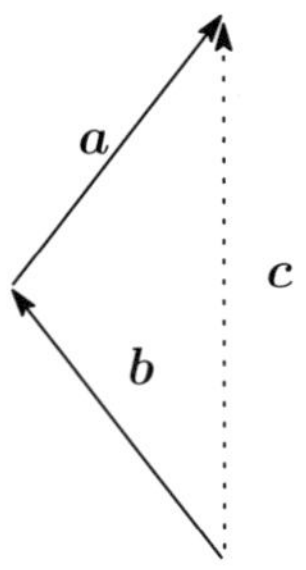

ベクトルの交換法則

図から明らかなように，$\boldsymbol{b}$ から始まっても和は不変です．つまり

$$\boldsymbol{a} + \boldsymbol{b} = \boldsymbol{b} + \boldsymbol{a}$$

が成り立ちます．すなわちベクトルの和には**交換法則**が成り立っています．図 4 にある 2 つのベクトル $\boldsymbol{d}$ と $\boldsymbol{e}$ で平行四辺形を作れば，それらの和の順番によらないことが分かるでしょう．

図 4　ベクトルの和の交換

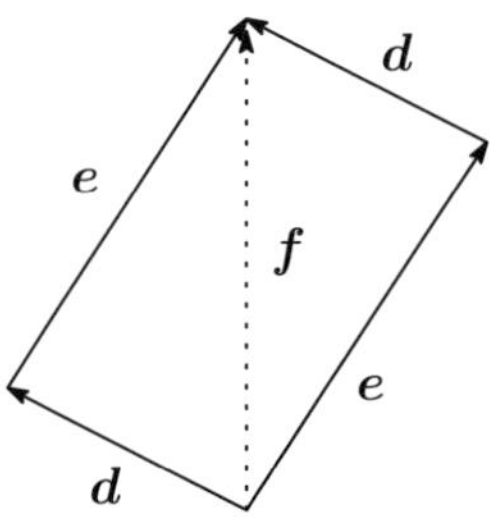

交換法則の他に**結合法則**もありました．数でいうと $1 + (2 + 3) = (1 + 2) + 3$ のように，最初に 2 に 3 を加えてから 1 を加えても，1 に 2 を加えてから 3 を加えても結果は同じという性質です．

次にゼロベクトルを考えましょう．**ゼロベクトル**をどんなベクトルに加えても，それを変えることはありません．これは数の 0 と同じです．

$$\boldsymbol{a} + \boldsymbol{0} = \boldsymbol{a}$$

B ベクトルの差

図 5　ベクトルの差

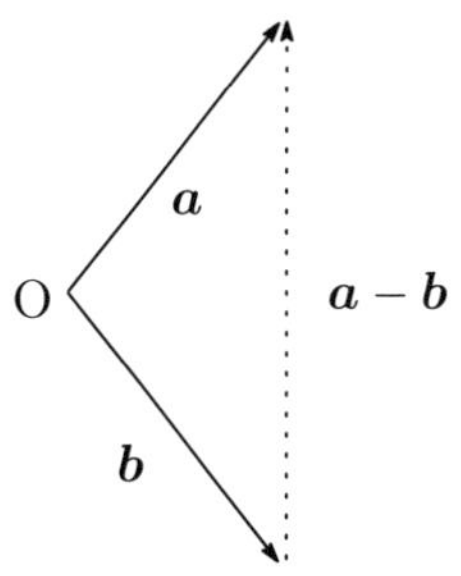

次にベクトルの**差**を定義しましょう．例えば，差 $3-1$ は 2 ですが，それは $1+x=3$ を満たす 2 のことですね．つまり，数の差 $a-b$ とは以下の式を成り立たせる x を意味しています．

$$b + x = a \tag{1}$$

同様にベクトルにおいても差を定義します．

図 5 のように，ある定点 O から 2 つのベクトル $\boldsymbol{a}$ と $\boldsymbol{b}$ が伸びているとします．このとき，その 2 つのベクトルの差 $\boldsymbol{a}-\boldsymbol{b}$ とは，引くベクトル $\boldsymbol{b}$ の先から引かれる $\boldsymbol{a}$ の先への点線の矢印であると定義します．

この差を $\boldsymbol{x}$ とすると，以下の式が成り立つように差を定めたと考えてよいでしょう．

$$\boldsymbol{b} + \boldsymbol{x} = \boldsymbol{a}$$

これは (1) と同じです．差の記号を用いると $\boldsymbol{x} = \boldsymbol{a} - \boldsymbol{b}$ は以下になります．

$$\boldsymbol{b} + (\boldsymbol{a} - \boldsymbol{b}) = \boldsymbol{a}$$

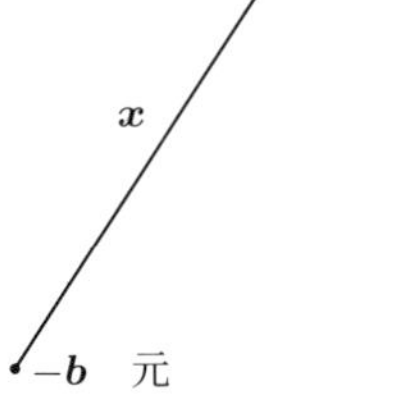

元がマイナス

矢印の元 ($\boldsymbol{b}$) からその先 ($\boldsymbol{a}$) へのベクトルの，元と先のどちらがマイナスになるのか分かりにくいかもしれません．「元がマイナス」と覚えておくといいでしょう．例えば，元がゼロベクトル $\boldsymbol{0}$ ならば引き算で結果は変わりません．

$$\boldsymbol{a} - \boldsymbol{0} = \boldsymbol{a}$$

C 逆ベクトル

図 6 のようなあるベクトル $\boldsymbol{a}$ に対して，向きが逆で大きさが等しいベクトルを $\boldsymbol{a}$ の**逆ベクトル**といいます．それを記号 $-\boldsymbol{a}$ で表します．

図 6　逆ベクトル

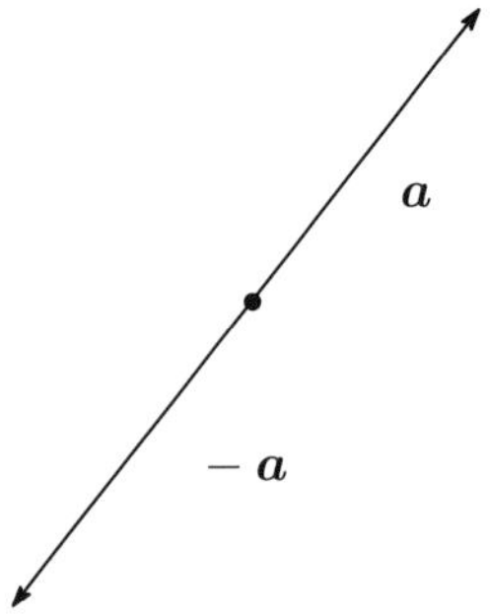

家から最寄りの駅に行った後に，最寄りの駅から家に行けば，元の家に留まっています．この逆ベクトルについては以下の関係が成り立ちます．

$$\boldsymbol{a} + (-\boldsymbol{a}) = \boldsymbol{0}$$

この逆ベクトルを用いると，ベクトルの差がよく分かります．つまり，3 から 2 を引くことは，2 の逆 -2 を使って，3 に -2 を加えることと同等であり，同様のことをベクトルでも行なえます．図 7 に示されているように，ベクトルの差は逆ベクトルを用いて表現することができます．

$$\boldsymbol{a} + (-\boldsymbol{b}) = \boldsymbol{a} - \boldsymbol{b}$$

図 7　逆ベクトルとベクトルの差

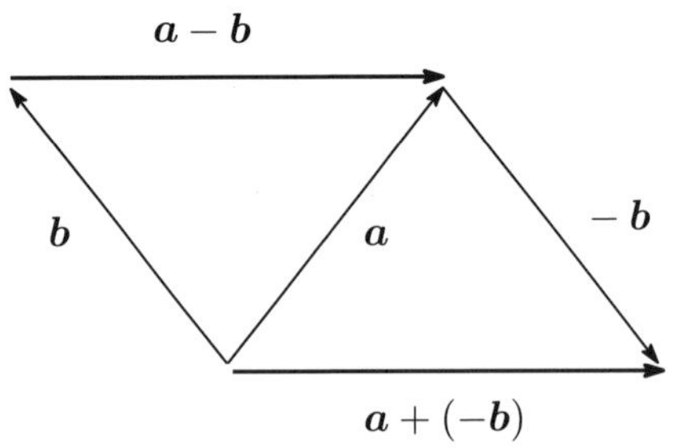

例 1　図に示されているベクトル $\boldsymbol{a}$, $\boldsymbol{b}$, $\boldsymbol{c}$, $\boldsymbol{d}$, $\boldsymbol{e}$ について，(1) 等しいベクトルの組，(2) 互いに逆ベクトルになっている組，(3) 向きが等しいベクトルの組を求めてください．

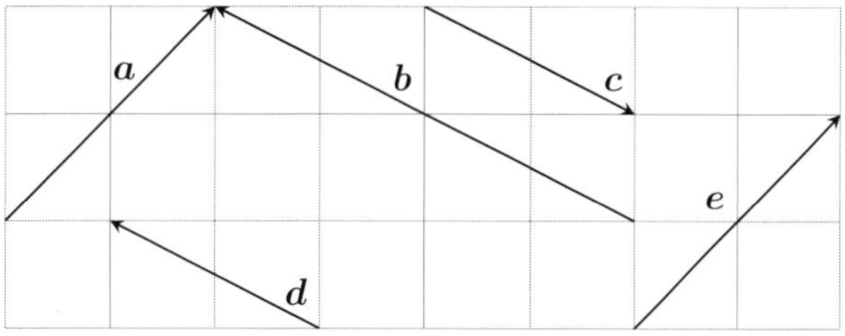

解答 1　(1) $\boldsymbol{a}$ と $\boldsymbol{e}$, (2) $\boldsymbol{c}$ と $\boldsymbol{d}$, (3) $\boldsymbol{a}$ と $\boldsymbol{e}$, $\boldsymbol{b}$ と $\boldsymbol{d}$

例 2　例 1 のベクトルを用いて，次のベクトルを図示してください．
(1) $\boldsymbol{a}+\boldsymbol{b}$,　(2) $\boldsymbol{a}-\boldsymbol{b}$,　(3) $\boldsymbol{a}+\boldsymbol{c}$

解答 2

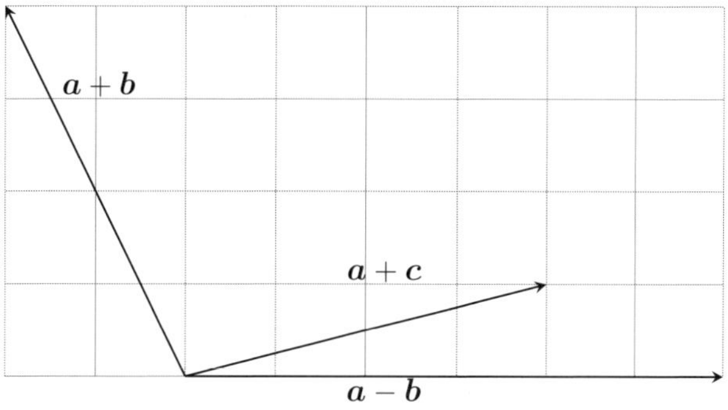

D　ベクトルのスカラー倍

皆さんは自撮り棒で写真を撮ったことがあるでしょうか．伸び縮みする棒のようにベクトルは伸縮します．その拡大率 (縮小率) をベクトルに掛けて表します．その倍率を**スカラー**といいます．

ベクトル $\boldsymbol{a}$ の 1 倍は変わらないベクトルと考えられるので，

$$1\boldsymbol{a}=\boldsymbol{a}$$

です．スカラーのゼロ 0 とゼロベクトル $\boldsymbol{0}$ を混同しないでください．その 2 倍は $2\boldsymbol{a}$ と表示して，図 8 の左のようにベクトル $\boldsymbol{a}$ を 2 回分進むと考えるのが自然でしょう．

図 8　ベクトルのスカラー倍

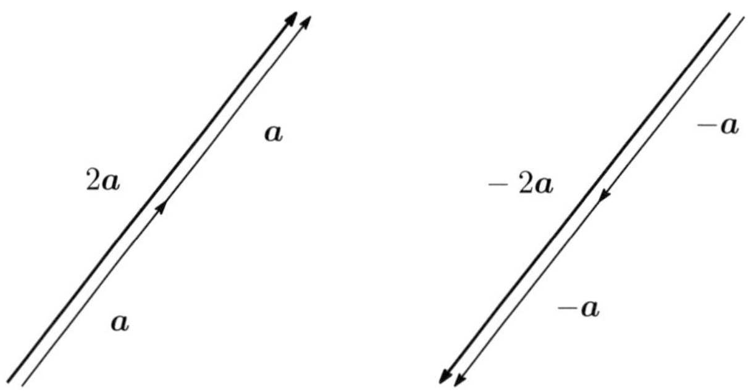

逆向きにはマイナスの倍率を掛けます．図 8 の右のように，ベクトル $(-2)\boldsymbol{a}$ は反対方向に 2 回進むことです．

このような倍率を実数にまで拡張して，**ベクトルの実数倍**，あるいは**ベクトルのスカラー倍**を次のように定めます．

ベクトルのスカラー倍

① 最初に $\boldsymbol{a} \neq \boldsymbol{0}$ のとき，

(a) $k > 0$ ならば $k\boldsymbol{a}$ は $\boldsymbol{a}$ と同じ向きで大きさが k 倍のベクトル，

(b) $k < 0$ ならば $k\boldsymbol{a}$ は $\boldsymbol{a}$ と反対の向きで大きさが $|k|$ 倍のベクトル，

(c) そして $k = 0$ ならばゼロベクトル $\boldsymbol{0}$ とする．

② 最後に $\boldsymbol{a} = \boldsymbol{0}$ のとき，すべての k に対して $k\boldsymbol{a}$ は $\boldsymbol{0}$ とする．

上に述べたように $1\boldsymbol{a} = \boldsymbol{a}$ です．また，$(-2)\boldsymbol{a} = -(2\boldsymbol{a})$ であること，つまりマイナス 2 倍することと 2 倍してから反対向きにすることは同じです．よって，$(-2)\boldsymbol{a}$ や $-(2\boldsymbol{a})$ を単に $-2\boldsymbol{a}$ と書きます．ベクトルと同様に**スカラー** (scalar) もカタカナのまま使いますが，それはラテン語に由来し，スケール (scale) の語と同根であるそうです．

例 3　図のベクトル $\boldsymbol{a}$ と $\boldsymbol{b}$ に対して，次のベクトルを図示してください．
(1) $2\boldsymbol{a}$,　(2) $-\boldsymbol{b}$,　(3) $\frac{1}{2}\boldsymbol{b}$,　(4) $2\boldsymbol{a}+\boldsymbol{b}$,　(5) $2\boldsymbol{a}-\boldsymbol{b}$

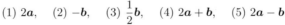

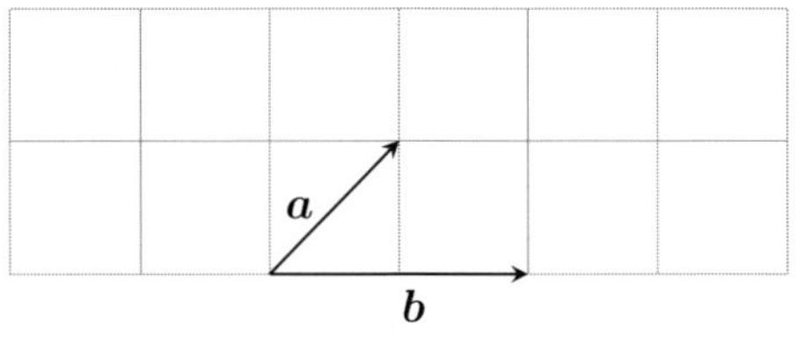

解答 3

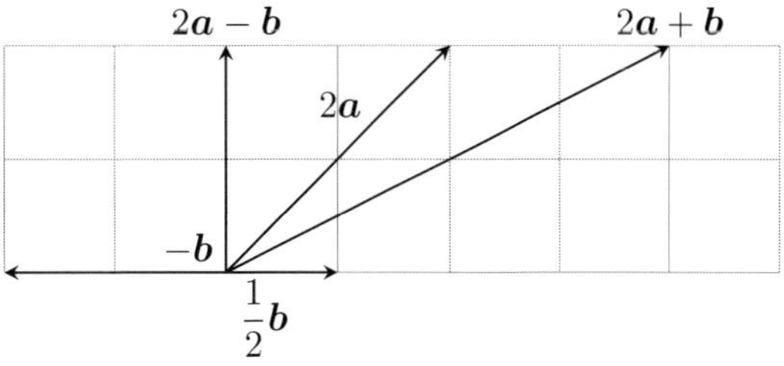

2.3　ベクトルの定義

矢印でベクトルのイメージをつかめたでしょうか？　ここではこれまで直観的に理解したベクトルの定義を紹介します．この節は少し難しく感じるかもしれません．最初に本書を読む人はここをスキップして，後から定義を確認してもよいでしょう．

A　ベクトル空間

以下に**ベクトルの定義**を述べます．ベクトルは，和とスカラー倍 (スカラー乗) が定義された数学対象です．

ベクトル空間

集合 V のすべての要素 $\boldsymbol{a}, \boldsymbol{b}, \boldsymbol{c}$ と，すべてのスカラー c, k について以下が成り立つとき，V を**ベクトル空間**という．

$$\boldsymbol{a}+\boldsymbol{b}=\boldsymbol{b}+\boldsymbol{a}$$
$$(\boldsymbol{a}+\boldsymbol{b})+\boldsymbol{c}=\boldsymbol{a}+(\boldsymbol{b}+\boldsymbol{c})$$
$$\boldsymbol{a}+\boldsymbol{0}=\boldsymbol{a}$$
$$\boldsymbol{a}+(-\boldsymbol{a})=\boldsymbol{0}$$
$$c(k\boldsymbol{a})=(ck)\boldsymbol{a}$$
$$(c+k)\boldsymbol{a}=c\boldsymbol{a}+k\boldsymbol{a}$$
$$c(\boldsymbol{a}+\boldsymbol{b})=c\boldsymbol{a}+c\boldsymbol{b}$$
$$1\boldsymbol{a}=\boldsymbol{a}$$

また，V の要素を**ベクトル**という．

このベクトル空間を別名**線形空間** (linear space) ともいいます．ベクトルは英語で vector なので，ベクトル空間を V，ベクトルを $\boldsymbol{v}$ で表すことが多いようです．本書の範囲ではスカラーは実数を考えていますので，**実数上のベクトル空間** (または**実ベクトル空間**)，あるいは $\mathbb{R}$ **上のベクトル空間**ともいいます．ベクトル空間とは，和とスカラー倍について**閉じている**空間です．ベクトル空間 V は空集合ではありません．

閉じている
→『経済数学入門』p.5

説明に使った矢印はベクトルになりますが，ベクトルの定義を満たす数学的対象は矢印以外にも数多くあります．また，つまらないゼロベクトルのみからなる $V = \{\mathbf{0}\}$ もベクトル空間の定義を満たします．このベクトル空間を**ゼロベクトル空間**といいます．ベクトル空間の例として代表的なものは，数全体です．つまり，

実数全体 $\mathbb{R}$ はベクトル空間

です．これから学ぶ平面や空間を表す数ベクトルももちろんベクトルです．

ベクトルの定義 (公理とも呼ばれる) をチェックしましょう．ベクトル空間の定義の 1 行目は，和に対する**交換法則**，あるいは別名**交換律**です．ベクトル空間の定義の 2 行目は，和に対する**結合法則**，あるいは別名**結合律**です．この法則から $\boldsymbol{a}+\boldsymbol{b}+\boldsymbol{c}$ とカッコを省略してもよいことになります．また，さらに交換法則を使うと加える順序を $\boldsymbol{b}+\boldsymbol{c}+\boldsymbol{a}$ のようにしてもよいことが分かります．

ベクトル空間の定義の 3 行目は，ゼロベクトル $\mathbf{0}$ の存在を意味しています．ベクトル空間の定義の 4 行目は，逆ベクトル $-\boldsymbol{a}$ の存在を示しています．

B　スカラー倍

図 9　スカラーの法則

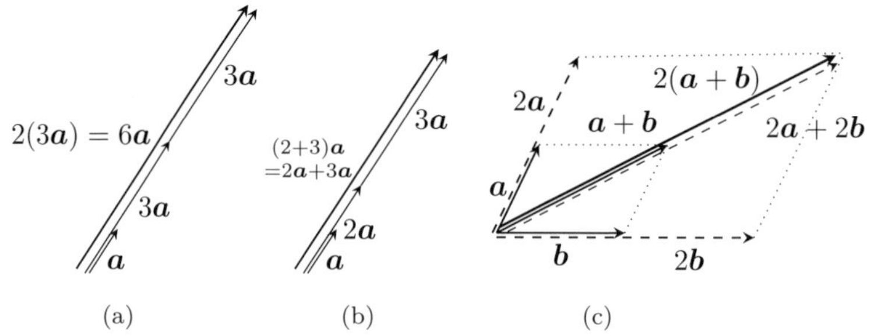

ベクトル空間の定義の 5〜8 行目は，ベクトルとスカラーに関する規則です．図 9 を参照しながら，スカラー倍の規則をチェックしましょう．ベクトル空間の定義の 5 行目は，スカラーの積があればその一部を順番にベクトルに掛けてもよいことを意味します (図 9(a))．その 6 行目は，スカラー倍はスカラーの和に関して**分配法則**を満たしていることです (図 9(b))．その 7 行目は，スカラー倍はベクトルの和に関して分配法

則を満たしていることです (図 9(c)). 最後の条件は，前に述べたようにスカラー倍の単位元の存在を示しており，1 を掛けてもベクトルは変わりません.

ベクトルの差はこの定義には現れていません. しかし，ベクトルの差 $\boldsymbol{a}-\boldsymbol{b}$ は

$$\boldsymbol{a}+(-\boldsymbol{b})$$

と定義します. 引き算は引く数の逆元を加えることです.

足し算とスカラー倍に加えて，引き算に関しても普通の数と同様に計算できる集まりがベクトル空間です. 次の例でベクトルの計算に慣れておきましょう.

例 4　次のベクトルの計算をして簡単にしてください.

(1) $2\boldsymbol{a}+3(\boldsymbol{a}-2\boldsymbol{b})$,　(2) $-(2\boldsymbol{a}+3\boldsymbol{b})+2(\boldsymbol{a}+2\boldsymbol{b})$,

(3) $\dfrac{-\boldsymbol{a}-4\boldsymbol{b}}{2}+\dfrac{\boldsymbol{a}-2\boldsymbol{b}}{4}$

解答 4　計算は次になります. 文字式の計算と同様に行なうことができます.

$$\begin{aligned}
&(1)\ 2\boldsymbol{a}+3(\boldsymbol{a}-2\boldsymbol{b}) = 2\boldsymbol{a}+3\boldsymbol{a}+3(-2\boldsymbol{b}) = (2+3)\boldsymbol{a}+(-6)\boldsymbol{b} = 5\boldsymbol{a}-6\boldsymbol{b},\\
&(2)\ -(2\boldsymbol{a}+3\boldsymbol{b})+2(\boldsymbol{a}+2\boldsymbol{b}) = -2\boldsymbol{a}-3\boldsymbol{b}+2\boldsymbol{a}+4\boldsymbol{b} = 0\boldsymbol{a}+1\boldsymbol{b} = \boldsymbol{b},\\
&(3)\ \frac{-\boldsymbol{a}-4\boldsymbol{b}}{2}+\frac{\boldsymbol{a}-2\boldsymbol{b}}{4} = -\left(\frac{1}{2}-\frac{1}{4}\right)\boldsymbol{a}-\left(2+\frac{1}{2}\right)\boldsymbol{b} = -\frac{\boldsymbol{a}}{4}-\frac{5}{2}\boldsymbol{b}
\end{aligned}$$

2.4　1 次結合，従属，独立

図 10 を用いて，与えられたベクトルから和を取ったりスカラー倍して新しいベクトルを作成することを考えましょう.

図 10　1 次結合

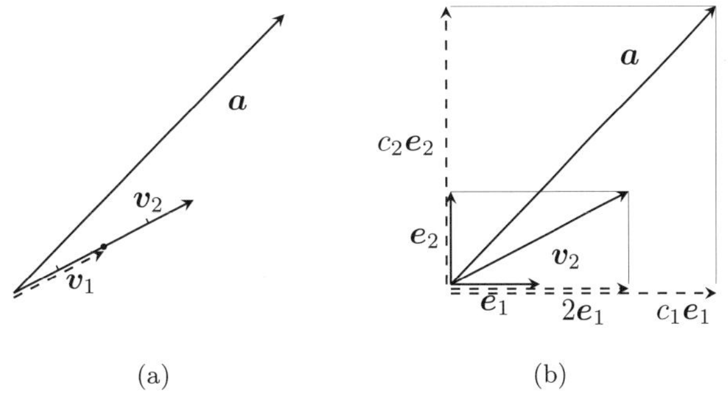

図 10(a) のベクトル $\boldsymbol{v}_1$ を 2 倍するとベクトル $\boldsymbol{v}_2$ になります. スカ

ラー倍するだけでなく和を取ってみましょう．ベクトル $\boldsymbol{e}_1$ を 2 倍して，それにベクトル $\boldsymbol{e}_2$ を加えます．これも図 10(b) のように $\boldsymbol{v}_2$ に等しいですね．ベクトルの和とスカラー倍により生まれる新たなベクトルを，**1 次結合**，あるいは**線形結合**といいます．

1 次結合

スカラー c_1, c_2 の以下でベクトル $\boldsymbol{v}_1$ と $\boldsymbol{v}_2$ の 1 次結合は，以下のベクトルである．

$$c_1\boldsymbol{v}_1 + c_2\boldsymbol{v}_2 \tag{2}$$

例えば $\boldsymbol{v}_1 - \boldsymbol{v}_2$ や，つまらない例ですが $0\boldsymbol{v}_1 + 0\boldsymbol{v}_2$ も 1 次結合です．図 10(b) にあるベクトル $\boldsymbol{a}$ を $\boldsymbol{e}_1$ と $\boldsymbol{e}_2$ の 1 次結合として表現しましょう．

$$\boldsymbol{a} = c_1\boldsymbol{e}_1 + c_2\boldsymbol{e}_2$$

このスカラー c_1, c_2 を動かすことにより右辺を変化させて他のベクトルも表現することが可能です．

しかし，図 10(a) にある $\boldsymbol{v}_1$ と $\boldsymbol{v}_2$ では $\boldsymbol{a}$ を表現することができません．この場合，それらの延長やその反対向きのベクトルでしか 1 次結合で表現できないことが直ぐ分かるでしょう．他方，$\boldsymbol{e}_1$ と $\boldsymbol{e}_2$ は $\boldsymbol{a}$ の他にも様々なベクトルを表現できます．

よって，ベクトルの集まり $\{\boldsymbol{v}_1, \boldsymbol{v}_2\}$ と $\{\boldsymbol{e}_1, \boldsymbol{e}_2\}$ には大きな違いがあります．最初に $\boldsymbol{v}_2$ を生成したように，前者には $\boldsymbol{v}_2 = 2\boldsymbol{v}_1$ という一方が他方に依存している関係があります．この依存関係を **1 次従属**，あるいは**線形従属**である，さらに簡単に**従属**であるといいます．

この概念を分かりやすく表現するために，この式を変形します．

$$2\boldsymbol{v}_1 - \boldsymbol{v}_2 = \boldsymbol{0} \quad \Longleftrightarrow \quad \boldsymbol{v}_2 = 2\boldsymbol{v}_1$$

スカラーを適切に選んでベクトルの 1 次結合をゼロベクトルにできるのが，1 次従属の条件です．しかし，(2) においては $c_1 = c_2 = 0$ であればゼロベクトルになります．

$$0\boldsymbol{v}_1 + 0\boldsymbol{v}_2 = \boldsymbol{0}$$

このようなとき，**自明な 1 次関係**といいます．自明な 1 次関係を除いて依存関係が確認できれば 1 次従属として定義します．

1 次従属

ベクトルの集合 $\{\boldsymbol{v}_1, \boldsymbol{v}_2\}$ は，以下の条件を満たす c_1, c_2 があるとき 1 次従属であるという．

$$c_1\boldsymbol{v}_1 + c_2\boldsymbol{v}_2 = \boldsymbol{0} \qquad (c_1 = c_2 = 0 \text{ 以外の } c_1,\ c_2) \tag{3}$$

ベクトルが 1 次従属であれば，他のベクトルでもう一方のベクトルが表現でき，直観的には「実質的にはムダ」なベクトルの集まりであるといえます．これは，単なるベクトルの依存関係を定めたように見えます．しかし，連立 1 次方程式の解を求める際の重要な条件になっていることが後で分かるでしょう．ここでは 2 つのベクトルで考えましたが，任意の有限個のベクトルでも 1 次従属を同様に定義します．

問い 1　例 1 のベクトルで，2 つのベクトルからなる 1 次従属のベクトルの集まりを求めてください．また，そのベクトル間の従属性の定義 (3) のスカラーを求めてください．

答え 1　$\{\boldsymbol{a}, \boldsymbol{e}\}$ は例えば $c_1\boldsymbol{a} + c_2\boldsymbol{e}$ とすると $c_1 = 1,\ c_2 = -1$ となります．$\{\boldsymbol{b}, \boldsymbol{c}\}$ は例えば $c_3\boldsymbol{b} + c_4\boldsymbol{c}$ とすると $c_3 = 1,\ c_4 = 2$ となります．$\{\boldsymbol{c}, \boldsymbol{d}\}$ は例えば $c_5\boldsymbol{c} + c_6\boldsymbol{d}$ とすると $c_5 = c_6 = 1$ となります．$\{\boldsymbol{d}, \boldsymbol{b}\}$ は例えば $c_7\boldsymbol{d} + c_8\boldsymbol{b}$ とすると $c_7 = -2,\ c_8 = 1$ となります．

この問い 1 において，3 個以上のベクトルをもつ集合，例えば $\{\boldsymbol{b}, \boldsymbol{c}, \boldsymbol{d}\}$ も従属であることに注意してください (練習問題 [2])．

他方，図 10(b) のベクトルの集まり $\{\boldsymbol{e}_1, \boldsymbol{e}_2\}$ は従属ではありません．この場合，ベクトルの集まりは **1 次独立**，あるいは**線形独立**である，さらに簡単に**独立**であるといいます．1 次従属の条件 (3) の否定がその定義になります．

1 次独立

ベクトルの集合 $\{\boldsymbol{v}_1, \boldsymbol{v}_2\}$ は，以下の条件を満たすとき 1 次独立であるという．

$$c_1\boldsymbol{v}_1 + c_2\boldsymbol{v}_2 = \boldsymbol{0} \quad \Longrightarrow \quad c_1 = c_2 = 0 \tag{4}$$

直観的にいうと，1 次独立なベクトルはどのベクトルも他のスカラー倍として表現できない，つまり各々が「実質的に」独立な方向を有するベクトルです．1 次従属との対比では，ムダのないベクトルの集まりです．

問い 2 例 1 のベクトルで，1 次独立のベクトルの集まりを求めてください．

答え 2 独立なベクトルの集合は $\{\boldsymbol{a}, \boldsymbol{b}\}$, $\{\boldsymbol{a}, \boldsymbol{c}\}$, $\{\boldsymbol{a}, \boldsymbol{d}\}$, $\{\boldsymbol{e}, \boldsymbol{b}\}$, $\{\boldsymbol{e}, \boldsymbol{c}\}$, $\{\boldsymbol{e}, \boldsymbol{d}\}$ となります．

ここで学んだ独立性と従属性は互いに排反な概念です．1 次結合，1 次従属，1 次独立は 2 つのベクトルで考えました．任意の有限個のベクトルでも同様の定義が可能です．簡単に「$\boldsymbol{e}_1$, $\boldsymbol{e}_2$ は独立」などと述べることがあります．しかし，1 次従属と 1 次独立はベクトルの集まりがもつ性質であり，個々のベクトルに対してはいわないことに注意してください．間違えやすいことなので，これまでベクトルの集まりと述べてきました．これからはこの簡便な慣行に従いましょう．

平面には x 軸と y 軸という「軸」があります．この軸にあたるのが基底です．

基底

ベクトル空間のベクトルの集合 $\{\boldsymbol{v}_1, \boldsymbol{v}_2\}$ は 1 次独立であり，かつベクトル空間の任意のベクトルをその 1 次結合で表現できるとき，$\{\boldsymbol{v}_1, \boldsymbol{v}_2\}$ をベクトル空間の**基底**という．

次の章では具体的なベクトルを学びます．定義を繰り返し提示することもありますが，知識を確認する必要が出てきたらこの章に戻って再確認してください．

練習問題 2

1 図に示されているベクトル $\boldsymbol{a}$ と $\boldsymbol{b}$ を用いて，以下の 1 次結合を同じ図に描いてください．
(1) $\boldsymbol{a}+\boldsymbol{b}$,　(2) $\boldsymbol{a}+2\boldsymbol{b}$,　(3) $\boldsymbol{a}-\boldsymbol{b}$,　(4) $\boldsymbol{a}+(-\boldsymbol{b})$

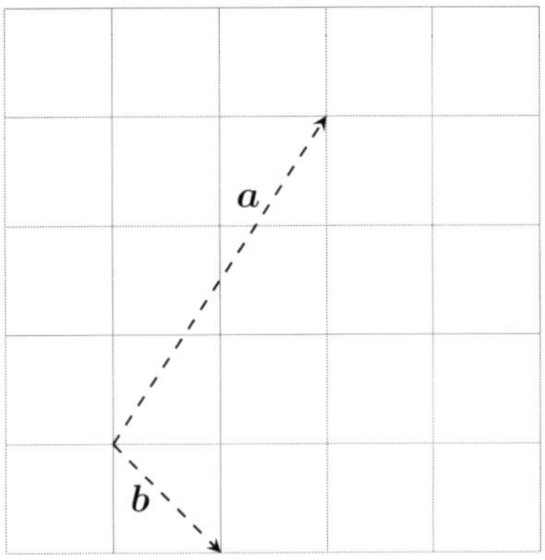

2　問い 1 において，3 個のベクトルをもつ集合 $\{\boldsymbol{b}, \boldsymbol{c}, \boldsymbol{d}\}$ は 1 次従属であることを定義 (3) に従って示してください．

3　ベクトルの定義から，ゼロベクトル $\boldsymbol{0}$ はただ 1 つであることを証明してください．

4　ベクトルの定義から，ベクトル $\boldsymbol{a}$ の逆ベクトル $-\boldsymbol{a}$ はただ 1 つであることを証明してください．

5　ベクトルの定義から，ベクトル $k\boldsymbol{0}$ は $\boldsymbol{0}$ に等しいことを証明してください．

6　ベクトルの定義から，ベクトル $0\boldsymbol{a}$ は $\boldsymbol{0}$ に等しいことを証明してください．

7　ベクトルの定義から，ベクトル $(-1)\boldsymbol{a}$ は $-\boldsymbol{a}$ に等しいことを証明してください．

8　ベクトル $\boldsymbol{a}, \boldsymbol{b}$ に対して，

$$\boldsymbol{b} + \boldsymbol{x} = \boldsymbol{a}$$

を満たすベクトル $\boldsymbol{x}$ がただ 1 つ存在し，以下に等しいことを証明してください．

$$\boldsymbol{x} = \boldsymbol{a} + (-\boldsymbol{b})$$

3 平面ベクトル

第 2 章では，和とスカラー倍があるベクトルを導入しました．平面上の矢印としてのベクトルを詳しく見ていきましょう．

3.1 ベクトルの成分表示

スマートフォンの地図アプリで位置を確認することがありますね．それは緯度と経度を計算して表示しますが，数学でも位置は 2 つの数の組——ベクトル——で表現されます．

A 位置と座標

図 1 にある平面上の点 A は，順序の付いた 2 つの実数のペア (x_1, y_1) で表されます．これを A の**座標**といいます．座標 (x_1, y_1) の点 A を $\mathrm{A}(x_1, y_1)$ と書きます．

図 1　ベクトルの成分表示・4 つの象限

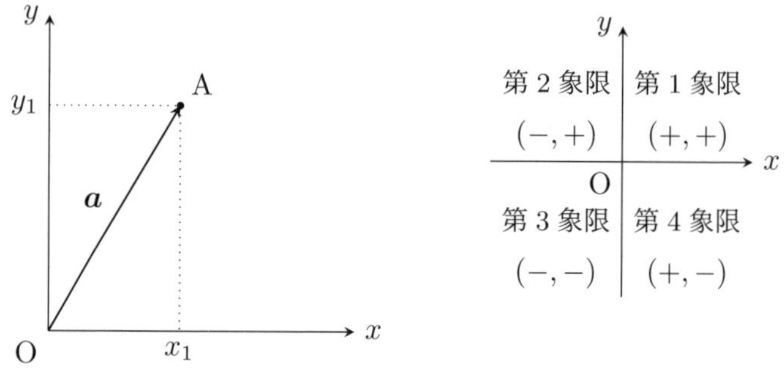

2 つの直交する直線は**座標軸**です．ヨコは x 軸，タテは y 軸と呼ばれます．点 A から座標軸に直角に交わる線を延ばすと，その交わった点は x_1 と y_1 になります．各々を点 A の $\boldsymbol{x}$ **座標**および $\boldsymbol{y}$ **座標**といいます．このような平面上の点の位置を特定するために用いられる方法を，**座標平面**，あるいは座標軸が直交しているので**直交座標系**といいます．横軸の x 軸と縦軸の y 軸が交わった点が**原点** O であり，その座標は $(0, 0)$ です．

座標平面
→『経済数学入門』
p.36

2 本の座標軸によって座標平面は 4 つの部分に図 1 のように分けられます．右上から左回りに**第 1 象限**，**第 2 象限**，**第 3 象限**，**第 4 象限**といいます．ただし，座標軸上の点はどの象限にも属さないとします．つまり各象限はそのなかの点の座標の符号で区別されており，例えば，図の第 1 象限の $(+, +)$ は，各点の座標の符号が両方ともプラスであることを示しています．

図 1 の原点を始点とする有向線分 $\overrightarrow{\mathrm{OA}}$ を表すベクトル $\boldsymbol{a}$ は，点 A の各座標で表すことができます．このベクトルは

$$\boldsymbol{a} = \begin{pmatrix} x_1 \\ y_1 \end{pmatrix}$$

と表します．この表現は $\boldsymbol{a}$ の**成分表示**といいます．このとき $\boldsymbol{a}$ の**成分**は x_1 と y_1 であるといいます．また x_1 を $\boldsymbol{x}$ **成分**，y_1 を $\boldsymbol{y}$ **成分**といいます．

このように平面上の点は，原点を始点としてその点を終点とするベクトルで表すことができます．このとき特にそのベクトルを**位置ベクトル**といいます．このように平面上の点と位置ベクトルとの対応ができます．座標平面で表示されるベクトルは**平面ベクトル**，あるいは **2 次元数ベクトル**と呼ばれます．あるいはもっと簡単に **2 次元ベクトル**といいます．

集合論の記法では，平面全体が実数の直積 $\mathbb{R}^2$ と同一視されます．よって，2 次元ベクトル $\boldsymbol{a}$ は $\mathbb{R}^2$ の要素，つまり $\boldsymbol{a} \in \mathbb{R}^2$ となります．私たちが平面で認識している実数のペア全体 $\mathbb{R}^2$ も**ベクトル空間**になります．第 2 章で直観的に理解した矢印の性質は，座標平面上にあるベクトルを例示したのでした．このベクトル空間を **2 次元ベクトル空間**と呼びます．

明らかにゼロベクトルは以下のようになり，原点 O に対応します．

$$\mathbf{0} = \begin{pmatrix} 0 \\ 0 \end{pmatrix}$$

B　列ベクトル，行ベクトル，ベクトルの等しさ

このように数を上から順に縦に並べたベクトルを**列ベクトル**といいます．列があれば行もあります．数を左から順に横に並べたベクトルを**行ベクトル**，あるいは横ベクトルといいます．

$$(x_1 \ y_1)$$

ここではベクトルは基本的に列ベクトルで考えていきます．後から学ぶ行列を用いてベクトルを写すときに，列ベクトルが何かと便利です．列と行，縦と横は紛らわしいですのでよく覚えておいてください．

列はタテ，行はヨコ

高校の教科書や他の線形代数の教科書では行ベクトルで議論しているものもあります．列ベクトルと行ベクトルの関係は興味深いですが，いまはあまりこだわらなくてもよいでしょう．

第 2 章では矢印でベクトルの相等を表しましたが，具体的な座標で示されるとどうなるでしょうか？　等しいベクトル

$$\boldsymbol{a} = \boldsymbol{b}$$

とは，その向きと長さが同じことでした．ですから各成分が等しいことになります．

数ベクトルの等しさ

ベクトル $\boldsymbol{a} = \begin{pmatrix} a_1 \\ a_2 \end{pmatrix}$，$\boldsymbol{b} = \begin{pmatrix} b_1 \\ b_2 \end{pmatrix}$ とすると，その等しさ $\boldsymbol{a} = \boldsymbol{b}$ は次のように定義される．

$$\begin{pmatrix} a_1 \\ a_2 \end{pmatrix} = \begin{pmatrix} b_1 \\ b_2 \end{pmatrix} \iff a_1 = b_1 \text{ かつ } a_2 = b_2$$

この定義は，第 2 章で説明したベクトルの相等は平行移動して重ね合わせることができることと同じです．各成分が同じでも，列ベクトルと行ベクトルは異なります．また，ここでは主に 2 次元ベクトルを学びますが，3 次元ベクトル $\boldsymbol{c} = \begin{pmatrix} c_1 \\ c_2 \\ c_3 \end{pmatrix}$ は 2 次元ベクトルとは異なります．

C　数ベクトルの和とスカラー倍

このような成分表示されたベクトルに対して，和やスカラー倍が定義できます．各成分を計算すればよいのです．

和とスカラー倍 (2 次元)

ベクトル $\boldsymbol{a} = \begin{pmatrix} a_1 \\ a_2 \end{pmatrix}$，$\boldsymbol{b} = \begin{pmatrix} b_1 \\ b_2 \end{pmatrix}$ とスカラー k に対して，和 $\boldsymbol{a}+\boldsymbol{b}$ とスカラー倍 $k\boldsymbol{a}$ は次のように定義される．

$$\begin{pmatrix} a_1 \\ a_2 \end{pmatrix} + \begin{pmatrix} b_1 \\ b_2 \end{pmatrix} = \begin{pmatrix} a_1 + b_1 \\ a_2 + b_2 \end{pmatrix}, \quad k\begin{pmatrix} a_1 \\ a_2 \end{pmatrix} = \begin{pmatrix} ka_1 \\ ka_2 \end{pmatrix}$$

この和とスカラー倍の定義により，以下が成り立ちます．

$$\boldsymbol{a}+\boldsymbol{b}=\begin{pmatrix}a_1+b_1\\a_2+b_2\end{pmatrix},\quad k\boldsymbol{a}=\begin{pmatrix}ka_1\\ka_2\end{pmatrix}$$

足し合わされたり，定数倍されたりする模様は，図 2 が視覚的に分かりやすいでしょう．

図 2　2 次元ベクトルの和とスカラー倍

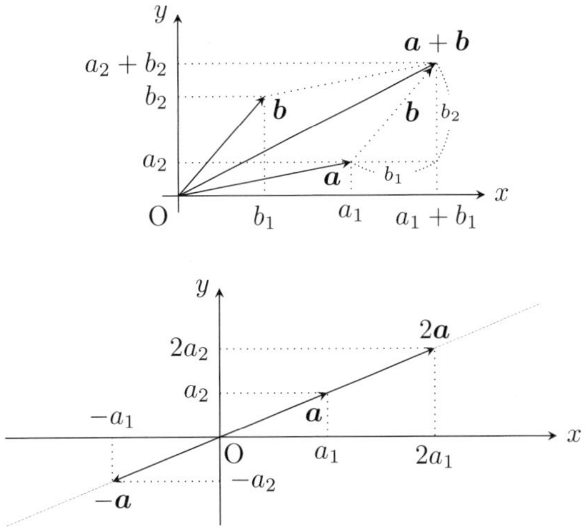

あるベクトルをスカラー倍した $k\boldsymbol{a}$ は，第 2 章のベクトルのスカラー倍の定義 (p.26) より，$k>0$ ならば同じ向きに伸び縮みし，$k=0$ ならばゼロベクトルになり，$k<0$ ならば逆向きに伸び縮みします．

例 1　以下のような和とスカラー倍の計算を行なってください．

$$\begin{pmatrix}2\\2\end{pmatrix}+\begin{pmatrix}-4\\2\end{pmatrix},\quad 2\begin{pmatrix}1\\0\end{pmatrix}$$

解答 1

$$\begin{pmatrix}2\\2\end{pmatrix}+\begin{pmatrix}-4\\2\end{pmatrix}=\begin{pmatrix}-2\\4\end{pmatrix},\quad 2\begin{pmatrix}1\\0\end{pmatrix}=\begin{pmatrix}2\\0\end{pmatrix}$$

この答えのベクトル $\begin{pmatrix}-2\\4\end{pmatrix}$ は，第 2 章の例 2 (1) $\boldsymbol{a}+\boldsymbol{b}$ の解答の図 (p.25) に対応していることを確認してください．和とスカラー倍と同様に，逆ベクトルやベクトルの差も成分ごとの計算を行なって導出することができます．

逆と差 (2 次元)

ベクトル $\boldsymbol{a} = \begin{pmatrix} a_1 \\ a_2 \end{pmatrix}$, $\boldsymbol{b} = \begin{pmatrix} b_1 \\ b_2 \end{pmatrix}$ に対して，逆ベクトル $-\boldsymbol{a}$ と差 $\boldsymbol{a} - \boldsymbol{b}$ は次のように定義される.

$$-\boldsymbol{a} = -\begin{pmatrix} a_1 \\ a_2 \end{pmatrix} = \begin{pmatrix} -a_1 \\ -a_2 \end{pmatrix}, \quad \boldsymbol{a} - \boldsymbol{b} = \boldsymbol{a} + (-\boldsymbol{b}) = \begin{pmatrix} a_1 - b_1 \\ a_2 - b_2 \end{pmatrix}$$

例 2 第 2 章 p.26 の例 3 の図にあるベクトル $\boldsymbol{a} = \begin{pmatrix} 1 \\ 1 \end{pmatrix}$ と $\boldsymbol{b} = \begin{pmatrix} 2 \\ 0 \end{pmatrix}$ の和の例を成分で表してください.

解答 2

$$(1)\ 2\boldsymbol{a} = 2\begin{pmatrix} 1 \\ 1 \end{pmatrix} = \begin{pmatrix} 2 \\ 2 \end{pmatrix}, \quad (2)\ -\boldsymbol{b} = -\begin{pmatrix} 2 \\ 0 \end{pmatrix} = \begin{pmatrix} -2 \\ 0 \end{pmatrix},$$

$$(3)\ \frac{1}{2}\boldsymbol{b} = \frac{1}{2}\begin{pmatrix} 2 \\ 0 \end{pmatrix} = \begin{pmatrix} 1 \\ 0 \end{pmatrix},$$

$$(4)\ 2\boldsymbol{a} + \boldsymbol{b} = 2\begin{pmatrix} 1 \\ 1 \end{pmatrix} + \begin{pmatrix} 2 \\ 0 \end{pmatrix} = \begin{pmatrix} 2 \\ 2 \end{pmatrix} + \begin{pmatrix} 2 \\ 0 \end{pmatrix} = \begin{pmatrix} 4 \\ 2 \end{pmatrix},$$

$$(5)\ 2\boldsymbol{a} - \boldsymbol{b} = 2\begin{pmatrix} 1 \\ 1 \end{pmatrix} - \begin{pmatrix} 2 \\ 0 \end{pmatrix} = \begin{pmatrix} 2 \\ 2 \end{pmatrix} + \begin{pmatrix} -2 \\ 0 \end{pmatrix} = \begin{pmatrix} 0 \\ 2 \end{pmatrix}$$

以上で計算されたベクトルは，p.26 にある第 2 章の例 3 の解答の図にきちんとあてはまっているか確認してください．もう少し計算をやってみましょう.

問い 1 第 2 章の例 4(p.29) のベクトルの計算について，例 2 のベクトル $\boldsymbol{a}$ と $\boldsymbol{b}$ で計算をして簡単にしてください.

(1) $2\boldsymbol{a} + 3(\boldsymbol{a} - 2\boldsymbol{b})$, (2) $-2(2\boldsymbol{a} + 3\boldsymbol{b}) + 2(\boldsymbol{a} + 2\boldsymbol{b})$,

(3) $\dfrac{-\boldsymbol{a} - 4\boldsymbol{b}}{2} + \dfrac{\boldsymbol{a} - 2\boldsymbol{b}}{4}$

答え 1 第 2 章の例 4 の解答から各ベクトルを代入します.

$$(1)\ 2\boldsymbol{a} + 3(\boldsymbol{a} - 2\boldsymbol{b}) = 5\boldsymbol{a} - 6\boldsymbol{b} = 5\begin{pmatrix} 1 \\ 1 \end{pmatrix} - 6\begin{pmatrix} 2 \\ 0 \end{pmatrix} = \begin{pmatrix} 5 - 12 \\ 5 \end{pmatrix} = \begin{pmatrix} -7 \\ 5 \end{pmatrix},$$

$$(2)\ -(2\boldsymbol{a} + 3\boldsymbol{b}) + 2(\boldsymbol{a} + 2\boldsymbol{b}) = \boldsymbol{b} = \begin{pmatrix} 2 \\ 0 \end{pmatrix},$$

$$(3)\ \frac{-\boldsymbol{a} - 4\boldsymbol{b}}{2} + \frac{\boldsymbol{a} - 2\boldsymbol{b}}{4} = -\frac{1}{4}\boldsymbol{a} - \frac{5}{2}\boldsymbol{b}$$

$$= -\frac{1}{4}\begin{pmatrix} 1 \\ 1 \end{pmatrix} - \frac{5}{2}\begin{pmatrix} 2 \\ 0 \end{pmatrix} = \begin{pmatrix} -\frac{1}{4} \\ -\frac{1}{4} \end{pmatrix} + \begin{pmatrix} -5 \\ 0 \end{pmatrix} = \begin{pmatrix} -\frac{1}{4} - 5 \\ -\frac{1}{4} \end{pmatrix} = \begin{pmatrix} -\frac{21}{4} \\ -\frac{1}{4} \end{pmatrix}$$

このように各ベクトルの係数をまとめてから座標を表示すると，計算が速くなります．

D　基本ベクトル

ベクトルを成分で表したとき最も基本となるものは，**基本ベクトル**と呼ばれる以下の $\boldsymbol{e}_1$ と $\boldsymbol{e}_2$ です．

$$\boldsymbol{e}_1 = \begin{pmatrix} 1 \\ 0 \end{pmatrix}, \quad \boldsymbol{e}_2 = \begin{pmatrix} 0 \\ 1 \end{pmatrix}$$

図 3　基本ベクトルと 1 次結合

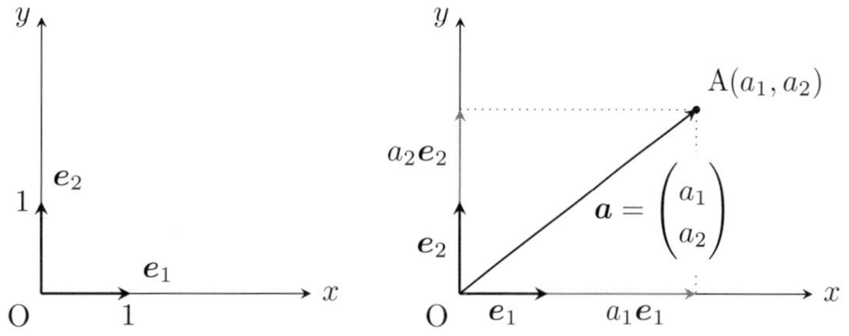

図 3 に描かれている $\boldsymbol{e}_1$ と $\boldsymbol{e}_2$ は，長さが 1 のそれぞれ x 軸と y 軸の正の方向のベクトルです．これらは，第 2 章 p.29 の図 10 で学んだように，1 次独立です．つまり，一方は他方のスカラー倍で表現できません．

1 次独立
→第 2 章の図 10
(p.29)

ここで， $\boldsymbol{e}_1$ と $\boldsymbol{e}_2$ を用いてあるベクトル $\boldsymbol{a} = \begin{pmatrix} a_1 \\ a_2 \end{pmatrix}$ をこれらの 1 次結合 $\boldsymbol{a} = s\boldsymbol{e}_1 + t\boldsymbol{e}_2$ で表してみましょう．このとき明らかに， $s = a_1$ と $t = a_2$ が成り立ちます．

$$\boldsymbol{a} = \begin{pmatrix} a_1 \\ a_2 \end{pmatrix} = a_1 \begin{pmatrix} 1 \\ 0 \end{pmatrix} + a_2 \begin{pmatrix} 0 \\ 1 \end{pmatrix} = a_1\boldsymbol{e}_1 + a_2\boldsymbol{e}_2$$

つまり，あるベクトル $\boldsymbol{a}$ を基本ベクトルの 1 次結合として表したとき，そのスカラーはベクトル $\boldsymbol{a}$ の各成分となっています．

$$\boldsymbol{a} = a_1\boldsymbol{e}_1 + a_2\boldsymbol{e}_2 \tag{1}$$

このように，任意のベクトルは基本ベクトルのスカラー倍の和で表現できます．そして，そのスカラーはベクトルの座標の各成分になっています．

成分表示と基本ベクトル表示

$$\boldsymbol{a} = \begin{pmatrix} a_1 \\ a_2 \end{pmatrix} \text{：成分表示}, \qquad \boldsymbol{a} = a_1\boldsymbol{e}_1 + a_2\boldsymbol{e}_2 \text{：基本ベクトル表示}$$

基本ベクトルの組 $\{\boldsymbol{e}_1, \boldsymbol{e}_2\}$ は，上に述べたように 1 次独立であり，任意のベクトルを基本ベクトルの 1 次結合として表すことができます．第 2 章の p.32 で述べたように，このとき基本ベクトルの組 $\{\boldsymbol{e}_1, \boldsymbol{e}_2\}$ は 2 次元ベクトル空間における**基底**と呼ばれます．あるベクトル空間の基底とは，そのベクトル空間を形成する 1 次独立なベクトルの集合です．そのなかの任意のベクトルは基底ベクトルの 1 次結合で一意に表現できます．この基底の個数を**次元**といいます．この場合は 2 ですね．

E　2点を結ぶベクトル

第 2 章のベクトルの差の議論を，座標平面で再現しましょう．図 5(p.23) を座標で表現します．2 点 $\mathrm{A}(a_1, a_2)$ と $\mathrm{B}(b_1, b_2)$ が与えられているとしましょう．このとき各点の位置ベクトルを $\boldsymbol{a}$ と $\boldsymbol{b}$ とします．

$$\boldsymbol{a} = \overrightarrow{\mathrm{OA}} = \begin{pmatrix} a_1 \\ a_2 \end{pmatrix}, \qquad \boldsymbol{b} = \overrightarrow{\mathrm{OB}} = \begin{pmatrix} b_1 \\ b_2 \end{pmatrix}$$

図 4 に描かれているこの 2 点を結ぶベクトル $\overrightarrow{\mathrm{AB}}$ は以下になります．

$$\begin{aligned} \overrightarrow{\mathrm{AB}} &= \overrightarrow{\mathrm{OB}} - \overrightarrow{\mathrm{OA}} \\ &= \begin{pmatrix} b_1 \\ b_2 \end{pmatrix} - \begin{pmatrix} a_1 \\ a_2 \end{pmatrix} = \begin{pmatrix} b_1 - a_1 \\ b_2 - a_2 \end{pmatrix} \end{aligned}$$

図 4　2 点を結ぶベクトル

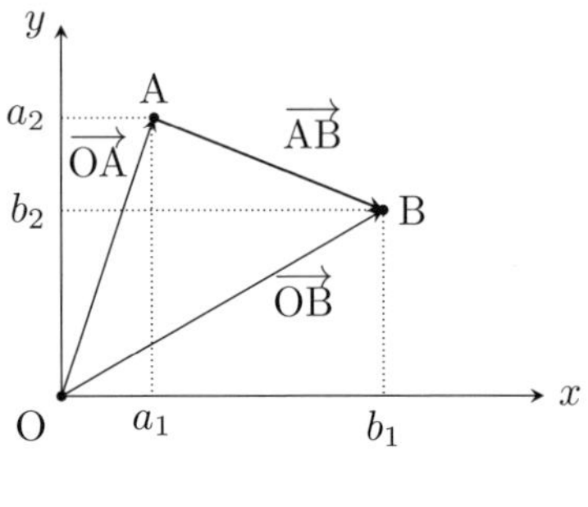

問い 2　例 2 のベクトル $\boldsymbol{a}$ と $\boldsymbol{b}$ で，以下の計算をして簡単にしてください．

(1) $\boldsymbol{b}-\boldsymbol{a}$,　(2) $\boldsymbol{b}-2\boldsymbol{e}_1$

答え 2

(1) $\boldsymbol{b}-\boldsymbol{a}=\begin{pmatrix}2\\0\end{pmatrix}-\begin{pmatrix}1\\1\end{pmatrix}=\begin{pmatrix}2-1\\-1\end{pmatrix}=\begin{pmatrix}1\\-1\end{pmatrix}$,

(2) $\boldsymbol{b}-2\boldsymbol{e}_1=\begin{pmatrix}2\\0\end{pmatrix}-2\begin{pmatrix}1\\0\end{pmatrix}=\begin{pmatrix}2-2\\0\end{pmatrix}=\begin{pmatrix}0\\0\end{pmatrix}=\boldsymbol{0}$

3.2　内積

ベクトルの和とスカラー倍の他に，実はベクトルの「積」も定義されています．ここでは図 5 に現れている 2 つのベクトルの関係を表す内積を紹介しましょう．

A　内積の定義

図 5　ベクトルの位置関係

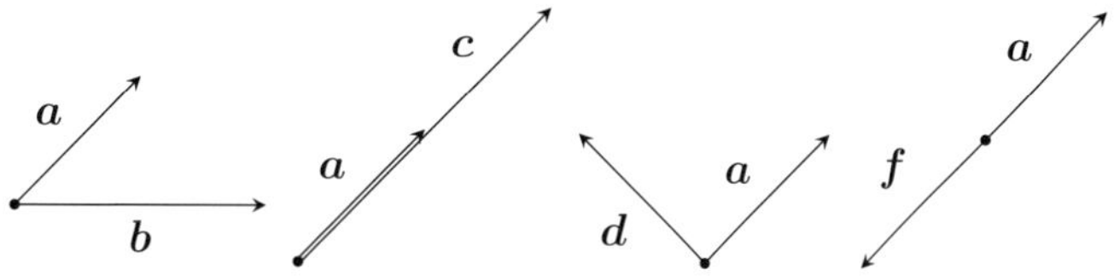

ベクトルは向きと大きさの 2 つの量を有しています．よって，ある 2 つのベクトルには様々な位置関係が考えられます．図 5 のベクトル $\boldsymbol{a}$ は，$\boldsymbol{b}$ とほぼ同じ方向を向いています．しかし，ベクトル $\boldsymbol{c}$ とは正確に同じ方向を向いていますが長さが違います．一方，$\boldsymbol{a}$ と $\boldsymbol{d}$ は垂直な関係になっています．また，$\boldsymbol{a}$ と $\boldsymbol{f}$ は長さが同じで正反対の向きです．

直観的に内積とは，いま見た様々な位置関係にある 2 つのベクトルがどの程度同じ向きにあるかを示す数値です．ほぼ同じ向きなら正で，反対向きなら負になるようにできています．まず定義を紹介しましょう．

内積 (2 次元)

ベクトル $\boldsymbol{a}=\begin{pmatrix}a_1\\a_2\end{pmatrix}$ と $\boldsymbol{b}=\begin{pmatrix}b_1\\b_2\end{pmatrix}$ の**内積** (inner product) とは，実数 $a_1b_1+a_2b_2$ のことをいう．内積を $\boldsymbol{a}\cdot\boldsymbol{b}$ と表す．

$$\boldsymbol{a}\cdot\boldsymbol{b}=\begin{pmatrix}a_1\\a_2\end{pmatrix}\cdot\begin{pmatrix}b_1\\b_2\end{pmatrix}=a_1b_1+a_2b_2 \tag{2}$$

内積は**スカラー積**，あるいは**点乗積**とも呼ばれます．ベクトルの各成分を掛けて足したものが内積です．内積とはあるスカラーであることに注意しましょう．数と数の積は数ですが，ベクトルの内積は性質が異なるスカラーになります．内積があれば外積もありますが，まずは内積の計算に慣れましょう．

例 3 次の計算をしてください．

(1) $\begin{pmatrix}1\\1\end{pmatrix}\cdot\begin{pmatrix}1\\1\end{pmatrix}$, (2) $\begin{pmatrix}1\\1\end{pmatrix}\cdot\begin{pmatrix}-2\\1\end{pmatrix}$, (3) $\begin{pmatrix}2\\0\end{pmatrix}\cdot\begin{pmatrix}2\\0\end{pmatrix}$, (4) $\begin{pmatrix}1\\1\end{pmatrix}\cdot\boldsymbol{e}_1$,

(5) $\boldsymbol{e}_1\cdot\boldsymbol{e}_2$, (6) $\begin{pmatrix}1\\1\end{pmatrix}\cdot\begin{pmatrix}1\\-1\end{pmatrix}$, (7) $\begin{pmatrix}x\\y\end{pmatrix}\cdot\mathbf{0}$

解答 3 答えは次のようになります．図 6 に各ベクトルが配置されています．

(1) $\begin{pmatrix}1\\1\end{pmatrix}\cdot\begin{pmatrix}1\\1\end{pmatrix}=1\cdot1+1\cdot1=2,$

(2) $\begin{pmatrix}1\\1\end{pmatrix}\cdot\begin{pmatrix}-2\\1\end{pmatrix}=1\cdot(-2)+1\cdot1=-1,$

(3) $\begin{pmatrix}2\\0\end{pmatrix}\cdot\begin{pmatrix}2\\0\end{pmatrix}=2\cdot2+0\cdot0=4,$

(4) $\begin{pmatrix}1\\1\end{pmatrix}\cdot\boldsymbol{e}_1=\begin{pmatrix}1\\1\end{pmatrix}\cdot\begin{pmatrix}1\\0\end{pmatrix}=1\cdot1+1\cdot0=1,$

(5) $\boldsymbol{e}_1\cdot\boldsymbol{e}_2=1\cdot0+0\cdot1=0,$ (6) $\begin{pmatrix}1\\1\end{pmatrix}\cdot\begin{pmatrix}1\\-1\end{pmatrix}=1\cdot1+1\cdot(-1)=0,$

(7) $\begin{pmatrix}x\\y\end{pmatrix}\cdot\mathbf{0}=x\cdot0+y\cdot0=0$

図 6　例 3 のベクトルの位置関係

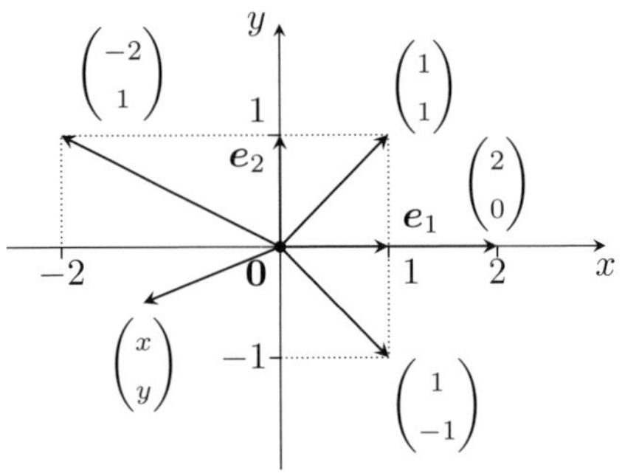

図 6 を見ながら各ベクトルの関係を確認しましょう．例 3 の (1) と (3) では，自分自身との内積は正になっています．(4) では似たような方向をもつベクトルとの内積は正になっています．また，(2) より反対方向では

負です．(5) と (6) より垂直なベクトルは内積が 0 になります．また (7) より，どんなベクトルでもゼロベクトルとの内積は 0 になります．

B　ベクトルの長さ

内積はベクトルの長さと深く関係しています．そもそも「長さ」とは何でしょうか？　平面ベクトルは矢印が付いた線分ですから，始点から終点までの**距離**を**長さ**としてよいでしょう．

では距離とは何でしょうか？　普通，東京から大阪までの距離は最も短い距離を答えます．新潟経由で大阪に行く距離を答える人はいませんね．図 7 の点 O から点 A を結んだ直線の長さを答えて，決して遠回りの点線の長さは答えません．

図 7　ベクトルの長さ

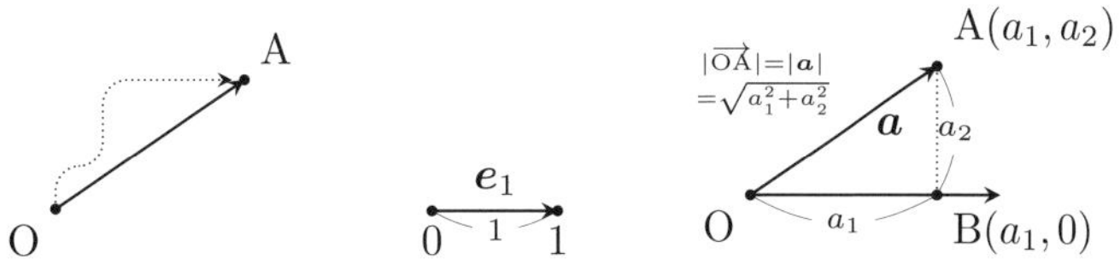

つまり，距離といえば最短距離になります．第 3.1.D 項 (p.39) で学んだ図 7 の基本ベクトルを基準として，その長さが 1 であるとします．ベクトルが有向線分で表されていれば，その長さがそのベクトルの長さです．ベクトル $\boldsymbol{a}$ の**長さ**を絶対値の記号を用いて

$$|\boldsymbol{a}|$$

と書き表します．ベクトルの長さをその**大きさ**，あるいは**ノルム**という場合もあります．図 7 のベクトル $\boldsymbol{a}$ の長さは，有向線分 OA の長さです．

ベクトル $\boldsymbol{a}$ の長さ $|\boldsymbol{a}|$ は**ピタゴラスの定理**により，以下のように計算できます．

$$\boldsymbol{a} = \begin{pmatrix} a_1 \\ a_2 \end{pmatrix} \quad \text{のとき} \quad |\boldsymbol{a}| = \sqrt{a_1^2 + a_2^2} \tag{3}$$

ピタゴラスの定理は別名**三平方の定理**とも呼ばれます．その定理を紹介しましょう．

ピタゴラスの定理

直角三角形における直角の頂点と向かいあっている辺である斜辺の長さ c と，他の辺の長さ a と b には以下の関係がある．

$$c^2 = a^2 + b^2 \tag{4}$$

図 8　ピタゴラスの定理

$c^2 = a^2 + b^2$

$\mathrm{AB}^2 = \mathrm{BC}^2 + \mathrm{CA}^2$

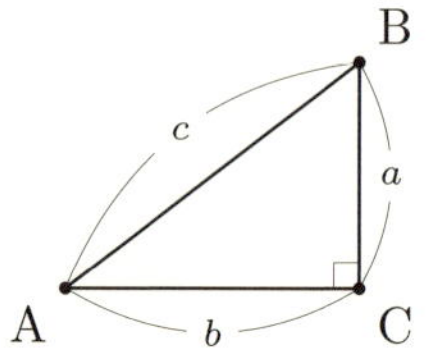

図 8 の三角形 ABC (これを $\triangle$ABC とします) において，辺の長さを $\mathrm{BC} = a$, $\mathrm{CA} = b$, $\mathrm{AB} = c$ とすると，以下が成り立ちます．

$$\mathrm{AB}^2 = \mathrm{BC}^2 + \mathrm{CA}^2$$

問い 3　図 8 における直角三角形について，以下の問題に答えてください．
(1)　$a = 3, b = 4$ のときの c の値，(2)　$c = 10, a = 6$ のときの b の値，(3)　$c = 1, a = 1/2$ のときの b の値，(4)　$c = 1, a = b$ のときの a の値，(5)　$c = 1, a = \sqrt{3}/2$ のときの b の値

答え 3　(1)　$c = \sqrt{3^2 + 4^2} = \sqrt{9 + 16} = \sqrt{25} = 5$, (2)　$b = \sqrt{c^2 - a^2}$ から $b = \sqrt{10^2 - 6^2} = \sqrt{100 - 36} = \sqrt{64} = 8$, (3)　$b = \sqrt{1^2 - (1/2)^2} = \sqrt{1 - 1/4} = \sqrt{3/4} = \sqrt{3}/2$, (4)　ピタゴラスの定理から $1^2 = a^2 + a^2$ となり，これを解くと $2a^2 = 1 \iff a^2 = 1/2$ から $a = b = \sqrt{2}/2$, (5)　$b = \sqrt{1^2 - (\sqrt{3}/2)^2} = \sqrt{1 - 3/4} = \sqrt{1/4} = 1/2$

このピタゴラスの定理を使うと長さが分かります．図 7 の線分 OA を斜辺とする三角形において，$\mathrm{OA}^2 = \mathrm{OB}^2 + \mathrm{AB}^2$ が成り立ちます．よって，長さは負にはならないので，ベクトルの長さ (3) が求まります．

$$\mathrm{OA}^2 = a_1^2 + a_2^2 \quad \iff \quad \mathrm{OA} = \sqrt{a_1^2 + a_2^2}$$

例 4　ベクトル $\boldsymbol{a} = \begin{pmatrix} 1 \\ 1 \end{pmatrix}$ と $\boldsymbol{b} = \begin{pmatrix} 2 \\ 0 \end{pmatrix}$ の長さを求めてください．

解答 4　答えは次のようになります．

$$|\boldsymbol{a}| = \left|\begin{pmatrix}1\\1\end{pmatrix}\right| = \sqrt{1^2+1^2} = \sqrt{2}, \quad |\boldsymbol{b}| = \left|\begin{pmatrix}2\\0\end{pmatrix}\right| = \sqrt{2^2+0^2} = \sqrt{4} = 2$$

同様にピタゴラスの定理を用いて，図 9 に描かれている 2 点 A, B を結ぶベクトル $\overrightarrow{\mathrm{AB}}$ の長さは以下のようになります．

$$|\overrightarrow{\mathrm{AB}}| = \sqrt{(b_1-a_1)^2+(b_2-a_2)^2} \tag{5}$$

図 9　2 点を結ぶベクトル

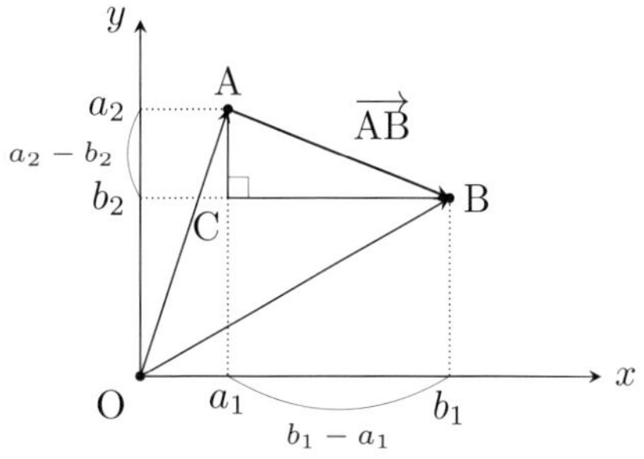

図 9 の点線の交点を C とすると，三角形 ABC は直角三角形になります．そして，この図における辺 AC の長さは $a_2 - b_2$ であり，辺 BC の長さは $b_1 - a_1$ となり，ピタゴラスの定理を適用すると (5) が求まります．

例 5　点 P(3, 7) から Q(1, 2) へのベクトルとその長さを求めてください．

解答 5　ベクトル $\overrightarrow{\mathrm{PQ}}$ とその長さ $|\overrightarrow{\mathrm{PQ}}|$ は以下になります．

$$\overrightarrow{\mathrm{PQ}} = \overrightarrow{\mathrm{OQ}} - \overrightarrow{\mathrm{OP}} = \begin{pmatrix}1\\2\end{pmatrix} - \begin{pmatrix}3\\7\end{pmatrix} = \begin{pmatrix}1-3\\2-7\end{pmatrix} = \begin{pmatrix}-2\\-5\end{pmatrix},$$

$$|\overrightarrow{\mathrm{PQ}}| = \left|\begin{pmatrix}-2\\-5\end{pmatrix}\right| = \sqrt{(-2)^2+(-5)^2} = \sqrt{29}$$

図 7 と図 9 にあるベクトルの長さの公式 (3), (5) をまとめておきます．

ベクトルの長さと 2 点間の距離

点 $\mathrm{A}(a_1, a_2)$ とその位置ベクトル $\boldsymbol{a}$ と点 $\mathrm{B}(b_1, b_2)$ が与えられている．ベクトル $\boldsymbol{a}$ の長さと点 A から点 B への距離は以下になる．

$$|\boldsymbol{a}| = \sqrt{a_1^2+a_2^2}, \qquad |\overrightarrow{\mathrm{AB}}| = \sqrt{(b_1-a_1)^2+(b_2-a_2)^2}$$

C 内積と長さ

内積の話題に戻ります．内積と長さの関係を調べましょう．例 3(1), (3) と例 4 をよく見ると，自分自身との内積は長さの 2 乗になっていることが分かります．

$$\boldsymbol{a}\cdot\boldsymbol{a}=\begin{pmatrix}1\\1\end{pmatrix}\cdot\begin{pmatrix}1\\1\end{pmatrix}=2,\quad |\boldsymbol{a}|=\sqrt{2},\quad \boldsymbol{b}\cdot\boldsymbol{b}=\begin{pmatrix}2\\0\end{pmatrix}\cdot\begin{pmatrix}2\\0\end{pmatrix}=4,\quad |\boldsymbol{b}|=2$$

これは内積の定義 (2) を振り返れば明らかです．

$$\boldsymbol{a}\cdot\boldsymbol{a}=a_1a_1+a_2a_2=a_1^2+a_2^2 \tag{6}$$

2 乗されてベクトルの長さ (3) の $\sqrt{a_1^2+a_2^2}$ にある平方根が取れました．つまり，同じベクトルの内積は，その長さが 2 回掛けられた値です．

$$\boldsymbol{a}\cdot\boldsymbol{a}=|\boldsymbol{a}|\cdot|\boldsymbol{a}|=|\boldsymbol{a}|^2 \tag{7}$$

これは「積」の直観的な意味を表しているといえるのではないでしょうか？

このことから反対に，ベクトルの長さは同じベクトル同士の内積の平方根になります．つまり，ベクトルの長さはその内積の平方根です．

内積による長さの定義

$$|\boldsymbol{a}|=\sqrt{\boldsymbol{a}\cdot\boldsymbol{a}}$$

次に，同じ向きで長さが 2 倍のベクトルの内積を考えましょう．

例 6 ベクトル $\boldsymbol{a}=\begin{pmatrix}1\\1\end{pmatrix}$ と $\boldsymbol{c}=\begin{pmatrix}2\\2\end{pmatrix}$ の内積とそれぞれの長さを求めてください．それらはどのような関係にあるのでしょうか？

解答 6 内積は長さの積 $\boldsymbol{a}\cdot\boldsymbol{c}=|\boldsymbol{a}|\cdot|\boldsymbol{c}|$ になります．

$$\boldsymbol{a}\cdot\boldsymbol{c}=\begin{pmatrix}1\\1\end{pmatrix}\cdot\begin{pmatrix}2\\2\end{pmatrix}=1\cdot2+1\cdot2=4,\quad |\boldsymbol{a}|=\sqrt{\boldsymbol{a}\cdot\boldsymbol{a}}=\sqrt{1+1}=\sqrt{2},$$
$$|\boldsymbol{c}|=\sqrt{\boldsymbol{c}\cdot\boldsymbol{c}}=\sqrt{2^2+2^2}=2\sqrt{2},\quad |\boldsymbol{a}|\cdot|\boldsymbol{c}|=\sqrt{2}\cdot2\sqrt{2}=4$$

同じ向きであれば内積は長さの積であり，特に同じベクトルであれば長さの 2 乗であることが分かりました．では逆向きではどうでしょうか？

例 7 ベクトル $\boldsymbol{a} = \begin{pmatrix} 1 \\ 1 \end{pmatrix}$ とその反対向きのベクトル $\boldsymbol{f} = \begin{pmatrix} -1 \\ -1 \end{pmatrix}$ の内積とそれぞれの長さの関係を調べてください．

解答 7 内積は長さの積にマイナスを掛けた値 $\boldsymbol{a} \cdot \boldsymbol{f} = -|\boldsymbol{a}| \cdot |\boldsymbol{f}|$ になります．

$$\boldsymbol{a} \cdot \boldsymbol{f} = \begin{pmatrix} 1 \\ 1 \end{pmatrix} \cdot \begin{pmatrix} -1 \\ -1 \end{pmatrix} = 1 \cdot (-1) + 1 \cdot (-1) = -2,$$
$$|\boldsymbol{a}| = \sqrt{1^2 + 1^2} = \sqrt{2},\ |\boldsymbol{f}| = \sqrt{\boldsymbol{f} \cdot \boldsymbol{f}} = \sqrt{(-1)^2 + (-1)^2} = \sqrt{2},$$
$$-|\boldsymbol{a}| \cdot |\boldsymbol{f}| = -\sqrt{2} \cdot \sqrt{2} = -2$$

反対向きであれば長さの積にマイナスを乗じた値になりました．これも向きが逆なので，「積」のイメージを有しているといえるのではないでしょうか？　しかし，例 3 で学んだように，内積は他にも 0 などの多様な値を取ります．

D　平行なベクトル

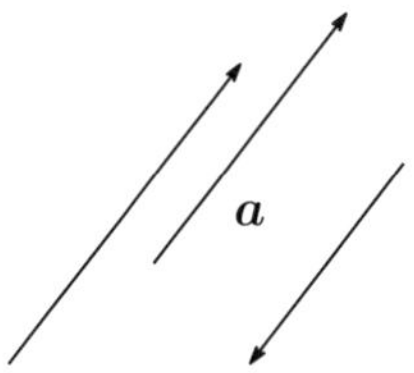

前項で見た同じ向きや逆向きのベクトルは，欄外の図のような平行なベクトルです．例 6 や例 7 で計算したように，ゼロベクトルではない 2 つのベクトル $\boldsymbol{a}$ と $\boldsymbol{b}$ が同じ向きか反対の向きをもつとき，このベクトル $\boldsymbol{a}$ と $\boldsymbol{b}$ は**平行**であるといいます．このことを記号で $\boldsymbol{a} \parallel \boldsymbol{b}$ とか $\boldsymbol{a} /\!/ \boldsymbol{b}$ と書き表します．

ベクトルの平行

ゼロベクトルではない $\boldsymbol{a}$ と $\boldsymbol{b}$ が互いに**平行**であるとは，次のスカラー k が存在することである．

$$\boldsymbol{a} \parallel \boldsymbol{b} \quad \Longleftrightarrow \quad \boldsymbol{b} = k\boldsymbol{a} \quad (k \neq 0) \tag{8}$$

2 つのベクトルが平行ではないとき，$\boldsymbol{a} \nparallel \boldsymbol{b}$ と書き表します．明らかにスカラー倍の定義により，$\boldsymbol{a}(\neq \boldsymbol{0})$ と $k(\neq 0)$ に対して，$\boldsymbol{a}$ と $k\boldsymbol{a}$ は平行です．このとき，両ベクトルが同じ向きならば $k > 0$ であり，逆向きならば $k < 0$ となります．

平行なベクトルは $\boldsymbol{b} - k\boldsymbol{a} = \boldsymbol{0}$ と書き換えられるので，第 2 章の 1 次従属の定義 (3) (p.31) から，$\boldsymbol{a}$ と $\boldsymbol{b}$ は 1 次従属です．ゼロベクトルでないとき逆も成り立ちます．この状況では**平行と 1 次従属は同値である**ことが分かります．

平行なベクトル $\boldsymbol{a}$ と $\boldsymbol{b}$ を用いて，第 2 章 (p.30) で学んだ 1 次結合 (2) $c_1\boldsymbol{a} + c_2\boldsymbol{b}$ を考えます．この 1 次結合は，平面ベクトルの 2 つのベクトルであるのに直線 $c_1\boldsymbol{a} + c_2\boldsymbol{a}$ しか表現できないことが分かります．一方，基本ベクトル $\{\boldsymbol{e}_1, \boldsymbol{e}_2\}$ は 1 次独立ですべてのベクトルを表現できます．

例 6 の同じ向きのベクトルでは，$\boldsymbol{a} \cdot \boldsymbol{c} = |\boldsymbol{a}| \cdot |\boldsymbol{c}|$ となりました．また，例 7 の反対向きのベクトルでは，$\boldsymbol{a} \cdot \boldsymbol{f} = -|\boldsymbol{a}| \cdot |\boldsymbol{f}|$ となりました．長さの積に符号が付いています．つまり，平行であるベクトルの内積は，同じ向きであれば長さの積であり，逆向きであればそれにマイナスの符号が付くことが分かりました (練習問題 1).

E 直交ベクトル

内積の便利な点はベクトルのなす角を表現できることです．特に垂直な 2 つのベクトルの内積は 0 になります．図 10 のベクトル $\boldsymbol{a} = \begin{pmatrix} 1 \\ 1 \end{pmatrix}$ と $\boldsymbol{d} = \begin{pmatrix} -1 \\ 1 \end{pmatrix}$ は始点を共有しており，それらの間の角度は直角です．このようなとき，ベクトル $\boldsymbol{a}$ と $\boldsymbol{d}$ は**直交する** (orthogonal) といいます．あるいは $\boldsymbol{a}$ は $\boldsymbol{d}$ に**垂直** (perpendicular) であるといいます．

図 10 直交ベクトルの内積

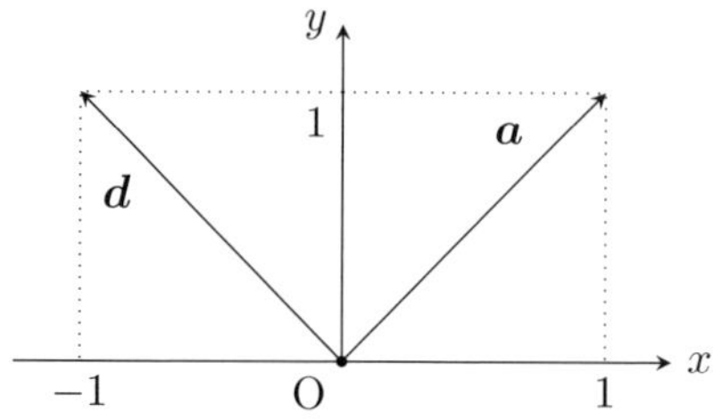

このとき内積はゼロになります．

$$\boldsymbol{a} \cdot \boldsymbol{d} = \begin{pmatrix} 1 \\ 1 \end{pmatrix} \cdot \begin{pmatrix} -1 \\ 1 \end{pmatrix} = 1 \cdot (-1) + 1 \cdot 1 = 0$$

例 3 の (5) で計算したように，基本ベクトル同士は直交しています．また，例 3 の (7) からゼロベクトルは任意のベクトルと直交します．

$$\boldsymbol{e}_1 \cdot \boldsymbol{e}_2 = 0, \quad \begin{pmatrix} x \\ y \end{pmatrix} \cdot \boldsymbol{0} = 0$$

内積ゼロを，あるベクトルが他のベクトルと直交することの定義としましょう．この定義はゼロベクトルを排除してはいません．ゼロベクトルはすべてのベクトルと直交するベクトルです．

直交ベクトル

ベクトル $\boldsymbol{a}$ と $\boldsymbol{b}$ が**直交する**とは，その内積が 0 であることである．直交することを ⊥ で表せば，

$$\boldsymbol{a} \perp \boldsymbol{b} \iff \boldsymbol{a} \cdot \boldsymbol{b} = 0$$

平行と 1 次従属の関係を前項で述べました．次に直交性と 1 次独立性の関係を述べましょう．明らかに図 10 のベクトル $\boldsymbol{a}$ と $\boldsymbol{d}$ は 1 次従属ではありません．つまり 1 次独立になります．一般に直交するベクトルは独立になります (練習問題 7)．

F　単位ベクトル

ベクトルのスカラー倍の長さをさらに考えてみましょう．

$$|\boldsymbol{c}| = \left|\begin{pmatrix} 2 \\ 2 \end{pmatrix}\right| = \sqrt{2^2 + 2^2} = 2\sqrt{2},$$

$$|\boldsymbol{c}| = |2\boldsymbol{a}| = 2|\boldsymbol{a}| = 2\left|\begin{pmatrix} 1 \\ 1 \end{pmatrix}\right| = 2 \cdot \sqrt{2} = 2\sqrt{2},$$

$$|-\boldsymbol{e}_1| = \left|\begin{pmatrix} -1 \\ 0 \end{pmatrix}\right| = \sqrt{(-1)^2 + 0^2} = 1,$$

$$|-\boldsymbol{e}_1| = |-1||\boldsymbol{e}_1| = |\boldsymbol{e}_1| = 1$$

よって，あるベクトルをスカラー倍したベクトルについて次が成り立ちます．

$$|c\boldsymbol{a}| = |c||\boldsymbol{a}|$$

右辺の最初の絶対値の記号はスカラーの絶対値で，2 番目はベクトルの長さです．

ゼロベクトルではないあるベクトル $\boldsymbol{a}$ の向きだけを考えるときに，その長さを基準化します．ベクトルの長さの逆数 $1/|\boldsymbol{a}|$ を掛けて生まれたベクトル $\dfrac{1}{|\boldsymbol{a}|}\boldsymbol{a}$ は，長さが 1 になります．

$$\left|\frac{1}{|\boldsymbol{a}|}\boldsymbol{a}\right| = \left|\frac{1}{|\boldsymbol{a}|}\right||\boldsymbol{a}| = \frac{1}{|\boldsymbol{a}|}|\boldsymbol{a}| = 1$$

このような長さが 1 のベクトルを**単位ベクトル**といいます．ベクトル $\boldsymbol{a}$ を長さ 1 のベクトル $\dfrac{1}{|\boldsymbol{a}|}\boldsymbol{a}$ にすることを**正規化**と呼びます． $\dfrac{1}{|\boldsymbol{a}|} > 0$ ですので，ベクトル $\boldsymbol{a}$ とベクトル $\dfrac{1}{|\boldsymbol{a}|}\boldsymbol{a}$ は同じ方向を向いています．

同じ向きの単位ベクトル

ゼロベクトルではないベクトル $\boldsymbol{a}$ の単位ベクトル $\dfrac{1}{|\boldsymbol{a}|}\boldsymbol{a}$ は，$\boldsymbol{a}$ と同じ向きである．

基本ベクトルの組 $\{\boldsymbol{e}_1, \boldsymbol{e}_2\}$ は，第 3.1.D 項で学んだように基底と呼ばれています．それらは長さ 1 の単位ベクトル (正規化されたもの) です．さらに，直交している座標において各軸の正の方向を向いています．このとき，基本ベクトルの組 $\{\boldsymbol{e}_1, \boldsymbol{e}_2\}$ は 2 次元ベクトル空間において**正規直交基底**と呼ばれます．

例 8 次のベクトルを正規化してください．

$$\boldsymbol{a} = \begin{pmatrix} 1 \\ 1 \end{pmatrix}, \ \boldsymbol{b} = \begin{pmatrix} 2 \\ 0 \end{pmatrix}, \ \boldsymbol{c} = \begin{pmatrix} 2 \\ 2 \end{pmatrix}$$

解答 8 計算は次のようになります．ベクトル $\boldsymbol{a}$ に対し

$$|\boldsymbol{a}| = \left|\begin{pmatrix} 1 \\ 1 \end{pmatrix}\right| = \sqrt{1^2 + 1^2} = \sqrt{2}, \quad \frac{1}{|\boldsymbol{a}|}\boldsymbol{a} = \frac{1}{\sqrt{2}}\begin{pmatrix} 1 \\ 1 \end{pmatrix} = \begin{pmatrix} \frac{1}{\sqrt{2}} \\ \frac{1}{\sqrt{2}} \end{pmatrix},$$

$$\therefore \quad \left|\frac{1}{|\boldsymbol{a}|}\boldsymbol{a}\right| = \sqrt{\left(\frac{1}{\sqrt{2}}\right)^2 + \left(\frac{1}{\sqrt{2}}\right)^2} = 1$$

したがって，ベクトル $\boldsymbol{a}$ を正規化すると，$\dfrac{1}{|\boldsymbol{a}|}\boldsymbol{a}$ となります．同様に，ベクトル $\boldsymbol{b}$ に対し

$$|\boldsymbol{b}| = \left|\begin{pmatrix} 2 \\ 0 \end{pmatrix}\right| = \sqrt{2^2 + 0^2} = 2, \quad \frac{1}{|\boldsymbol{b}|}\boldsymbol{b} = \frac{1}{2}\begin{pmatrix} 2 \\ 0 \end{pmatrix} = \begin{pmatrix} 1 \\ 0 \end{pmatrix}$$

$$\therefore \quad \left|\frac{1}{|\boldsymbol{b}|}\boldsymbol{b}\right| = \sqrt{1^2 + 0^2} = 1$$

したがって，ベクトル $\boldsymbol{b}$ を正規化すると，$\dfrac{1}{|\boldsymbol{b}|}\boldsymbol{b}$ となります．同様に，ベクトル $\boldsymbol{c}$ に対し

$$|\boldsymbol{c}| = \left|\begin{pmatrix} 2 \\ 2 \end{pmatrix}\right| = \sqrt{2^2 + 2^2} = 2\sqrt{2}, \quad \frac{1}{|\boldsymbol{c}|}\boldsymbol{c} = \frac{1}{2\sqrt{2}}\begin{pmatrix} 2 \\ 2 \end{pmatrix} = \begin{pmatrix} \frac{1}{\sqrt{2}} \\ \frac{1}{\sqrt{2}} \end{pmatrix}$$

$$\therefore \quad \left|\frac{1}{|\boldsymbol{c}|}\boldsymbol{c}\right| = \sqrt{\left(\frac{1}{\sqrt{2}}\right)^2 + \left(\frac{1}{\sqrt{2}}\right)^2} = 1$$

したがって，ベクトル $\boldsymbol{c}$ を正規化すると，$\dfrac{1}{|\boldsymbol{c}|}\boldsymbol{c}$ となります．

3.3　内積と角度

第 3.2 節の第 C, E 項では，同じ向きや直交するベクトルの内積を学びました．一般のベクトルとの関係を知るには，「角度」について数学的に扱う必要があります．この部分が分かりにくいと感じる人は，必要になったら読んでみるとよいでしょう．

A　角度とは何か

内積はベクトルのなす角度と関係していると述べましたが，数学的な角度を紹介します．私たちは分度器で直角は 90 度などといっています．これは人間の都合であり，数のシステムにはあまり馴染みません．一回りを 360° とする**度数法**を私たちは用いています．しかし，数学では角度を表すのには**弧度法**を用います．弧度法を説明しましょう．

図 11　角度とは

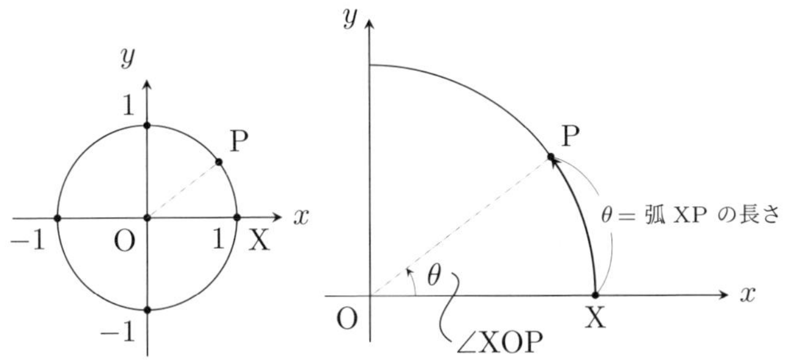

中心が原点 O にあり半径が 1 の円を描きます．この円を**単位円**といいます．図 11 のように第 1 象限にある単位円と x 軸との交点 X(1, 0) を取って，その点を円周上を左回りに動かします．図の点 P に来たときに線分 OX と線分 OP との角度 ∠XOP を考えましょう．この角度を動かすと，円周の一部である弧 XP の長さも比例して動きます．そこで角 ∠XOP と弧 XP の長さを同一視します．これが弧度法です．

ここで**円周率** π を思い出しましょう．

$$\text{円周率}\pi = \frac{\text{円周の長さ}}{\text{直径の長さ}} = 3.14159265\cdots$$

この π は循環しない無限小数で表される無理数であることが知られています．この小数表記が終わることなく続き，かつ循環する部分が存在しません．**無理数**は分数で表すことができない数です．

単位円の直径の長さは 2 なので，その円周の長さは 2π になります．半円の周の長さは π，つまり大体 3.14 です．正反対に向くことを 180° といいますが，その代わりに $\pi \simeq 3.14$ と表記して正反対の方向を示すのが**弧度法**です．ちなみに，この記号 $\simeq$ は大体等しいことを意味します．中学高校で使った ≒ と同じです．

角をギリシャ文字 θ で表します．θ はシータ，またはセータと発音します．x 軸と y 軸のなす角度は直角です．その間の弧は円周の 4 分の 1 ですから，弧度法の直角は $\pi/2$ です．図 11 の角 $\angle$XOP の場合は正です．反対回りに点 P が第 4 象限へ動いた場合の角の符号は負とします．つまり，線分 OX と y 軸の負の方向の角は $-\pi/2$ となる訳です．よく用いられる具体的な角度を表 1 に表しておきます．

表 1　弧度法と度数法の対応

弧度法 θ	0	$\frac{\pi}{6}$	$\frac{\pi}{4}$	$\frac{\pi}{3}$	$\frac{\pi}{2}$	$\frac{3\pi}{4}$	π	$\frac{3\pi}{2}$	2π
度数法	0	30°	45°	60°	90°	135°	180°	270°	360°

分度器の目盛りから解放され数学的に取り扱いが容易になりました．要は

角度は数だ！　弧の長さだ！

半径 1 の円周の半分の長さである π の何倍かで角度を表します．

B　三角関数

前項では単位円上の点を動かして角を求めました．ここでは与えられた角から単位円上の点の座標を求めます．

図 12 三角関数

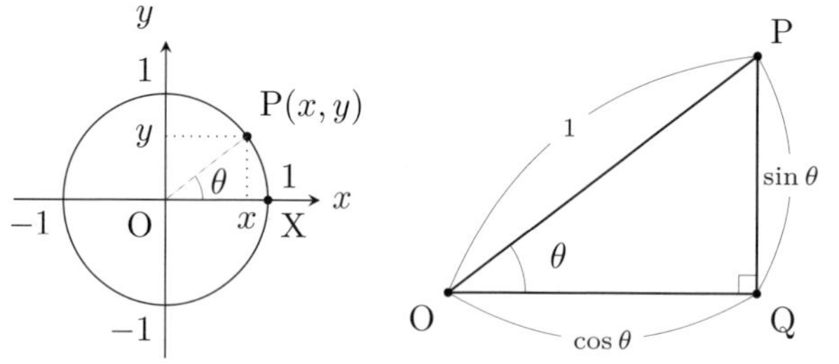

図 12 の単位円上の点 X から左回りに角 θ だけ回転した位置にある，単位円上の点 P を取ります．点 P の座標を (x, y) とします．点 P の各座標は角 θ のみにより定まります．ですから，角 θ から点 P のタテの座標 y への対応を考えることができます．ある θ に対して，単位円周上に角 $\angle\mathrm{XOP} = \theta$ となる点 P の y 座標を指定する関数を**正弦**，または**サイン** (sine) といい，記号 $\sin\theta$ で表します．

同様に，θ から x への対応を**余弦**，または**コサイン** (cosine) といい，記号 $\cos\theta$ も定めます．さらに，θ から座標の比 y/x への対応を**正接**，ま

たは**タンジェント** (tangent) と呼び，記号 $\tan\theta$ で表記します．ただし，$x=0$ のとき $\tan\theta$ は定義されません．これらを総称して**三角関数**といいます．

三角関数はサイン，コサイン，タンジェントと呼ぶのが普通です．その変数は関数 $f(x)$ と異なりギリシャ文字であり，それをカッコで括ることはあまりしません．

三角関数

原点 O から伸びた単位円周上の点 $\mathrm{P}(x,y)$ と点 $\mathrm{X}(1,0)$ との角を θ とすると，以下が成り立つ．ただし，$x=0$ の場合は $\tan\theta$ は定義されない．

$$\cos\theta = x, \qquad \sin\theta = y, \qquad \tan\theta = \frac{y}{x}$$

この三角関数の定義により，図 12 の点 P の座標は点 $\mathrm{P}(\cos\theta, \sin\theta)$ と表せます．それは単位円周上の点 $(x^2+y^2=1)$ ですから，次が成り立ちます．

$$\sin^2\theta + \cos^2\theta = 1 \tag{9}$$

ここで $\sin^2\theta$ などは $(\sin\theta)^2$ の略です．図 12 の右より，これはピタゴラスの定理ですね．サインとコサインの値の範囲も単位円の性質から以下になります．

$$-1 \le \sin\theta \le 1, \qquad -1 \le \cos\theta \le 1$$

また $\tan\theta$ は $\cos\theta \neq 0$ のとき，(9) を $\cos^2\theta$ で割ることにより以下の関係になります．

$$\tan^2\theta = \frac{1}{\cos^2\theta} - 1$$

よく用いられる三角関数の値を表 2 に掲げておきましょう．

表 2　三角関数の値

θ	0	$\frac{\pi}{6}$	$\frac{\pi}{4}$	$\frac{\pi}{3}$	$\frac{\pi}{2}$	$\frac{2\pi}{3}$	$\frac{3\pi}{4}$	$\frac{5\pi}{6}$	π
$\sin\theta$	0	$\frac{1}{2}$	$\frac{\sqrt{2}}{2}$	$\frac{\sqrt{3}}{2}$	1	$\frac{\sqrt{3}}{2}$	$\frac{\sqrt{2}}{2}$	$\frac{1}{2}$	0
$\cos\theta$	1	$\frac{\sqrt{3}}{2}$	$\frac{\sqrt{2}}{2}$	$\frac{1}{2}$	0	$-\frac{1}{2}$	$-\frac{\sqrt{2}}{2}$	$-\frac{\sqrt{3}}{2}$	-1
$\tan\theta$	0	$\frac{\sqrt{3}}{3}$	1	$\sqrt{3}$	未定義	$-\sqrt{3}$	-1	$-\frac{\sqrt{3}}{3}$	0

これらの値はすでに計算していますね？　問い 3(p.44) をもう一度よく見てください．図 12 の三角形 OPQ は直角三角形ですから，ピタゴラスの定理で辺の長さが分かります．

問い 4　問い 3 で計算した値と表 2 の値を確認してください．
(1) $\cos\dfrac{\pi}{6}$ と問い 3(3) の値，(2) $\cos\dfrac{\pi}{4}$ と問い 3(4) の値，(3) $\cos\dfrac{\pi}{3}$ と問い 3(5) の値

一般の半径 r をもつ円と三角関数の関係を図 13 で説明しましょう．円はすべて相似ですから，半径が r 倍されると点 P は点 R に延長されます．その点の座標を (x', y') とすると，その座標は点 P の (x, y) から r 倍されます．よって，$x' = rx$ と $y' = ry$ が成り立ちます．つまり，半径が拡大された座標は $x' = r\cos\theta$ と $y' = r\sin\theta$ になります．よって，以下が成り立ちます．

図 13 一般の円と三角関数

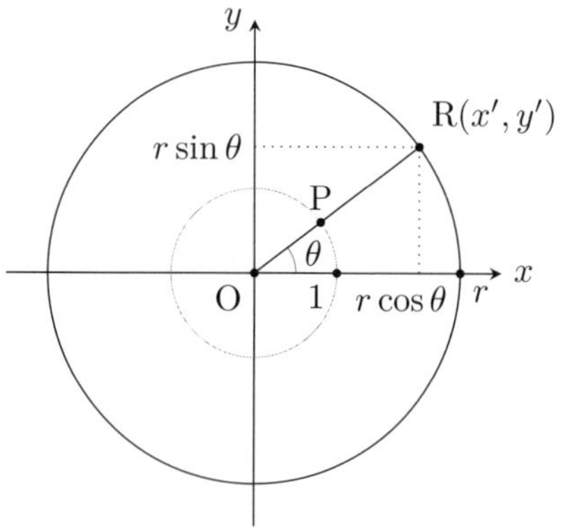

$$\cos\theta = \frac{x'}{r}, \qquad \sin\theta = \frac{y'}{r}, \qquad \tan\theta = \frac{y'}{x'} \tag{10}$$

ここで角 θ はあくまで単位円の弧の長さであることに注意しましょう．

以上の考察から，$\sin\theta$ と $\cos\theta$ のグラフ $(0 \leq \theta \leq 2\pi)$ は図 14 になります．単位円上の点の各座標と，このグラフの形状がイメージできるでしょうか？

C 直線の傾きと tan

直線 $y = ax + b$ の傾きは a であることを第 1 章 (p.14) で学びました．傾きは直線の傾斜の度合いを意味しますので，第 A 項で学んだ角度 θ と関連があります．

この直線の傾きと三角関数の関係を調べてみましょう．図 15 のよう

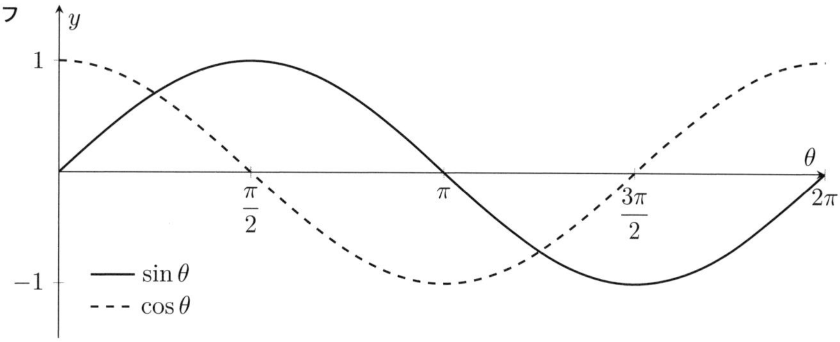

図 14 三角関数のグラフ

に，直線と直線の y 切片から x 軸に平行に引いた半直線との角度を θ とします．

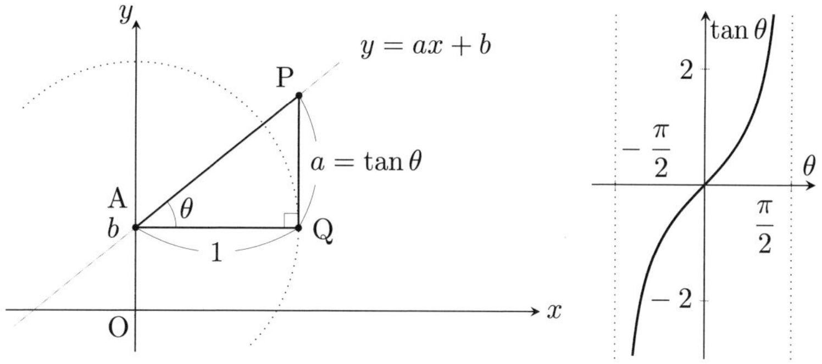

図 15 直線の傾き a と $\tan\theta$

図 15 のように y 切片から底辺が 1 となる △APQ を考えると，傾きの定義より高さが a の直角三角形が現れます．この直角三角形に三角関数の定義をあてはめると，以下になります．

$$\tan\theta = \frac{\sin\theta}{\cos\theta} = \frac{y}{x} = \frac{a}{1} = a$$

つまり直線の傾きと $\tan\theta$ は等しいことが分かりました．表 2 より $\tan 0 = 0$ ですから，傾きゼロの水平な直線でもこの関係が成り立ちます．

直線の傾きと角度

直線の傾き a と，直線と x 軸の正の向きとのなす角 θ には，以下の関係がある．

$$a = \tan\theta$$

例 9

傾き 1 の角度 θ を表 2 から求めてください．直線 $y = \sqrt{3}x$ と x 軸の正の向

きとのなす角 θ を求めて，次に表 1 からそれを度数法で表示してください．

解答 9 表 2 から $1 = \tan\theta$ を満たす θ は $\dfrac{\pi}{4}$ であることが分かります．x が 1 増えるとき y は 1 増えるので，それは $\theta = \dfrac{\pi}{4}$，つまり 45° ですね．次に $\sqrt{3} = \tan\theta$ を満たすのは，$\theta = \dfrac{\pi}{3}$ であることが分かります．表 1 からそれは 60° に等しいことが分かります．

図 15 から $\tan\theta$ のグラフの形状を考えます．角 θ は $-\pi/2 < \theta < \pi/2$ の範囲を動くとすると，この関数値は傾きの範囲 $(-\infty < a < \infty)$ をすべてカバーできます．角 θ が垂直 $(\pi/2)$ に近づけば近づくほど，傾きは限りなく大きくなります．反対に，角が y 軸の負の向き $(-\pi/2)$ に近づけば近づくほど，それは限りなく小さくなります．よって，$\tan\theta$ のグラフは図 15 の右のようになります．

図 14 の $y = \cos\theta$ のグラフから理解できるように，角度を $0 \leq \theta \leq \pi$ に限ると，関数 $\cos\theta$ は単調減少となります．任意の値 $y \in [-1, 1]$ はただ 1 つの角 θ に対応します．したがって，この範囲において関数 $\cos\theta$ は，$[0, \pi]$ と $[-1, 1]$ のあいだで 1 対 1 かつすべての値を取る対応です．つまり，この関数 $\cos\theta$ は全単射になります．

全単射
→ p.147

D 内積と角度の関係

ついに内積と角度の一般的な関係を述べることができます！

図 16 内積と角度

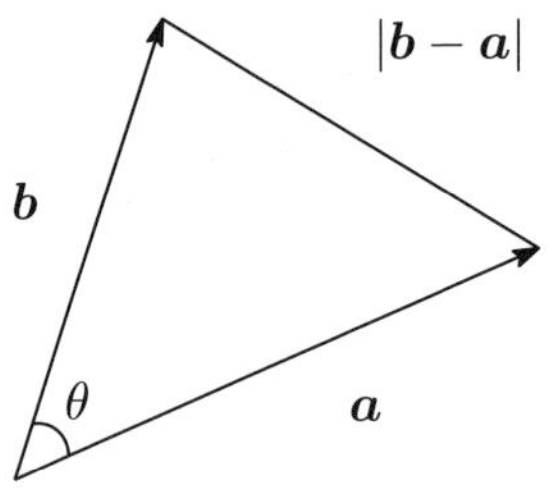

内積と角度

2 つのゼロベクトルではないベクトル $\boldsymbol{a}$ と $\boldsymbol{b}$ のなす角を θ とする．ただし，$0 \leq \theta \leq \pi$ とする．$\boldsymbol{a}$ と $\boldsymbol{b}$ の内積はその長さと θ により表現できる．

$$\boldsymbol{a} \cdot \boldsymbol{b} = |\boldsymbol{a}||\boldsymbol{b}| \cos\theta \tag{11}$$

同じ方向を向いていれば $\cos 0 = 1$ であり，長さを掛けるだけとなります．その計算は例 6 などでやりましたね．また垂直な関係であれば $\cos\frac{\pi}{2}=0$ であり，その内積は 0 です．その計算は例 3 の (5) や (6) で計算しましたね．このようにこれまでの計算と整合的な定義になっています．

例 10　次の 2 つのベクトルの内積を求めてください．
(1)　$|\boldsymbol{a}|=\sqrt{2},\ |\boldsymbol{b}|=2,\ \theta_1=\frac{\pi}{4}$,　(2)　$|\boldsymbol{c}|=2\sqrt{2},\ |\boldsymbol{d}|=\sqrt{2},\ \theta_2=\frac{\pi}{2}$

解答 10
(1)　$|\boldsymbol{a}||\boldsymbol{b}|\cos\theta_1=\sqrt{2}\cdot2\cdot\cos\frac{\pi}{4}=\sqrt{2}\cdot2\cdot\frac{\sqrt{2}}{2}=2,$
(2)　$|\boldsymbol{c}||\boldsymbol{d}|\cos\theta_2=2\sqrt{2}\cdot\sqrt{2}\cdot\cos\frac{\pi}{2}=2\sqrt{2}\cdot\sqrt{2}\cdot0=0$

反対にこの内積から角度を定義する流儀もあります．ベクトルが与えられたときに角度の計算の仕方は次のようになります．

内積と角度 2

2 つのゼロベクトルではないベクトル $\boldsymbol{a}$ と $\boldsymbol{b}$ のなす角 θ を，以下のように定義する．

$$\cos\theta=\frac{\boldsymbol{a}\cdot\boldsymbol{b}}{|\boldsymbol{a}||\boldsymbol{b}|}\qquad(0\leq\theta\leq\pi)\tag{12}$$

2 つのベクトルの内積は，それらの方向の類似性を示します．しかし，長いベクトルもあれば短いベクトルもあります．そこで内積をそれらの長さで割ります．つまり，両方のベクトルの長さを 1 に基準化したときの関連性を $\cos\theta$ は示します．この公式の証明は練習問題 [2] と [3] で行ないましょう．

そして，単位円の横軸の値を取る $\cos\theta$ は，図 14 より -1 以上 1 以下であることが分かります．いままで見てきたように，両ベクトルが同じ方向を向いていれば，$\cos\theta$ は 1 を取ります．直交していれば 0 です．そして，逆の方向を向いていれば，同じ方向を向く場合の逆を考えれば分かるように，それは -1 になります．よって，内積を正規化した値は，両ベクトルがどの程度同じ方向を向いているかを -1 から 1 のあいだの数で表現したものになります．

例 11　例 3 の (1) から (6) までの角 θ，あるいは $\cos\theta$ を計算してください．

解答 11　例 3 の解答を活用して答えは次のようになります．図 6 の各ベクトルの角度を確認してください．

(1) $\cos\theta_1 = \dfrac{2}{\sqrt{2}\cdot\sqrt{2}} = 1$ より $\theta_1 = 0$,

(2) $\cos\theta_2 = \dfrac{-1}{\sqrt{2}\cdot\sqrt{5}} = -\dfrac{1}{\sqrt{10}}$,

(3) $\cos\theta_3 = \dfrac{4}{2\cdot 2} = 1$ より $\theta_3 = 0$,

(4) $\cos\theta_4 = \dfrac{1}{\sqrt{2}\cdot 1} = \dfrac{\sqrt{2}}{2}$ より $\theta_4 = \dfrac{\pi}{4}$,

(5) $\cos\theta_5 = \dfrac{0}{1\cdot 1} = 0$ より $\theta_5 = \dfrac{\pi}{2}$,

(6) $\cos\theta_6 = \dfrac{0}{\sqrt{2}\cdot\sqrt{2}} = 0$ より $\theta_6 = \dfrac{\pi}{2}$

前項の最後に説明したように，$\cos\theta$ は $[0,\pi]$ から $[-1,1]$ への関数として全単射です．よって，(12) の左辺から，角度 θ をただ 1 つ定めることができます．

【コラム】ベクトルのコサインは相関係数である

2 つの 2 次元ベクトルの内積をその長さの積で除した値は，2 つのベクトルの関連性を示しており，その値を $\cos\theta$ としました．この値はデータ分析の世界でも用いられます．それは**相関係数**です．相関係数と内積の関連をイメージとして捉えて，計算のみではない深い応用があることを示しましょう．

相関係数はデータ間に直線の関係があるかどうかを示す数値です．それが 1 に近ければ正の相関があるといい，一方が上がれば他方が上がる直線的な関係を意味します．ベクトルであれば同じベクトルで内積が 1 のケースです．同じ方向を向いているときには，一方と他方が同じ動きをします．相関係数が -1 に近ければ負の相関があるといい，傾きが負の直線上にデータがあり，一方が上昇すれば他方が減少します．例えば，ベクトル $(1/\sqrt{2}, -1/\sqrt{2})$ とベクトル $(-1/\sqrt{2}, 1/\sqrt{2})$ は反対方向を向いており，一方が増加すれば他方が減少し，それらの内積は -1 になります．

3.4 正射影ベクトル

最小 2 乗法を理解するには，ベクトルの直交性を活かした正射影ベクトルを理解することが不可欠です．ベクトルから他のベクトルへ影を映すような作用を学びます．

A　内積の性質

例 3 では具体的なベクトルの内積の計算を行ないました．内積の有り難みを知るには，その性質を学ぶ必要があります． 内積は 5 つの重要な性質をもっています．

内積の性質

① $\boldsymbol{a} \cdot \boldsymbol{a} \geq 0$

② $\boldsymbol{a} \cdot \boldsymbol{a} = 0 \iff \boldsymbol{a} = \boldsymbol{0}$

③ $(\boldsymbol{a} + \boldsymbol{b}) \cdot \boldsymbol{c} = \boldsymbol{a} \cdot \boldsymbol{c} + \boldsymbol{b} \cdot \boldsymbol{c}$

④ $(k\boldsymbol{a}) \cdot \boldsymbol{b} = k\boldsymbol{a} \cdot \boldsymbol{b}$

⑤ $\boldsymbol{a} \cdot \boldsymbol{b} = \boldsymbol{b} \cdot \boldsymbol{a}$

性質①と②は自分自身との内積に関するものです．ベクトルの長さの定義 (6) で出てきたように，同じベクトルの内積は各成分の 2 乗の和 $a_1^2 + a_2^2$ になるので，負になることはありません．さらに各成分が 0 のときにのみ内積が 0 になります．

性質③と④は，内積の 1 番目のベクトルに関する**線形性**を表しています．この言葉はこれらよく出てきますが，ひとまず置いて，性質③は，1 番目のベクトルの和は内積の外に出ることを示しています．これを**和の法則**と呼びましょう．具体例を例 3 の (3) で確かめます．その値は 4 で等しくなっていますね．

$$\begin{pmatrix} 2 \\ 0 \end{pmatrix} \cdot \begin{pmatrix} 2 \\ 0 \end{pmatrix} = 4, \quad \begin{pmatrix} 2 \\ 0 \end{pmatrix} = \boldsymbol{e}_1 + \boldsymbol{e}_1,$$

$$\boldsymbol{e}_1 \cdot \begin{pmatrix} 2 \\ 0 \end{pmatrix} + \boldsymbol{e}_1 \cdot \begin{pmatrix} 2 \\ 0 \end{pmatrix} = 1 \cdot 2 + 0 \cdot 0 + 1 \cdot 2 + 0 \cdot 0 = 4$$

性質④は，線形性のもう 1 つの条件である**スカラー倍の法則**です．スカラー倍されたベクトルの内積は，その内積のスカラー倍になることです．これは性質⑤より，内積の 2 番目のベクトルに関しても成り立ちます．第 2 章の例 3(p.26) で計算したベクトル $2\boldsymbol{a}$ と $\boldsymbol{b}$ の内積の結果は，$\boldsymbol{a}$ と $\boldsymbol{b}$ の内積を 2 倍した値と等しくなります．

$$2\boldsymbol{a} \cdot \boldsymbol{b} = 2 \begin{pmatrix} 1 \\ 1 \end{pmatrix} \cdot \begin{pmatrix} 2 \\ 0 \end{pmatrix} = \begin{pmatrix} 2 \\ 2 \end{pmatrix} \cdot \begin{pmatrix} 2 \\ 0 \end{pmatrix} = 2 \cdot 2 + 2 \cdot 0 = 4,$$

$$2(\boldsymbol{a}\cdot\boldsymbol{b}) = 2\left(\begin{pmatrix}1\\1\end{pmatrix}\cdot\begin{pmatrix}2\\0\end{pmatrix}\right) = 2\,(1\cdot 2 + 1\cdot 0) = 4$$

性質⑤は，ベクトルを交換しても内積は変わらないというものです．例 4 で用いたベクトル $\boldsymbol{a}$ と $\boldsymbol{b}$ で確認しておきます．

$$\boldsymbol{a}\cdot\boldsymbol{b} = \begin{pmatrix}1\\1\end{pmatrix}\cdot\begin{pmatrix}2\\0\end{pmatrix} = 1\cdot 2 + 1\cdot 0 = 2,$$
$$\boldsymbol{b}\cdot\boldsymbol{a} = \begin{pmatrix}2\\0\end{pmatrix}\cdot\begin{pmatrix}1\\1\end{pmatrix} = 2\cdot 1 + 0\cdot 1 = 2$$

内積の第 1 ベクトルには，和とスカラー倍の性質③と④が成り立ちます．第 2 ベクトルに関しても性質⑤の交換律より，以下の和とスカラー倍の関係が成り立ちます (練習問題 4)．

内積の性質

⑥ $\boldsymbol{a}\cdot(\boldsymbol{b}+\boldsymbol{c}) = \boldsymbol{a}\cdot\boldsymbol{b} + \boldsymbol{a}\cdot\boldsymbol{c}$

⑦ $\boldsymbol{a}\cdot(k\boldsymbol{b}) = k\boldsymbol{a}\cdot\boldsymbol{b}$

結局，上記を含めて内積の性質は合計 7 つあります．この内積の性質を自由に扱えると，内積の計算は楽になります．

例 12 次の内積や長さを簡単にしてください．
(1) $|\boldsymbol{a}+\boldsymbol{b}|^2$,　(2) $(\boldsymbol{a}+\boldsymbol{b})\cdot(\boldsymbol{a}-\boldsymbol{b})$

解答 12 内積と長さの関係より，以下になります．

$$\begin{aligned}
|\boldsymbol{a}+\boldsymbol{b}|^2 &= (\boldsymbol{a}+\boldsymbol{b})\cdot(\boldsymbol{a}+\boldsymbol{b}) = \boldsymbol{a}\cdot(\boldsymbol{a}+\boldsymbol{b}) + \boldsymbol{b}\cdot(\boldsymbol{a}+\boldsymbol{b})\\
&= \boldsymbol{a}\cdot\boldsymbol{a} + \boldsymbol{a}\cdot\boldsymbol{b} + \boldsymbol{b}\cdot\boldsymbol{a} + \boldsymbol{b}\cdot\boldsymbol{b}\\
&= |\boldsymbol{a}|^2 + 2\boldsymbol{a}\cdot\boldsymbol{b} + |\boldsymbol{b}|^2\\
(\boldsymbol{a}+\boldsymbol{b})\cdot(\boldsymbol{a}-\boldsymbol{b}) &= \boldsymbol{a}\cdot(\boldsymbol{a}-\boldsymbol{b}) + \boldsymbol{b}\cdot(\boldsymbol{a}-\boldsymbol{b}) = \boldsymbol{a}\cdot\boldsymbol{a} - \boldsymbol{a}\cdot\boldsymbol{b} + \boldsymbol{b}\cdot\boldsymbol{a} - \boldsymbol{b}\cdot\boldsymbol{b}\\
&= \boldsymbol{a}\cdot\boldsymbol{a} - \boldsymbol{a}\cdot\boldsymbol{b} + \boldsymbol{a}\cdot\boldsymbol{b} - \boldsymbol{b}\cdot\boldsymbol{b} = \boldsymbol{a}\cdot\boldsymbol{a} - \boldsymbol{b}\cdot\boldsymbol{b}\\
&= |\boldsymbol{a}|^2 - |\boldsymbol{b}|^2
\end{aligned}$$

数式の展開や因数分解の公式と形が似ていますね．

【コラム】ベクトルの内積と AI

人工知能 (Artificial Intelligence：AI) においても，ベクトルや内積の概念はとても重要です．これらはデータの表現や AI モデルの学習プロセスにおいて中心的な役割を果たします．

AI におけるデータは，一般的に多次元ベクトルとして表現されます．例えば，テキストデータは単語の出現を表すベクトルとして表現され，AI モデルはベクトルになったデータを効率的に学習します．そして，内積をもとに計算される**コサイン類似性**を用いて類似性が評価できます．コサイン類似性が大きければ大きいほど，2 つのベクトル (文章) は類似しているとみなされます．大量のデータを読み込み分類やユーザーに対して推薦を行ない，機械学習モデルを訓練させます．そして，新しいテキストデータが与えられたときに，それが学習済みのどのカテゴリーに最も類似しているかを判定します．

AI ではテキスト以外にも画像や音声など多様なデータをベクトル化し，データ間の類似性を評価する際に内積が活用されます．

B　正射影ベクトルとは何か

私たちがスライドを用いた講義を受けるときに，プロジェクターが活躍します．光源からスクリーンに映る映像のように，あるベクトルを他のベクトルに写すことを考えましょう．そのとき，これまで学んだベクトルのなす角やその長さ，つまり内積が重要な働きをします．あるベクトルから他のベクトルに影を下ろしたベクトルは**射影ベクトル**と呼ばれます．射影は英語で projection といいます．図 17 にあるように，太陽が真上にあって垂直に影を下ろす**正射影ベクトル** (orthogonal projection) を考えます．この「正」は英語から分かるように，垂直を意味します．

図 17　基本ベクトルへの正射影ベクトル

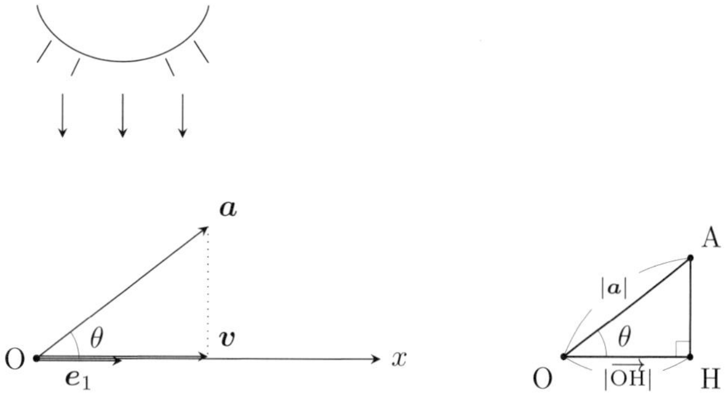

図 17 にある基本ベクトル $\boldsymbol{e}_1$ とゼロベクトルではない $\boldsymbol{a} = \begin{pmatrix} a_1 \\ a_2 \end{pmatrix}$ を

考えます．真上から光があたり，$\boldsymbol{a}$ は横軸上に影を落としています．この影が $\boldsymbol{a}$ の $\boldsymbol{e}_1$ への正射影ベクトル $\boldsymbol{v}$ です．$\boldsymbol{v}$ を求めます．難しく感じるかもしれませんので，あらかじめ導出の方針を述べましょう．図より $\boldsymbol{e}_1$ と $\boldsymbol{v}$ は平行なので，$\boldsymbol{v} = k\boldsymbol{e}_1$ を満たすスカラー k が存在します．この k を内積を使って導くのがポイントです．

図 17 のように $\boldsymbol{a}$ と $\boldsymbol{e}_1$ のなす角を θ $(0 \leq \theta \leq \pi/2)$ とします．内積と角度の関係 (12) よりこのコサインが計算できます．

$$\cos\theta = \frac{\boldsymbol{e}_1 \cdot \boldsymbol{a}}{|\boldsymbol{e}_1||\boldsymbol{a}|} = \frac{1 \cdot a_1 + 0 \cdot a_2}{1 \cdot |\boldsymbol{a}|} = \frac{a_1}{|\boldsymbol{a}|} \tag{13}$$

ここで $\boldsymbol{e}_1 \cdot \boldsymbol{a} = a_1$ と $|\boldsymbol{e}_1| = 1$ の事実を用いています．

点 A から x 軸に垂線 AH を下ろします．そうすると三角形 OHA は $\angle\mathrm{OHA} = \dfrac{\pi}{2}$ である直角三角形になります．この直角三角形の斜辺の長さは $|\boldsymbol{a}|$ であり，横の辺の長さは $|\overrightarrow{\mathrm{OH}}|$ です．一般の半径の $\cos\theta$ の定義 (10) より，$\cos\theta = \dfrac{|\overrightarrow{\mathrm{OH}}|}{|\boldsymbol{a}|}$ となります．よって，直線 OH の長さが分かります．

$$|\overrightarrow{\mathrm{OH}}| = |\boldsymbol{a}|\cos\theta = |\boldsymbol{a}|\frac{\boldsymbol{e}_1 \cdot \boldsymbol{a}}{|\boldsymbol{e}_1||\boldsymbol{a}|} = |\boldsymbol{a}|\frac{a_1}{|\boldsymbol{a}|} = a_1$$

ここで (13) を用いています．正射影ベクトルの長さ $|\overrightarrow{\mathrm{OH}}| = a_1$ は，ベクトル $\boldsymbol{a}$ の x 座標 a_1 です．これはベクトルから x 軸に影を落としたので，x 座標が出てくるのは当たり前ですね．

この $\overrightarrow{\mathrm{OH}}$ が正射影ベクトル $\boldsymbol{v}$ です．それは長さが 1 の $\boldsymbol{e}_1$ と同じ向き，すなわち平行です．ベクトルの平行の定義を思い出すと $\overrightarrow{\mathrm{OH}} = k\boldsymbol{e}_1$ となるスカラー k が存在し，それは a_1 です．というのは両辺の長さは $|\overrightarrow{\mathrm{OH}}| = k \cdot 1$ となるからです．

$$\overrightarrow{\mathrm{OH}} = \boldsymbol{v} = a_1\boldsymbol{e}_1$$

正射影ベクトルは，x 軸方向のベクトルを取り出して，他の x 軸と直交する y 軸方向の成分は無視する作用です．この直観は他の射影ベクトルにも通底します．

問い 5 ベクトル $\boldsymbol{a}$ の基本ベクトル $\boldsymbol{e}_2$ への正射影ベクトル $\boldsymbol{w}$ を求めてください．

答え 5 点 A から y 軸に垂線 AG を下ろします．角を $\angle\mathrm{AOG} = \theta'$ とします．ベクトル $\overrightarrow{\mathrm{OG}}$ の長さは $|\overrightarrow{\mathrm{OG}}| = |\boldsymbol{a}|\cos\theta' = |\boldsymbol{a}|\dfrac{\boldsymbol{e}_2 \cdot \boldsymbol{a}}{|\boldsymbol{e}_2||\boldsymbol{a}|} = |\boldsymbol{a}|\dfrac{a_2}{1 \cdot |\boldsymbol{a}|} = a_2$ となります．よって，$\boldsymbol{w} = a_2\boldsymbol{e}_2$ となります．

C　一般の正射影ベクトル

次に，一般のベクトルの正射影ベクトルの導出に移ります．図 18 のゼロベクトルではない $\boldsymbol{b}$ の $\boldsymbol{a}$ への正射影ベクトルを求めます．

図 18　一般の正射影ベクトル

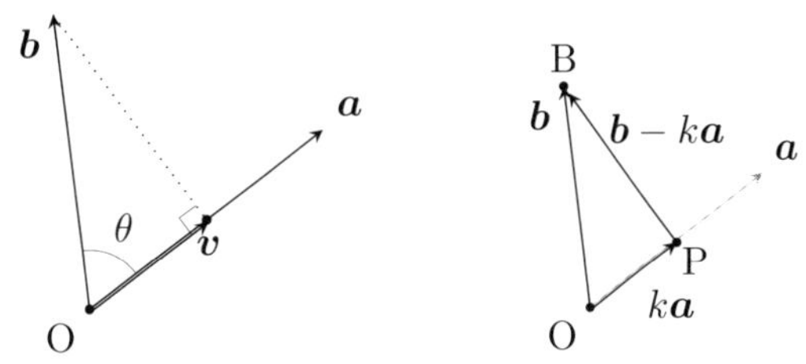

コサインを経由せずにベクトルの直交条件を用いてみましょう．前項の議論から，正射影ベクトル $\boldsymbol{v}$ はベクトル $\boldsymbol{a}$ を何倍かしたものです．よって，あるスカラー k が存在して，

$$\boldsymbol{v} = k\boldsymbol{a}$$

となります．正射影ベクトル $k\boldsymbol{a}$ の終点 P からベクトル $\boldsymbol{b}$ の終点 B へのベクトルは

$$\boldsymbol{b} - k\boldsymbol{a}$$

です．このベクトルは正射影ベクトルの定義より，ベクトル $\boldsymbol{a}$ と直交します．記号で表すと $\boldsymbol{a} \perp (\boldsymbol{b} - k\boldsymbol{a})$ です．この 2 つのベクトルの内積がゼロであることから k を求めます．

$$\begin{aligned}
\boldsymbol{a} \cdot (\boldsymbol{b} - k\boldsymbol{a}) &= 0 \qquad \text{(直交条件)} \\
\boldsymbol{a} \cdot \boldsymbol{b} + \boldsymbol{a} \cdot (-k\boldsymbol{a}) &= 0 \qquad \text{(内積の性質⑥)} \\
\boldsymbol{a} \cdot \boldsymbol{b} - k\boldsymbol{a} \cdot \boldsymbol{a} &= 0 \qquad \text{(内積の性質⑦)} \\
k\boldsymbol{a} \cdot \boldsymbol{a} &= \boldsymbol{a} \cdot \boldsymbol{b} \\
k &= \frac{\boldsymbol{a} \cdot \boldsymbol{b}}{\boldsymbol{a} \cdot \boldsymbol{a}} = \frac{\boldsymbol{a} \cdot \boldsymbol{b}}{|\boldsymbol{a}|^2}
\end{aligned}$$

これで正射影ベクトル $\boldsymbol{v}$ の長さは，スクリーン側のベクトル $\boldsymbol{a}$ の長さの何倍かが分かりました．よって，正射影ベクトルは $\boldsymbol{v} = k\boldsymbol{a} = \dfrac{\boldsymbol{a} \cdot \boldsymbol{b}}{|\boldsymbol{a}|^2}\boldsymbol{a}$ となります．

正射影ベクトル (2 次元)

ベクトル $\boldsymbol{b}$ の $\boldsymbol{a}$ ($\neq \boldsymbol{0}$) への正射影ベクトル $\boldsymbol{v}$ は以下になる．

$$\boldsymbol{v} = \frac{\boldsymbol{a} \cdot \boldsymbol{b}}{|\boldsymbol{a}|^2}\boldsymbol{a} \tag{14}$$

基本ベクトル $\boldsymbol{e}_1$, $\boldsymbol{e}_2$ は直交しているので，内積 $\boldsymbol{e}_1 \cdot \boldsymbol{e}_2 = 0$ が成り立ちます．一方の他方への正射影ベクトルは 1 点，つまりゼロベクトルになってしまいます．

基底
→ p.40

正規化
→ p.49

基本ベクトルの組 $\{\boldsymbol{e}_1, \boldsymbol{e}_2\}$ は， 2 次元ユークリッド空間 (平面) における基底ベクトルであると紹介しました．そして，これらは直交します．各々の長さは 1 です． これを正規性といいます．よって，$\{\boldsymbol{e}_1, \boldsymbol{e}_2\}$ を**正規直交基底**と呼びます (練習問題 5)

例 13 $\boldsymbol{a} = \begin{pmatrix} 1 \\ 1 \end{pmatrix}$ と $\boldsymbol{b} = \begin{pmatrix} 2 \\ 0 \end{pmatrix}$ とするとき，$\boldsymbol{b}$ の $\boldsymbol{a}$ への正射影ベクトル $\boldsymbol{v}_1$ を求めてください．次に，$\boldsymbol{a}$ の $\boldsymbol{b}$ への正射影ベクトル $\boldsymbol{v}_2$ を求めてください．

解答 13 公式 (14) より以下になります．

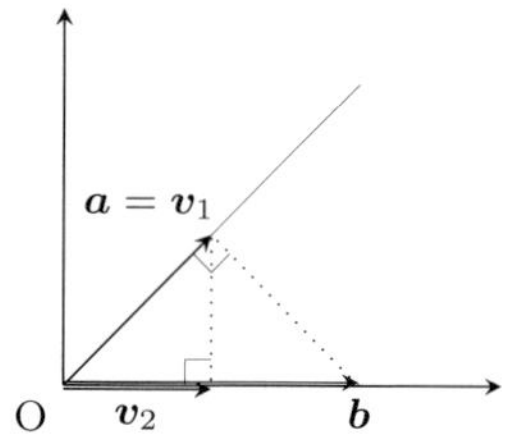

$$\boldsymbol{v}_1 = \frac{\boldsymbol{a} \cdot \boldsymbol{b}}{|\boldsymbol{a}|^2}\boldsymbol{a} = \frac{\begin{pmatrix} 1 \\ 1 \end{pmatrix} \cdot \begin{pmatrix} 2 \\ 0 \end{pmatrix}}{\left|\begin{pmatrix} 1 \\ 1 \end{pmatrix}\right|^2}\begin{pmatrix} 1 \\ 1 \end{pmatrix} = \frac{2+0}{(\sqrt{2})^2}\begin{pmatrix} 1 \\ 1 \end{pmatrix} = \begin{pmatrix} 1 \\ 1 \end{pmatrix},$$

$$\boldsymbol{v}_2 = \frac{\boldsymbol{b} \cdot \boldsymbol{a}}{|\boldsymbol{b}|^2}\boldsymbol{b} = \frac{\begin{pmatrix} 2 \\ 0 \end{pmatrix} \cdot \begin{pmatrix} 1 \\ 1 \end{pmatrix}}{\left|\begin{pmatrix} 2 \\ 0 \end{pmatrix}\right|^2}\begin{pmatrix} 2 \\ 0 \end{pmatrix} = \frac{2+0}{(\sqrt{4})^2}\begin{pmatrix} 2 \\ 0 \end{pmatrix} = \begin{pmatrix} 1 \\ 0 \end{pmatrix}$$

計算だけでなく，なぜこのベクトルになるのか図を描いて確認するとより理解が深まるでしょう．図 17 や図 18 には直角三角形が描かれています．直交条件の内積 0 により，ベクトルを用いてピタゴラスの定理を表現することもできます (練習問題 8).

ベクトル $\boldsymbol{b}$ をベクトル $\boldsymbol{a}$ の方向へ射影する「操作」，あるいは「作用」を学びました．ベクトル $\boldsymbol{b}$ をベクトル $\boldsymbol{v}$ に移す作用です．この $\boldsymbol{v}$ をもう一度ベクトル $\boldsymbol{a}$ の方向へ射影しても変化しません．それは，同じ方向を向いていれば，ベクトルのコサインは 1 であり，そのままになるからです．

この事実は公式 (14) からも確認できます.

$$\frac{\boldsymbol{a}\cdot\boldsymbol{v}}{|\boldsymbol{a}|^2}\boldsymbol{a}=\frac{\boldsymbol{a}\cdot k\boldsymbol{a}}{|\boldsymbol{a}|^2}\boldsymbol{a}=k\frac{\boldsymbol{a}\cdot\boldsymbol{a}}{|\boldsymbol{a}|^2}\boldsymbol{a}=k\cdot 1\boldsymbol{a}=k\boldsymbol{a}=\boldsymbol{v}$$

3.5　直線の方程式と内積

前項では直交条件 $\boldsymbol{a}\cdot(\boldsymbol{b}-k\boldsymbol{a})=0$ から k を求めて, 正射影ベクトルを見出しました. このようなベクトルの等式は, 経済学やデータサイエンスの至る所で使用されます.

A　直交条件と直線の方程式

ここでは, 図 19 の直線 $y=x$ を考えましょう. この直線の傾きは 1 ですが, その意味を内積から検討しましょう.

図 19　直線と内積

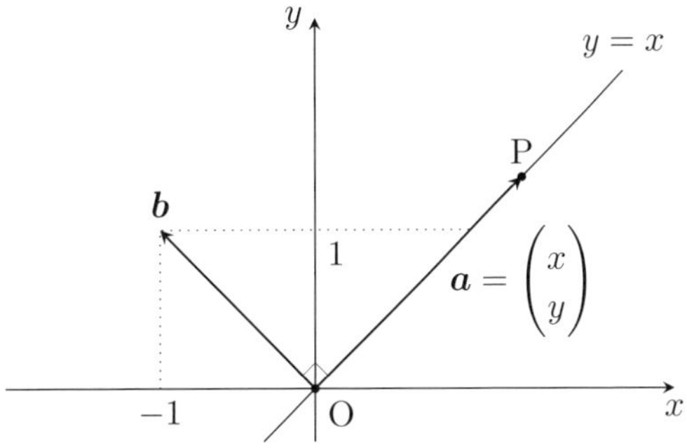

このとき直線上のある点 $\mathrm{P}(x,y)$ の位置ベクトル $\boldsymbol{a}=\begin{pmatrix}x\\y\end{pmatrix}$ は, ベクトル $\boldsymbol{b}=\begin{pmatrix}-1\\1\end{pmatrix}$ と直交しています. 実は, ベクトル $\boldsymbol{b}$ の x 成分の -1 が直線の傾きと深く関係しています. というのは, 以下の直交条件より直線の方程式を導出することができるからです.

$$\boldsymbol{a}\cdot\boldsymbol{b}=0\iff\begin{pmatrix}x\\y\end{pmatrix}\cdot\begin{pmatrix}-1\\1\end{pmatrix}=0\iff -x+y=0\iff y=x$$

このような直線の方程式は, $(-1)x+1y=0$ とすることによって, 直線と直交するベクトルが見えてきました.

B　方向ベクトルとベクトル方程式

平面上の直線の方程式をベクトルで表示してみましょう. 図 20 の点 A を通り, ベクトル $\boldsymbol{d}$ と平行な直線を考えます.

図 20 方向ベクトルと直線のベクトル方程式

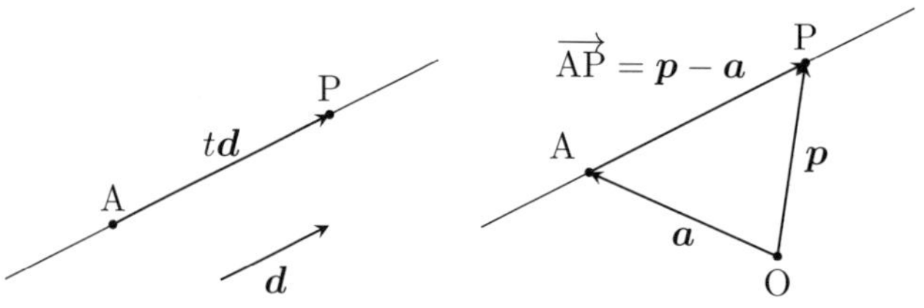

ある点 P がこの直線上にあることは，ベクトル $\overrightarrow{\mathrm{AP}}$ がベクトル $\boldsymbol{d}$ を何倍かしたものに等しいことです．つまり，p.47 の平行条件 (8) より，ある t が存在して以下となります．

$$\overrightarrow{\mathrm{AP}} = t\boldsymbol{d} \tag{15}$$

この t が動けば点 P が動きます．もし $t = 0$ ならば，点 P と点 A が一致します．ここで点 P に至る位置ベクトルを $\boldsymbol{p} = \overrightarrow{\mathrm{OP}}$ とします．そうすると，点 A の位置ベクトル $\boldsymbol{a}$ を用いると

$$\overrightarrow{\mathrm{AP}} = \boldsymbol{p} - \boldsymbol{a}$$

になります．よって，一般のベクトル $\boldsymbol{p}$ は (15) から，$\boldsymbol{p} - \boldsymbol{a} = t\boldsymbol{d}$ となり，結局以下の表現になります．

$$\boldsymbol{p} = \boldsymbol{a} + t\boldsymbol{d} \tag{16}$$

点 A の位置にある点に，$\boldsymbol{d}$ の方向の何倍かしたベクトルを加えたものになります．

この (16) はベクトル $\boldsymbol{p}$ が「変数」になった等式なので，それを直線の**ベクトル方程式**といいます．ここで $\boldsymbol{d}$ を**方向ベクトル** (direction vector) と呼びます．また倍率 t を**媒介変数** (parameter)，あるいはそのまま英語で**パラメータ**といいます．英語では parameter も variable も変数なのですが，微妙な差異があります．

ベクトル方程式 (16) を成分を用いて表現してみましょう．ここで固定された点 A の座標が (x_1, y_1) で与えられていて，直線上の任意の点 P が (x, y) であるとしましょう．そうすると，

$$\overrightarrow{\mathrm{AP}} = \begin{pmatrix} x \\ y \end{pmatrix} - \begin{pmatrix} x_1 \\ y_1 \end{pmatrix} = \begin{pmatrix} x - x_1 \\ y - y_1 \end{pmatrix} \tag{17}$$

となります．ここで方向ベクトルが $\boldsymbol{d} = \begin{pmatrix} l \\ m \end{pmatrix}$ で表されていると

$$\overrightarrow{\mathrm{AP}} = t\boldsymbol{d} = t\begin{pmatrix} l \\ m \end{pmatrix}$$

であるので，(17) から以下の等式が成り立ちます．

$$\begin{pmatrix} x - x_1 \\ y - y_1 \end{pmatrix} = t \begin{pmatrix} l \\ m \end{pmatrix}$$

各成分が等しいことから，(16) は以下に等しいことが導かれます．

$$\begin{cases} x = x_1 + tl \\ y = y_1 + tm \end{cases} \tag{18}$$

この表現 (18) は，直線の**媒介変数表示**，あるいは**パラメータ表示**といいます．

ここで同じ直線をパラメータ t を用いて (16) と (18) で表現することができました．両者は同じ直線の図形を表しており，状況により便利な方を使い分けます．さらに，(18) から t を消去すると以下になります．

$$\frac{x - x_1}{l} = \frac{y - y_1}{m} \qquad (\text{ただし } l \neq 0,\ m \neq 0)$$
$$m(x - x_1) - l(y - y_1) = 0$$

問い 6　図 19 の直線では，点 $\boldsymbol{a}$ や方向ベクトル $\boldsymbol{d}$ は何になるでしょうか？

答え 6　式 $m(x - x_1) - l(y - y_1) = 0$ は $x - y = 0$ になるので，$\boldsymbol{a} = \boldsymbol{0}$, $\boldsymbol{d} = \begin{pmatrix} 1 \\ 1 \end{pmatrix}$ になります．

例 14　点 $(2, 3)$ を通り，方向ベクトルが $\boldsymbol{d} = \begin{pmatrix} 1 \\ 4 \end{pmatrix}$ である直線の方程式を，パラメータ t で表現してください．直線の方程式 $y = ax + b$ の形でも表現してください．

解答 14　ベクトル方程式 (16) では以下の表現になります．

$$\begin{pmatrix} x \\ y \end{pmatrix} = \begin{pmatrix} 2 \\ 3 \end{pmatrix} + t \begin{pmatrix} 1 \\ 4 \end{pmatrix}$$

そして，パラメータ表示 (18) では以下になります．

$$\begin{cases} x = 2 + t \\ y = 3 + 4t \end{cases}$$

上の式から t を消去すると，$t = x - 2$ を y の式に代入して，$y = 3 + 4(x - 2)$ から，結局次の直線になります．

$$y = 4x - 5$$

問い 7 位置ベクトル $\boldsymbol{b} = \begin{pmatrix} 2 \\ 0 \end{pmatrix}$ を通り，方向ベクトルが $\boldsymbol{a} = \begin{pmatrix} 1 \\ 1 \end{pmatrix}$ である直線の方程式を求めてください．

答え 7 ベクトル方程式は t を用いて $\boldsymbol{p} = \boldsymbol{b} + t\boldsymbol{a} = \begin{pmatrix} 2 \\ 0 \end{pmatrix} + t\begin{pmatrix} 1 \\ 1 \end{pmatrix} = \begin{pmatrix} 2+t \\ t \end{pmatrix}$ となります．これは $x = 2 + t,\ y = t$ と表示できます．この t を消去すると $y = x - 2$ の直線の方程式になります．

C 法線ベクトルとベクトル方程式

図 21 法線ベクトルと直線のベクトル方程式

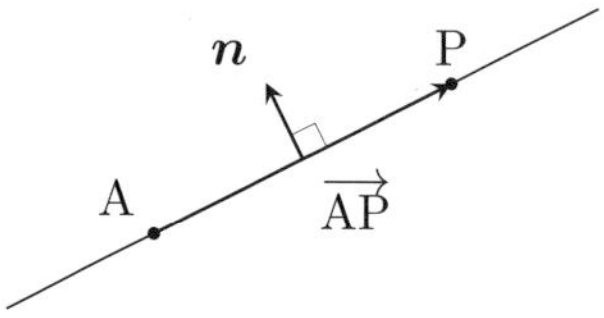

平行なベクトルではなく，ここでは垂直なベクトルで直線を表現してみましょう．図 21 にある点 A を通り，ゼロベクトルではないベクトル $\boldsymbol{n}$ に垂直な直線を考えます．

点 P がこの直線上にあるので，ベクトル $\overrightarrow{\mathrm{AP}}$ とベクトル $\boldsymbol{n}$ が垂直になります．

$$\boldsymbol{n} \cdot \overrightarrow{\mathrm{AP}} = 0$$

上の条件 $\overrightarrow{\mathrm{AP}} \perp \boldsymbol{n}$ を内積で表現してみました．これを書き換えると以下になります．

$$\boldsymbol{n} \cdot (\boldsymbol{p} - \boldsymbol{a}) = 0 \qquad (19)$$

これも直線のベクトル方程式です．垂直なベクトル $\boldsymbol{n}$ を**法線ベクトル** (normal vector) といいます．

点 A の座標が (x_1, y_1) で与えられていて，直線上の任意の点 P が (x, y) であるとします．(17) から $\overrightarrow{\mathrm{AP}} = \begin{pmatrix} x - x_1 \\ y - y_1 \end{pmatrix}$ です．さらに，ここで $\boldsymbol{n} = \begin{pmatrix} a \\ b \end{pmatrix}$ で表されていると，(19) の内積は以下のように書き換えられます．

$$\begin{pmatrix} a \\ b \end{pmatrix} \cdot \begin{pmatrix} x - x_1 \\ y - y_1 \end{pmatrix} = 0$$

これを計算すると以下のようになります．

$$a(x - x_1) + b(y - y_1) = 0 \tag{20}$$

これが点 (x_1, y_1) を通り，法線ベクトルが $\boldsymbol{n} = \begin{pmatrix} a \\ b \end{pmatrix}$ である直線の方程式です．ここで上式 (20) を展開します．

$$ax - ax_1 + by - by_1 = 0$$

ここで $-(ax_1 + by_1)$ を新しい文字 c と置くと，以下の直線の方程式が出てきました．

$$ax + by + c = 0$$

変数 x, y の係数のベクトル $\boldsymbol{n} = \begin{pmatrix} a \\ b \end{pmatrix}$ は法線ベクトルであることが分かります．

例 15　点 $(2, 1)$ を通り，法線ベクトルが $\boldsymbol{n} = \begin{pmatrix} 4 \\ 3 \end{pmatrix}$ である直線の方程式を求めてください．

解答 15　ベクトル方程式の公式 (20) より，以下の表現になります．

$$\begin{aligned} &4(x - 2) + 3(y - 1) = 0 \iff 4x - 8 + 3y - 3 = 0 \\ &\iff 4x + 3y - 11 = 0 \end{aligned}$$

問い 8　位置ベクトル $\boldsymbol{b} = \begin{pmatrix} 2 \\ 0 \end{pmatrix}$ を通り，法線ベクトルが $\boldsymbol{a} = \begin{pmatrix} 1 \\ 1 \end{pmatrix}$ である直線の方程式を求めてください．

答え 8　ベクトル方程式の公式 (20) より，$1(x - 2) + 1(y - 0) = 0 \iff x + y - 2 = 0$ となります．これは，$y = -x + 2$ の直線の方程式になります．

D　ベクトル方程式のまとめ

方向ベクトルと法線ベクトルを用いた直線の方程式を，図 22 にまとめましょう．

図 22 ベクトル方程式のまとめ

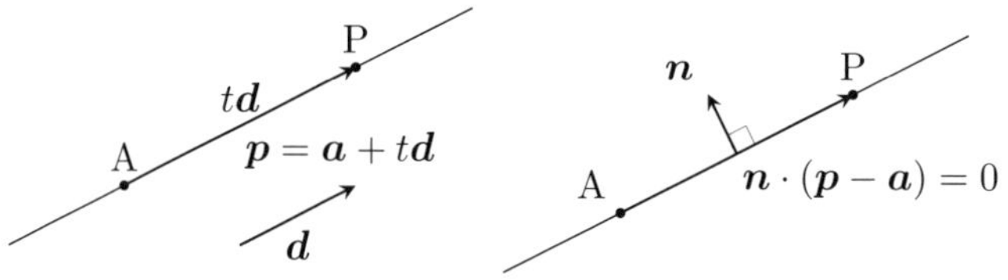

方向ベクトルとベクトル方程式

位置ベクトル $\boldsymbol{a}$ の点 $\mathrm{A}(x_1, y_1)$ を通り，方向ベクトルが $\boldsymbol{d} = \begin{pmatrix} l \\ m \end{pmatrix}$ である直線の方程式は以下になる．ただし t はパラメータである．

$$\boldsymbol{p} = \boldsymbol{a} + t\boldsymbol{d}, \quad \begin{pmatrix} x \\ y \end{pmatrix} = \begin{pmatrix} x_1 \\ y_1 \end{pmatrix} + t\begin{pmatrix} l \\ m \end{pmatrix}, \quad \begin{cases} x = x_1 + lt \\ y = y_1 + mt \end{cases} \tag{21}$$

図形的に明らかですが，**方向ベクトルと法線ベクトルは直交します**．それは (16) を (19) に代入すると，$\boldsymbol{n} \cdot (\boldsymbol{a} + t\boldsymbol{d} - \boldsymbol{a}) = \boldsymbol{n} \cdot (t\boldsymbol{d}) = 0$ となるからです．

法線ベクトルとベクトル方程式

位置ベクトル $\boldsymbol{a}$ の点 $\mathrm{A}(x_1, y_1)$ を通り，法線ベクトルが $\boldsymbol{n} = \begin{pmatrix} a \\ b \end{pmatrix}$ である直線の方程式は以下になる．ただし $c = -(ax_1 + by_1)$ である．

$$\boldsymbol{n} \cdot (\boldsymbol{p} - \boldsymbol{a}) = 0 \tag{22}$$
$$a(x - x_1) + b(y - y_1) = 0 \tag{23}$$
$$ax + by + c = 0 \tag{24}$$

方向ベクトル $\boldsymbol{d}$ や法線ベクトル $\boldsymbol{n}$ はゼロベクトルではないことに注意しましょう．ゼロベクトルであれば，公式 (16) や (19) は直線を表現することはできません．

E 点と直線の距離

ここでは**点と直線の距離**を求めます．図 23 にある点 P と直線 ℓ の距離をベクトルを用いて求めましょう．図 7 でベクトルの長さを学んだときに距離を考察しました．決して遠回りの点線ではなく，最短距離を距離として採用したように，この場合の点と直線の距離も最短距離を考えます．

図 23 の右の y 軸上の点 A から x 軸への距離を考えた場合には，その点から原点 O への距離を考えればよいでしょう．そのときベクトル $\overrightarrow{\mathrm{AO}}$ は x 軸と直交しています．よって，点と直線の距離を求めるには，ある点から直線への直交ベクトルを求めて，その長さを測ればよいことが分かります (練習問題 9).

図 23 点と直線の距離

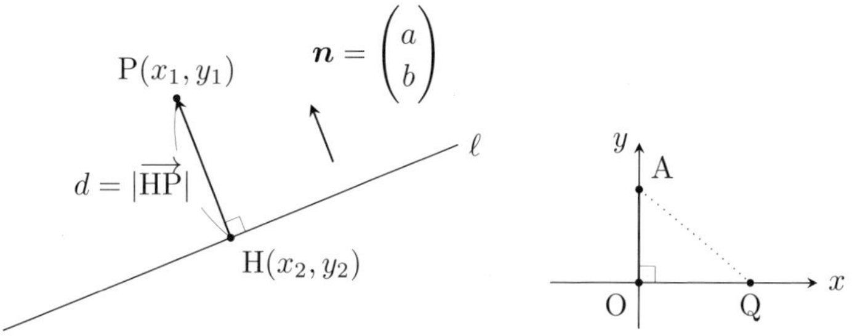

点 P の座標を (x_1, y_1) とします．直線 ℓ の方程式を $ax + by + c = 0$ とします．この点 P から直線 ℓ への距離は，それは英語で distance なので記号 d と表しましょう．距離は非負の数 $d \geq 0$ です．これを求めるには，まず点 P から ℓ に垂線 PH を下ろします．そうすると線分 HP の長さがこの点と直線の距離になります．直線 ℓ 上の点 H の座標を (x_2, y_2) とすると，以下が成り立ちます．

$$ax_2 + by_2 + c = 0 \tag{25}$$

距離はベクトル $\overrightarrow{\mathrm{HP}}$ の長さでもありますが，そのベクトルは以下で表されます．

$$\overrightarrow{\mathrm{HP}} = \begin{pmatrix} x_1 - x_2 \\ y_1 - y_2 \end{pmatrix}$$

ところで，直線 ℓ の法線ベクトル $\boldsymbol{n}(\neq \boldsymbol{0})$ は $\begin{pmatrix} a \\ b \end{pmatrix}$ でした．ベクトル $\overrightarrow{\mathrm{HP}}$ と法線ベクトル $\boldsymbol{n}$ は直線 ℓ に垂直です．ですから，$\overrightarrow{\mathrm{HP}}$ と $\boldsymbol{n}$ は平行です．よって，平行条件 (8)(p.47) からある k が存在して

$$\overrightarrow{\mathrm{HP}} = k\boldsymbol{n} \tag{26}$$

が成り立ちます．このスカラー k を求めれば距離が求まります．

$$d = |\overrightarrow{\mathrm{HP}}| = |k\boldsymbol{n}| = |k||\boldsymbol{n}| \tag{27}$$

そのため，ベクトルの等式 (26) の両辺のベクトルと $\boldsymbol{n}$ の内積を取ります．その値は両辺でやはり等しくなります．

$$\boldsymbol{n}\cdot\overrightarrow{\mathrm{HP}}=\boldsymbol{n}\cdot(k\boldsymbol{n}) \iff \begin{pmatrix}a\\b\end{pmatrix}\cdot\begin{pmatrix}x_1-x_2\\y_1-y_2\end{pmatrix}=k\boldsymbol{n}\cdot\boldsymbol{n} \iff$$

$$a(x_1-x_2)+b(y_1-y_2)=k|\boldsymbol{n}|^2 \iff ax_1+by_1+c=k|\boldsymbol{n}|^2 \ (\because (25))$$

$$\iff k=\frac{ax_1+by_1+c}{|\boldsymbol{n}|^2} \ (\because \ |\boldsymbol{n}|\neq 0) \tag{28}$$

よって，(27) と (28) から**点と直線の距離**が求まりました．

$$d=|k||\boldsymbol{n}|=\left|\frac{ax_1+by_1+c}{|\boldsymbol{n}|^2}\right||\boldsymbol{n}|=\frac{|ax_1+by_1+c|}{|\boldsymbol{n}|}=\frac{|ax_1+by_1+c|}{\sqrt{a^2+b^2}}$$

点と直線の距離

点 $\mathrm{P}(x_1,y_1)$ から直線 $\ell: ax+by+c=0$ の距離 d は以下の式で表される．

$$d=\frac{|ax_1+by_1+c|}{\sqrt{a^2+b^2}} \tag{29}$$

この公式の直観的な理解のための解説をしましょう．もし，点 P が直線上にあれば，$ax_1+by_1+c=0$ を満たすので分子はゼロとなり，$d=0$ です．つまり，この公式は直線上にある点，つまり距離ゼロにも対応しています．そして，点 P が直線上になければ，分子の値は直線の方程式の左辺に点 P の座標を代入して「どの程度離れて」いるかを示しています．絶対値が付いているのは，直線の上と下ではその符号が変わりますが，向きと関係なくどのくらい離れているかを表すために，符号を取ることを意味しています．法線ベクトルの長さで割っているのは，法線ベクトルの長さによらない距離を導くために正規化しているためです．

例 16 原点 O と直線 $3x+4y-7=0$ の距離を求めてください．

解答 16 公式 (29) に代入して，7/5 が答えです．

$$d=\frac{|3\cdot 0+4\cdot 0-7|}{\sqrt{3^2+4^2}}=\frac{|-7|}{\sqrt{25}}=\frac{7}{5}$$

問い 9
(1) 点 $(1,1)$ と直線 $3x+4y-7=0$ の距離を求めてください．
(2) 点 $(1,2)$ と直線 $3x+4y-7=0$ の距離を求めてください．

答え 9
(1) 公式 (29) に代入して，$|3\cdot 1+4\cdot 1-7|/\sqrt{3^2+4^2}=0/5=0$ となります．
(2) 公式 (29) に代入して，$|3\cdot 1+4\cdot 2-7|/\sqrt{3^2+4^2}=4/5$ となります．

この結果から，問い 9(1) の点 (1,1) は直線上にあります．(2) の点 (1,2) は直線より上にあり，距離の導出では分子の絶対値のなかの符号は正です．

練習問題 3

1 ゼロベクトルではない $\boldsymbol{a}$ と $\boldsymbol{b}$ が互いに平行であるとき $(\boldsymbol{a} = k\boldsymbol{b})$，$\boldsymbol{a} \cdot \boldsymbol{b} = |\boldsymbol{a}||\boldsymbol{b}| \quad (k > 0)$，または $\boldsymbol{a} \cdot \boldsymbol{b} = -|\boldsymbol{a}||\boldsymbol{b}| \quad (k < 0)$ であることを示してください．

2 内積と角度の関係 (12) を証明するために**余弦定理**を紹介します．それは図 24 の三角形について，以下の関係が成り立つことです．これを証明してください．

$$a^2 = b^2 + c^2 - 2bc\cos\theta \tag{30}$$

図 24 余弦定理

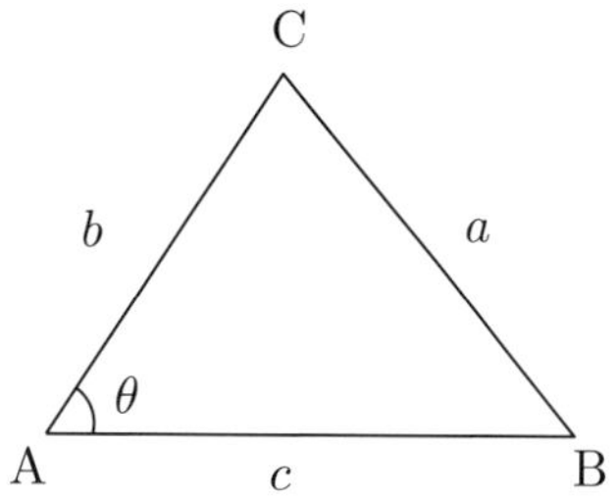

3 図 16 のベクトルの作る三角形に余弦定理 (30) を適用すると

$$|\boldsymbol{b} - \boldsymbol{a}|^2 = |\boldsymbol{a}|^2 + |\boldsymbol{b}|^2 - 2|\boldsymbol{a}||\boldsymbol{b}|\cos\theta \tag{31}$$

となります．これを用いて内積と角度の関係 (12) を証明してください．

4 内積の第 2 ベクトルに関して和とスカラー倍の関係を，性質⑤の交換律より証明してください．

⑥ $\boldsymbol{a} \cdot (\boldsymbol{b} + \boldsymbol{c}) = \boldsymbol{a} \cdot \boldsymbol{b} + \boldsymbol{a} \cdot \boldsymbol{c}$

⑦ $\boldsymbol{a} \cdot (k\boldsymbol{b}) = k\boldsymbol{a} \cdot \boldsymbol{b}$

5 あるベクトルは，以下のように基本ベクトルを用いて表示できました．

$$\boldsymbol{a} = a_1\boldsymbol{e}_1 + a_2\boldsymbol{e}_2$$

これはさらに以下のように書き換えられることを示してください．

$$\boldsymbol{a} = (\boldsymbol{a} \cdot \boldsymbol{e}_1)\boldsymbol{e}_1 + (\boldsymbol{a} \cdot \boldsymbol{e}_2)\boldsymbol{e}_2$$

ベクトルの内積はスカラーになるのですが，紛らわしいのでカッコを付けています．

6 図 25 の直線 $y = 2x$ から，傾き 2 を含む直交ベクトルを見出してください．

7 ゼロベクトルではないベクトル $\boldsymbol{v}_1$, $\boldsymbol{v}_2$ が直交すれば，それらは 1 次独立であることを示し

図 25

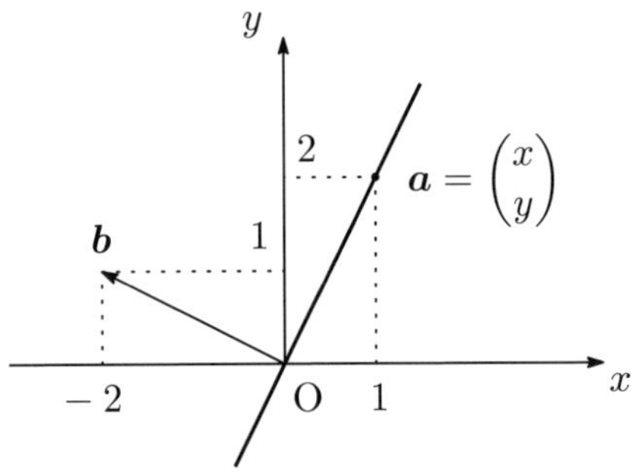

てください．

8 ピタゴラスの定理をベクトルで表してください．ベクトル $\boldsymbol{a}$ と $\boldsymbol{b}$ に対して，$\boldsymbol{a} \cdot \boldsymbol{b} = 0$ ならば，$|\boldsymbol{a} + \boldsymbol{b}|^2 = |\boldsymbol{a}|^2 + |\boldsymbol{b}|^2$ が成り立つことを示してください．

9 点と直線の距離の公式で，垂線の長さが最小距離になることを示してください．つまり，ある点 P からその点を通らないある直線上の点への距離が最小になる点 R は，ベクトル $\overrightarrow{\mathrm{RP}}$ がその直線と直交する点であることを証明してください．

10 公式 (14) にあるベクトル $\boldsymbol{b}$ の $\boldsymbol{a}$ への正射影ベクトル $\boldsymbol{v}$ の長さは，次のようになることを示してください．

$$|\boldsymbol{v}| = |\cos\theta||\boldsymbol{b}|$$

4 3次元ベクトルとその応用

第 3 章では平面上のベクトルを学びました．本章では空間上の 3 次元のベクトルを考えます．さらに，経済学やデータサイエンスにおけるベクトルの応用を紹介します．

4.1 空間ベクトル

空間ベクトルを紹介します．すでにベクトルの定義と平面ベクトルを学んでいます．空間特有の性質を丁寧に説明して，すでに習ったことと類似した概念は簡単に説明しましょう．

A 3次元空間

宅配便で荷物を送るときには，縦・横・高さの 3 つの値が必要です．その合計が基準を超えると料金が上がります．箱のような空間的な大きさをもつ物体は 3 つの量で測られるように，空間のある点は実数の 3 つ組 (x, y, z) により表現されます．図 1 のように平面で使用した座標軸の x 軸と y 軸をこちら側に広がる形に描きます．そして，高さにあたるのが z 軸です．この 3 つの軸は共通の**原点** $\mathrm{O}(0, 0, 0)$ をもち，互いに直交しています．

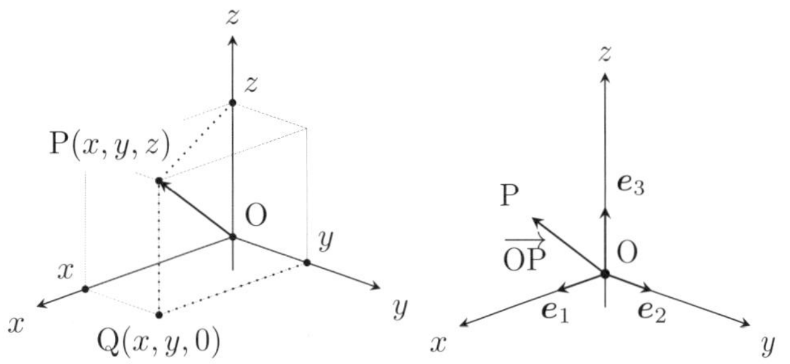

図 1 3 次元の座標と空間ベクトル

図 1 にある**座標空間**は，野球場のイメージで捉えると，ホームベースが原点で x 軸が一塁線，y 軸が三塁線，原点 O からの上下の座標が z 軸としたとき，バックスクリーンから眺めた姿です．このなかの点 P は，これらの座標からなる 3 つ組 (x, y, z) となります．

座標平面が地面になっていますが，このような平面を $\boldsymbol{xy}$ **平面**といいます．この平面は z 座標が 0，つまり $\mathrm{Q}(x, y, 0)$ がある平面です．この点 Q から z だけ上に伸ばした点が図 1 の点 $\mathrm{P}(x, y, z)$ です．

このように空間は，平面の仕切り (パーテーション) を考えることができて，z 軸と x 軸とが定める平面を $\boldsymbol{zx}$ **平面**といい，$(x, 0, z)$ の点全体の集合です．同様に，y 軸と z 軸の定める平面を $\boldsymbol{yz}$ **平面**といい，$(0, y, z)$ の点全体の集合になります．

3 次元空間 $\mathbb{R}^3$
→『経済数学入門』p.173

3 次元空間というと難しい印象をもたれるかもしれませんが，単なる数の 3 つ組がなす集合をいいます．つまり，数直線を $\mathbb{R}$，平面を $\mathbb{R}^2$ と同一視したように，空間は $\mathbb{R}^3$ と同一とみなします．

B　3 次元ベクトル

座標空間で表示されたベクトルは**空間ベクトル**，あるいは **3 次元数ベクトル**あるいは，もっと簡単に **3 次元ベクトル**といいます．平面ベクトルと同様に，図 1 の空間の点 P の位置ベクトルは $\overrightarrow{\mathrm{OP}}$ となります．このように，空間ベクトルも始点と終点をもつ線分として方向をもっています．図 1 は空間を示していますが，本書の紙面は 2 次元です．空間ベクトルを考える際にはイマジネーションを豊かにして，このような 3 次元の空間をイメージしてください．

空間ベクトルは長さももっています．平面では正規直交基底 $\{\boldsymbol{e}_1, \boldsymbol{e}_2\}$ がありましたが，空間では z 軸方向の基底 $\boldsymbol{e}_3$ を加えて，図 1 の右にある $\{\boldsymbol{e}_1, \boldsymbol{e}_2, \boldsymbol{e}_3\}$ がこの空間の**正規直交基底**になります．つまり，1 次独立であり，互いに直交し，長さが 1 で，各軸の正の方向を向いたベクトルです．基底ベクトルの個数は 3 なので，3 次元です．

そして，空間ベクトルの表し方にも同様に 2 種類あります．また，ベクトルの等しさも各成分が等しいことを意味します．

ベクトルの表示と相等 (3 次元)

$$\boldsymbol{a} = \begin{pmatrix} a_1 \\ a_2 \\ a_3 \end{pmatrix} \text{：成分表示,}$$

$$\boldsymbol{a} = a_1\boldsymbol{e}_1 + a_2\boldsymbol{e}_2 + a_3\boldsymbol{e}_3 \quad \text{：基本ベクトル表示}$$

ベクトル $\boldsymbol{b} = \begin{pmatrix} b_1 \\ b_2 \\ b_3 \end{pmatrix}$ とすると，その等しさ $\boldsymbol{a} = \boldsymbol{b}$ は以下で定義される．

$$\boldsymbol{a} = \boldsymbol{b} \iff a_1 = b_1 \text{ かつ } a_2 = b_2 \text{ かつ } a_3 = b_3$$

この成分表示を利用することで，空間ベクトルは平面ベクトルで学んだ方法で**和** $\boldsymbol{a}+\boldsymbol{b}$，**スカラー倍** $k\boldsymbol{a}$，**逆** $-\boldsymbol{a}$，**差** $\boldsymbol{a}-\boldsymbol{b}$ を示すことができます．

ベクトルの和，スカラー倍，逆，差 (3 次元)

ベクトル $\boldsymbol{a}=\begin{pmatrix}a_1\\a_2\\a_3\end{pmatrix}$，$\boldsymbol{b}=\begin{pmatrix}b_1\\b_2\\b_3\end{pmatrix}$ とスカラー k に対して，和 $\boldsymbol{a}+\boldsymbol{b}$，スカラー倍 $k\boldsymbol{a}$，逆ベクトル $-\boldsymbol{a}$，ベクトルの差 $\boldsymbol{a}-\boldsymbol{b}$ は以下で定義される．

$$\boldsymbol{a}+\boldsymbol{b}=\begin{pmatrix}a_1\\a_2\\a_3\end{pmatrix}+\begin{pmatrix}b_1\\b_2\\b_3\end{pmatrix}=\begin{pmatrix}a_1+b_1\\a_2+b_2\\a_3+b_3\end{pmatrix},\quad k\boldsymbol{a}=k\begin{pmatrix}a_1\\a_2\\a_3\end{pmatrix}=\begin{pmatrix}ka_1\\ka_2\\ka_3\end{pmatrix},$$

$$-\boldsymbol{a}=-\begin{pmatrix}a_1\\a_2\\a_3\end{pmatrix}=\begin{pmatrix}-a_1\\-a_2\\-a_3\end{pmatrix},\quad \boldsymbol{a}-\boldsymbol{b}=\boldsymbol{a}+(-\boldsymbol{b})=\begin{pmatrix}a_1-b_1\\a_2-b_2\\a_3-b_3\end{pmatrix}$$

ベクトルの性質のなかで，**結合律**を図形的に解説しましょう．図 1 でその図形的な位置関係を確かめておいてください．

図 1　空間ベクトルの結合法則

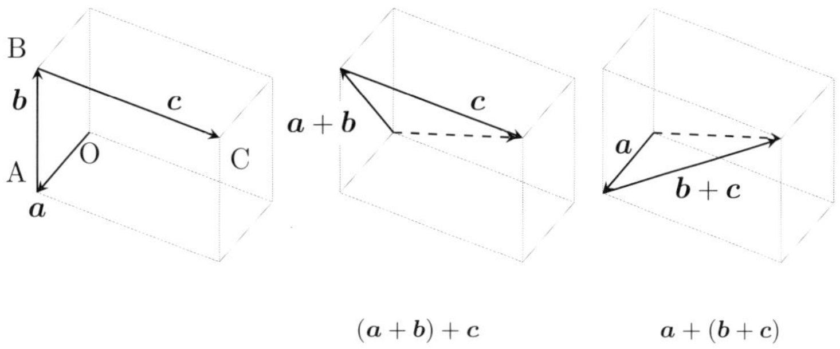

ベクトル $\overrightarrow{\mathrm{OC}}$ は原点から $\boldsymbol{a}$, $\boldsymbol{b}$, $\boldsymbol{c}$ と進んだ先にあり，以下の結合律が成り立ちます．

$$(\boldsymbol{a}+\boldsymbol{b})+\boldsymbol{c}=\boldsymbol{a}+(\boldsymbol{b}+\boldsymbol{c})$$

結合律は各成分の和を取る順番にかかわらないことです．例えば，$\boldsymbol{a}=\begin{pmatrix}1\\0\\0\end{pmatrix}$，$\boldsymbol{b}=\begin{pmatrix}0\\0\\3\end{pmatrix}$，$\boldsymbol{c}=\begin{pmatrix}0\\2\\0\end{pmatrix}$ のとき，以下が成り立ちます．

$$(\boldsymbol{a}+\boldsymbol{b})+\boldsymbol{c}=\begin{pmatrix}1\\0\\3\end{pmatrix}+\begin{pmatrix}0\\2\\0\end{pmatrix}=\begin{pmatrix}1\\2\\3\end{pmatrix},$$

$$\boldsymbol{a}+(\boldsymbol{b}+\boldsymbol{c})=\begin{pmatrix}1\\0\\0\end{pmatrix}+\begin{pmatrix}0\\2\\3\end{pmatrix}=\begin{pmatrix}1\\2\\3\end{pmatrix}$$

C 空間ベクトルの内積と長さ

3 次元ベクトルでもその内積を定義できます．また，内積をもとに長さも定義できます．

内積と長さ (3 次元)

ベクトル $\boldsymbol{a}=\begin{pmatrix}a_1\\a_2\\a_3\end{pmatrix}$ と $\boldsymbol{b}=\begin{pmatrix}b_1\\b_2\\b_3\end{pmatrix}$ の**内積** $\boldsymbol{a}\cdot\boldsymbol{b}$ とベクトル $\boldsymbol{a}$ の**長さ** $|\boldsymbol{a}|$ は，以下で定義される．

$$\boldsymbol{a}\cdot\boldsymbol{b}=a_1b_1+a_2b_2+a_3b_3,\quad |\boldsymbol{a}|=\sqrt{\boldsymbol{a}\cdot\boldsymbol{a}}=\sqrt{a_1^2+a_2^2+a_3^2}$$

このように，各成分の積を取って和を取るのが内積であり，自分の成分の 2 乗和の平方根が長さです．これは平面ベクトルでも同じです．つまり，2 次元でも 3 次元でも計算方法は共通しています．また，平面ベクトルで紹介した内積の性質 (p.59) は，空間ベクトルの内積にも備わっています．紙幅の都合で再掲はしませんので，各自で復習しておいてください．

例 1 ベクトル $\boldsymbol{a}=\begin{pmatrix}1\\0\\1\end{pmatrix}$, $\boldsymbol{b}=\begin{pmatrix}0\\1\\1\end{pmatrix}$, $\boldsymbol{c}=\begin{pmatrix}-1\\-1\\1\end{pmatrix}$ の長さと，それらの間の内積を求めてください．

解答 1 公式に代入すると，以下のようになります．

$$|\boldsymbol{a}|=\sqrt{1^2+0^2+1^2}=\sqrt{2},\quad |\boldsymbol{b}|=\sqrt{0^2+1^2+1^2}=\sqrt{2},$$
$$|\boldsymbol{c}|=\sqrt{(-1)^2+(-1)^2+1^2}=\sqrt{3},$$
$$\boldsymbol{a}\cdot\boldsymbol{b}=1\cdot 0+0\cdot 1+1\cdot 1=1,$$
$$\boldsymbol{b}\cdot\boldsymbol{c}=0\cdot(-1)+1\cdot(-1)+1\cdot 1=0,$$
$$\boldsymbol{c}\cdot\boldsymbol{a}=1\cdot(-1)+0\cdot(-1)+1\cdot 1=0$$

例 1 のベクトルは図 3 に示されています．位置関係や長さを確認してください．

図 3　空間ベクトルの長さと内積

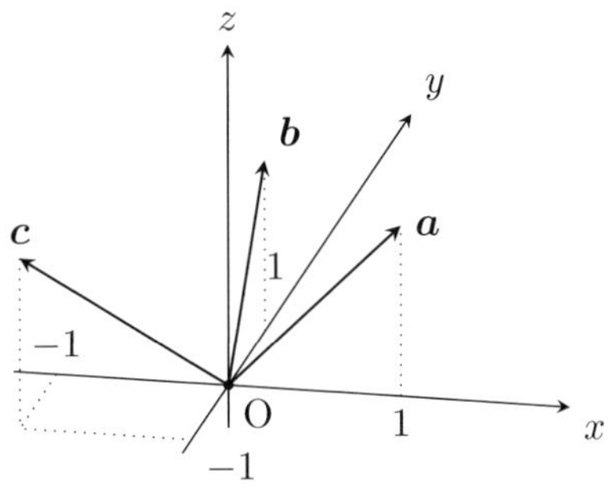

このベクトルの長さを用いて空間の 2 点間の**距離**を計算したり，空間ベクトルを**正規化**することができます．正規化されたベクトルは，向きは同じで長さが 1 になります．

距離と正規化 (3 次元)

2 点 $\mathrm{A}(a_1, a_2, a_3)$, $\mathrm{B}(b_1, b_2, b_3)$ と，それらの位置ベクトルを $\boldsymbol{a}$, $\boldsymbol{b}$ とする．このとき，2 点間の距離は以下になる．

$$|\overrightarrow{\mathrm{AB}}| = |\boldsymbol{b} - \boldsymbol{a}| = \left|\begin{pmatrix} b_1 - a_1 \\ b_2 - a_2 \\ b_3 - a_3 \end{pmatrix}\right| = \sqrt{(b_1 - a_1)^2 + (b_2 - a_2)^2 + (b_3 - a_3)^2}$$

ゼロベクトルではないベクトル $\boldsymbol{a}$ の正規化は，以下のようになる．

$$\frac{\boldsymbol{a}}{|\boldsymbol{a}|}$$

例 1 の $\boldsymbol{b} \cdot \boldsymbol{c} = 0$ と $\boldsymbol{c} \cdot \boldsymbol{a} = 0$ から，直交性を内積で表現してもよさそうですね．

直交ベクトル (3 次元)

ベクトル $\boldsymbol{a}$ と $\boldsymbol{b}$ が**直交**するとは，その内積が 0 であることである．

$$\boldsymbol{a} \perp \boldsymbol{b} \iff \boldsymbol{a} \cdot \boldsymbol{b} = 0$$

問い 1 3 次元ベクトルの基底ベクトル $\{\boldsymbol{e}_1, \boldsymbol{e}_2, \boldsymbol{e}_3\}$ は，長さが 1 で，互いに直交することを確かめてください．

答え 1 $\boldsymbol{e}_1 = \begin{pmatrix} 1 \\ 0 \\ 0 \end{pmatrix}$ なので $|\boldsymbol{e}_1| = \sqrt{1^2+0^2+0^2} = 1$．同様に，$\boldsymbol{e}_2 = \begin{pmatrix} 0 \\ 1 \\ 0 \end{pmatrix}$ なので，

$|\boldsymbol{e}_2| = \sqrt{0^2+1^2+0^2} = 1$，$\boldsymbol{e}_3 = \begin{pmatrix} 0 \\ 0 \\ 1 \end{pmatrix}$ なので，$|\boldsymbol{e}_3| = \sqrt{0^2+0^2+1^2} = 1$．

よって，基底ベクトル $\{\boldsymbol{e}_1, \boldsymbol{e}_2, \boldsymbol{e}_3\}$ の長さは 1 になります．次に，$\boldsymbol{e}_1$ と $\boldsymbol{e}_2$ の内積は，$\boldsymbol{e}_1 \cdot \boldsymbol{e}_2 = 1 \cdot 0 + 0 \cdot 1 + 0 \cdot 0 = 0$．ゆえに，$\boldsymbol{e}_1$ と $\boldsymbol{e}_2$ は直交します．同様に，$\boldsymbol{e}_2 \cdot \boldsymbol{e}_3 = 0 \cdot 0 + 1 \cdot 0 + 0 \cdot 1 = 0$，$\boldsymbol{e}_3 \cdot \boldsymbol{e}_1 = 0 \cdot 1 + 0 \cdot 0 + 1 \cdot 0 = 0$．よって，基底ベクトル $\{\boldsymbol{e}_1, \boldsymbol{e}_2, \boldsymbol{e}_3\}$ は互いに直交します．

このベクトルの内積と長さから，自然に空間ベクトルの角度が定義できます．

内積と角度 (3 次元)

ゼロベクトルではないベクトル $\boldsymbol{a} = \begin{pmatrix} a_1 \\ a_2 \\ a_3 \end{pmatrix}$ と $\boldsymbol{b} = \begin{pmatrix} b_1 \\ b_2 \\ b_3 \end{pmatrix}$ が与えられたとき，それらのなす角 θ は以下で定義される．ただし，$0 \leq \theta \leq \pi$ である．

$$\cos\theta = \frac{\boldsymbol{a} \cdot \boldsymbol{b}}{|\boldsymbol{a}||\boldsymbol{b}|} = \frac{a_1b_1 + a_2b_2 + a_3b_3}{\sqrt{a_1^2+a_2^2+a_3^2}\sqrt{b_1^2+b_2^2+b_3^2}} \tag{1}$$

この角の定義もただ第 3 成分が増えただけですね．

例 2 例 1 のベクトル $\boldsymbol{a} = \begin{pmatrix} 1 \\ 0 \\ 1 \end{pmatrix}$ と $\boldsymbol{b} = \begin{pmatrix} 0 \\ 1 \\ 1 \end{pmatrix}$ のなす角 θ を求めてください．

解答 2 公式 (1) と例 1 の解答を利用すると求められます．

$$\cos\theta = \frac{\boldsymbol{a} \cdot \boldsymbol{b}}{|\boldsymbol{a}||\boldsymbol{b}|} = \frac{1}{\sqrt{2}\sqrt{2}} = \frac{1}{2}$$

第 3 章の表 2(p.53) より，$\theta = \dfrac{\pi}{3}$ であることが分かります．

内積が計算できれば，ベクトルの他のベクトルへの正射影ベクトルを導出することができます．この公式は第 3 章 p.64 の 2 次元の正射影ベク

トルの式 (14) と同一ですね．

正射影ベクトル (3 次元)

ベクトル $\boldsymbol{b}$ の $\boldsymbol{a}\ (\neq \boldsymbol{0})$ への正射影ベクトル $\boldsymbol{v}$ は以下になる．

$$\boldsymbol{v} = \frac{\boldsymbol{a}\cdot\boldsymbol{b}}{|\boldsymbol{a}|^2}\boldsymbol{a} \tag{2}$$

例 3　例 1 のベクトル $\boldsymbol{b} = \begin{pmatrix}0\\1\\1\end{pmatrix}$ の $\boldsymbol{a} = \begin{pmatrix}1\\0\\1\end{pmatrix}$ への正射影ベクトルを求めてください．

解答 3　公式 (2) や例 1 の解答より以下になります．

$$\boldsymbol{v} = \frac{\boldsymbol{a}\cdot\boldsymbol{b}}{|\boldsymbol{a}|^2}\boldsymbol{a} = \frac{1}{(\sqrt{2})^2}\begin{pmatrix}1\\0\\1\end{pmatrix} = \begin{pmatrix}\frac{1}{2}\\0\\\frac{1}{2}\end{pmatrix}$$

図 4　空間の正射影ベクトル

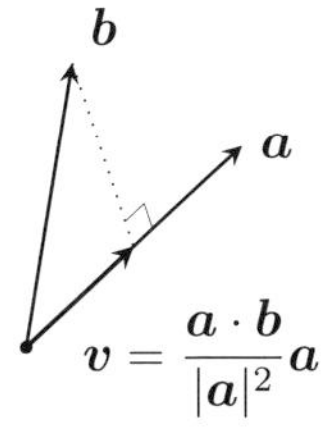

例 3 の解答の正射影ベクトルは図 4 に描かれています．この正射影ベクトル $\boldsymbol{v}$ と，もとのベクトル $\boldsymbol{b}$ や投影側のベクトル $\boldsymbol{a}$ との位置関係をイメージできるでしょうか？

D　空間における平面の表現

座標平面では法線ベクトルを用いて直線を表現しました．座標空間では直線の他に平面を表すことができます．ここではまず，ベクトルを用いて平面を表してみましょう．例えば，例 1 のベクトル $\boldsymbol{a} = \begin{pmatrix}1\\0\\1\end{pmatrix}$ と

$\boldsymbol{b} = \begin{pmatrix} 0 \\ 1 \\ 1 \end{pmatrix}$ で生成される平面を考えます．これは第 3 章で学んだ 1 次結合で表現される集合です．すなわち，あるスカラー k_1, k_2 に対して，

$$\boldsymbol{v} = k_1\boldsymbol{a} + k_2\boldsymbol{b} = k_1 \begin{pmatrix} 1 \\ 0 \\ 1 \end{pmatrix} + k_2 \begin{pmatrix} 0 \\ 1 \\ 1 \end{pmatrix} = \begin{pmatrix} k_1 \\ k_2 \\ k_1 + k_2 \end{pmatrix} \tag{3}$$

によって表現できる平面です．このスカラーを動かして表現できる図形は，図 5 に描かれている原点 O を通る平面になります．

図 5　空間ベクトルが生成する平面

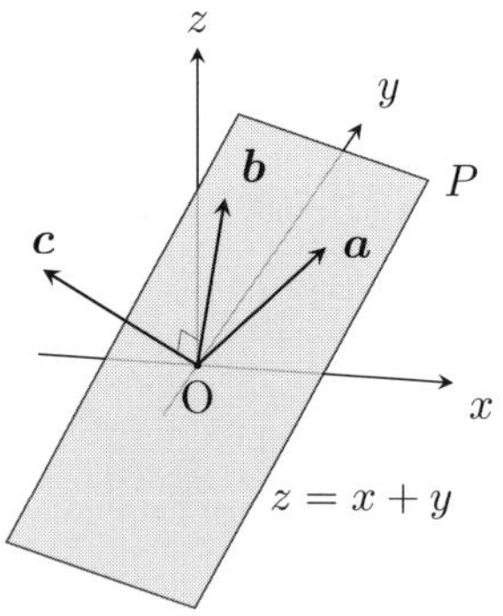

この平面を P としましょう．集合で表記すると以下になります．

$$P = \{\boldsymbol{v} = k_1\boldsymbol{a} + k_2\boldsymbol{b} \mid k_1 \in \mathbb{R},\ k_2 \in \mathbb{R}\} \tag{4}$$

このような集合は，ベクトル $\boldsymbol{a}, \boldsymbol{b}$ によって**生成される空間**，**張る空間** (spanned space)，**線形包** (linear hull)，**スパン** (span) など様々な呼び名があります．記号では $\mathrm{span}(\boldsymbol{a}, \boldsymbol{b})$ と表します．よって，(4) は以下になります．

$$P = \mathrm{span}(\boldsymbol{a}, \boldsymbol{b})$$

この平面 P を表現するには，平面ベクトルで学んだ法線ベクトルを利用することで実現できます．例 1 の結果を見ると，ベクトル $\boldsymbol{c} = \begin{pmatrix} -1 \\ -1 \\ 1 \end{pmatrix}$ がこの平面の法線ベクトルとなります．なぜならば，$\boldsymbol{b} \cdot \boldsymbol{c} = 0$, $\boldsymbol{c} \cdot \boldsymbol{a} = 0$ なので，内積の性質 (p.59) を適用して，

$$\boldsymbol{c} \cdot \boldsymbol{v} = \boldsymbol{c} \cdot (k_1\boldsymbol{a} + k_2\boldsymbol{b}) = \boldsymbol{c} \cdot (k_1\boldsymbol{a}) + \boldsymbol{c} \cdot (k_2\boldsymbol{b}) = k_1\boldsymbol{c} \cdot \boldsymbol{a} + k_2\boldsymbol{c} \cdot \boldsymbol{b} = 0$$

となり，ベクトル $\boldsymbol{c}$ は平面 P 上のすべてのベクトル $\boldsymbol{v}$ と直交するから

です．

例 4　ベクトル $\boldsymbol{d} = \begin{pmatrix} 1 \\ 1 \\ 2 \end{pmatrix}$ は先の平面 P に含まれることを示してください．

解答 4　ベクトル $\boldsymbol{d}$ はベクトル $\boldsymbol{a}, \boldsymbol{b}$ の 1 次結合として，以下のように表現が可能です．よって，$\boldsymbol{d} \in P$ となります．

$$\boldsymbol{d} = \begin{pmatrix} 1 \\ 1 \\ 2 \end{pmatrix} = 1 \cdot \begin{pmatrix} 1 \\ 0 \\ 1 \end{pmatrix} + 1 \cdot \begin{pmatrix} 0 \\ 1 \\ 1 \end{pmatrix}$$

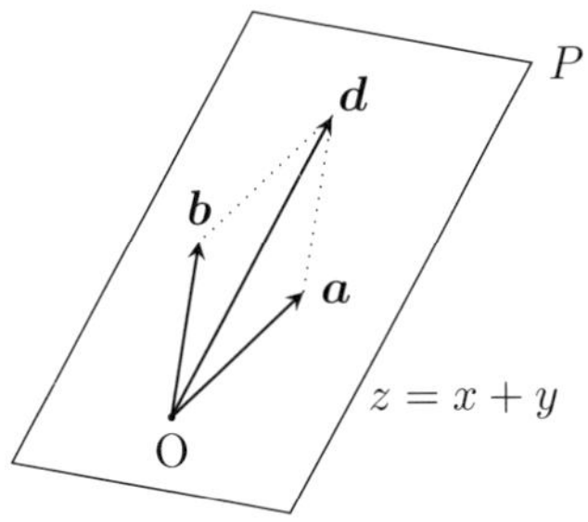

図 6　空間における平面に含まれるベクトル

この図 6 のように，ベクトル $\boldsymbol{d}$ はこの平面 P に含まれることをイメージすることができるでしょうか？　結局，座標空間上の平面の方程式は，座標平面の直線のそれと同様の公式が成り立ちます．

法線・方向ベクトルとベクトル方程式 (3 次元)

位置ベクトルが $\boldsymbol{a}$ で表される点 $\mathrm{A}(x_1, y_1, z_1)$ を通り，法線ベクトルが $\boldsymbol{n} = \begin{pmatrix} a \\ b \\ c \end{pmatrix}$ である平面の方程式は以下になる．ただし $d = -(ax_1 + by_1 + cz_1)$ である．

$$\boldsymbol{n} \cdot (\boldsymbol{p} - \boldsymbol{a}) = 0 \tag{5}$$

$$a(x - x_1) + b(y - y_1) + c(z - z_1) = 0 \tag{6}$$

$$ax + by + cz + d = 0 \tag{7}$$

同様に，平面に含まれる互いに独立な 2 つの方向ベクトル $\boldsymbol{d}_1, \boldsymbol{d}_2$ と，ある実数 t_1, t_2 を用いると，平面の方程式は以下になる．

$$\boldsymbol{p} = \boldsymbol{a} + t_1\boldsymbol{d}_1 + t_2\boldsymbol{d}_2 \tag{8}$$

法線ベクトル $\boldsymbol{n}$ と (8) の 2 つの方向ベクトルは互いに直交する．すなわち $\boldsymbol{n} \cdot \boldsymbol{d}_1 = 0$, $\boldsymbol{n} \cdot \boldsymbol{d}_2 = 0$ である．

公式 (5) の内積を計算すると (6) になります．また，以下のように書き換えると (7) になります．

$$\begin{aligned} \boldsymbol{n} \cdot (\boldsymbol{p} - \boldsymbol{a}) = 0 \quad &\iff \quad \boldsymbol{n} \cdot \boldsymbol{p} - \boldsymbol{n} \cdot \boldsymbol{a} = 0 \\ &\iff \quad \boldsymbol{n} \cdot \boldsymbol{p} - (ax_1 + by_1 + cz_1) = 0 \end{aligned}$$

例 5 (3) の平面 P の表現を，方程式 (5) を使って簡単にしてください．

解答 5 平面 P は明らかに原点 O を含むので $\boldsymbol{n} \cdot \boldsymbol{0} = 0$ であり，法線ベクトル $\boldsymbol{n}$ と (5) を利用すると平面の式が求まります．

$$\begin{aligned} \boldsymbol{n} \cdot \boldsymbol{p} = 0 \quad &\iff \quad \begin{pmatrix} -1 \\ -1 \\ 1 \end{pmatrix} \cdot \begin{pmatrix} x \\ y \\ z \end{pmatrix} = 0 \\ &\iff \quad -x - y + z = 0 \quad \iff \quad z = x + y \end{aligned} \tag{9}$$

このように，平面のベクトル方程式は簡単な変数の 1 次式で表現できました．なぜ，ベクトルが生成する領域——$\mathrm{span}(\boldsymbol{a}, \boldsymbol{b})$——は平面になるか疑問をもたれた方がいるかもしれません．このような 1 次式で表されれば，例えば $z = 0$ と置いた xy 平面では直線になります．よって，z を様々に動かした軌跡の領域は平面になることが分かります．

(9) の最後の式は，ベクトル $\begin{pmatrix} x \\ y \end{pmatrix}$ によってあるスカラー z が定まる関数としてもみなすことができます．このとき，ベクトル $\begin{pmatrix} x \\ y \end{pmatrix}$ とベクトル $\begin{pmatrix} 1 \\ 1 \end{pmatrix}$ の内積と z の差が 0 になります．

$$z = x + y \quad \Longleftrightarrow \quad z - \begin{pmatrix} 1 \\ 1 \end{pmatrix} \cdot \begin{pmatrix} x \\ y \end{pmatrix} = 0 \tag{10}$$

E　空間における点と平面の距離

次に，空間における点と平面の距離について学びます．平面において点と直線の距離は，最短距離，つまりその点から直線への垂線の足までの長さにあたります．**垂線の足**は，点から直線に垂線を引いた場合，直線と垂線が交わる点をいいます．平面の場合と同様に，空間でもある点から平面への距離は，図 7 に描かれているように点から平面へ垂線を引いたとき，その足から点までの長さになります．

点と平面の距離

点 $\mathrm{Q}(x_1, y_1, z_1)$ から平面 $P : ax + by + cz + d = 0$ の距離 ρ は，以下の式で表される．

$$\rho = \frac{|ax_1 + by_1 + cz_1 + d|}{\sqrt{a^2 + b^2 + c^2}} \tag{11}$$

図 7　空間における点と平面の距離

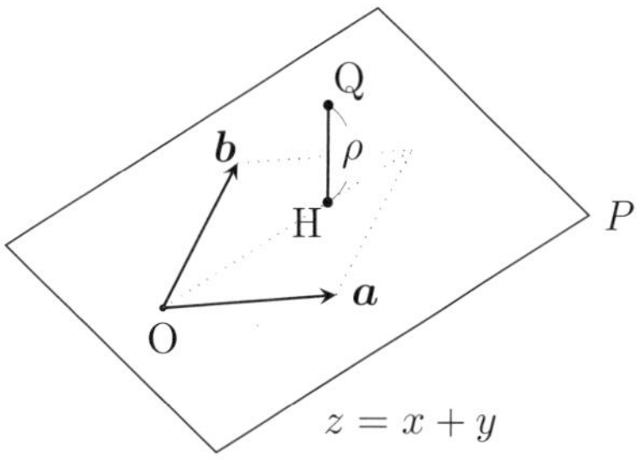

この距離に用いられた記号 ρ はローと呼びます．アルファベットの r に対応するギリシャ文字です．

例 6 位置ベクトルが $\boldsymbol{q} = \begin{pmatrix} 1 \\ 1 \\ 3 \end{pmatrix}$ で表される点 Q から，例 5 の平面 P への距離を求めてください．

解答 6 例 5 の結果を公式 (11) に代入すれば求まります．

$$\rho = \frac{|(-1)\cdot 1 + (-1)\cdot 1 + 1\cdot 3|}{\sqrt{1^2 + 1^2 + (-1)^2}} = \frac{1}{\sqrt{3}}$$

点 Q は平面 P の上側に位置していることが図 7 から分かります．次の例で，垂線の足の座標を求めてみましょう．

例 7 位置ベクトルが $\boldsymbol{q} = \begin{pmatrix} 1 \\ 1 \\ 3 \end{pmatrix}$ で表される点 Q から，例 5 の平面 P への垂線の足 H を求めてください．次に，この H から点 Q までのベクトルの長さを求めてください．

解答 7 位置ベクトルが $\boldsymbol{h}$ で表される平面 P 上の点 $\mathrm{H}(x_1, y_1, z_1)$ で，ベクトル $\overrightarrow{\mathrm{HQ}}$ が平面と直交するとしましょう．このベクトルと例 1 で示した法線ベクトル $\boldsymbol{c}$ は平行です．よって，平行条件 (8)(p.47) からあるスカラー k が存在して

$$\overrightarrow{\mathrm{HQ}} = k\boldsymbol{c} \iff \boldsymbol{q} - \boldsymbol{h} = k\boldsymbol{c} \iff \boldsymbol{h} = \boldsymbol{q} - k\boldsymbol{c} \tag{12}$$

が成り立ちます．このベクトル $\boldsymbol{h}$ は平面 P 上にあるので，例 5 の方程式を用いて，

$$\begin{aligned} \boldsymbol{c}\cdot\boldsymbol{h} = 0 \iff \boldsymbol{c}\cdot(\boldsymbol{q} - k\boldsymbol{c}) = 0 \iff \boldsymbol{c}\cdot\boldsymbol{q} - k\boldsymbol{c}\cdot\boldsymbol{c} = 0 \\ \iff k = \frac{\boldsymbol{c}\cdot\boldsymbol{q}}{|\boldsymbol{c}|^2} \end{aligned}$$

となります．よって，各ベクトルの成分や長さを代入すると k が求まります．

$$k = \frac{\begin{pmatrix} -1 \\ -1 \\ 1 \end{pmatrix}\cdot\begin{pmatrix} 1 \\ 1 \\ 3 \end{pmatrix}}{\sqrt{3}^2} = \frac{-1-1+3}{3} = \frac{1}{3}$$

この値を $\boldsymbol{h} = \boldsymbol{q} - k\boldsymbol{c}$ に代入すると

$$\boldsymbol{h} = \boldsymbol{q} - k\boldsymbol{c} = \begin{pmatrix} 1 \\ 1 \\ 3 \end{pmatrix} - \frac{1}{3}\begin{pmatrix} -1 \\ -1 \\ 1 \end{pmatrix} = \begin{pmatrix} 1 + \frac{1}{3} \\ 1 + \frac{1}{3} \\ 3 - \frac{1}{3} \end{pmatrix} = \begin{pmatrix} \frac{4}{3} \\ \frac{4}{3} \\ \frac{8}{3} \end{pmatrix}$$

となります．垂線の足の座標は $\mathrm{H}\left(\frac{4}{3}, \frac{4}{3}, \frac{8}{3}\right)$ となります．

点 Q から点 H までのベクトルの長さは，(12) や例 1 より，

$$|\overrightarrow{\mathrm{HQ}}| = |k||\boldsymbol{c}| = \left|\frac{1}{3}\right|\sqrt{3} = \frac{1}{\sqrt{3}}$$

となります．この長さは例 6 の点 Q から平面への距離と等しいですね．

F　距離の性質

直線上の 2 点間の距離は絶対値を用いて $|b_1 - a_1|$ であり，平面上の 2 点間の距離は平方根を用いて $\sqrt{(b_1 - a_1)^2 + (b_2 - a_2)^2}$ であり，空間上の 2 点間の距離は $\sqrt{(b_1 - a_1)^2 + (b_2 - a_2)^2 + (b_3 - a_3)^2}$ です．2 点の座標の差の 2 乗の和を取り，その正の平方根を求めると距離が得られます．直線上の距離もこの定義を満たします ($\sqrt{(b_1 - a_1)^2} = |b_1 - a_1|$).

ここでは，これら距離の性質をまとめておきましょう．距離は英語で distance なので，記号 d を用います．

距離の性質

ある集合 X の点 x と点 y の距離 $d(x, y)$ は，以下の性質を満たす．

① $d(x, y) \geq 0$

② $d(x, y) = 0 \iff x = y$

③ $d(x, y) = d(y, x)$

④ $d(x, z) \leq d(x, y) + d(y, z)$

この性質はほとんど自明だと思います．特に性質④は**三角不等式**と呼ばれます．三角形のある辺の長さは，その他の二辺の長さの和よりも小さいということを示しています．いい換えると，2 点間を一直線に進んだ方が，他の点に寄り道するよりも近いことを意味します．

4.2　1 次従属と 1 次独立

1 次従属と 1 次独立は第 2 章で紹介し，そこでは平行なベクトル同士は 1 次従属であることを示しました．これらの概念を一般化してその後の応用に備えます．少し抽象的な議論が続きますが，方程式の解の応用について学ぶときに再度復習すると理解が深まるでしょう．

A　1 次結合・従属の一般化

ベクトルの 1 次結合 (p.30) を考えます．2 次元や 3 次元ベクトルの例をまとめて復習して，次元にかかわらない性質を探りましょう．スカラー c_1, c_2 を用いたベクトル $\boldsymbol{a}$ と $\boldsymbol{b}$ の **1 次結合**は，$\boldsymbol{v} = c_1\boldsymbol{a} + c_2\boldsymbol{b}$ のことですが，一般には m 個のベクトルでも定義できます．

1 次結合

スカラー $c_1, c_2, \cdots, c_m$ を用いたベクトルの組 $\boldsymbol{v}_1, \boldsymbol{v}_2, \cdots, \boldsymbol{v}_m$ の 1 次結合は，以下のベクトルである．

$$c_1\boldsymbol{v}_1 + c_2\boldsymbol{v}_2 + \cdots + c_m\boldsymbol{v}_m \tag{13}$$

空間ベクトルの分析で平面 (4) を定義するときに，スカラーを動かすことで生まれる 1 次結合 (13) がなす集合，すなわち**スパン** $\mathrm{span}(\boldsymbol{a}, \boldsymbol{b})$ を紹介しました．同様に，平面ベクトルなどの任意の次元のベクトルでスパンを定義することができます．

2 次元ベクトル空間においてベクトル $\boldsymbol{a}$ と $\boldsymbol{b}$ が**平行**であれば，第 3 章 p.47 の (8) より，あるスカラーが存在して $\boldsymbol{b} = k\boldsymbol{a}$ となります．この場合，両ベクトルは **1 次従属** (第 3 章 p.31 の (3)) の関係にあります．このときのベクトルの位置関係は図 8(a), (b) に描かれているように，2 つのベクトルが 1 つの直線上にあります．つまり，直線を表すには 1 つのベクトルで十分であり，他はムダなベクトルになります．

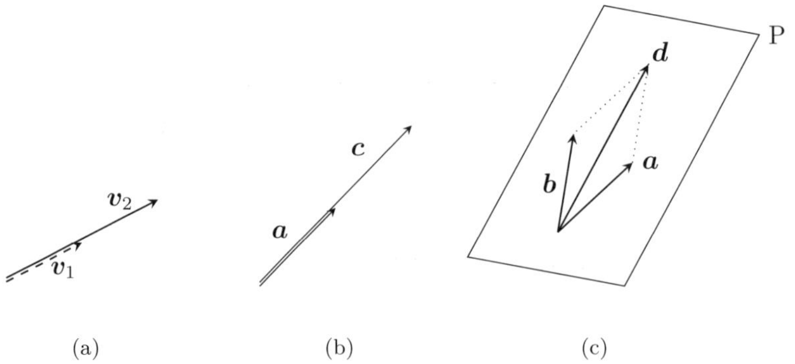

図 8　2 次元と 3 次元の 1 次従属ベクトル

ベクトルの従属性はベクトルの個数によらず定義できます．ここでは一般的な m 個のベクトルの 1 次従属の定義を示しましょう．

1 次従属

ベクトルの組 $\boldsymbol{v}_1, \boldsymbol{v}_2, \cdots, \boldsymbol{v}_m$ は，以下の条件を満たす $c_1, c_2, \cdots, c_m$ があるとき 1 次従属であるという.

$$c_1\boldsymbol{v}_1 + c_2\boldsymbol{v}_2 + \cdots + c_m\boldsymbol{v}_m = \boldsymbol{0} \quad (c_1 = c_2 = \cdots = c_m = 0 \text{ を除く}) \tag{14}$$

同様に 3 次元ベクトルでもベクトルの従属性を考えることができます. 例 1 で扱ったベクトル $\boldsymbol{a} = \begin{pmatrix} 1 \\ 0 \\ 1 \end{pmatrix}$ と $\boldsymbol{b} = \begin{pmatrix} 0 \\ 1 \\ 1 \end{pmatrix}$ の 1 次結合は，例 5 で学んだように平面 $P : z = x + y$ を形成します．例 4 で学んだベクトル $\boldsymbol{d} = \begin{pmatrix} 1 \\ 1 \\ 2 \end{pmatrix}$ は，図 8(c) に描かれているように平面 P に含まれています．この事実は 1 次従属の定義 (14) より，ベクトル $\boldsymbol{a}, \boldsymbol{b}, \boldsymbol{d}$ は以下の 1 次結合で表されるからです.

$$1 \cdot \boldsymbol{a} + 1 \cdot \boldsymbol{b} + (-1) \cdot \boldsymbol{d} = \boldsymbol{0} \iff 1 \cdot \begin{pmatrix} 1 \\ 0 \\ 1 \end{pmatrix} + 1 \cdot \begin{pmatrix} 0 \\ 1 \\ 1 \end{pmatrix} + (-1) \cdot \begin{pmatrix} 1 \\ 1 \\ 2 \end{pmatrix} = \boldsymbol{0} \tag{15}$$

このように 3 個の空間ベクトルが同一平面上にあるとき，これらは 1 次従属であることが分かりました．このとき，平面 P を表現するにはベクトル $\boldsymbol{a}$ と $\boldsymbol{b}$ だけで十分であり，ベクトル $\boldsymbol{d}$ はムダなベクトルです．それを取り除いても残りのベクトルが表現する平面は同じ P です．このことを記号で， $\mathrm{span}(\boldsymbol{a}, \boldsymbol{b}) = \mathrm{span}(\boldsymbol{a}, \boldsymbol{b}, \boldsymbol{d})$ と書き表します.

その他にも，次の問い 2 のような同一直線上にあるベクトルも 1 次従属です.

問い 2　3 次元ベクトル $\boldsymbol{e}_1, 2\boldsymbol{e}_1, 3\boldsymbol{e}_1$ が生成する領域を求めてください.

答え 2　3 次元ベクトル $\boldsymbol{e}_1$, $2\boldsymbol{e}_1$, $3\boldsymbol{e}_1$ は長さがそれぞれ 1, 2, 3 で方向が同じなので，$\boldsymbol{e}_1$ 方向の直線を生成します.

このように 2 個の平面ベクトルが 1 次従属であると，ベクトルの 1 次結合は直線を表します．また，3 個の空間ベクトルが 1 次従属であると，

1 次結合は平面や直線を表すことになります．このように，期待される次元よりも低次元の空間になる現象を，退化するといいます．

B　1 次独立の一般化

次に独立性を復習しましょう．独立性はムダのないベクトルの集まりです．平面ベクトルでは正規直交基底 $\{\boldsymbol{e}_1, \boldsymbol{e}_2\}$ が独立なベクトルの代表例で，2 次元ベクトル空間を表現するにはこの 2 つで十分です．他のベクトルを付け加えても張る空間は大きくなりません．つまり，$\boldsymbol{e}_1$, $\boldsymbol{e}_2$ は $\mathbb{R}^2$ を張ります．記号で表せば $\mathrm{span}(\boldsymbol{e}_1, \boldsymbol{e}_2) = \mathbb{R}^2$ です．

空間ベクトルでも同様であり，その正規直交基底 $\{\boldsymbol{e}_1, \boldsymbol{e}_2, \boldsymbol{e}_3\}$ は空間全体を表現できます．つまり，$\mathrm{span}(\boldsymbol{e}_1, \boldsymbol{e}_2, \boldsymbol{e}_3) = \mathbb{R}^3$ です．

図 9　2 次元と 3 次元の 1 次独立ベクトル

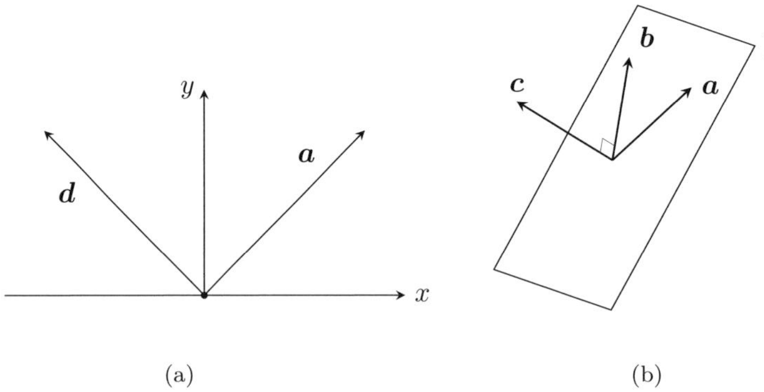

他の例としては，平面ベクトルにおいて第 3 章 p.48 の図 10 にあるベクトル $\boldsymbol{a} = \begin{pmatrix} 1 \\ 1 \end{pmatrix}$ と $\boldsymbol{d} = \begin{pmatrix} -1 \\ 1 \end{pmatrix}$ は独立です．図 9(a) に再掲されているように，明らかにこれらは平行ではありません．つまり，2 つの互いに独立な平面ベクトルは同一直線上にはありません．この 2 つのベクトルの 1 次結合で，平面内のベクトルを表すことができます ($\mathrm{span}(\boldsymbol{a}, \boldsymbol{d}) = \mathbb{R}^2$)．

空間ベクトルにおいて，例 1 のベクトル $\boldsymbol{a} = \begin{pmatrix} 1 \\ 0 \\ 1 \end{pmatrix}$, $\boldsymbol{b} = \begin{pmatrix} 0 \\ 1 \\ 1 \end{pmatrix}$, $\boldsymbol{c} = \begin{pmatrix} -1 \\ -1 \\ 1 \end{pmatrix}$ は互いに独立です．図 9(b) に再掲してありますが，ベクトル $\boldsymbol{c}$ は，$\boldsymbol{a}$ や $\boldsymbol{b}$ と直交することを例 1 で証明しました．このことは，3 つの互いに独立な空間ベクトルは同一平面上にはないことを示しています．そして，この 3 つのベクトルの 1 次結合で，空間内のベクトルを表すことができます ($\mathrm{span}(\boldsymbol{a}, \boldsymbol{b}, \boldsymbol{c}) = \mathbb{R}^3$)．

まとめると，1 次独立な 2 個の平面ベクトルの 1 次結合は，平面全体を表すことができます．また，1 次独立な 3 個の空間ベクトルの 1 次結合は，空間全体を表すことになります．

従属性と同様に，ベクトルの独立性はベクトルの個数によらず定義できます．ここでは一般的な m 個のベクトルの 1 次独立の定義を示しましょう．

1 次独立

ベクトルの組 $\boldsymbol{v}_1, \boldsymbol{v}_2, \cdots, \boldsymbol{v}_m$ は，以下の条件を満たすとき 1 次独立であるという．

$$c_1\boldsymbol{v}_1 + c_2\boldsymbol{v}_2 + \cdots + c_m\boldsymbol{v}_m = \boldsymbol{0} \quad \Longrightarrow \quad c_1 = c_2 = \cdots = c_m = 0 \tag{16}$$

ベクトルの従属や独立の図形的な特徴や，その一般化を理解いただけたでしょうか．

4.3　連立 1 次方程式の解と 1 次従属

前節の 1 次結合・従属・独立の知識を踏まえて，第 1 章の鶴亀算に出てきた連立 1 次方程式の解とベクトルの従属性の関係を見てみます．

A　同次連立 1 次方程式の解と 1 次従属

まずは第 1 章の第 1.1.C 項 (p.2) で学んだ同次連立 1 次方程式 (3) と (4) を考えましょう．

$$\begin{cases} 1x + 1y = 0 \\ 2x + 3y = 0 \end{cases} \tag{17}$$

$$\begin{cases} 1x + 2y = 0 \\ 2x + 4y = 0 \end{cases} \tag{18}$$

この連立方程式の各係数をまとめてみます．最初のベクトルは，1 番目の方程式の変数 x の係数と 2 番目のそれをタテに並べたベクトルです．同様に 2 番目のベクトルは，変数 y の係数を並べたものです．このような連立 1 次方程式の変数の係数をまとめたベクトルを，**係数ベクトル**といいます．方程式 (17) と (18) のそれぞれの係数ベクトルは以下になります．

$$\begin{pmatrix}1\\2\end{pmatrix},\quad \begin{pmatrix}1\\3\end{pmatrix} \qquad \text{および} \qquad \begin{pmatrix}1\\2\end{pmatrix},\quad \begin{pmatrix}2\\4\end{pmatrix}$$

(17) の連立方程式は自明な解 $x = y = 0$ しかありません．しかし，(18) は任意の実数 t を用いた非自明な解 $(x, y) = (t, -t/2)$ もあります．そして，この係数ベクトルは 1 次従属の関係にあります．なぜならば，次の 1 次結合が $\mathbf{0}$ に等しいからです．

$$1 \cdot \begin{pmatrix}1\\2\end{pmatrix} + \left(-\frac{1}{2}\right) \cdot \begin{pmatrix}2\\4\end{pmatrix} = \mathbf{0}$$

このスカラーの $-1/2$ が，非自明な解の一部 $y = -t/2$ になってますね．

非自明な解の存在と連立方程式の係数ベクトルが 1 次従属であることの関係を，1 次従属の定義 (14) から確認してみましょう．ベクトルが 1 次従属であるとは，以下を満たすスカラーが存在することです．

$$c_1\boldsymbol{v}_1 + c_2\boldsymbol{v}_2 = \mathbf{0} \qquad (c_1 = c_2 = 0 \text{ 以外の } c_1,\, c_2)$$

もし c_1 がゼロでなければ，次のように書き換えられます．

$$\boldsymbol{v}_1 = -\frac{c_2}{c_1}\boldsymbol{v}_2$$

これは係数ベクトルが他の定数倍となり，直線が平行であることを意味します．第 1 章の図 2(p.3) より，原点を通る直線が平行，つまり重なっていることを意味します．

しかし，(17) の連立方程式の変数の係数ベクトルは 1 次独立です．これも 1 次独立の定義 (16) から確認しましょう．ベクトルの集合 $\{\boldsymbol{v}_1, \boldsymbol{v}_2\}$ は，以下の条件を満たすとき 1 次独立であるといいます．

$$c_1\boldsymbol{v}_1 + c_2\boldsymbol{v}_2 = \mathbf{0} \quad \Longrightarrow \quad c_1 = c_2 = 0$$

最初の連立 1 次方程式の係数ベクトルは

$$c_1 \begin{pmatrix}1\\2\end{pmatrix} + c_2 \begin{pmatrix}1\\3\end{pmatrix} = \mathbf{0}$$

と置くと，上式を満たすのは $c_1 = c_2 = 0$ のときしかありません．つまり，この係数ベクトルは 1 次独立です．これをまとめておきます．

同次連立 1 次方程式の自明解と非自明解

2 個の方程式からなる 2 元同次連立 1 次方程式と，その係数ベクトルを考える．

$$\begin{cases} ax+by=0 \\ cx+dy=0 \end{cases}, \quad \boldsymbol{v}_1=\begin{pmatrix} a \\ c \end{pmatrix}, \quad \boldsymbol{v}_2=\begin{pmatrix} b \\ d \end{pmatrix} \tag{19}$$

このとき以下が成り立つ．

$$\text{自明解のみをもつ} \iff \boldsymbol{v}_1, \boldsymbol{v}_2 \text{ が 1 次独立} \tag{20}$$
$$\text{非自明解をもつ} \iff \boldsymbol{v}_1, \boldsymbol{v}_2 \text{ が 1 次従属} \tag{21}$$

非自明解をもつケース (21) では，具体的にはゼロではないスカラー k が存在して次の関係が成立します．

$$k\boldsymbol{v}_1=\boldsymbol{v}_2 \iff k\begin{pmatrix} a \\ c \end{pmatrix}=\begin{pmatrix} b \\ d \end{pmatrix} \iff \begin{cases} ka=b \\ kc=d \end{cases}$$

右端の k を消去すると，$ad-bc=0$ が成立します (練習問題 1).

問い 3　同次連立 1 次方程式 (19) が $a=b=0,\ c=d=1$ のとき，非自明解は存在するでしょうか．存在するならばそれを求めてください．

答え 3　同次連立 1 次方程式 (19) の $ad-bc$ を考えます．条件より $0\cdot1-0\cdot1=0$ です．よって，同次連立 1 次方程式は非自明解をもちます．その解は，t を任意の実数とすると $(x,y)=(t,-t)$ になります．

自明解のみをもつケース (20) は，非自明解をもつケースの否定ですから $ad-bc\neq0$ が成り立つことです．以上をまとめて (21) と (20) を書き換えると，以下になります．これから学ぶ行列式でも登場する重要な命題ですので，定理として述べておきましょう．

定理 1

同次連立 1 次方程式 (19) について，以下が成り立つ．

$$
\begin{aligned}
\text{非自明解をもつ} &\iff ad - bc = 0 \qquad (22)\\
\text{自明解のみをもつ} &\iff ad - bc \neq 0 \qquad (23)
\end{aligned}
$$

定理 1 より，連立方程式 (17) は (23) を，(18) は (22) を満たしています．

B 連立 1 次方程式の解

鶴亀算に出てくる右辺がゼロではない連立 1 次方程式を考えましょう．第 1 章 p.4 の (7) を再掲します．

$$
\begin{cases} 1x + 1y = 20 \\ 2x + 4y = 52 \end{cases} \tag{24}
$$

この係数ベクトルと，もう 1 つベクトルが出てきます．右辺のベクトルを**定数ベクトル**と呼びましょう．

$$
\begin{pmatrix} 1 \\ 2 \end{pmatrix}, \quad \begin{pmatrix} 1 \\ 4 \end{pmatrix}, \quad \begin{pmatrix} 20 \\ 52 \end{pmatrix}
$$

この連立 1 次方程式の解は以下でした．

$$
\begin{pmatrix} x \\ y \end{pmatrix} = \begin{pmatrix} 14 \\ 6 \end{pmatrix}
$$

この解から連立 1 次方程式を書き換えると

$$
x\begin{pmatrix} 1 \\ 2 \end{pmatrix} + y\begin{pmatrix} 1 \\ 4 \end{pmatrix} = \begin{pmatrix} 20 \\ 52 \end{pmatrix} \iff 14\begin{pmatrix} 1 \\ 2 \end{pmatrix} + 6\begin{pmatrix} 1 \\ 4 \end{pmatrix} = \begin{pmatrix} 20 \\ 52 \end{pmatrix}
$$

となります．これは左辺の係数ベクトルの 1 次結合で，右辺の定数ベクトルを表現していることを表しています．つまり，係数ベクトルの張る空間に定数ベクトルが入っていれば，解は存在することになります．

連立方程式 (24) の解の存在に関するこの性質は，もっと一般の連立方程式についても成り立ちます．その解の存在をまとめておきましょう．

連立 1 次方程式の解

2 個の方程式からなる 2 元連立 1 次方程式と，その係数ベクトル，定数ベクトルを考える．

$$\begin{cases} ax+by=f \\ cx+dy=g \end{cases}, \quad \boldsymbol{v}_1=\begin{pmatrix} a \\ c \end{pmatrix}, \quad \boldsymbol{v}_2=\begin{pmatrix} b \\ d \end{pmatrix}, \quad \boldsymbol{v}_3=\begin{pmatrix} f \\ g \end{pmatrix} \tag{25}$$

このとき以下が成り立つ．

$$\text{解をもつ} \iff \boldsymbol{v}_3 \in \mathrm{span}(\boldsymbol{v}_1, \boldsymbol{v}_2) \tag{26}$$

この条件 $\boldsymbol{v}_3 \in \mathrm{span}(\boldsymbol{v}_1, \boldsymbol{v}_2)$ は，スカラー c_1, c_2 を使って係数ベクトルを上手く結合させると，定数ベクトルに等しくさせることができることを意味します．まずは一意な解をもつ場合の例を見てみましょう．

例 8　次の連立 1 次方程式の係数ベクトルと定数ベクトルを求めてください．そして，その解を求めてください．係数ベクトルと定数ベクトルは，その解とどのような関係にあるでしょうか？　図にするとどうなるでしょうか？

$$\begin{cases} x-y=0 \\ x+y=2 \end{cases} \tag{27}$$

解答 8　連立 1 次方程式の表し方 (25) を参考にすると，係数ベクトルは $\boldsymbol{v}_1=\begin{pmatrix} 1 \\ 1 \end{pmatrix}$ と $\boldsymbol{v}_2=\begin{pmatrix} -1 \\ 1 \end{pmatrix}$ であり，定数ベクトルは $\boldsymbol{v}_3=\begin{pmatrix} 0 \\ 2 \end{pmatrix}$ となります．(26) のように，定数ベクトルが係数ベクトルの 1 次結合で表されることは，以下の式から分かります．

$$\begin{aligned} \boldsymbol{v}_3=c_1\boldsymbol{v}_1+c_2\boldsymbol{v}_2 \quad &\iff \quad \begin{pmatrix} 0 \\ 2 \end{pmatrix}=c_1\begin{pmatrix} 1 \\ 1 \end{pmatrix}+c_2\begin{pmatrix} -1 \\ 1 \end{pmatrix} \\ &\iff \quad \begin{pmatrix} 0 \\ 2 \end{pmatrix}=1\begin{pmatrix} 1 \\ 1 \end{pmatrix}+1\begin{pmatrix} -1 \\ 1 \end{pmatrix} \end{aligned}$$

このスカラー $(c_1, c_2)=(1,1)$ が，解 $\begin{pmatrix} x \\ y \end{pmatrix}=\begin{pmatrix} 1 \\ 1 \end{pmatrix}$ になります．図 10 に係数ベクトルの 1 次結合が定数ベクトルに等しくなっている模様が描かれています．

連立 1 次方程式 (27) はこの解 $\begin{pmatrix} x \\ y \end{pmatrix}=\begin{pmatrix} 1 \\ 1 \end{pmatrix}$ 以外の解をもちません．

図 10 一意な解をもつ連立1次方程式

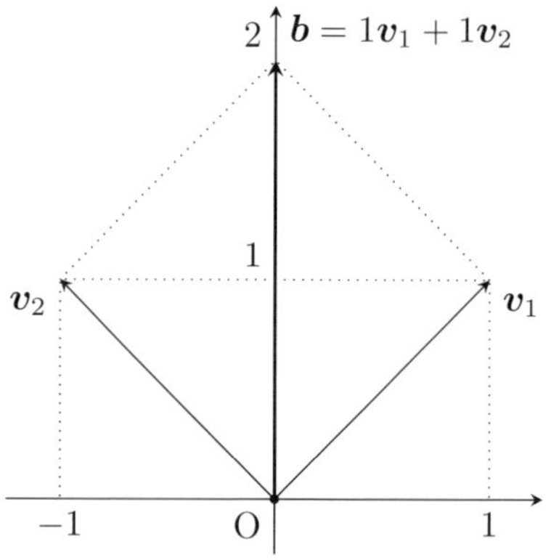

このとき方程式は**一意な解**をもつといいます．この係数ベクトルは1次独立です．また，この連立1次方程式の前提条件は，変数が2個，方程式が2個であり，変数と方程式の数が等しいことです．この2つの条件が，連立1次方程式が一意な解をもつ十分条件になります．

連立1次方程式の一意な解

方程式が m 個で変数が n 個の連立1次方程式において，変数と方程式の数が等しく $(m = n)$，かつその係数ベクトルが1次独立であれば，それは一意な解をもつ．

ここには定数ベクトルについて言及がありません．これはどんな定数ベクトルでも一意な解があることを意味しています．1次独立な係数ベクトルによって，どんな定数ベクトルであってもその1次結合で表現できることを意味します．注意してほしいのは，この命題は十分条件であることです．この条件を満たさなくても，一意な解が存在する場合があります．問い4は方程式の数と変数の数が違います．

問い4 以下の連立1次方程式には一意な解があることを示してください．

$$\begin{cases} x - y = 0 \\ x + y = 2 \\ 2x + 2y = 4 \end{cases}$$

答え4 1番目の方程式から $x = y$ となります．これを2, 3番目の方程式に代入すると $2x = 2$，$4x = 4$ となります．これより $x = 1$，$y = 1$ が成り立ちます．よって，一意な解 $(x, y) = (1, 1)$ が存在します．

連立方程式の解の存在や一意性は，後に行列を用いてもっと深く学ぶことになるでしょう．3 変数の例を考えましょう．

例 9 次の連立 1 次方程式の係数ベクトルと定数ベクトルを求めてください．そして，その解を求めてください．係数ベクトルと定数ベクトルは，その解とどのような関係にあるでしょうか？

$$\begin{cases} x - z = 2 \\ y - z = 3 \\ x + y + z = 2 \end{cases} \tag{28}$$

解答 9 係数ベクトルは $\boldsymbol{v}_1 = \begin{pmatrix} 1 \\ 0 \\ 1 \end{pmatrix}$, $\boldsymbol{v}_2 = \begin{pmatrix} 0 \\ 1 \\ 1 \end{pmatrix}$, $\boldsymbol{v}_3 = \begin{pmatrix} -1 \\ -1 \\ 1 \end{pmatrix}$ であり，定数ベクトルは $\boldsymbol{v}_4 = \begin{pmatrix} 2 \\ 3 \\ 2 \end{pmatrix}$ となります．定数ベクトルが係数ベクトルの 1 次結合で表されることは，以下の式から分かります．

$$\begin{aligned} \boldsymbol{v}_4 = c_1\boldsymbol{v}_1 + c_2\boldsymbol{v}_2 + c_3\boldsymbol{v}_3 \quad &\Longleftrightarrow \quad \begin{pmatrix} 2 \\ 3 \\ 2 \end{pmatrix} = c_1 \begin{pmatrix} 1 \\ 0 \\ 1 \end{pmatrix} + c_2 \begin{pmatrix} 0 \\ 1 \\ 1 \end{pmatrix} + c_3 \begin{pmatrix} -1 \\ -1 \\ 1 \end{pmatrix} \\ &\Longleftrightarrow \quad \begin{pmatrix} 2 \\ 3 \\ 2 \end{pmatrix} = 1 \begin{pmatrix} 1 \\ 0 \\ 1 \end{pmatrix} + 2 \begin{pmatrix} 0 \\ 1 \\ 1 \end{pmatrix} + (-1) \begin{pmatrix} -1 \\ -1 \\ 1 \end{pmatrix} \end{aligned}$$

このスカラー $(c_1, c_2, c_3) = (1, 2, -1)$ が，(28) の解 $\begin{pmatrix} x \\ y \\ z \end{pmatrix} = \begin{pmatrix} 1 \\ 2 \\ -1 \end{pmatrix}$ になります．この係数ベクトルは，例 1 で長さや内積を計算したベクトル $\boldsymbol{a}, \boldsymbol{b}, \boldsymbol{c}$ に対応しています．図 3 にこれらのベクトルが描かれており，1 次独立であることが分かります．

C　連立 1 次方程式の不定解

解が無数に存在する不定の場合を考察しましょう．前項で学んだことにより，このときは係数ベクトルが 1 次従属であるか，変数と方程式の数が異なるときになります．次の連立 1 次方程式を考えます．

$$\begin{cases} x + 2y = 3 \\ 2x + 4y = 6 \end{cases} \tag{29}$$

この連立方程式は，第 A 項で学んだ同次連立 1 次方程式 (18) に定数項が加わったものです．そこで学んだように係数ベクトルは 1 次従属であり，その同次連立 1 次方程式の非自明な解は $(x, y) = (t, -t/2)$ でした (t は任意の実数)．この連立方程式 (29) にも無数の解が存在します．例えば，$x + 2y = 3$ を満たす (x, y) です．特に $(x, y) = (1, 1)$ もこの解ですね．この 2 つの解を足し合わせましょう．

$$\begin{pmatrix} x \\ y \end{pmatrix} = \begin{pmatrix} t \\ -\frac{t}{2} \end{pmatrix} + \begin{pmatrix} 1 \\ 1 \end{pmatrix} = \begin{pmatrix} t+1 \\ -\frac{t}{2}+1 \end{pmatrix} \tag{30}$$

この解 (30) は $x + 2y = 3$ を満たしています．

$$x + 2y = (t+1) + 2\left(-\frac{t}{2} + 1\right) = t + 1 - t + 2 = 3$$

ちょっと不思議かもしれませんが，後でこの解法の理由がわかるでしょう．

ここでは用語の紹介に留めておきます．連立方程式 (29) の解を求めるときに使った任意定数 t を用いたような解は，**一般解**と呼ばれます．そして，上で求めた $(x, y) = (1, 1)$ のように，任意定数を特定の値にした解を**特殊解**といいます．このとき，同次連立 1 次方程式 (18) を，連立方程式 (29) に**付随する同次方程式**といいます．その非自明な解は $(x, y) = (t, -t/2)$ でしたが，これも一般解と呼びます．このとき以下のことが成り立ちます．

連立 1 次方程式の不定解

連立 1 次方程式の解は，その特殊解と付随する同次方程式の一般解の和として表現できる．

連立 1 次方程式の一般解 = 連立 1 次方程式の特殊解
+ 付随する同次方程式の一般解

付随する同次方程式に非自明な解が存在しないとき ((23) のとき) は，特殊解が解になります．よって，一般に上の等式は成り立ちます．

D　連立 1 次方程式のまとめ

最後に，連立 1 次方程式に解が存在しない場合，つまり不能の場合を考察します．第 1 章 p.6 にある (10) のケースです．図形的には p.6 の図 3 のように交わらない，つまり平行な 2 直線です．解をもつ条件 (26) の否定ですから，定数ベクトル $\boldsymbol{v}_3$ が $\boldsymbol{v}_1$ と $\boldsymbol{v}_2$ が張る空間に属さないことです．

例えば，次の連立 1 次方程式を考えます．

$$\begin{cases} 1x + 2y = 0 \\ 1x + 2y = 2 \end{cases}$$

この係数ベクトルの 1 次結合において，どのように c_1, c_2 を取ろうとも，

$$c_1 \begin{pmatrix} 1 \\ 1 \end{pmatrix} + c_2 \begin{pmatrix} 2 \\ 2 \end{pmatrix}$$

定数ベクトル $\begin{pmatrix} 0 \\ 2 \end{pmatrix}$ に等しくさせることはできません．図 11 にあるように，係数ベクトルは原点を通る傾き 1 の直線を表現できます．しかし，その直線の上に定数ベクトルはありません．

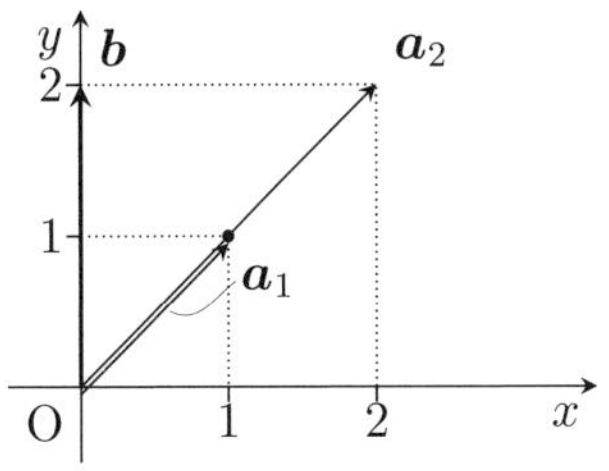

図 11　連立 1 次方程式の解の不能

例 10　次の連立 1 次方程式には解は存在するでしょうか．あれば求めてください．

$$\begin{cases} x + z = -1 \\ y + z = -1 \\ x + y + 2z = 1 \end{cases}$$

解答 10　1，2 番目の方程式から， $x = -z - 1$, $y = -z - 1$ となります．3 番目に代入すると $(-z-1) + (-z-1) + 2z = 1$ となります．すなわち，$-2 = 1$ となってこれは矛盾します．よって，解は存在しません．

この例 10 の係数ベクトルは，例 1 のベクトル $\boldsymbol{a} = \begin{pmatrix} 1 \\ 0 \\ 1 \end{pmatrix}$, $\boldsymbol{b} = \begin{pmatrix} 0 \\ 1 \\ 1 \end{pmatrix}$ および例 4 で学んだベクトル $\boldsymbol{d} = \begin{pmatrix} 1 \\ 1 \\ 2 \end{pmatrix}$ であり，これらは平面 $P : z = x + y$ 上にあります．すなわち，(15) より $\{\boldsymbol{a}, \boldsymbol{b}, \boldsymbol{d}\}$ は 1 次従属です．し

かし，その定数ベクトルは例 1 のベクトル $\boldsymbol{c} = \begin{pmatrix} -1 \\ -1 \\ 1 \end{pmatrix}$ であり，平面 P に直交しています．よって，係数ベクトルが張る空間に $\boldsymbol{c}$ は属していません．

連立 1 次方程式の解の存在と非存在についての命題を，少し一般化して述べておきましょう．

連立 1 次方程式の解

3 個の方程式からなる 3 元連立 1 次方程式を考える．

$$\begin{cases} a_{11}x + a_{12}y + a_{13}z = b_1 \\ a_{21}x + a_{22}y + a_{23}z = b_2 \\ a_{31}x + a_{32}y + a_{33}z = b_3 \end{cases}$$

$$\boldsymbol{a}_1 = \begin{pmatrix} a_{11} \\ a_{21} \\ a_{31} \end{pmatrix}, \boldsymbol{a}_2 = \begin{pmatrix} a_{12} \\ a_{22} \\ a_{32} \end{pmatrix}, \boldsymbol{a}_3 = \begin{pmatrix} a_{13} \\ a_{23} \\ a_{33} \end{pmatrix}, \boldsymbol{b} = \begin{pmatrix} b_1 \\ b_2 \\ b_3 \end{pmatrix}$$

このとき次が成り立つ．

$$\text{解をもつ} \iff \boldsymbol{b} \in \mathrm{span}(\boldsymbol{a}_1, \boldsymbol{a}_2, \boldsymbol{a}_3) \tag{31}$$
$$\text{解をもたない} \iff \boldsymbol{b} \notin \mathrm{span}(\boldsymbol{a}_1, \boldsymbol{a}_2, \boldsymbol{a}_3) \tag{32}$$

連立 1 次方程式解が存在すれば，その解 $\begin{pmatrix} x^* \\ y^* \\ z^* \end{pmatrix}$ は次のような形式で表現できる．

$$x^*\boldsymbol{a}_1 + y^*\boldsymbol{a}_2 + z^*\boldsymbol{a}_3 = \boldsymbol{b}$$

ベクトルを用いて，連立 1 次方程式をあたかも 1 本の式で表現できます．

例 11 第 1 章の例 4(p.16) で，3 つの点 P(1, 2), Q(2, 7), R(3, 6) に最も近い直線を求めました．この 3 点を通る直線は存在しないことを，連立方程式を作って示してください．

解答 11 3 点から x 座標 1, 2, 3 を，y 座標 2, 7, 6 を取り出します．直線の傾きを a，y 切片を b とすると，以下の連立 1 次方程式が作れます．

$$\begin{cases} 1a + b = 2 \\ 2a + b = 7 \\ 3a + b = 6 \end{cases} \tag{33}$$

これに解 a, b があれば，3 点すべてが 1 本の直線を通ることになります．このとき，係数ベクトル $\boldsymbol{x}$, $\mathbf{1}$ と定数ベクトル $\boldsymbol{y}$ は以下になります．

$$\boldsymbol{x} = \begin{pmatrix} 1 \\ 2 \\ 3 \end{pmatrix}, \quad \mathbf{1} = \begin{pmatrix} 1 \\ 1 \\ 1 \end{pmatrix}, \quad \boldsymbol{y} = \begin{pmatrix} 2 \\ 7 \\ 6 \end{pmatrix}$$

このとき，スカラー c_1, c_2, c_3 を用いて上記のベクトルの 1 次結合がゼロベクトルに等しいとします．

$$c_1\boldsymbol{x} + c_2\mathbf{1} + c_3\boldsymbol{y} = \mathbf{0}$$

このときの連立 1 次方程式は以下になります．

$$\begin{cases} c_1 + c_2 + 2c_3 = 0 \\ 2c_1 + c_2 + 7c_3 = 0 \\ 3c_1 + c_2 + 6c_3 = 0 \end{cases}$$

この第 1 式から $c_2 = -c_1 - 2c_3$ を得ます．これを第 2 式に代入して $2c_1 + (-c_1 - 2c_3) + 7c_3 = 0$，すなわち $c_1 = -5c_3$ になります．よって，$c_2 = 3c_3$ になります．これらを第 3 式に代入すると，$3(-5c_3) + 3c_3 + 6c_3 = 0$ となります．すなわち $-6c_3 = 0$ から $c_3 = 0$ となり，先の値に代入すると $c_1 = c_2 = 0$ です．つまり，ベクトル $\boldsymbol{x}, \mathbf{1}, \boldsymbol{y}$ は 1 次独立になります．

よって，例 11 の定数ベクトルは係数ベクトルの 1 次結合では表せません．記号で表現すると

$$\boldsymbol{y} \notin \mathrm{span}(\boldsymbol{x}, \mathbf{1})$$

です．これは連立 1 次方程式の解がないことを意味します．

このように (32) が成立するとき，3 点を通る直線が求まりませんが，どのようにしたら最も近い直線を見つけ出せるかを，ベクトルやこれから学ぶ行列で考えていきます．

4.4　ベクトルの経済学への応用

これまで学んだベクトルから，経済学の概念やデータサイエンスで使用されるツールがどのように活かされるのかをざっと見てみましょう．

A　ベクトルの経済学への応用：予算制約

ベクトルの応用として，消費者の財・サービスの選択を考えてみましょう．第 1 財と第 2 財の 2 財を考えます．その消費量を x_1, x_2 として，

それらの価格 (price) は p_1, p_2 とします．消費者は財を買うための所得 (money) をもっており，それを m で表します．購入に際して所得を余らせず購入できる財の組み合わせ (x_1, x_2) は，以下の**予算制約式**，あるいは**予算制約**を満たします．

$$p_1x_1 + p_2x_2 = m \tag{34}$$

左辺は支出であり，右辺はそのための資金です．それらが等しいことを (34) は意味します．ここで各変数・定数は非負であることに注意しましょう．

図 12 には消費可能な消費量の組み合わせ (x_1, x_2) である**予算集合**，そしてそれを規定する**予算制約線**，あるいは略して**予算線**が描かれています．

図 12 予算制約線と価格ベクトル

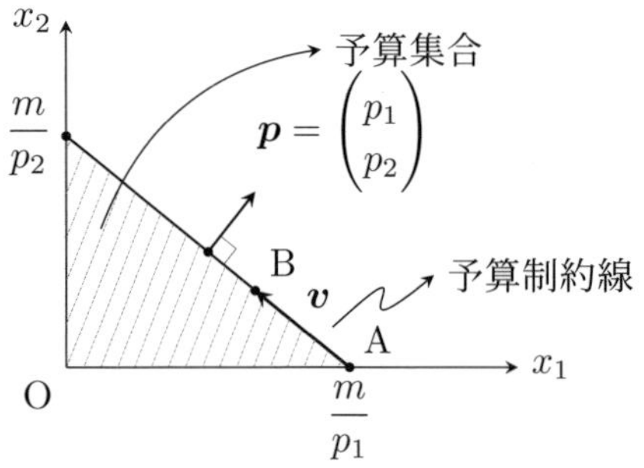

例えば，横軸との切片 A $\left(\dfrac{m}{p_1}, 0\right)$ は，所得をすべて第 1 財の支出に充てた状況を示しています．第 1 財は $\dfrac{m}{p_1}$ 単位購入できますが，第 2 財はまったく買えていません．

ここで，各価格をベクトルにした**価格ベクトル**

$$\boldsymbol{p} = \begin{pmatrix} p_1 \\ p_2 \end{pmatrix} \tag{35}$$

を考えます．また，各財の消費を**消費ベクトル**

$$\boldsymbol{x} = \begin{pmatrix} x_1 \\ x_2 \end{pmatrix} \tag{36}$$

としても捉えます．そうすると，(34) は内積で表現できます．

$$\boldsymbol{p} \cdot \boldsymbol{x} = m \tag{37}$$

さらに，このベクトルでの表現から，p.68 の法線ベクトルの公式 (19) や，法線ベクトルとベクトル方程式のまとめ (p.70) を思い出しましょう．図 12 の点 A から予算制約線上の点 A 以外のある点 B(x_1, x_2) へのベク

トル $\boldsymbol{v} = \overrightarrow{\mathrm{AB}}$ を考えましょう．それはこのような形になります．

$$\boldsymbol{v} = \begin{pmatrix} x_1 - \dfrac{m}{p_1} \\ x_2 \end{pmatrix}$$

価格ベクトルとこのベクトルの内積を計算します．(34) を用いると，それはゼロになります．

$$\begin{aligned} \boldsymbol{p} \cdot \boldsymbol{v} &= \begin{pmatrix} p_1 \\ p_2 \end{pmatrix} \cdot \begin{pmatrix} x_1 - \dfrac{m}{p_1} \\ x_2 \end{pmatrix} \\ &= p_1 x_1 - p_1 \frac{m}{p_1} + p_2 x_2 = p_1 x_1 - m + p_2 x_2 = 0 \end{aligned}$$

つまり，価格ベクトルと $\boldsymbol{v}$ は直交していることが分かりました．よって，価格ベクトルは予算制約線に垂直になります．つまり，図 12 にあるように，**予算制約線の法線ベクトルは価格ベクトル $\boldsymbol{p}$** です．第 3 章 p.70 にある公式の (22) を使って予算制約線を書き換えることができます．

価格ベクトルは予算制約線に垂直である

予算制約線上のある位置ベクトルを $\boldsymbol{w}$ とすると，予算制約線 (37) は以下に書き換えられる．

$$\boldsymbol{p} \cdot (\boldsymbol{x} - \boldsymbol{w}) = 0 \tag{38}$$

B　ベクトルの経済学への応用：1 財の最適消費

財が 1 種類のときの最適な消費量
→『経済数学入門』p.91

消費者は予算の範囲内で自分の満足度，つまり**効用** (utility) を最大にする財・サービスの組み合わせを選びます．財の消費から効用を割り当てる関数を**効用関数**といい，記号 u で表します．選択された財の量が 0 でなければ，効用最大化から，効用関数を微分した限界効用がその財の価格に等しくなります．まずは，財が 1 種類の場合を考えます (ここでは，効用が所得にも依存する準線形の効用関数を前提とします)．その第 1 財の消費量が x_1 であり，その価格が p_1 のとき満たされる条件は以下になります．

$$u'(x_1) = p_1 \tag{39}$$

微分係数
→『経済数学入門』p.136

ここで， $u'(x_1)$ は効用関数 u の消費量 x_1 における**微分係数**を意味します．この式は，消費量を微小に変化させたときの効用の増加は価格に等しいことを示しています．最適な消費では，消費量を変化させても便益 (効用) と費用 (支払う価格) の変化が等しく，効用を増加させる余地はないことを意味します．この条件を**最適化条件**といいます．

この式は以下のように移項すると見やすくなります．

$$u'(x_1) - p_1 = 0$$

限界的な便益と限界的な費用が等しく，純便益の変化がゼロになっています．

C ベクトルの経済学への応用：2 財の最適消費

2 変数効用関数
→『経済数学入門』
p.179

最適性の条件は，財が 2 種類になるとベクトルの力が発揮されます．まず，効用関数は 2 変数関数になります．消費量の組が (x_1, x_2) であるときの効用関数は $u(x_1, x_2)$ になります．ここで前項で行なったように，消費量の組を (36) のベクトル $\boldsymbol{x}$ で表しましょう．つまり，$u(\boldsymbol{x})$ になります．価格も第 2 財の価格 p_2 も考えてまとめた (35) の価格ベクトル $\boldsymbol{p}$ を考えましょう．次に，この関数の微分が各変数の**偏微分係数**になります．例えば，第 1 変数に関して偏微分すると $\dfrac{\partial u}{\partial x_1}$ となります．これは第 1 財の限界効用になります．同様に，第 2 財の限界効用は $\dfrac{\partial u}{\partial x_2}$ となります．各財の消費量が 0 ではないとき，2 財の選択の最適化条件は，限界効用の比が価格比に等しくなることです．

限界効用の比
= 価格比
→『経済数学入門』
p.201

$$\frac{\dfrac{\partial u}{\partial x_1}(\boldsymbol{x})}{\dfrac{\partial u}{\partial x_2}(\boldsymbol{x})} = \frac{p_1}{p_2} \tag{40}$$

この表現ではベクトルを使用しにくいので変形します．(40) を変形すると，以下の式になります．

$$\frac{\dfrac{\partial u}{\partial x_1}(\boldsymbol{x})}{p_1} = \frac{\dfrac{\partial u}{\partial x_2}(\boldsymbol{x})}{p_2} = \lambda$$

ある財の限界効用をその価格で割った値が，2 財の間で等しいという条件になります．この値を定数 λ と置きます．この λ はギリシャ文字でラムダと呼びます．アルファベットの l にあたります．

この書き換えられた最適化条件を，**加重限界効用均等の法則**と呼びます．いわば，財の価格 1 円あたりの限界効用です．それが財の種類にかかわらず等しくなり，それを λ と置いたのです．そうするとこの等式は，以下の 2 本の等式に書き換えられます．

$$\frac{\partial u}{\partial x_1}(\boldsymbol{x}) = \lambda p_1, \qquad \frac{\partial u}{\partial x_2}(\boldsymbol{x}) = \lambda p_2 \tag{41}$$

この条件は (39) と似通ってきましたね．最適化条件を簡便に表示させるために，限界効用を成分とするベクトルを定義しましょう．$\dfrac{\partial u}{\partial x_1}, \dfrac{\partial u}{\partial x_2}$ を成分とするベクトル $\dfrac{\partial u}{\partial \boldsymbol{x}}$ です．

$$\frac{\partial u}{\partial \boldsymbol{x}}(\boldsymbol{x}) = \begin{pmatrix} \dfrac{\partial u}{\partial x_1}(\boldsymbol{x}) \\ \dfrac{\partial u}{\partial x_2}(\boldsymbol{x}) \end{pmatrix} \tag{42}$$

多変数の実数値関数は横ベクトル (行ベクトル) で表すこともありますが，ここでは説明の都合上，列ベクトルとします．

そうすると 2 財の最適化条件 (41) は，(35) と (42) を用いて以下のように書き換えられます．

$$\frac{\partial u}{\partial \boldsymbol{x}}(\boldsymbol{x}) = \lambda \boldsymbol{p} \tag{43}$$

これは 1 財のケースの条件 (39) と非常に似ているといえるでしょう．また，この条件は，限界効用ベクトル $\dfrac{\partial u}{\partial \boldsymbol{x}}(\boldsymbol{x})$ が価格ベクトル $\boldsymbol{p}$ の定数倍になっています．つまり，第 3 章 p.47 の平行条件 (8) より，限界効用ベクトルと価格ベクトルが平行になっていることを意味します．この意味も後ほど学ぶことになるでしょう．

さらに，予算制約線と価格ベクトルの関係 (38) から，限界効用ベクトルは予算制約線に垂直であることが分かります．限界効用は効用関数を微分したものですから，限界効用ベクトルは効用関数の形状の情報を与えています．効用関数のグラフの一部分は予算制約線と直交していることを後で学ぶでしょう．

練習問題 4

1　p.93 の (21) において，$ka = b$ と $kc = d$ の比例定数 k を消去すると，$ad - bc = 0$ が成立することを証明してください．

2　例 3(p.81) のベクトル $\boldsymbol{b} = \begin{pmatrix} 0 \\ 1 \\ 1 \end{pmatrix}$ の正射影ベクトル $\boldsymbol{v} = \begin{pmatrix} \frac{1}{2} \\ 0 \\ \frac{1}{2} \end{pmatrix}$ を用いて，ベクトル $\boldsymbol{b}$ を直交分解してください．

5 n 次元ベクトルへの一般化

この章では，これまで学んだ 2 次元，3 次元から一般の n 次元へ，ベクトルの概念を拡張しましょう．

これまで学んだ 2 次元や 3 次元の数ベクトルを一般化します．次元が n になっても，平面で得た直観は役立ちます．

A　n 次元ベクトル

第 2 章で一般のベクトルを，第 3 章で平面ベクトルを，第 4 章で空間ベクトルを学びました．賢明な読者はこれまで学んだベクトルの性質が，一般の n 次元でも成り立つことを予想できるでしょう．

実際，n 次元の**列ベクトル**は，以下のような n 個の数のタテの組を表します．

$$\boldsymbol{x} = \begin{pmatrix} x_1 \\ x_2 \\ \vdots \\ x_n \end{pmatrix}$$

これは n 次元ユークリッド空間 $\mathbb{R}^n$ の元です．対照的に，n 次元の**行ベクトル**の表し方は以下になります．

$$\boldsymbol{y} = \begin{pmatrix} y_1 & y_2 & \cdots & y_n \end{pmatrix}$$

列から行ベクトルへ (あるいはその反対に) 取り替えると，何かと便利なときがあります．その操作を**転置**といいます．転置は英語で transpose なので，記号 T を用いてベクトルの転置を表します．

$$\boldsymbol{x}^\top = \begin{pmatrix} x_1 & x_2 & \cdots & x_n \end{pmatrix}, \qquad \boldsymbol{y}^\top = \begin{pmatrix} y_1 \\ y_2 \\ \vdots \\ y_n \end{pmatrix}$$

データ分析ではデータがどんなに多くの種類でも有限の n 個であり，1 つのベクトルとして扱うことができます．例えば，経済学では財の種類やその価格などです．そうなるとベクトルの操作は手計算では無理であり，実際はコンピュータに任せます．しかし，その操作の背後にあるロジックを具体的な例や低次元の命題で理解しておくことはとても重要です．また，手触り感を得ておくのも，抽象的な議論の理解に役立ちます．

ここでは列ベクトルを中心に，これまで培った事項を簡潔におさらいします．

ベクトルの表示，標準基底，相等

ベクトルの表示方法は 2 通りある．

$$\boldsymbol{a} = \begin{pmatrix} a_1 \\ a_2 \\ \vdots \\ a_n \end{pmatrix} \text{：成分表示,}$$

$$\boldsymbol{a} = a_1\boldsymbol{e}_1 + a_2\boldsymbol{e}_2 + \cdots + a_n\boldsymbol{e}_n \quad \text{：基本ベクトル表示}$$

ここで $\boldsymbol{e}_1, \boldsymbol{e}_2, \cdots, \boldsymbol{e}_n$ は $\mathbb{R}^n$ の基本ベクトル，あるいは**標準基底**と呼ばれ，以下で定義される．

$$\boldsymbol{e}_1 = \begin{pmatrix} 1 \\ 0 \\ \vdots \\ 0 \end{pmatrix}, \quad \boldsymbol{e}_2 = \begin{pmatrix} 0 \\ 1 \\ \vdots \\ 0 \end{pmatrix}, \cdots, \boldsymbol{e}_n = \begin{pmatrix} 0 \\ 0 \\ \vdots \\ 1 \end{pmatrix}$$

ベクトル $\boldsymbol{b}^\top = \begin{pmatrix} b_1 & b_2 & \cdots & b_n \end{pmatrix}$ とすると，ベクトルの等しさ $\boldsymbol{a} = \boldsymbol{b}$ は次のように定義される．

$$\boldsymbol{a} = \boldsymbol{b} \iff a_1 = b_1,\ a_2 = b_2,\ \cdots,\ a_n = b_n$$

列ベクトル $\boldsymbol{b}$ を行ベクトル $\boldsymbol{b}^\top$ にするとスペースが節約できますね．n 次元ベクトルの和，スカラー倍，逆および差も同様に，各成分に関して計算を行なえばよいことが分かります．列ベクトルを転置して横ベクトルで表示してみましょう．

ベクトルの和，スカラー倍，逆，差

ベクトル $\boldsymbol{a}, \boldsymbol{b}$ とスカラー k に対して，和 $\boldsymbol{a}+\boldsymbol{b}$，スカラー倍 $k\boldsymbol{a}$，逆ベクトル $-\boldsymbol{a}$，ベクトルの差 $\boldsymbol{a}-\boldsymbol{b}$ は以下で定義される．

$$\begin{aligned}
\boldsymbol{a}+\boldsymbol{b} &= \begin{pmatrix} a_1+b_1 & a_2+b_2 & \cdots & a_n+b_n \end{pmatrix}^\top \\
k\boldsymbol{a} &= \begin{pmatrix} ka_1 & ka_2 & \cdots & ka_n \end{pmatrix}^\top \\
-\boldsymbol{a} &= \begin{pmatrix} -a_1 & -a_2 & \cdots & -a_n \end{pmatrix}^\top \\
\boldsymbol{a}-\boldsymbol{b} &= \begin{pmatrix} a_1-b_1 & a_2-b_2 & \cdots & a_n-b_n \end{pmatrix}^\top
\end{aligned}$$

もうここまで来ると絵を描くことができませんから，平面や空間で学んだ定義や命題が成り立つことを中心に考えを深め，平面や空間で培ったイメージを駆使して理解するようにしましょう．

内積

ベクトル $\boldsymbol{a}$ と $\boldsymbol{b}$ の**内積** $\boldsymbol{a}\cdot\boldsymbol{b}$ は以下で定義される．

$$\boldsymbol{a}\cdot\boldsymbol{b} = a_1b_1 + a_2b_2 + \cdots + a_nb_n$$

そして，平面ベクトルの内積 (p.59) で学んだように，n 次元ベクトル空間でも内積は 7 つの性質を有します．

① $\boldsymbol{a}\cdot\boldsymbol{a} \geq 0$

② $\boldsymbol{a}\cdot\boldsymbol{a} = 0 \iff \boldsymbol{a} = \boldsymbol{0}$

③ $(\boldsymbol{a}+\boldsymbol{b})\cdot\boldsymbol{c} = \boldsymbol{a}\cdot\boldsymbol{c} + \boldsymbol{b}\cdot\boldsymbol{c}$

④ $(k\boldsymbol{a})\cdot\boldsymbol{b} = k\boldsymbol{a}\cdot\boldsymbol{b}$

⑤ $\boldsymbol{a}\cdot\boldsymbol{b} = \boldsymbol{b}\cdot\boldsymbol{a}$

⑥ $\boldsymbol{a}\cdot(\boldsymbol{b}+\boldsymbol{c}) = \boldsymbol{a}\cdot\boldsymbol{b} + \boldsymbol{a}\cdot\boldsymbol{c}$

⑦ $\boldsymbol{a}\cdot(k\boldsymbol{b}) = k\boldsymbol{a}\cdot\boldsymbol{b}$

平面や空間と同様に，内積の定義を用いてベクトルの長さ，あるいは**ノルム**と呼ばれる量がベクトルに対して定義できます．

長さ

ベクトル $\boldsymbol{a}$ の**長さ** $|\boldsymbol{a}|$ は以下で定義される．

$$|\boldsymbol{a}| = \sqrt{\boldsymbol{a} \cdot \boldsymbol{a}} = \sqrt{a_1^2 + a_2^2 + \cdots + a_n^2}$$

n 次元ベクトルの長さは内積から定義されているので，内積の性質から長さは以下の性質をもっています．

① $|\boldsymbol{a}| \geq 0$

② $|\boldsymbol{a}| = 0 \quad \Longleftrightarrow \quad \boldsymbol{a} = \boldsymbol{0}$

③ $|k\boldsymbol{a}| = |k||\boldsymbol{a}|$

この性質①, ②は内積の性質①, ②から来ています．性質③の右辺は，数の絶対値とベクトルの長さの積を意味しています．

さらに 2 つのベクトルの和の長さに関しては，空間ベクトルの距離で学んだ三角不等式 (p.87) が成り立ちます．

④ $|\boldsymbol{a} + \boldsymbol{b}| \leq |\boldsymbol{a}| + |\boldsymbol{b}|$

⑤ $|\boldsymbol{a} \cdot \boldsymbol{b}| \leq |\boldsymbol{a}||\boldsymbol{b}|$

最後の式は**コーシー・シュワルツの不等式**を呼ばれ，内積と長さの関係を示しています．また，p.46 の内積と長さの関係 (7) と同様，自分自身の内積は長さの 2 乗になります．

内積と長さ

$$\boldsymbol{a} \cdot \boldsymbol{a} = |\boldsymbol{a}|^2 \tag{1}$$

ベクトル空間 $\mathbb{R}^n$ は，ベクトルの内積と長さを備えたときに **n 次元ユークリッド空間**と特に呼ばれます．このベクトルの長さを用いてベクトルの距離を定義します．平面や空間ではベクトルを位置ベクトルと考えて，その始点から終点間の距離を計算しました．それと同じです．

距離

ベクトル $\boldsymbol{a}$ と $\boldsymbol{b}$ の距離 d は以下で定義される．

$$d(\boldsymbol{a}, \boldsymbol{b}) = |\boldsymbol{b} - \boldsymbol{a}| = \sqrt{(b_1 - a_1)^2 + (b_2 - a_2)^2 + \cdots + (b_n - a_n)^2}$$

そして，この距離についても各種の性質があり，それらは内積や長さと関連しています．これも最初の性質①, ②は，長さの性質①, ②から来ています．性質④は長さに出てくる三角不等式ですね．

① $d(\boldsymbol{a}, \boldsymbol{b}) \geq 0$

② $d(\boldsymbol{a}, \boldsymbol{b}) = 0 \iff \boldsymbol{a} = \boldsymbol{b}$

③ $d(\boldsymbol{a}, \boldsymbol{b}) = d(\boldsymbol{b}, \boldsymbol{a})$

④ $d(\boldsymbol{a}, \boldsymbol{c}) \leq d(\boldsymbol{a}, \boldsymbol{b}) + d(\boldsymbol{b}, \boldsymbol{c})$

平面や空間では容易に直交性を確認できましたが，n 次元では内積がゼロになることが直交の定義になります．

直交ベクトル

ベクトル $\boldsymbol{a}$ と $\boldsymbol{b}$ が**直交**するとは，その内積が 0 であることである．

$$\boldsymbol{a} \perp \boldsymbol{b} \iff \boldsymbol{a} \cdot \boldsymbol{b} = 0$$

同様に n 次元ユークリッド空間においても，ベクトルの成す角度を定義できます

内積と角度

2 つのゼロベクトルではないベクトル $\boldsymbol{a}$ と $\boldsymbol{b}$ が与えられたとき，それらのなす角 θ は以下で定義される．ただし，$0 \leq \theta \leq \pi$ である．

$$\cos\theta = \frac{\boldsymbol{a} \cdot \boldsymbol{b}}{|\boldsymbol{a}||\boldsymbol{b}|} \tag{2}$$

このベクトルのコサイン (2) がちゃんと定義されるには，その値が -1 から 1 のあいだになければなりません．これはベクトルの長さの性質⑤のコーシー・シュワルツの不等式 $|\boldsymbol{a} \cdot \boldsymbol{b}| \leq |\boldsymbol{a}||\boldsymbol{b}|$ が保証してくれます．この不等式の左辺の絶対値を外して，ベクトルの長さで両辺を割ると，以下が成り立ちます．

$$-1 \leq \frac{\boldsymbol{a} \cdot \boldsymbol{b}}{|\boldsymbol{a}||\boldsymbol{b}|} \leq 1$$

θ の一意性
→ p.56

よって，この (2) の右辺の式の値は，コサインの取りうる値のなかに必ず存在し，$0 \leq \theta \leq \pi$ のなかにあるただ 1 つの θ に対応します．

射影ベクトルも定義しましょう．

正射影ベクトル

ベクトル $\boldsymbol{b}$ の $\boldsymbol{a}$ への正射影ベクトル $\boldsymbol{v}$ は以下になる．ただし，$\boldsymbol{a} \neq \boldsymbol{0}$ とする．

$$\boldsymbol{v} = \frac{\boldsymbol{a} \cdot \boldsymbol{b}}{|\boldsymbol{a}|^2}\boldsymbol{a} \tag{3}$$

図 1　直交分解

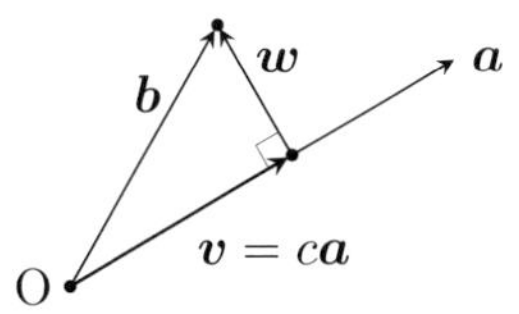

この正射影ベクトル $\boldsymbol{v}$ を用いて，図 1 のようにベクトル $\boldsymbol{b}$ を分解してみましょう．以下のようにスカラー c とベクトル $\boldsymbol{w}$ を定義します．

$$c = \frac{\boldsymbol{a} \cdot \boldsymbol{b}}{|\boldsymbol{a}|^2}, \qquad \boldsymbol{w} = \boldsymbol{b} - \boldsymbol{v} = \boldsymbol{b} - \frac{\boldsymbol{a} \cdot \boldsymbol{b}}{|\boldsymbol{a}|^2}\boldsymbol{a}$$

そうすると，以下の内積ゼロの結果が示すように $\boldsymbol{a}$ と $\boldsymbol{w}$ は直交します．

$$\begin{aligned}\boldsymbol{a} \cdot \boldsymbol{w} = \boldsymbol{a} \cdot (\boldsymbol{b} - \boldsymbol{v}) &= \boldsymbol{a} \cdot \left(\boldsymbol{b} - \frac{\boldsymbol{a} \cdot \boldsymbol{b}}{|\boldsymbol{a}|^2}\boldsymbol{a}\right) \\ &= \boldsymbol{a} \cdot \boldsymbol{b} - \boldsymbol{a} \cdot \left(\frac{\boldsymbol{a} \cdot \boldsymbol{b}}{|\boldsymbol{a}|^2}\boldsymbol{a}\right) = \boldsymbol{a} \cdot \boldsymbol{b} - \boldsymbol{a} \cdot \boldsymbol{b} = 0\end{aligned}$$

よって，ベクトル $\boldsymbol{b}$ はベクトル $\boldsymbol{a}$ のスカラー倍である正射影ベクトルと，それに直交するベクトル $\boldsymbol{w}$ に分解できました．

$$\boldsymbol{b} = \boldsymbol{v} + \boldsymbol{w} = c\boldsymbol{a} + \boldsymbol{w}, \qquad \boldsymbol{a} \cdot \boldsymbol{w} = 0$$

このようなベクトルの分解を，**直交分解** (orthogonal decomposition) と呼びます．

直交分解

ベクトル $\boldsymbol{b}$ は，$\boldsymbol{a} \neq \boldsymbol{0}$ への**正射影ベクトル** $\boldsymbol{v} = c\boldsymbol{a}$ と，それと直交するベクトルである**直交成分** $\boldsymbol{w}$ に分解できる．ただし，$c = \dfrac{\boldsymbol{a} \cdot \boldsymbol{b}}{|\boldsymbol{a}|^2}$，$\boldsymbol{w} = \boldsymbol{b} - \boldsymbol{v} = \boldsymbol{b} - c\boldsymbol{a}$ とする．

$$\boldsymbol{b} = \boldsymbol{v} + \boldsymbol{w} = c\boldsymbol{a} + \boldsymbol{w}, \qquad \boldsymbol{v} \cdot \boldsymbol{w} = 0 \tag{4}$$

例 1 第 3 章の例 13(p.64) のベクトル $\boldsymbol{a} = \begin{pmatrix} 1 \\ 1 \end{pmatrix}$ と $\boldsymbol{b} = \begin{pmatrix} 2 \\ 0 \end{pmatrix}$ に対して，$\boldsymbol{b}$ の $\boldsymbol{a}$ への正射影ベクトル $\boldsymbol{v}_1$ を用いて $\boldsymbol{b}$ を直交分解してください．

解答 1 第 3 章の例 13 の解答より，正射影ベクトルは $\boldsymbol{v}_1 = \begin{pmatrix} 1 \\ 1 \end{pmatrix}$ なので

$$\boldsymbol{w}_1 = \boldsymbol{b} - \boldsymbol{v}_1 = \begin{pmatrix} 2 \\ 0 \end{pmatrix} - \begin{pmatrix} 1 \\ 1 \end{pmatrix} = \begin{pmatrix} 1 \\ -1 \end{pmatrix}$$

となります．ベクトル $\boldsymbol{w}_1$ と $\boldsymbol{v}_1$ が直交していることは，以下のように確かめられます．

$$\boldsymbol{w}_1 \cdot \boldsymbol{v}_1 = \begin{pmatrix} 1 \\ -1 \end{pmatrix} \cdot \begin{pmatrix} 1 \\ 1 \end{pmatrix} = 1 \cdot 1 + (-1) \cdot 1 = 0$$

よって，$\boldsymbol{b}$ は次のように分解できます．

$$\boldsymbol{b} = \boldsymbol{v}_1 + \boldsymbol{w}_1 = \begin{pmatrix} 1 \\ 1 \end{pmatrix} + \begin{pmatrix} 1 \\ -1 \end{pmatrix} = \begin{pmatrix} 2 \\ 0 \end{pmatrix}$$

問い 1 例 1 と同様に，$\boldsymbol{a}$ の $\boldsymbol{b}$ への正射影ベクトル $\boldsymbol{v}_2$ を用いて $\boldsymbol{a}$ を直交分解してください．

答え 1 第 3 章の例 13 の解答より $\boldsymbol{v}_2 = \begin{pmatrix} 1 & 0 \end{pmatrix}^\top$ なので，$\boldsymbol{w}_2 = \boldsymbol{a} - \boldsymbol{v}_2 = \begin{pmatrix} 1 & 1 \end{pmatrix}^\top - \begin{pmatrix} 1 & 0 \end{pmatrix}^\top = \begin{pmatrix} 0 & 1 \end{pmatrix}^\top$ となります．直交条件 $\boldsymbol{w}_2 \perp \boldsymbol{v}_2$ は，$\boldsymbol{w}_2 \cdot \boldsymbol{v}_2 = \begin{pmatrix} 0 & 1 \end{pmatrix}^\top \cdot \begin{pmatrix} 1 & 0 \end{pmatrix}^\top = 0 \cdot 1 + 1 \cdot 0 = 0$ から保証されます．よって，$\boldsymbol{a}$ は次のように分解できます．$\boldsymbol{a} = \boldsymbol{v}_2 + \boldsymbol{w}_2 = \begin{pmatrix} 1 & 0 \end{pmatrix}^\top + \begin{pmatrix} 0 & 1 \end{pmatrix}^\top$．

数学には重要な不等式があります．長さの性質⑤のコーシー・シュワルツの不等式もその 1 つです．これは直交分解を用いると証明することができます (練習問題 1)．もう 1 つ重要な不等式に，ベクトルの長さの性質④の三角不等式があります．これは空間ベクトルでも学びましたね．三角不等式はコーシー・シュワルツの不等式から証明できます (練習問

題 3 ）．これらの重要性を強調して，再提示しましょう．

コーシー・シュワルツの不等式

$$|\boldsymbol{a} \cdot \boldsymbol{b}| \leq |\boldsymbol{a}||\boldsymbol{b}| \tag{5}$$

不等式の等号が成立する必要十分条件は，ベクトルが他方のベクトルのスカラー倍になるときである．

三角不等式

$$|\boldsymbol{a} + \boldsymbol{b}| \leq |\boldsymbol{a}| + |\boldsymbol{b}| \tag{6}$$

不等式の等号が成立する必要十分条件は，ベクトルが他方のベクトルの正のスカラー倍になるときである．

これらの不等式は当たり前のように思えるかもしれませんが，これからさらに勉強するなかで，様々な場面で登場します．いまはよく分からなくてもそういうものだと理解しておくと，後から意外な驚きがあるかもしれません．

このように，各成分の積を取って和を取るのが内積であり，自分の各成分の 2 乗和の平方根が長さです．これは平面ベクトルでも同じです．つまり，2 次元でも 3 次元でも計算方法は共通しています．また，平面ベクトルで紹介した内積の性質 (p.59) は，空間ベクトルの内積にも備わっており，そして一般の n 次元ユークリッド空間でも成り立ちます．そのため抽象的なベクトル間の角度や，他のベクトルへの射影が定義できるのです．

B　超平面

平面では直線，空間では平面を扱いました．各々次元が 1 つ下がっています．一般の n 次元でも，同様に 1 次元低い空間を考えます．それは**超平面** (hyperplane) といかめしい名称が与えられていますが，それは直線や平面に似たものと認識するとよいでしょう．

超平面

n 次元ベクトル $\boldsymbol{a} \in \mathbb{R}^n$, $\boldsymbol{n} \in \mathbb{R}^n$, $\boldsymbol{n} \neq \boldsymbol{0}$ が与えられているとする．以下を満たす $\boldsymbol{x} \in \mathbb{R}^n$ 全体の集合を，点 $\boldsymbol{a}$ を通り $\boldsymbol{n}$ に垂直な $\mathbb{R}^n$ の超平面という．ここで，$\boldsymbol{n}$ を**法線ベクトル**という．

$$(\boldsymbol{x} - \boldsymbol{a}) \cdot \boldsymbol{n} = 0 \tag{7}$$

この超平面はもとの空間よりも 1 次元低くなっています．これは空間では平面を扱うのと同じです．ここで $\boldsymbol{a} \cdot \boldsymbol{n}$ は定数ですので，超平面 (7) は以下に書き換えられます．

$$\boldsymbol{x} \cdot \boldsymbol{n} = k$$

ただし，$k = \boldsymbol{a} \cdot \boldsymbol{n}$ です．ここで，ベクトル $\boldsymbol{x}, \boldsymbol{n}$ を

$$\boldsymbol{x} = \begin{pmatrix} x_1 & x_2 & \cdots & x_n \end{pmatrix}^\top, \qquad \boldsymbol{n} = \begin{pmatrix} c_1 & c_2 & \cdots & c_n \end{pmatrix}^\top$$

と置きます．超平面 (7) は，$x_1, x_2, \cdots, x_n$ に関する 1 次方程式で表されます．

$$c_1 x_1 + c_2 x_2 + \cdots + c_n x_n = k$$

C　点と超平面の距離

これまで，点と直線の距離 (p.72) や点と平面の距離 (p.85) を学びました．これを一般化しましょう．ゼロベクトルではない法線ベクトル $\boldsymbol{n}$ をもつ (7) 式の超平面 H と，その上にはないあるベクトル $\boldsymbol{p}$ を考えます．その $\boldsymbol{p}$ と超平面 H 上のベクトル $\boldsymbol{a}$ の距離が最小になる値を考えます．このとき，点と直線の距離や点と平面の距離で学んだように，ベクトル $\boldsymbol{p} - \boldsymbol{a}$ は超平面と直交します．これは超平面の法線ベクトル $\boldsymbol{n}$ と $\boldsymbol{p} - \boldsymbol{a}$ が平行になること，すなわち両ベクトルが 1 次従属になることです．よって，コーシー・シュワルツの不等式 (5) より以下が成り立ちます．

$$|(\boldsymbol{p} - \boldsymbol{a}) \cdot \boldsymbol{n}| = |\boldsymbol{p} - \boldsymbol{a}||\boldsymbol{n}|$$

これより，点と超平面の距離 d は以下のように表現できます．

$$d = |\boldsymbol{p} - \boldsymbol{a}| = \frac{|\boldsymbol{p} - \boldsymbol{a}||\boldsymbol{n}|}{|\boldsymbol{n}|} = \frac{|(\boldsymbol{p} - \boldsymbol{a}) \cdot \boldsymbol{n}|}{|\boldsymbol{n}|} = \frac{|\boldsymbol{p} \cdot \boldsymbol{n} - \boldsymbol{a} \cdot \boldsymbol{n}|}{|\boldsymbol{n}|} = \frac{|\boldsymbol{p} \cdot \boldsymbol{n} - k|}{|\boldsymbol{n}|}$$

点と超平面の距離

ベクトル $\boldsymbol{p}$ から超平面 $(\boldsymbol{x}-\boldsymbol{a})\cdot\boldsymbol{n}=0$ への距離 d は以下で表される．ただし，$\boldsymbol{n}\neq\boldsymbol{0}$, $k=\boldsymbol{a}\cdot\boldsymbol{n}$ とする．

$$d=\frac{|(\boldsymbol{p}-\boldsymbol{a})\cdot\boldsymbol{n}|}{|\boldsymbol{n}|}=\frac{|\boldsymbol{p}\cdot\boldsymbol{n}-k|}{|\boldsymbol{n}|} \tag{8}$$

この公式 (8) は，コーシー・シュワルツの不等式の等号条件から導出しましたが，平面や空間で導いた方法でも証明できます．

例 2　点と超平面の距離の公式 (8) は，第 3 章 p.72 の点と直線の距離 (29) や，第 4 章 p.85 の点と平面の距離 (11) でも成り立つことを確認してください．

解答 2　点と直線の距離では，$\boldsymbol{p}=\begin{pmatrix}x_1\\y_1\end{pmatrix}$, $\boldsymbol{n}=\begin{pmatrix}a\\b\end{pmatrix}$, $\boldsymbol{a}=\begin{pmatrix}x\\y\end{pmatrix}$, $k=\boldsymbol{a}\cdot\boldsymbol{n}$ と置くと，公式より

$$d=\frac{|\boldsymbol{p}\cdot\boldsymbol{n}-k|}{|\boldsymbol{n}|}=\frac{|ax_1+by_1-k|}{\sqrt{a^2+b^2}}$$

$ax+by+c=0$ より $c=-(ax+by)=-\boldsymbol{a}\cdot\boldsymbol{n}=-k$ から

$$d=\frac{|ax_1+by_1+c|}{\sqrt{a^2+b^2}}$$

となります．点と平面の距離では，$\boldsymbol{p}=\begin{pmatrix}x_1\\y_1\\z_1\end{pmatrix}$, $\boldsymbol{n}=\begin{pmatrix}a\\b\\c\end{pmatrix}$, $\boldsymbol{a}=\begin{pmatrix}x\\y\\z\end{pmatrix}$, $k=\boldsymbol{a}\cdot\boldsymbol{n}$ と置くと，公式より

$$\rho=\frac{|\boldsymbol{p}\cdot\boldsymbol{n}-k|}{|\boldsymbol{n}|}=\frac{|ax_1+by_1+cz_1-k|}{\sqrt{a^2+b^2+c^2}}$$

$ax+by+cz+d=0$ より $d=-(ax+by+cz)=-\boldsymbol{a}\cdot\boldsymbol{n}=-k$ から

$$\rho=\frac{|ax_1+by_1+cz_1+d|}{\sqrt{a^2+b^2+c^2}}$$

となります．

練習問題 5

1 (5) のコーシー・シュワルツの不等式 $|\boldsymbol{a} \cdot \boldsymbol{b}| \leq |\boldsymbol{a}||\boldsymbol{b}|$ を証明してください.

2 (5) のコーシー・シュワルツの不等式から，不等式 $\left(\sum_{i=1}^{n} a_i\right)^2 \leq n \sum_{i=1}^{n} a_i^2$ を証明してください.

3 (6) の三角不等式 $|\boldsymbol{a} + \boldsymbol{b}| \leq |\boldsymbol{a}| + |\boldsymbol{b}|$ を証明してください.

6 行列とその計算

ベクトルからさらに行列に進みます．数を四角に収めたものが行列です．第 1 章で導入したように，連立 1 次方程式を簡単化することができます．その他にも数多くの応用や理論的な魅力がある数学対象です．

6.1 行列事始め

これまで 1 次関数 $y = ax$ を勉強してきました．これは数に対して数を比例的に対応させます．行列は数ではなく，ベクトルからベクトルへの対応です．行列 A を用いた $\boldsymbol{y} = A\boldsymbol{x}$ は比例の概念を発展させた，線形性をもつ作用を考察することになります．

A 行列の掛け算入門

行列は行と列から構成される数の組です．最初に次の例を考えてみましょう．真央は，今川焼き (今川) と柿の種 (カキ) を食べたとします．このとき，今川焼きを 8 つと柿の種を 2 袋食べました．このときの値段は，今川焼きが 100 円，そして柿の種が 80 円だったとします．この場合の真央の総支払額はいくらでしょうか？

真央の購入量の行列は

$$\begin{pmatrix} 8 & 2 \end{pmatrix}$$

です．1 行しかないので，ただ単に行といったりします．詳しくはこれは，横である行が 1 行，縦である列が 2 列です．このようなタイプの行列を 1×2 型の行列と呼びます．略して 1×2 行列ともいいます．次に価格は縦に並んでいるとしましょう．

$$\begin{pmatrix} 100 \\ 80 \end{pmatrix}$$

これは列です．行と列は紛らわしいですが，行と列の漢字を図 1 にあるように極端にイメージすると覚えやすいでしょう．同様に行は英語で row，列は column ですが，これも英語の文字を極端にしてみると記憶は難しくないでしょう．縦の column の l を大きく伸ばすのです．

真央の購入額は，この行と列を掛けたものに等しくなります．

$$\begin{pmatrix} 8 & 2 \end{pmatrix} \times \begin{pmatrix} 100 \\ 80 \end{pmatrix}, \qquad \begin{pmatrix} 8 & 2 \end{pmatrix} \begin{pmatrix} 100 \\ 80 \end{pmatrix}$$

図1　行と列

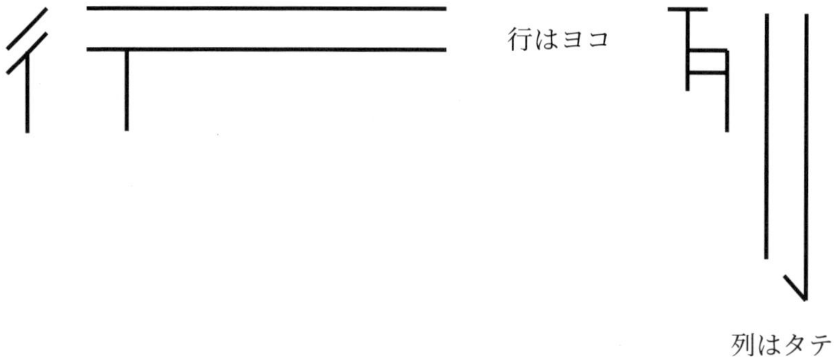

行列の掛け算は，掛け算の記号を省略する右側の表記が普通です．この掛け算は明らかに，行の左と列の上を掛けて，さらにそれに行の右と列の下を掛けたものを加えることです．

$$\begin{pmatrix} 8 & 2 \end{pmatrix} \begin{pmatrix} 100 \\ 80 \end{pmatrix} = \begin{pmatrix} 8 \times 100 + 2 \times 80 \end{pmatrix} = \begin{pmatrix} 960 \end{pmatrix}$$

もしこの買い物が月曜日だとして，真央は火曜日にも今川焼きと柿の種を食べたとしましょう．火曜日は今川焼きを 2 個，柿の種を 1 袋だとします．各々の価格は変わらないとすると，このときの計算は以下のようになります．

$$\begin{pmatrix} 2 & 1 \end{pmatrix} \begin{pmatrix} 100 \\ 80 \end{pmatrix} = \begin{pmatrix} 2 \times 100 + 1 \times 80 \end{pmatrix} = \begin{pmatrix} 280 \end{pmatrix}$$

この月曜日と火曜日の買い物をまとめてみましょう．

$$\begin{array}{c} \\ \text{月曜} \\ \text{火曜} \end{array} \begin{array}{c} \begin{array}{cc} \text{今川} & \text{カキ} \end{array} \\ \begin{pmatrix} 8 & 2 \\ 2 & 1 \end{pmatrix} \end{array}$$

これは行が 2 行，列が 2 列の行列になりました．これに価格の行列を掛けたらどうなりますか？

$$\begin{pmatrix} 8 & 2 \\ 2 & 1 \end{pmatrix} \begin{pmatrix} 100 \\ 80 \end{pmatrix} = \begin{pmatrix} \text{ここは何} \\ \text{ここは何} \end{pmatrix}$$

買い物行列では，第 1 行目は月曜日の買い物，第 2 行目は火曜日の買い物でしたので，この答えは上が月曜日の購入金額で，下が火曜日の購入金額になります．

$$\begin{array}{c} \\ \text{月曜} \\ \text{火曜} \end{array} \begin{array}{c} \begin{array}{cc} \text{今川} & \text{カキ} \end{array} \\ \begin{pmatrix} 8 & 2 \\ 2 & 1 \end{pmatrix} \end{array} \begin{pmatrix} 100 \\ 80 \end{pmatrix} = \begin{pmatrix} 8 \times 100 + 2 \times 80 \\ 2 \times 100 + 1 \times 80 \end{pmatrix} = \begin{pmatrix} 960 \\ 280 \end{pmatrix}$$

このように，2 × 2 型の行列と 2 × 1 型の行列の積の答えは，2 × 1 行列になります．

答えの 1 行目 = 最初の行列の 1 行目 1 列目 × 次の行列の 1 行目 1 列目
　　　　　　　+ 最初の行列の 1 行目 2 列目 × 次の行列の 2 行目 1 列目
答えの 2 行目 = 最初の行列の 2 行目 1 列目 × 次の行列の 1 行目 1 列目
　　　　　　　+ 最初の行列の 2 行目 2 列目 × 次の行列の 2 行目 1 列目

このように，答えの行の 1 行目は最初の行列の行の「月曜」，2 行目は「火曜」というカテゴリーに仕分けられています．図 2 のように，それぞれの答えは，最初の行列の列のパターン（「今川」と「カキ」）と次の行列の行のパターン（「今川」と「カキ」）がマッチする掛け算を行ない，その結果を加えています．

図 2　2 × 2 と 2 × 1 の行列の積

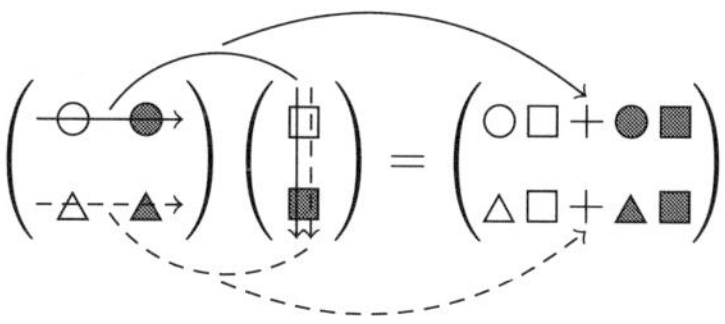

次に，この計算の例を見てみましょう．

例 1　(1) $\begin{pmatrix} 2 & 1 \end{pmatrix}\begin{pmatrix} -1 \\ 2 \end{pmatrix}$,　　(2) $\begin{pmatrix} 1 & 2 \\ 3 & 4 \end{pmatrix}\begin{pmatrix} 1 \\ 2 \end{pmatrix}$

解答 1　(1) 最初の行列は 1 行なので答えは数です．

$$\begin{pmatrix} 2 & 1 \end{pmatrix}\begin{pmatrix} -1 \\ 2 \end{pmatrix} = 2 \cdot (-1) + 1 \cdot 2 = 0,$$

(2) これは今川焼きと柿の種の例と同じ計算方法です．

$$\begin{pmatrix} 1 & 2 \\ 3 & 4 \end{pmatrix}\begin{pmatrix} 1 \\ 2 \end{pmatrix} = \begin{pmatrix} 1 \cdot 1 + 2 \cdot 2 \\ 3 \cdot 1 + 4 \cdot 2 \end{pmatrix} = \begin{pmatrix} 5 \\ 11 \end{pmatrix}$$

簡単な問題をやってみましょう．

例 2　(1) $\begin{pmatrix} 1 & 0 \\ 0 & 1 \end{pmatrix}\begin{pmatrix} 100 \\ 300 \end{pmatrix}$,　(2) $\begin{pmatrix} 0 & 0 \\ 0 & 0 \end{pmatrix}\begin{pmatrix} 1 \\ 17 \end{pmatrix}$

解答 2　(1) $\begin{pmatrix} 1 & 0 \\ 0 & 1 \end{pmatrix}\begin{pmatrix} 100 \\ 300 \end{pmatrix} = \begin{pmatrix} 1 \cdot 100 + 0 \cdot 300 \\ 0 \cdot 100 + 1 \cdot 300 \end{pmatrix} = \begin{pmatrix} 100 \\ 300 \end{pmatrix}$,

(2) $\begin{pmatrix} 0 & 0 \\ 0 & 0 \end{pmatrix}\begin{pmatrix} 1 \\ 17 \end{pmatrix} = \begin{pmatrix} 0 \cdot 1 + 0 \cdot 17 \\ 0 \cdot 1 + 0 \cdot 17 \end{pmatrix} = \begin{pmatrix} 0 \\ 0 \end{pmatrix}$

行列の積には慣れたでしょうか．では，行列の積とは何でしょうか？それは，あるベクトルから他のベクトルへの変換を意味します．真央の例では価格ベクトルに行列を掛けることにより，購入金額ベクトルを生み出しました．

$$\begin{pmatrix} 100 \\ 80 \end{pmatrix} \mapsto \begin{pmatrix} 960 \\ 280 \end{pmatrix}$$

縦棒付きの矢印 $\mapsto$ は，関数の独立変数と従属変数の対応を示すときに用いられる記号です．このようにベクトルから他のベクトルへの写像 (関数) が行列になります．

行列はベクトルからベクトルへの変換だ！

ベクトルの変換作用は後で詳しく学びます．まずは表記法や計算に慣れましょう．

B 行列の表記

最初の例である，真央の月曜日の購入額に戻りましょう．

$$\begin{pmatrix} 8 & 2 \end{pmatrix} \begin{pmatrix} 100 \\ 80 \end{pmatrix}$$

これは以前勉強したベクトルに似ています．ベクトルに縦のベクトルが現れて掛け算を行なっています．最初の 1 行 2 列の行列を，**2 次行ベクトル**ともいいます．行は横でしたので横ベクトルともいいます．次の 2 行 1 列の行列を，**2 次列ベクトル**ともいいます．列は縦でしたので縦ベクトルともいいます．

以前ベクトルの内積を勉強しました．ベクトル $\boldsymbol{a} = \begin{pmatrix} a_1 \\ a_2 \end{pmatrix}$ と $\boldsymbol{b} = \begin{pmatrix} b_1 \\ b_2 \end{pmatrix}$ の内積 $\boldsymbol{a} \cdot \boldsymbol{b}$ とは，実数 $a_1b_1 + a_2b_2$ のことをいいました．横と縦の違いはありますが，行列で考えた積は内積とほとんど同じということが分かります．

一般論を述べると， 2×2 行列

$$\begin{pmatrix} a_{11} & a_{12} \\ a_{21} & a_{22} \end{pmatrix}$$

を考えたときに，数 a_{ij} (ただし $i = 1, 2;\ j = 1, 2$) をこの行列の $\boldsymbol{(i, j)}$ **成分**，または要素といいます．つまり，i は行の番号，j は列の番号です．

また，上から i 番目の成分の横並び

$$\begin{pmatrix} a_{i1} & a_{i2} \end{pmatrix}$$

を**第 i 行**と呼び，左から j 番目の成分の縦の並び

$$\begin{pmatrix} a_{1j} \\ a_{2j} \end{pmatrix}$$

を**第 j 列**と呼びます．さらにこのような行数と列数が等しい行列を，**正方行列**といいます．行列を書くのは手間がかかりますので，以下のように略す場合があります．

$$(a_{ij})_{i=1,2,\ j=1,2} \quad \text{あるいは} \quad (a_{ij})$$

これまで学んだベクトルを順序よく並べたものが行列と考えられます．

$$\boldsymbol{a} = \begin{pmatrix} 1 \\ 2 \end{pmatrix}, \qquad \boldsymbol{b} = \begin{pmatrix} -1 \\ 1 \end{pmatrix}$$

と置いたときに，これらのベクトルは 2×1 行列として考えることができます．そして，このベクトルを横に連結した行列 A は 2×2 行列になります．

$$A = \begin{pmatrix} \boldsymbol{a} & \boldsymbol{b} \end{pmatrix} = \left(\begin{pmatrix} 1 \\ 2 \end{pmatrix} \ \begin{pmatrix} -1 \\ 1 \end{pmatrix} \right) = \begin{pmatrix} 1 & -1 \\ 2 & 1 \end{pmatrix}$$

行ベクトルについても同様で，以下は 1×2 行列とみなして行列を形成しています．

$$\boldsymbol{c} = \begin{pmatrix} 1 & -1 \end{pmatrix}, \qquad \boldsymbol{d} = \begin{pmatrix} 2 & 1 \end{pmatrix}$$

このベクトルを縦に連結した行列 B は 2×2 行列になります．

$$B = \begin{pmatrix} \boldsymbol{c} \\ \boldsymbol{d} \end{pmatrix} = \begin{pmatrix} \begin{pmatrix} 1 & -1 \end{pmatrix} \\ \begin{pmatrix} 2 & 1 \end{pmatrix} \end{pmatrix} = \begin{pmatrix} 1 & -1 \\ 2 & 1 \end{pmatrix}$$

2×1 や 1×2 があるので 1×1 もありそうですね．それは数になります．つまり，**数も行列**です！　数の場合，例えば行列 (2) とは書かずに，普通に 2 と書きます．

例 3　$\begin{pmatrix} 1 & -1 \\ 2 & 1 \end{pmatrix}$ の第 2 列と $(2,1)$ 成分を求めてください．次に，$\begin{pmatrix} 3 & 0 \\ 4 & 1 \end{pmatrix}$ の第 2 行と $(1,2)$ 成分を求めてください．

解答 3　最初の行列の $\begin{pmatrix} -1 \\ 1 \end{pmatrix}$ が第 2 列であり，$(2,1)$ 成分は 2 になります．次の行列

の $\begin{pmatrix}4 & 1\end{pmatrix}$ が第 2 行であり，$(1,2)$ 成分は 0 となります．

通常，行列の記号は A, B などの大文字を用います．行列 A, B について行数と列数が各々等しいときに，この 2 つの行列は同じ**型**，あるいは**サイズ**の行列であるといいます．すなわち，$A = (a_{ij})$ を $m \times n$ 型，$B = (b_{ij})$ を $l \times p$ 型であるとしたときに，$m = l$ かつ $n = p$ のときにこの 2 つの行列は同じ型になります．

前に真央の購入ベクトルの例を出しましたが，$1 \times n$ 行列を $\boldsymbol{n}$ **次行ベクトル**，そして $m \times 1$ 行列を $\boldsymbol{m}$ **次列ベクトル**といいます．

問い 1 次の行列の型を述べてください．$\begin{pmatrix}1 & -1\\ 2 & 1\end{pmatrix}$，$\begin{pmatrix}1\\ 2\end{pmatrix}$，$\begin{pmatrix}1 & -1\end{pmatrix}$，$\begin{pmatrix}1 & -1 & 0\\ 2 & 1 & 2\end{pmatrix}$

答え 1 それぞれ，$2 \times 2, 2 \times 1, 1 \times 2, 2 \times 3$ となります．

行列が**等しい**とは，同じ型であり，その対応する各成分がすべて等しい場合です．

行列の等しさ

$m \times n$ 型の行列 $A = (a_{ij})$ と $l \times p$ 型の行列 $B = (b_{ij})$ が等しいとは，以下の条件が成り立つときであり，このとき $A = B$ と表す．

$$m = l, \quad n = p, \quad a_{ij} = b_{ij} \quad (i = 1, 2, \cdots, m;\ j = 1, 2, \cdots, n)$$

6.2 行列の和とスカラー倍

数の配列である行列は，様々な計算が可能です．それは和，差，スカラー倍，そして積です．様々な行列を応用する際に，積の演算やその特徴を捉えておくことは重要です．

A 行列の和

行列は数を並べたものですから，各々の数を計算したくなります．対応する数がないと計算はできません．ですから同じ型の行列の和を考えます．そこで基礎となるのはベクトルの和です．

$$\begin{pmatrix}1\\2\end{pmatrix}+\begin{pmatrix}3\\4\end{pmatrix}=\begin{pmatrix}4\\6\end{pmatrix}$$

行列もこのように計算するならば，以下の計算にも納得できるでしょう．

$$\begin{pmatrix}1&-1\\2&1\end{pmatrix}+\begin{pmatrix}1&-1\\2&1\end{pmatrix}=\begin{pmatrix}1+1&-1+(-1)\\2+2&1+1\end{pmatrix}=\begin{pmatrix}2&-2\\4&2\end{pmatrix}$$

同じ型で定義できる行列の和を，公式として掲げておきましょう．

行列の和 (2 × 2)

$$\begin{pmatrix}a_{11}&a_{12}\\a_{21}&a_{22}\end{pmatrix}+\begin{pmatrix}b_{11}&b_{12}\\b_{21}&b_{22}\end{pmatrix}=\begin{pmatrix}a_{11}+b_{11}&a_{12}+b_{12}\\a_{21}+b_{21}&a_{22}+b_{22}\end{pmatrix}$$

次の行列の和の計算は大丈夫でしょうか．

$$\begin{pmatrix}a&b\\c&d\end{pmatrix}+\begin{pmatrix}0&1\\1&0\end{pmatrix}=\begin{pmatrix}a&b+1\\c+1&d\end{pmatrix},$$
$$\begin{pmatrix}1&2\\1&2\end{pmatrix}+\begin{pmatrix}-1&1\\0&2\end{pmatrix}=\begin{pmatrix}0&3\\1&4\end{pmatrix}$$

特別な行列として，すべての成分が 0 の行列を**ゼロ行列**といいます．これは数字の 0 に対応します．これを O で表しましょう．これは英語のオー O です．

ゼロ行列 (2 × 2)

$$O=\begin{pmatrix}0&0\\0&0\end{pmatrix}$$

どんな行列に O を加えても変わりありません．数の和 $x+0=x$ と同じです．

$$\begin{pmatrix}a&b\\c&d\end{pmatrix}+\begin{pmatrix}0&0\\0&0\end{pmatrix}=\begin{pmatrix}a&b\\c&d\end{pmatrix}$$

B 行列の差

ベクトルの差を考えることができました．例えば，2 つのベクトルの差 $\boldsymbol{a}-\boldsymbol{b}$ です．同様に行列でも**差**を考えることができます．公式として掲げておきましょう．

行列の差 (2 × 2)

$$\begin{pmatrix} a_{11} & a_{12} \\ a_{21} & a_{22} \end{pmatrix} - \begin{pmatrix} b_{11} & b_{12} \\ b_{21} & b_{22} \end{pmatrix} = \begin{pmatrix} a_{11}-b_{11} & a_{12}-b_{12} \\ a_{21}-b_{21} & a_{22}-b_{22} \end{pmatrix}$$

差ももちろん，行列の型が同じときに定義できます．記号はもちろん $A-B$ と書きます．また $A=(a_{ij})$ と行列 $B=(b_{ij})$ に対して，$A-B=(a_{ij}-b_{ij})$ となります．次の性質が成り立つのは明らかでしょう．

$$A+O=O+A=A, \qquad A-A=O$$

C 行列のスカラー倍

第 2 章の第 2.2.D 項では，ベクトルのスカラー倍を学びました．例えば $1\boldsymbol{a}=\boldsymbol{a}$ や $(-2)\boldsymbol{a}=-2\boldsymbol{a}$ です．同様に行列のスカラー倍も定義できます．

$$1\begin{pmatrix} 1 & 2 \\ 1 & 2 \end{pmatrix} = \begin{pmatrix} 1 & 2 \\ 1 & 2 \end{pmatrix}, \quad 2\begin{pmatrix} 0 & 1 \\ 1 & 0 \end{pmatrix} = \begin{pmatrix} 0 & 2 \\ 2 & 0 \end{pmatrix}$$

これも公式として掲げておきましょう．

行列のスカラー倍 (2 × 2)

ある実数 k に対して，行列の各成分を k 倍する行列を，以下のように表す．

$$k\begin{pmatrix} a & b \\ c & d \end{pmatrix} = \begin{pmatrix} ka & kb \\ kc & kd \end{pmatrix}$$

ベクトルと同様，k 倍することを**スカラー倍**するといい，行列 A を k 倍することを kA と書きます．もし行列 $A=(a_{ij})$ ならば，$kA=(ka_{ij})$

と表示します．次の性質が成り立つのは明らかでしょう．

$$\begin{pmatrix} a_{11} & a_{12} \\ a_{21} & a_{22} \end{pmatrix} + (-1)\begin{pmatrix} b_{11} & b_{12} \\ b_{21} & b_{22} \end{pmatrix} = \begin{pmatrix} a_{11} & a_{12} \\ a_{21} & a_{22} \end{pmatrix} + \begin{pmatrix} -b_{11} & -b_{12} \\ -b_{21} & -b_{22} \end{pmatrix}$$
$$= \begin{pmatrix} a_{11}-b_{11} & a_{12}-b_{12} \\ a_{21}-b_{21} & a_{22}-b_{22} \end{pmatrix}$$

記号で表せば $A + (-1)B = A - B$ となります．

行列の和とスカラー倍の性質をまとめておきます．

行列の和とスカラー倍の性質

A, B, C, O は同じ型の行列，O はゼロ行列，s, t はスカラーとする．

交換律：　$A + B = B + A$

結合律：　$(A + B) + C = A + (B + C)$,　$s(tA) = (st)A$

分配律：　$(s + t)A = sA + tA$,　$t(A + B) = tA + tB$

ゼロ行列の性質：　$A + O = O + A = A$,　$0A = O$,　$tO = O$

6.3　行列の積

いよいよ行列の積を定義します．行列の和は，同じ型でなくては定義できませんでした．積に関してはもう少し緩い仮定で定義できます．

A　2 次正方行列とベクトルの積

第 6.1.A 項の例 1 で，前に以下のような行列の積を学びました．

$$\begin{pmatrix} 2 & 1 \end{pmatrix}\begin{pmatrix} -1 \\ 2 \end{pmatrix} = 0, \qquad \begin{pmatrix} 1 & 2 \\ 3 & 4 \end{pmatrix}\begin{pmatrix} 1 \\ 2 \end{pmatrix} = \begin{pmatrix} 5 \\ 11 \end{pmatrix}$$

行列の積についてもう少し考えてみましょう．最初の計算は，1 行 2 列の行列に 2 行 1 列の行列を右から掛けて，1 行 1 列の行列になりました．次の計算は，2 行 2 列の行列に 2 行 1 列の行列を右から掛けて，2 行 1 列の行列になりました．これらの計算では必ず左の行列が 2 列であり，また右の行列が 2 行です．**左の列数と右の行数が等しい**．これが行列の積が可能になる条件です．なぜならば，各行列の要素は，ある左の行に右の列を掛けた数です．左の列の数と右の行の数が等しくないと，右の行か左の列の数が余ります．これでは行列の積が計算不可能になります．

行列の積はベクトルの内積に似ています．内積は列ベクトルで次元が同じならば計算できます．それを行列の積で表現するには，最初のベクトルを転置して行ベクトルにすれば，対応する要素の積の和としての内積を表現することができます．

内積と行列の積

ベクトル $\boldsymbol{x} = \begin{pmatrix} x_1 \\ x_2 \end{pmatrix}$ と $\boldsymbol{y} = \begin{pmatrix} y_1 \\ y_2 \end{pmatrix}$ の内積 $\boldsymbol{x} \cdot \boldsymbol{y}$ は，行列の積で表現できる．

$$\boldsymbol{x} \cdot \boldsymbol{y} = \boldsymbol{x}^\top \boldsymbol{y} = \begin{pmatrix} x_1 & x_2 \end{pmatrix} \begin{pmatrix} y_1 \\ y_2 \end{pmatrix} = x_1 y_1 + x_2 y_2 \tag{1}$$

このヨコ掛けるタテが行列の各成分になります．今川焼きと柿の種の買い物を思い出してください．

$$\begin{pmatrix} 8 & 2 \\ 2 & 1 \end{pmatrix} \begin{pmatrix} 100 \\ 80 \end{pmatrix} = \begin{pmatrix} 960 \\ 280 \end{pmatrix}$$

最初の行列の $\begin{pmatrix} 8 & 2 \end{pmatrix}$ に後ろの列ベクトルを掛けたものが，答えの第 1 要素になります．これを一般化すると次のようになります．

2 次正方行列と 2 次列ベクトルの積 1

2 次正方行列 $A = \begin{pmatrix} a & b \\ c & d \end{pmatrix}$ と 2 次列ベクトル $\boldsymbol{x} = \begin{pmatrix} x \\ y \end{pmatrix}$ の**積**を，次のように定義する．

$$A\boldsymbol{x} = \begin{pmatrix} a & b \\ c & d \end{pmatrix} \begin{pmatrix} x \\ y \end{pmatrix} = \begin{pmatrix} ax + by \\ cx + dy \end{pmatrix} \tag{2}$$

例 4 $A = \begin{pmatrix} 1 & 1 \\ 1 & 2 \end{pmatrix}$, $\boldsymbol{b} = \begin{pmatrix} 1 \\ 1 \end{pmatrix}$, $\boldsymbol{x} = \begin{pmatrix} x \\ y \end{pmatrix}$ に対して，積 $A\boldsymbol{e}_1$, $A\boldsymbol{e}_2$, $A\boldsymbol{b}$, $A\boldsymbol{x}$ を計算してください．

解答 4

$$A\boldsymbol{e}_1 = \begin{pmatrix} 1 & 1 \\ 1 & 2 \end{pmatrix} \begin{pmatrix} 1 \\ 0 \end{pmatrix} = \begin{pmatrix} 1 \cdot 1 + 1 \cdot 0 \\ 1 \cdot 1 + 2 \cdot 0 \end{pmatrix} = \begin{pmatrix} 1 \\ 1 \end{pmatrix},$$

$$A\boldsymbol{e}_2 = \begin{pmatrix} 1 & 1 \\ 1 & 2 \end{pmatrix} \begin{pmatrix} 0 \\ 1 \end{pmatrix} = \begin{pmatrix} 1 \cdot 0 + 1 \cdot 1 \\ 1 \cdot 0 + 2 \cdot 1 \end{pmatrix} = \begin{pmatrix} 1 \\ 2 \end{pmatrix},$$

$$Ab = \begin{pmatrix} 1 & 1 \\ 1 & 2 \end{pmatrix}\begin{pmatrix} 1 \\ 1 \end{pmatrix} = \begin{pmatrix} 1\cdot 1 + 1\cdot 1 \\ 1\cdot 1 + 2\cdot 1 \end{pmatrix} = \begin{pmatrix} 2 \\ 3 \end{pmatrix},$$

$$Ax = \begin{pmatrix} 1 & 1 \\ 1 & 2 \end{pmatrix}\begin{pmatrix} x \\ y \end{pmatrix} = \begin{pmatrix} 1\cdot x + 1\cdot y \\ 1\cdot x + 2\cdot y \end{pmatrix} = \begin{pmatrix} x+y \\ x+2y \end{pmatrix}$$

この例 4 のように，行列に基本ベクトル $\boldsymbol{e}_j (j = 1, 2)$ を掛けることは，その行列の第 j 列を取り出すことです．

B　行列とベクトルの積の意味

ここで，行列を構成している行や列を取り出す記法を紹介します．$\boldsymbol{a}_{\cdot j}$ を行列 A の第 j 列ベクトルとします．この添え字の「$\cdot j$」のドット $\cdot$ は，第 j 列ベクトルの要素が並んでいることを意味します．よって，以下が成り立ちます．

$$\boldsymbol{a}_{\cdot 1} = \begin{pmatrix} a \\ c \end{pmatrix}, \quad \boldsymbol{a}_{\cdot 2} = \begin{pmatrix} b \\ d \end{pmatrix}$$

つまり，2 次正方行列 A を列ベクトルの並びで表すことが可能です．

$$A = \begin{pmatrix} \boldsymbol{a}_{\cdot 1} & \boldsymbol{a}_{\cdot 2} \end{pmatrix}$$

例 4 の行列 A では，以下のように表現できます．

$$\boldsymbol{a}_{\cdot 1} = \begin{pmatrix} 1 \\ 1 \end{pmatrix}, \quad \boldsymbol{a}_{\cdot 2} = \begin{pmatrix} 1 \\ 2 \end{pmatrix}$$

この $\boldsymbol{a}_{\cdot 1}$ と $\boldsymbol{a}_{\cdot 2}$ にスカラー x と y を掛けます．

$$x\boldsymbol{a}_{\cdot 1} = x\begin{pmatrix} 1 \\ 1 \end{pmatrix}, \quad y\boldsymbol{a}_{\cdot 2} = y\begin{pmatrix} 1 \\ 2 \end{pmatrix}$$

それらの和を取ると，例 4 の行列 A と $\boldsymbol{x}$ の積 $A\boldsymbol{x}$ になります．

$$x\boldsymbol{a}_{\cdot 1} + y\boldsymbol{a}_{\cdot 2} = x\begin{pmatrix} 1 \\ 1 \end{pmatrix} + y\begin{pmatrix} 1 \\ 2 \end{pmatrix} = \begin{pmatrix} x \\ x \end{pmatrix} + \begin{pmatrix} y \\ 2y \end{pmatrix} = \begin{pmatrix} x+y \\ x+2y \end{pmatrix} = A\boldsymbol{x}$$

つまり，記号で表現すると以下が成り立ちます．

$$x\boldsymbol{a}_{\cdot 1} = x\begin{pmatrix} a \\ c \end{pmatrix} = \begin{pmatrix} ax \\ cx \end{pmatrix}, \quad y\boldsymbol{a}_{\cdot 2} = y\begin{pmatrix} b \\ d \end{pmatrix} = \begin{pmatrix} by \\ dy \end{pmatrix}$$

この 2 つのベクトルの和は，(2) を用いて $A\boldsymbol{x}$ と等しくなります．

$$A\boldsymbol{x} = \begin{pmatrix} ax \\ cx \end{pmatrix} + \begin{pmatrix} by \\ dy \end{pmatrix} = x\begin{pmatrix} a \\ c \end{pmatrix} + y\begin{pmatrix} b \\ d \end{pmatrix} = x\boldsymbol{a}_{\cdot 1} + y\boldsymbol{a}_{\cdot 2} = \begin{pmatrix} \boldsymbol{a}_{\cdot 1} & \boldsymbol{a}_{\cdot 2} \end{pmatrix}\boldsymbol{x}$$

つまり $\boldsymbol{A}\boldsymbol{x}$ **は，$\boldsymbol{A}$ の列ベクトルを，$\boldsymbol{x}$ の対応する各成分をスカラーとして組み合わせた 1 次結合**になります．このことから，(2) を書き換えると次のようになります．

2 次正方行列と 2 次列ベクトルの積 2

行列 A の列ベクトルを，$\boldsymbol{x}$ の対応する各成分をスカラーとして組み合わせた 1 次結合が $A\boldsymbol{x}$ となる．

$$A\boldsymbol{x} = \begin{pmatrix} \boldsymbol{a}_{\cdot 1} & \boldsymbol{a}_{\cdot 2} \end{pmatrix} \boldsymbol{x} = x\boldsymbol{a}_{\cdot 1} + y\boldsymbol{a}_{\cdot 2} = x\begin{pmatrix} a \\ c \end{pmatrix} + y\begin{pmatrix} b \\ d \end{pmatrix} \tag{3}$$

先の例 4 で学んだように，基本ベクトル $\boldsymbol{e}_j$ と行列の積は，この行列の第 j 列 $\boldsymbol{a}_{\cdot j}$ を取り出すことです．

$$A\boldsymbol{e}_1 = \begin{pmatrix} \boldsymbol{a}_{\cdot 1} & \boldsymbol{a}_{\cdot 2} \end{pmatrix} \boldsymbol{e}_1 = 1 \cdot \boldsymbol{a}_{\cdot 1} + 0 \cdot \boldsymbol{a}_{\cdot 2} = \boldsymbol{a}_{\cdot 1}$$

行列とベクトルの積を違う視点で見てみます．前章までに，ベクトルを基本ベクトルで表示する方法を学びましたね．この $\{\boldsymbol{e}_1, \boldsymbol{e}_2\}$ は平面の正規直交基底と呼ばれました．第 5 章の用語では標準基底です．

$$\boldsymbol{x} = x\boldsymbol{e}_1 + y\boldsymbol{e}_2 = x\begin{pmatrix} 1 \\ 0 \end{pmatrix} + y\begin{pmatrix} 0 \\ 1 \end{pmatrix}$$

行列 A でこのベクトル $\boldsymbol{x}$ を変換して $\boldsymbol{y}$ にします．

$$\boldsymbol{y} = A\boldsymbol{x} = \begin{pmatrix} 1 & 1 \\ 1 & 2 \end{pmatrix} \begin{pmatrix} x \\ y \end{pmatrix} = x\begin{pmatrix} 1 \\ 1 \end{pmatrix} + y\begin{pmatrix} 1 \\ 2 \end{pmatrix}$$

つまり，ある行列で変換することは，当初の標準基底から行列の列ベクトルからなる新たな基底 $\left\{ \begin{pmatrix} 1 \\ 1 \end{pmatrix}, \begin{pmatrix} 1 \\ 2 \end{pmatrix} \right\}$ に変換する操作です．(3) を用いて一般化できます．

$$\boldsymbol{y} = A\boldsymbol{x} = x\boldsymbol{a}_{\cdot 1} + y\boldsymbol{a}_{\cdot 2}$$

つまり，**行列を掛けることは，変数 x にあるスカラーに対して，「基底」を行列 $\boldsymbol{A}$ の列ベクトル $\{\boldsymbol{a}_{\cdot 1}, \boldsymbol{a}_{\cdot 2}\}$ に変えた 1 次結合 $\boldsymbol{y}$ にすること**です．

$$\boldsymbol{x} = x\boldsymbol{e}_1 + y\boldsymbol{e}_2 \quad \xrightarrow{A} \quad \boldsymbol{y} = x\boldsymbol{a}_{\cdot 1} + y\boldsymbol{a}_{\cdot 2} \tag{4}$$

ベクトルの組 $\{\boldsymbol{a}_{\cdot 1}, \boldsymbol{a}_{\cdot 2}\}$ が基底の条件を満たしていれば，基底を変換することになります．

ドットを用いた記法を行ベクトルにも適用します．$\boldsymbol{a}_{i\cdot}$ を，行列 A の第 i 行ベクトルとします．添え字のドットは行ベクトルの成分が並んでいることを意味します．

$$\boldsymbol{a}_{1\cdot} = \begin{pmatrix} a & b \end{pmatrix}, \quad \boldsymbol{a}_{2\cdot} = \begin{pmatrix} c & d \end{pmatrix}$$

そうすると，行ベクトルの行数と列ベクトルの列数が等しいので，積を計算できます．

$$\boldsymbol{a}_{1\cdot}\boldsymbol{x} = \begin{pmatrix} a & b \end{pmatrix} \begin{pmatrix} x \\ y \end{pmatrix} = \begin{pmatrix} ax + by \end{pmatrix}, \quad \boldsymbol{a}_{2\cdot}\boldsymbol{x} = \begin{pmatrix} c & d \end{pmatrix} \begin{pmatrix} x \\ y \end{pmatrix} = \begin{pmatrix} cx + dy \end{pmatrix}$$

行列とベクトルの積は,「行と列の積」の組として表すことができます．

$$A\boldsymbol{x} = \begin{pmatrix} \boldsymbol{a}_{1\cdot} \\ \boldsymbol{a}_{2\cdot} \end{pmatrix} \boldsymbol{x} = \begin{pmatrix} \boldsymbol{a}_{1\cdot}\boldsymbol{x} \\ \boldsymbol{a}_{2\cdot}\boldsymbol{x} \end{pmatrix} = \begin{pmatrix} ax + by \\ cx + dy \end{pmatrix}$$

左の列数と右の行数が等しいと掛け算ができますから，次の計算もできます．

$$\begin{pmatrix} 4 & 1 \end{pmatrix} \begin{pmatrix} 0 & 1 \\ -1 & 0 \end{pmatrix} = \begin{pmatrix} 4 \cdot 0 + 1 \cdot (-1) & 4 \cdot 1 + 1 \cdot 0 \end{pmatrix} = \begin{pmatrix} -1 & 4 \end{pmatrix}$$

この場合は 1×2 行列に右から 2×2 行列を掛けています．左が 2 列で右が 2 行になっていますので，掛け算ができたのです．この計算の結果は 2 次行ベクトルになっています．この計算は，左の行に右の列を順番に掛けた値が結果の行の成分になっています．計算の結果は，左の行数が結果の行数になり，右の列数が結果の列数になります．

C　2 次正方行列の積

2 次正方行列同士の積を学びます．その前に，行列とベクトルの積を復習します．

例 5　$A = \begin{pmatrix} 1 & 1 \\ 1 & 2 \end{pmatrix}$, $B = \begin{pmatrix} 1 \\ 1 \end{pmatrix}$, $C = \begin{pmatrix} -1 \\ 0 \end{pmatrix}$ に対して，AB と AC を計算してください．

解答 5

$$AB = \begin{pmatrix} 1 & 1 \\ 1 & 2 \end{pmatrix} \begin{pmatrix} 1 \\ 1 \end{pmatrix} = \begin{pmatrix} 1 \cdot 1 + 1 \cdot 1 \\ 1 \cdot 1 + 2 \cdot 1 \end{pmatrix} = \begin{pmatrix} 2 \\ 3 \end{pmatrix},$$

$$AC = \begin{pmatrix} 1 & 1 \\ 1 & 2 \end{pmatrix} \begin{pmatrix} -1 \\ 0 \end{pmatrix} = \begin{pmatrix} 1 \cdot (-1) + 1 \cdot 0 \\ 1 \cdot (-1) + 2 \cdot 0 \end{pmatrix} = \begin{pmatrix} -1 \\ -1 \end{pmatrix}$$

2 次正方行列同士の積は，図 3 のように前の行列を 2 つの行ベクトルと考え，後ろの行列を 2 つの列ベクトルと考えて順番に積を取ります．両行列とも 2 次の正方行列ですので，積も 2 次正方行列になります．

2 次正方行列の積

$$\begin{pmatrix} a_{11} & a_{12} \\ a_{21} & a_{22} \end{pmatrix} \begin{pmatrix} b_{11} & b_{12} \\ b_{21} & b_{22} \end{pmatrix} = \begin{pmatrix} a_{11}b_{11} + a_{12}b_{21} & a_{11}b_{12} + a_{12}b_{22} \\ a_{21}b_{11} + a_{22}b_{21} & a_{21}b_{12} + a_{22}b_{22} \end{pmatrix}$$

図 3　2 次正方行列の積

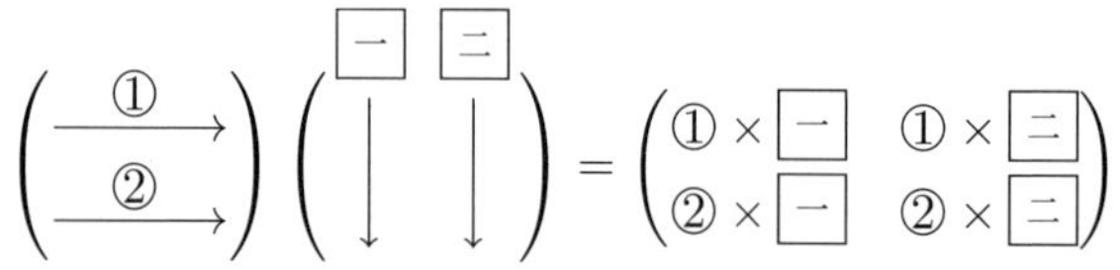

例 6　$A = \begin{pmatrix} 1 & 1 \\ 1 & 2 \end{pmatrix}$, $B = \begin{pmatrix} 1 & -1 \\ 1 & 0 \end{pmatrix}$ に対して，AB を計算してください．

解答 6　$AB = \begin{pmatrix} 1 & 1 \\ 1 & 2 \end{pmatrix} \begin{pmatrix} 1 & -1 \\ 1 & 0 \end{pmatrix} = \begin{pmatrix} 1 \cdot 1 + 1 \cdot 1 & 1 \cdot (-1) + 1 \cdot 0 \\ 1 \cdot 1 + 2 \cdot 1 & 1 \cdot (-1) + 2 \cdot 0 \end{pmatrix} = \begin{pmatrix} 2 & -1 \\ 3 & -1 \end{pmatrix}$

この答えの各々の列は，例 5 の答えの列ベクトルになっています．(3) で行なった行列の行と列を取り出す方法で積を眺めてみましょう．行列の積を $\boldsymbol{a}_{i\cdot}$, $\boldsymbol{a}_{\cdot j}$ などで表現します．ここで，$\boldsymbol{a}_{i\cdot}$ は行列 A の第 i 行ベクトルを意味し，$\boldsymbol{a}_{\cdot j}$ は行列 A の第 j 列ベクトルを意味します．下添え字の最初が行を表し，2 番目が列を表しましたね．

行列の積の結果 $C = AB$ の $(1, 2)$ 成分を c_{12} とすると，以下が成り立ちます．

$$c_{12} = \boldsymbol{a}_{1\cdot}\boldsymbol{b}_{\cdot 2} = \begin{pmatrix} a_{11} & a_{12} \end{pmatrix} \begin{pmatrix} b_{12} \\ b_{22} \end{pmatrix}$$

A の 1 行と B の 2 列の積ですね．これはシグマ記号の記法 $c_{12} = \sum_k a_{1k}b_{k2}$ の書き換えにあたります．

図 3 のように左は横で右は縦なので，行列 A と B を以下のように表記してみます．

$$A = \begin{pmatrix} \boldsymbol{a}_{1\cdot} \\ \boldsymbol{a}_{2\cdot} \end{pmatrix}, \quad B = \begin{pmatrix} \boldsymbol{b}_{\cdot 1} & \boldsymbol{b}_{\cdot 2} \end{pmatrix} \tag{5}$$

そうすると積は以下になります．各成分が上で計算した c_{12} のようになります．

$$AB = \begin{pmatrix} \boldsymbol{a}_{1\cdot} \\ \boldsymbol{a}_{2\cdot} \end{pmatrix} \begin{pmatrix} \boldsymbol{b}_{\cdot 1} & \boldsymbol{b}_{\cdot 2} \end{pmatrix} = \begin{pmatrix} \boldsymbol{a}_{1\cdot}\boldsymbol{b}_{\cdot 1} & \boldsymbol{a}_{1\cdot}\boldsymbol{b}_{\cdot 2} \\ \boldsymbol{a}_{2\cdot}\boldsymbol{b}_{\cdot 1} & \boldsymbol{a}_{2\cdot}\boldsymbol{b}_{\cdot 2} \end{pmatrix}$$

D　一般の行列の積

このような 2×2 行列同士の積の方法を，$m \times n$ 行列と $n \times p$ 行列の積に一般化すると，次のようになります．

行列の積

行列 $A = (a_{ij})$ が $m \times n$ 型，行列 $B = (b_{ij})$ が $n \times p$ 型であるとする．このとき

$$c_{ij} = a_{i1}b_{1j} + a_{i2}b_{2j} + \cdots + a_{in}b_{nj} = \sum_k a_{ik}b_{kj}$$

を (i, j) 成分とする $m \times p$ 型行列 (c_{ij}) を，A と B の積といい，AB で表す．

図 4　一般の行列の積

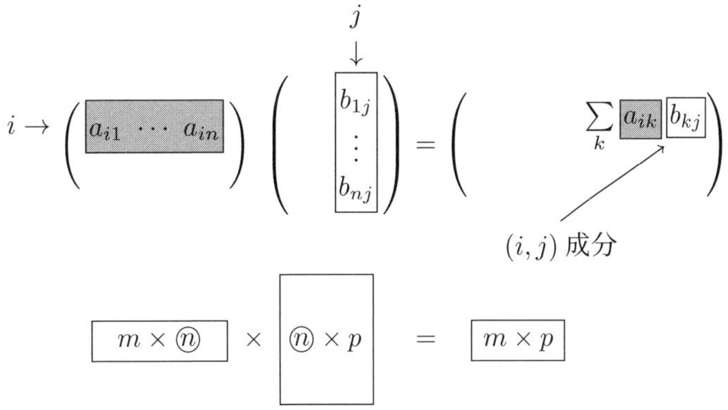

行列の積 $\boldsymbol{AB}$ は，図 4 にあるように **$\boldsymbol{A}$ の第 $\boldsymbol{i}$ 行ベクトルと $\boldsymbol{B}$ の第 $\boldsymbol{j}$ 列ベクトルの積**です．つまり，$AB = (\sum_k a_{ik}b_{kj})$ です．左の行列にある横ベクトルと右の行列にある列ベクトルの対応する各成分を掛けて足し合わせます．結果は左の行数×右の列数の型の行列になります．

例 7　次の行列の積を計算してください．

(1) $\begin{pmatrix}1 & 1 & 3\\ 1 & 2 & 4\end{pmatrix}\begin{pmatrix}1\\ 2\\ 0\end{pmatrix}$, (2) $\begin{pmatrix}1 & 2\end{pmatrix}\begin{pmatrix}1\\ 2\end{pmatrix}$, (3) $\begin{pmatrix}\frac{1}{\sqrt{2}}\\ \frac{1}{\sqrt{2}}\end{pmatrix}\begin{pmatrix}\frac{1}{\sqrt{2}} & \frac{1}{\sqrt{2}}\end{pmatrix}$

解答 7 (1) $\begin{pmatrix}1 & 1 & 3\\ 1 & 2 & 4\end{pmatrix}\begin{pmatrix}1\\ 2\\ 0\end{pmatrix} = \begin{pmatrix}1\cdot 1+1\cdot 2+3\cdot 0\\ 1\cdot 1+2\cdot 2+4\cdot 0\end{pmatrix} = \begin{pmatrix}3\\ 5\end{pmatrix}$,

(2) $\begin{pmatrix}1 & 2\end{pmatrix}\begin{pmatrix}1\\ 2\end{pmatrix} = \begin{pmatrix}1\cdot 1+2\cdot 2\end{pmatrix} = 5$,

(3) $\begin{pmatrix}\frac{1}{\sqrt{2}}\\ \frac{1}{\sqrt{2}}\end{pmatrix}\begin{pmatrix}\frac{1}{\sqrt{2}} \frac{1}{\sqrt{2}}\end{pmatrix} = \begin{pmatrix}\frac{1}{\sqrt{2}}\cdot\frac{1}{\sqrt{2}} & \frac{1}{\sqrt{2}}\cdot\frac{1}{\sqrt{2}}\\ \frac{1}{\sqrt{2}}\cdot\frac{1}{\sqrt{2}} & \frac{1}{\sqrt{2}}\cdot\frac{1}{\sqrt{2}}\end{pmatrix} = \begin{pmatrix}\frac{1}{2} & \frac{1}{2}\\ \frac{1}{2} & \frac{1}{2}\end{pmatrix}$

2 次正方行列を (5) で列ベクトルや行ベクトルで表したように，同様な表記が $m \times n$ 行列 $A = (a_{ij})$ でも可能です．列ベクトル $\boldsymbol{a}_{\cdot j}$ や行ベクトル $\boldsymbol{a}_{i\cdot}$ は以下になります．

$$\boldsymbol{a}_{\cdot j} = \begin{pmatrix}a_{1j}\\ \vdots\\ a_{mj}\end{pmatrix}, \quad \boldsymbol{a}_{i\cdot} = \begin{pmatrix}a_{i1} & \cdots & a_{in}\end{pmatrix}$$

よって，行列 A は n 個の列ベクトルや m 個の行ベクトルとして表記できます．

$$A = \begin{pmatrix}\boldsymbol{a}_{\cdot 1} & \cdots & \boldsymbol{a}_{\cdot n}\end{pmatrix}, \quad A = \begin{pmatrix}\boldsymbol{a}_{1\cdot}\\ \vdots\\ \boldsymbol{a}_{m\cdot}\end{pmatrix} \tag{6}$$

問い 2 例 7 の行列 $A = \begin{pmatrix}1 & 1 & 3\\ 1 & 2 & 4\end{pmatrix}$ の $\boldsymbol{a}_{1\cdot}$ と $\boldsymbol{a}_{\cdot 3}$ を求めてください．

答え 2 $\boldsymbol{a}_{1\cdot} = \begin{pmatrix}1 & 1 & 3\end{pmatrix}$ と $\boldsymbol{a}_{\cdot 3} = \begin{pmatrix}3\\ 4\end{pmatrix}$ になります．

2 次元ベクトルの内積と行列の積の関係 (1) を一般化することができます．図 4 において，最初の行列が $m = 1$ で n 次行ベクトルであり，次の行列が $p = 1$ で n 次列ベクトルであれば，その積は 1×1 でスカラーになります．添え字 i と j を省略すれば，$\sum_k a_k b_k$ となります．これは内積ですね．最初の行ベクトルを転置した列ベクトルと次の列ベクトルの内積に等しくなります．

内積とベクトルの積

n 次行ベクトル $\boldsymbol{a}$ と n 次列ベクトル $\boldsymbol{b}$ の積は，前者の転置の内積に等しい．

$$\boldsymbol{ab} = \boldsymbol{a}^\top \cdot \boldsymbol{b} = \sum_k a_k b_k \tag{7}$$

$\boldsymbol{a}$ と $\boldsymbol{b}$ が通常の列ベクトルであれば，p.126 の公式 (1) の一般化になります．

$$\boldsymbol{a}^\top \boldsymbol{b} = \boldsymbol{a} \cdot \boldsymbol{b} \tag{8}$$

E　行列の積の性質

注意しなければならないのは，積の順番です．積 AB は A を B に**左から掛ける**といいます．または，B を A に**右から掛ける**ともいいます．

例 8　行列 $A = \begin{pmatrix} 1 & 1 \\ 1 & 2 \end{pmatrix}$, $B = \begin{pmatrix} 1 & -1 \\ 1 & 0 \end{pmatrix}$, $C = \begin{pmatrix} 1 & 1 \\ -1 & -1 \end{pmatrix}$ に対して，積 $(AB)C$ と $A(BC)$ を計算してください．それは等しいでしょうか．

解答 8　以下の計算結果より，等しくなります．

$$AB = \begin{pmatrix} 2 & -1 \\ 3 & -1 \end{pmatrix}, \quad (AB)C = \begin{pmatrix} 3 & 3 \\ 4 & 4 \end{pmatrix},$$
$$BC = \begin{pmatrix} 2 & 2 \\ 1 & 1 \end{pmatrix}, \quad A(BC) = \begin{pmatrix} 3 & 3 \\ 4 & 4 \end{pmatrix}$$

つまり，行列の積に関しては**結合律**が成り立ちます．

例 9　行列 $A = \begin{pmatrix} 1 & 1 \\ 1 & 2 \end{pmatrix}$ と $B = \begin{pmatrix} 1 & -1 \\ 1 & 0 \end{pmatrix}$ の積 AB と BA を計算してください．それは等しいでしょうか．

解答 9　以下の結果から，$AB \neq BA$ となります．

$$AB = \begin{pmatrix} 2 & -1 \\ 3 & -1 \end{pmatrix}, \quad BA = \begin{pmatrix} 0 & -1 \\ 1 & 1 \end{pmatrix}$$

よって，**一般に行列の積には交換律は成り立ちません**．もし $AB = BA$ が成り立つならば，A, B は**交換可能**，あるいは**可換**といいます．

例 10 行列 $A = \begin{pmatrix} 1 & 1 \\ -1 & -1 \end{pmatrix}$ と $B = \begin{pmatrix} 1 & -1 \\ -1 & 1 \end{pmatrix}$ の積 AB を計算してください．

解答 10 以下の結果から，$AB = O$ となります．

$$AB = \begin{pmatrix} 1 \cdot 1 + 1 \cdot (-1) & 1 \cdot (-1) + 1 \cdot 1 \\ (-1) \cdot 1 + (-1) \cdot (-1) & (-1) \cdot (-1) + (-1) \cdot 1 \end{pmatrix} = \begin{pmatrix} 0 & 0 \\ 0 & 0 \end{pmatrix}$$

この結果も数の場合と異なっています．数の場合は $ab = 0$ ならば，a か b のどちらかがゼロでした．行列の場合はそうではなく，**ゼロ行列ではない行列の積がゼロ行列になるときがあります**．このような行列を，零因子といいます．

零因子

行列 $A \neq O, B \neq O$ が $AB = O$ となるとき，この A, B を**零因子**という．

数の 0 に対応するのはゼロ行列 O でした．数の 1 に対応するのは，これから紹介する**単位行列** $\begin{pmatrix} 1 & 0 \\ 0 & 1 \end{pmatrix}$ です．例題で確認しましょう．

$$\begin{pmatrix} 1 & 0 \\ 0 & 1 \end{pmatrix} \begin{pmatrix} x \\ y \end{pmatrix} = \begin{pmatrix} x \\ y \end{pmatrix},$$

$$\begin{pmatrix} 4 & 1 \end{pmatrix} \begin{pmatrix} 1 & 0 \\ 0 & 1 \end{pmatrix} = \begin{pmatrix} 4 \cdot 1 + 1 \cdot 0 & 4 \cdot 0 + 1 \cdot 1 \end{pmatrix} = \begin{pmatrix} 4 & 1 \end{pmatrix},$$

$$\begin{pmatrix} a & b \\ c & d \end{pmatrix} \begin{pmatrix} 1 & 0 \\ 0 & 1 \end{pmatrix} = \begin{pmatrix} a & b \\ c & d \end{pmatrix}, \qquad \begin{pmatrix} 1 & 0 \\ 0 & 1 \end{pmatrix} \begin{pmatrix} a & b \\ c & d \end{pmatrix} = \begin{pmatrix} a & b \\ c & d \end{pmatrix}$$

このように，どのような行列に単位行列を掛けても，もとの行列のままになります．

単位行列

2 次正方行列 $I = \begin{pmatrix} 1 & 0 \\ 0 & 1 \end{pmatrix}$ を，2 次の単位行列と呼ぶ．

単位行列は英語で Identity matrix なので，記号 I を用います．**主対角線** (main diagonal) は，正方行列の左上から右下にかけての対角線をいいます．主対角線上の成分を**対角成分**と呼びます．この単位行列の対角成分はすべて 1 であり，それ以外は 0 の行列です．一般に **n 次単位行列**はその対角成分がすべて 1 であり，それ以外の成分が 0 である正方行列です．ここでは単位行列は 2 次と同様に I で表しますが，次数を明示したい場合は I_n と書くこともあります．

単位行列は基本ベクトルを横に並べた行列になります．

$$I = \begin{pmatrix} \boldsymbol{e}_1 & \boldsymbol{e}_2 \end{pmatrix} = \begin{pmatrix} \begin{pmatrix} 1 \\ 0 \end{pmatrix} & \begin{pmatrix} 0 \\ 1 \end{pmatrix} \end{pmatrix} = \begin{pmatrix} 1 & 0 \\ 0 & 1 \end{pmatrix}$$

行列と $\boldsymbol{e}_j$ の積は，行列の j 列を取り出します．I を掛けても変化しません．

$$AI = A\begin{pmatrix} \boldsymbol{e}_1 & \boldsymbol{e}_2 \end{pmatrix} = \begin{pmatrix} A\boldsymbol{e}_1 & A\boldsymbol{e}_2 \end{pmatrix} = \begin{pmatrix} \begin{pmatrix} a \\ c \end{pmatrix} & \begin{pmatrix} b \\ d \end{pmatrix} \end{pmatrix} = \begin{pmatrix} a & b \\ c & d \end{pmatrix} = A$$

行列の積の性質は，以下のようにまとめられます (練習問題 6).

行列の積の性質

和や積が計算可能な行列 A, B, C と スカラー k に対して，以下が成り立つ．

$$\begin{aligned} (AB)C &= A(BC) \\ (A+B)C &= AC + BC, \quad A(B+C) = AB + AC \\ (kA)B &= A(kB) = k(AB) \\ AI &= IA = A \\ AO &= OA = O \end{aligned}$$

交換律が成り立たないことと，零因子がある場合があることに注意が必要です．**スカラー行列**は，行列がスカラー倍された単位行列です．つまり，λI の形をした行列です．このスカラー行列と任意の行列の積は交換可能です．

$$\begin{pmatrix}\lambda & 0\\ 0 & \lambda\end{pmatrix}\begin{pmatrix}a & b\\ c & d\end{pmatrix}=\begin{pmatrix}\lambda a & \lambda b\\ \lambda c & \lambda d\end{pmatrix}=\lambda A,$$
$$\begin{pmatrix}a & b\\ c & d\end{pmatrix}\begin{pmatrix}\lambda & 0\\ 0 & \lambda\end{pmatrix}=\begin{pmatrix}\lambda a & \lambda b\\ \lambda c & \lambda d\end{pmatrix}=\lambda A$$

A と A の積 AA は，簡単に A^2 と書くのが自然でしょう．同様に AAA は A^3 です．このように行列の $\boldsymbol{n}$ **乗**が定義できます．

行列の累乗

正方行列 A を n 個掛け合わせた積 $\underbrace{AA\cdots A}_{n\text{ 個}}$ を， A^n と表す．これを A の n 乗という．

以下の例は，普通の数の冪乗と行列の積は異なることを示しています．

$$\begin{pmatrix}0 & 1\\ 0 & 0\end{pmatrix}\begin{pmatrix}0 & 1\\ 0 & 0\end{pmatrix}=\begin{pmatrix}0 & 0\\ 0 & 0\end{pmatrix}=O,\quad \begin{pmatrix}0 & 1\\ 1 & 0\end{pmatrix}\begin{pmatrix}0 & 1\\ 1 & 0\end{pmatrix}=\begin{pmatrix}1 & 0\\ 0 & 1\end{pmatrix}=I$$
$$\begin{pmatrix}\frac{1}{2} & \frac{1}{2}\\ \frac{1}{2} & \frac{1}{2}\end{pmatrix}\begin{pmatrix}\frac{1}{2} & \frac{1}{2}\\ \frac{1}{2} & \frac{1}{2}\end{pmatrix}=\begin{pmatrix}\frac{1}{2} & \frac{1}{2}\\ \frac{1}{2} & \frac{1}{2}\end{pmatrix}$$

最初の行列は $A \neq O$ なのに $A^2 = O$ になり，次は $B \neq I$ なのに $B^2 = I$ になり，最後は $C \neq O$ で $C \neq I$ なのに $C^2 = C$ となっています．最初は**冪**(べき)**零行列**，次は**反転行列**，第 3 は**冪等行列**と呼ばれます．

6.4 転置行列と対称行列

行列の基本的な性質から，様々な分析で使用される対称行列と逆行列を学びましょう．

A 転置行列

行列の行と列を入れ替える操作を**転置**といいます．これは列ベクトルを行ベクトル (あるいは行を列) にする，ベクトルの転置の一般化です．

転置行列

行列 A の行と列を入れ替えた行列を**転置行列**といい，$A^\top$ で表す．2 次正方行列 $A = \begin{pmatrix} a & b \\ c & d \end{pmatrix}$ の転置行列は以下のようになる．

$$A^\top = \begin{pmatrix} a & c \\ b & d \end{pmatrix} \tag{9}$$

行列の転置はベクトルの転置と同様，記号 $^\top$ を用いています．${}^tA$ などと表すこともあります．転置は，例えば (9) の行列の $(1,2)$ 成分を $(2,1)$ 成分に変更することです．行列 $A = (a_{ij})$ の転置行列は $A^\top = (a_{ji})$ となります．(i,i) の対角成分は転置により変わりません．行列が正方行列であれば，あたかも対角線に鏡を置いて，右上三角と左下三角の数字を入れ替える操作をするのが転置です．

行と列の入れ替えなので，行列のサイズも入れ替わります．つまり，$m \times n$ 行列 A の転置行列 $A^\top$ は，$n \times m$ 型になります．

例 11　2 次単位行列 I, $A = \begin{pmatrix} 1 & 2 \\ 0 & 1 \end{pmatrix}$ に対し，$I^\top$, $A^\top$, $(A^\top)^\top$ を求めてください．

解答 11　次のように計算できます．

$$I^\top = \begin{pmatrix} 1 & 0 \\ 0 & 1 \end{pmatrix}, \quad A^\top = \begin{pmatrix} 1 & 0 \\ 2 & 1 \end{pmatrix}, \quad (A^\top)^\top = \begin{pmatrix} 1 & 2 \\ 0 & 1 \end{pmatrix}$$

つまり，転置行列の転置はもとの行列になり，単位行列の転置は単位行列です．

転置行列の転置

$$(A^\top)^\top = A \tag{10}$$

例 12　行列 $A = \begin{pmatrix} 1 & 2 \\ 0 & 1 \end{pmatrix}$, $B = \begin{pmatrix} 1 & -1 \\ 1 & 0 \end{pmatrix}$ に対して，$(AB)^\top$, $A^\top B^\top$, $B^\top A^\top$ を計算してください．どれとどれが等しいでしょうか？

解答 12 計算をすると，以下になります．

$$AB = \begin{pmatrix} 3 & -1 \\ 1 & 0 \end{pmatrix}, \quad (AB)^\top = \begin{pmatrix} 3 & 1 \\ -1 & 0 \end{pmatrix},$$
$$A^\top B^\top = \begin{pmatrix} 1 & 0 \\ 2 & 1 \end{pmatrix}\begin{pmatrix} 1 & 1 \\ -1 & 0 \end{pmatrix} = \begin{pmatrix} 1 & 1 \\ 1 & 2 \end{pmatrix},$$
$$B^\top A^\top = \begin{pmatrix} 1 & 1 \\ -1 & 0 \end{pmatrix}\begin{pmatrix} 1 & 0 \\ 2 & 1 \end{pmatrix} = \begin{pmatrix} 3 & 1 \\ -1 & 0 \end{pmatrix}$$

よって，行列の積の転置は，転置した行列を反対に掛けた行列になります．

行列の積の転置

$$(AB)^\top = B^\top A^\top \tag{11}$$

これは次のように証明できます．左辺の行列 $(AB)^\top$ の (i,j) 成分は，転置しているので，行列 AB の (j,i) 成分になり，$(AB)^\top = (\sum_k a_{jk}b_{ki})$ となります．掛け算を入れ替えると $\sum_k b_{ki}a_{jk}$ となり，これは B の第 i 列ベクトルと A の第 j 行ベクトルの積です．それは $B^\top$ の第 i 行ベクトルと $A^\top$ の第 j 列ベクトルの積に等しくなります．これは右辺の行列 $B^\top A^\top$ の (i,j) 成分になります (練習問題 7)．

問い 3 (11) より $(ABC)^\top = C^\top B^\top A^\top$ を証明してください．

答え 3 (11) を 2 回適用すると，$((AB)C)^\top = C^\top (AB)^\top = C^\top (B^\top A^\top) = C^\top B^\top A^\top$ となります．

B　対角行列と対称行列

一般に**対角行列** (diagonal matrix) は，主対角成分にゼロではない成分があり，その他の成分がすべてゼロである正方行列です．2 次正方行列 D では $b = c = 0$ です．

対角行列 (2 次)

$$D = \begin{pmatrix} a & 0 \\ 0 & d \end{pmatrix} \tag{12}$$

以下のように対角成分にゼロがあっても，対角行列の条件を満たします．

$$\begin{pmatrix} 1 & 0 & 0 \\ 0 & 0 & 0 \\ 0 & 0 & 6 \end{pmatrix}$$

例 13　行列 $\begin{pmatrix} 2 & 0 \\ 0 & 3 \end{pmatrix}^2$ および $A = \begin{pmatrix} a & 0 \\ 0 & b \end{pmatrix}$ と $B = \begin{pmatrix} x & 0 \\ 0 & y \end{pmatrix}$ の積 AB, BA を計算してください．

解答 13　対角行列の累乗は対角成分の累乗になります．

$$\begin{pmatrix} 2 & 0 \\ 0 & 3 \end{pmatrix}^2 = \begin{pmatrix} 2 & 0 \\ 0 & 3 \end{pmatrix}\begin{pmatrix} 2 & 0 \\ 0 & 3 \end{pmatrix} = \begin{pmatrix} 2 \times 2 & 0 \\ 0 & 3 \times 3 \end{pmatrix} = \begin{pmatrix} 4 & 0 \\ 0 & 9 \end{pmatrix} = \begin{pmatrix} 2^2 & 0 \\ 0 & 3^2 \end{pmatrix}$$

以下の結果から，$AB = BA$ となります．

$$AB = \begin{pmatrix} a & 0 \\ 0 & b \end{pmatrix}\begin{pmatrix} x & 0 \\ 0 & y \end{pmatrix} = \begin{pmatrix} ax & 0 \\ 0 & by \end{pmatrix},$$
$$BA = \begin{pmatrix} x & 0 \\ 0 & y \end{pmatrix}\begin{pmatrix} a & 0 \\ 0 & b \end{pmatrix} = \begin{pmatrix} ax & 0 \\ 0 & by \end{pmatrix}$$

例 13 の性質は一般の $n \times n$ 対角行列でも成り立ちます．

対角行列の累乗と対角行列同士の積

対角行列の冪乗は対角成分の冪乗であり，対角行列 A, B 同士の積は可換である．

$$\begin{pmatrix} a & 0 \\ 0 & d \end{pmatrix}^n = \begin{pmatrix} a^n & 0 \\ 0 & d^n \end{pmatrix}, \qquad AB = BA$$

次に，2 次正方行列 $\begin{pmatrix} a & b \\ b & d \end{pmatrix}$ で，第 (1,2) 成分と第 (2,1) 成分が等しい行列を考えましょう．このとき第 1 行と第 1 列は等しくなります．第 2 行と第 2 列も同様です．このように行と列を入れ替えても変わらない行列を，**対称行列** (symmetric matrix) といいます．行と列を入れ替える転置行列で対称行列を定義しましょう．

対称行列

$$A = A^\top \tag{13}$$

上に述べた対角行列は対称行列です．対角成分で行と列を回転させても同じです．

例 14 $A = \begin{pmatrix} 1 & 2 \\ 0 & 1 \end{pmatrix}$ と $A^\top = \begin{pmatrix} 1 & 0 \\ 2 & 1 \end{pmatrix}$ に対して，$A^\top A$ と $AA^\top$ を求めてください．

解答 14 次のように計算できます．

$$AA^\top = \begin{pmatrix} 1 & 2 \\ 0 & 1 \end{pmatrix}\begin{pmatrix} 1 & 0 \\ 2 & 1 \end{pmatrix} = \begin{pmatrix} 5 & 2 \\ 2 & 1 \end{pmatrix},$$

$$A^\top A = \begin{pmatrix} 1 & 0 \\ 2 & 1 \end{pmatrix}\begin{pmatrix} 1 & 2 \\ 0 & 1 \end{pmatrix} = \begin{pmatrix} 1 & 2 \\ 2 & 5 \end{pmatrix}$$

このように，ある行列とその転置行列の積は対称行列になります．例 14 の $AA^\top$ の (1,2) 成分の 2 は，A の第 1 行ベクトルと $A^\top$ の第 2 列ベクトル，すなわち A の第 2 行ベクトの積です．同じ行列の 1 行と 2 行の内積です．よって，$AA^\top$ の (2,1) 成分の値と等しくなります．

転置行列の積は対称行列

$m \times n$ 行列 A と $A^\top$ の積の特徴は以下です．

$AA^\top$ は m 次対称行列，　$A^\top A$ は n 次対称行列

$AA^\top$ は $m \times n$ 型と $n \times m$ の積なので，$m \times m$ 型になります．この (i,j) 成分は，A の第 i 行ベクトルと $A^\top$ の第 j 列ベクトルとの積です．後者は転置してあるので，A の第 j 行ベクトルとの積です．つまり，同じ A の i 行と j 行ベクトルの内積です．同様に，$AA^\top$ の (j,i) 成分は，

同じ A の j 行と i 行ベクトルの内積です．よって，これらは同じ値になります．$A^\top A$ も同様に証明できます．

6.5　逆行列と行列式

関数には逆関数が定義できることがあるように，行列にも逆が存在します．その条件も含めて逆行列を学びましょう．

A　正則行列と逆行列

掛け算の逆数が求まったように，行列の逆を求めたくなります．ある数 a の逆数 a^{-1} です．しかし，$a=0$ のときは逆数は存在しません．数 2 の逆数 $\dfrac{1}{2}$ は $2\cdot\dfrac{1}{2}=1$ の関係があります．逆行列が存在する行列を正則行列と呼びます．

正則行列

正方行列 A が**正則**であるとは，以下を満たす行列 X が存在することである．

$$AX=I \text{ かつ } XA=I \tag{14}$$

行列の掛け算には一般に交換律が成り立たないので，両方から行列を掛けて単位行列になることを保証する必要があります．正則行列を**可逆**行列ともいいます．英語でこれに対応するのは invertible matrix です．

例 15　ゼロ行列 O，2 次単位行列 I，行列 $A=\begin{pmatrix}1&1\\0&0\end{pmatrix}$ は正則でしょうか？

解答 15　ゼロ行列は O に何を掛けても O なので，正則ではありません．単位行列は $\begin{pmatrix}1&0\\0&1\end{pmatrix}\begin{pmatrix}1&0\\0&1\end{pmatrix}=\begin{pmatrix}1&0\\0&1\end{pmatrix}$ なので正則です．行列 A は $\begin{pmatrix}1&1\\0&0\end{pmatrix}\begin{pmatrix}a&b\\c&d\end{pmatrix}=\begin{pmatrix}a+c&b+d\\0&0\end{pmatrix}$ であるので，正則ではありません．

よって，単位行列 I の逆行列は自分自身 I になります．ところで，行列 A の正則性は正方行列に対して定義されます．同じ行列を A の左側からも右側からも掛ける必要があります．結果として得られる単位行列が同じ次元 (サイズ) をとるためには，行列 A の行数と列数が等しくなる必要があります．

正則行列の定義 (14) に出てくる行列 X は，存在すればただ 1 つです (練習問題 8)．つまり行列の逆は一通りに決まります．この X を行列 A の**逆行列**と呼ぶことにしましょう．これを A^{-1} と書くことにします．

逆行列

正則な行列 A の**逆行列**は，以下を満たす行列 A^{-1} のことである．

$$AA^{-1} = A^{-1}A = I \tag{15}$$

行列 $A = \begin{pmatrix} 1 & 2 \\ 0 & 1 \end{pmatrix}$ の逆行列は $A^{-1} = \begin{pmatrix} 1 & -2 \\ 0 & 1 \end{pmatrix}$ であることを確かめましょう．

$$\begin{aligned} AA^{-1} &= \begin{pmatrix} 1 & 2 \\ 0 & 1 \end{pmatrix}\begin{pmatrix} 1 & -2 \\ 0 & 1 \end{pmatrix} = \begin{pmatrix} 1\cdot 1 + 2\cdot 0 & 1\cdot(-2) + 2\cdot 1 \\ 0\cdot 1 + 1\cdot 0 & 0\cdot(-2) + 1\cdot 1 \end{pmatrix} \\ &= \begin{pmatrix} 1 & 0 \\ 0 & 1 \end{pmatrix} \\ A^{-1}A &= \begin{pmatrix} 1 & -2 \\ 0 & 1 \end{pmatrix}\begin{pmatrix} 1 & 2 \\ 0 & 1 \end{pmatrix} = \begin{pmatrix} 1\cdot 1 + (-2)\cdot 0 & 1\cdot 2 + (-2)\cdot 1 \\ 0\cdot 1 + 1\cdot 0 & 0\cdot 2 + 1\cdot 1 \end{pmatrix} \\ &= \begin{pmatrix} 1 & 0 \\ 0 & 1 \end{pmatrix} \end{aligned}$$

B　2 次の行列式

行列が正則である条件は以下になります．

正則性の条件

2 次正方行列 $A = \begin{pmatrix} a & b \\ c & d \end{pmatrix}$ が正則であるための必要十分条件は，$ad - bc \neq 0$ であることである．

この値 $ad - bc$ は非常に重要な値です．これを 2 次正方行列 A の**行列式**と呼びます．行列式の記号は，その英語の determinant から $\det A$ や

$|A|$, Δ を用います．この英語から分かるように，行列式は歴史的に行列とは別の文脈で発展してきました．江戸時代に関孝和が最初に行列式を提示した一人であることが知られています．

行列式 (2 次)

2 次正方行列 $A=\begin{pmatrix} a & b \\ c & d \end{pmatrix}$ の $ad-bc$ を**行列式**という．

$$\det A=\det\begin{pmatrix} a_{11} & a_{12} \\ a_{21} & a_{22} \end{pmatrix}=\begin{vmatrix} a_{11} & a_{12} \\ a_{21} & a_{22} \end{vmatrix}=a_{11}a_{22}-a_{12}a_{21} \qquad (16)$$

行列式は正方行列に定義され，3 番目は縦棒であることに注意してください．

例 16　$A=\begin{pmatrix} 1 & 1 \\ 1 & 2 \end{pmatrix}$, $B=\begin{pmatrix} 1 & 2 \\ 2 & 4 \end{pmatrix}$, $C=\begin{pmatrix} 1 & -1 \\ 1 & 0 \end{pmatrix}$, $D=\begin{pmatrix} 1 & 1 \\ 0 & 0 \end{pmatrix}$, I, O の行列式を求めてください．

解答 16　行列式の計算は以下になります．

$$\det A=1\cdot 2-1\cdot 1=1, \quad \det B=1\cdot 4-2\cdot 2=0,$$
$$\det C=1\cdot 0-(-1)\cdot 1=1, \quad \det D=1\cdot 0-0\cdot 1=0,$$
$$\det I=1\cdot 1-0\cdot 0=1, \quad \det O=0\cdot 0-0\cdot 0=0$$

実はここで示された**単位行列の行列式は 1 である**ことは，一般の n 次の単位行列でも成り立ちます．この結果より，例 15 の逆行列の不存在を確認できますね．逆行列があるかどうか分かりませんので，まずは行列式を計算してその値を確かめるのがよい方法です．

6.6　逆行列の形

2 次正方行列の行列式が，逆行列の形のなかに含まれます．その逆行列の形を紹介し，さらに，その性質を探ります．

A　2 次の逆行列

2 次の逆行列の形は以下になります．

逆行列 (2 次)

2 次正則行列 $A = \begin{pmatrix} a & b \\ c & d \end{pmatrix}$ の**逆行列**は以下で与えられる．

$$
\begin{aligned}
A^{-1} &= \frac{1}{\det A}\begin{pmatrix} d & -b \\ -c & a \end{pmatrix} = \frac{1}{ad-bc}\begin{pmatrix} d & -b \\ -c & a \end{pmatrix} \\
&= \begin{pmatrix} \dfrac{d}{ad-bc} & \dfrac{-b}{ad-bc} \\ \dfrac{-c}{ad-bc} & \dfrac{a}{ad-bc} \end{pmatrix} \qquad (17)
\end{aligned}
$$

図 5　2 × 2 行列の逆行列

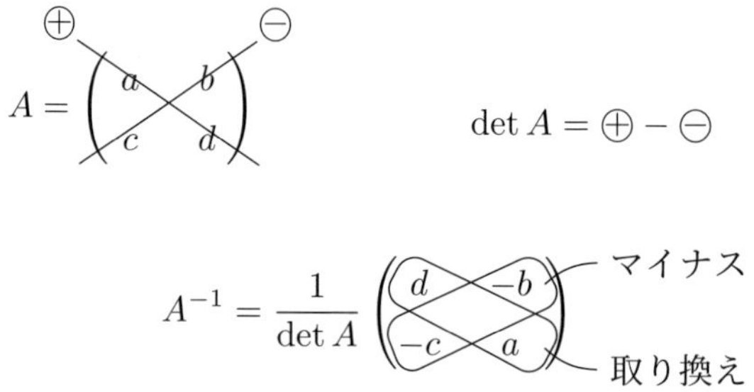

図式的には図 5 になります．行列式の逆数が行列に掛けられています．よって，行列式がゼロでないことが逆行列の存在のために必須だということが分かります (練習問題 9)．(17) が逆行列になることを確かめます．

$$
\begin{aligned}
AA^{-1} &= \begin{pmatrix} a & b \\ c & d \end{pmatrix} \frac{1}{ad-bc} \begin{pmatrix} d & -b \\ -c & a \end{pmatrix} \\
&= \frac{1}{ad-bc}\begin{pmatrix} ad+b(-c) & a(-b)+ba \\ cd+d(-c) & c(-b)+da \end{pmatrix} \\
&= \frac{1}{ad-bc}\begin{pmatrix} ad-bc & 0 \\ 0 & ad-bc \end{pmatrix} = \begin{pmatrix} 1 & 0 \\ 0 & 1 \end{pmatrix} = I, \\
A^{-1}A &= \frac{1}{ad-bc}\begin{pmatrix} d & -b \\ -c & a \end{pmatrix}\begin{pmatrix} a & b \\ c & d \end{pmatrix} \\
&= \frac{1}{ad-bc}\begin{pmatrix} da+(-b)c & db+(-b)d \\ (-c)a+ac & (-c)b+ad \end{pmatrix} \\
&= \frac{1}{ad-bc}\begin{pmatrix} ad-bc & 0 \\ 0 & ad-bc \end{pmatrix} = \begin{pmatrix} 1 & 0 \\ 0 & 1 \end{pmatrix} = I
\end{aligned}
$$

B　様々な逆行列

数も行列でした．2 の逆数 $2^{-1} = \dfrac{1}{2}$ がその逆行列になります．数と逆数を掛けると 1 です．1 は単位行列です．$a \neq 0$ が数 a が逆数をもつ条件ですので，$ad - bc \neq 0$ はその一般化です．様々な行列の逆行列を考えましょう．

例 17　例 16 で出てきた行列 $A = \begin{pmatrix} 1 & 1 \\ 1 & 2 \end{pmatrix}$, $C = \begin{pmatrix} 1 & -1 \\ 1 & 0 \end{pmatrix}$ に対して，A^{-1}, C^{-1}, $(AC)^{-1}$, $A^{-1}C^{-1}$, $C^{-1}A^{-1}$ を計算してください．$(AC)^{-1}$ と $A^{-1}C^{-1}$ は等しいでしょうか？

解答 17　逆行列の計算は例 16 を利用して以下になります．

$$A^{-1} = \begin{pmatrix} 2 & -1 \\ -1 & 1 \end{pmatrix}, \quad C^{-1} = \begin{pmatrix} 0 & 1 \\ -1 & 1 \end{pmatrix}, \quad (AC)^{-1} = \begin{pmatrix} -1 & 1 \\ -3 & 2 \end{pmatrix},$$
$$A^{-1}C^{-1} = \begin{pmatrix} 1 & 1 \\ -1 & 0 \end{pmatrix}, \quad C^{-1}A^{-1} = \begin{pmatrix} -1 & 1 \\ -3 & 2 \end{pmatrix}$$

よって，$(AC)^{-1} = C^{-1}A^{-1}$ です．

行列の積の逆行列

$$(AB)^{-1} = B^{-1}A^{-1}$$

上の例 17 の結果から，$(AB)^{-1}$ は $B^{-1}A^{-1}$ に等しいことが分かります．これはなぜでしょうか？　行列はベクトルの変換であり，行列の積はその変換を繰り返すことです．

$$\boldsymbol{y} = B\boldsymbol{x} \quad \Longrightarrow \quad \boldsymbol{z} = A\boldsymbol{y} \quad \Longrightarrow \quad \boldsymbol{z} = AB\boldsymbol{x}$$

このように $\boldsymbol{x}$ に B を作用させて，次に A を作用させて $\boldsymbol{z}$ にたどり着きます．このとき B と A の順序に注意してください．図 6 に描かれているように $(AB)^{-1}$ はこの逆をやります．$\boldsymbol{z}$ から始まり A^{-1} を作用させ，次に B^{-1} を作用させます．

$$\boldsymbol{y} = A^{-1}\boldsymbol{z} \quad \Longrightarrow \quad \boldsymbol{x} = B^{-1}\boldsymbol{y} \quad \Longrightarrow \quad \boldsymbol{x} = B^{-1}A^{-1}\boldsymbol{z}$$

同様に逆行列の定義からも行列の積の逆行列が確認できます．

$$AB(B^{-1}A^{-1}) = A(BB^{-1})A^{-1} = A(I)A^{-1} = AA^{-1} = I$$

図 6　行列の積の逆行列

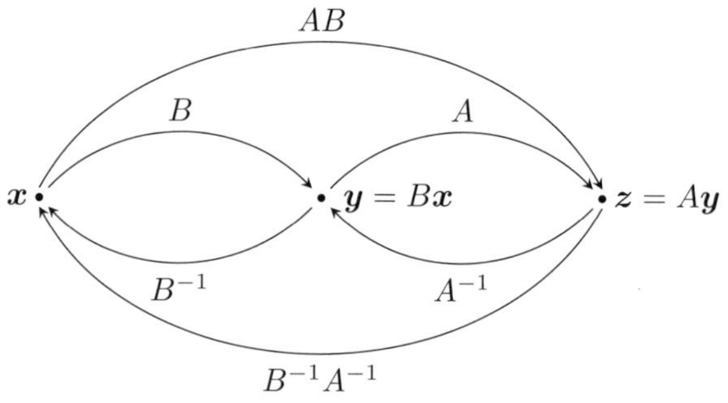

$$(B^{-1}A^{-1})AB = B^{-1}(A^{-1}A)B = B^{-1}(I)B = BB^{-1} = I$$

次に，転置行列と逆行列の関係を調べてみましょう．ある行列 A が正則であれば，その転置行列 $A^\top$ も正則になります．そして，転置行列の逆行列は，もとの逆行列の転置になります．

転置行列の逆行列

$$(A^\top)^{-1} = (A^{-1})^\top \tag{18}$$

これは次のように証明できます．いま，行列 A の逆行列 A^{-1} が存在したとしましょう．そのとき，(11) より積の転置は転置行列を反対に掛けることから，以下が成り立ちます．

$$AA^{-1} = I \quad \Longleftrightarrow \quad (AA^{-1})^\top = I^\top \quad \Longleftrightarrow \quad (A^{-1})^\top A^\top = I$$

同じ行列は転置しても同じであり，単位行列の転置は単位行列であることを用いています．最右辺は $A^\top$ の逆行列は $(A^{-1})^\top$ であることを意味しています．

C　逆行列をもつ条件

逆行列をもつ条件を様々な角度から考えます．2 次正方行列に制限しましょう．行列はベクトルからベクトルへの写像です．その逆写像が逆行列です．そして，逆行列の存在の必要十分条件は，行列式が非ゼロであることでした．一般に**写像**あるいは**関数**は，ある集合の各々の要素 (元) に対して，もう 1 つの集合のある要素をただ 1 つ対応させる規則です．対応元の集合を**定義域**，対応先の集合を**終域**といいます．ここでは 2 次元のベクトル空間 $V = \mathbb{R}^2$ が行列 A 定義域であり，終域です．写像の**逆**

関数
→『経済数学入門』
p.34

逆関数
→『経済数学入門』
p.75

写像あるいは**逆関数**とは，図 7(a) に描かれているように，反対に「対応先の元」から「対応元の元」を対応させる写像のことをいいます．

図 7　逆行列と全単射

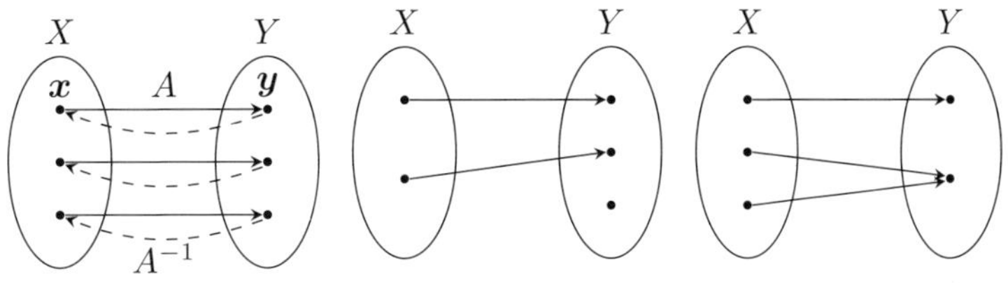

(a) 全単射　(b) 全射でない　(c) 単射でない

全射，単射，全単射
→『経済数学入門』
p.78

ある写像に逆写像があることの必要十分条件は，それが全射かつ単射であることです．これをあわせて**全単射**といいます．写像が**全射**であるとは，終域のある元には必ず対応する定義域の元があることです．写像が取りうる値を**像**，あるいは**値域**といいます．全射は終域と像が等しい写像です．**単射**は定義域の異なった元には異なった対応先が指定されることです．図 7(b), (c) の写像を確認してください．

例 16 の行列 $A = \begin{pmatrix} 1 & 1 \\ 1 & 2 \end{pmatrix}$ を考えると，例 17 により逆行列 $A^{-1} = \begin{pmatrix} 2 & -1 \\ -1 & 1 \end{pmatrix}$ が存在します．よって，行列 A は全単射です．それを確認しましょう．あるベクトル $\begin{pmatrix} x \\ y \end{pmatrix}$ を作用させると以下になり，2 つの列ベクトル $\begin{pmatrix} 1 \\ 1 \end{pmatrix}$, $\begin{pmatrix} 1 \\ 2 \end{pmatrix}$ は 1 次独立です

$$\begin{pmatrix} 1 & 1 \\ 1 & 2 \end{pmatrix}\begin{pmatrix} x \\ y \end{pmatrix} = \begin{pmatrix} x+y \\ x+2y \end{pmatrix} = x\begin{pmatrix} 1 \\ 1 \end{pmatrix} + y\begin{pmatrix} 1 \\ 2 \end{pmatrix}$$

2 つのベクトルでベクトル空間を張ることができます．つまり，A は全射です．

同様に，異なった $\begin{pmatrix} x' \\ y' \end{pmatrix} \neq \begin{pmatrix} x \\ y \end{pmatrix}$ には異なった値 $x'\begin{pmatrix} 1 \\ 1 \end{pmatrix} + y'\begin{pmatrix} 1 \\ 2 \end{pmatrix}$ を指定することも明らかでしょう．よって，A は単射でもあります．

次に，$\det B = 0$ である B はどうでしょうか？

例 18　$B = \begin{pmatrix} 1 & 2 \\ 2 & 4 \end{pmatrix}$ は全射でも単射でもないことを示してください．

解答 18　まず，B が全射ではないことを示しましょう．

$$\begin{pmatrix} 1 & 2 \\ 2 & 4 \end{pmatrix} \begin{pmatrix} x \\ y \end{pmatrix} = \begin{pmatrix} x+2y \\ 2x+4y \end{pmatrix} = \begin{pmatrix} (x+2y) \\ 2(x+2y) \end{pmatrix} = (x+2y) \begin{pmatrix} 1 \\ 2 \end{pmatrix} \tag{19}$$

となり，行列 B はベクトル $\begin{pmatrix} 1 \\ 2 \end{pmatrix}$ のスカラー倍のベクトルにしか写さない写像です．他のベクトル，例えば図 8 の $\boldsymbol{y}$ には対応しないので全射ではありません．

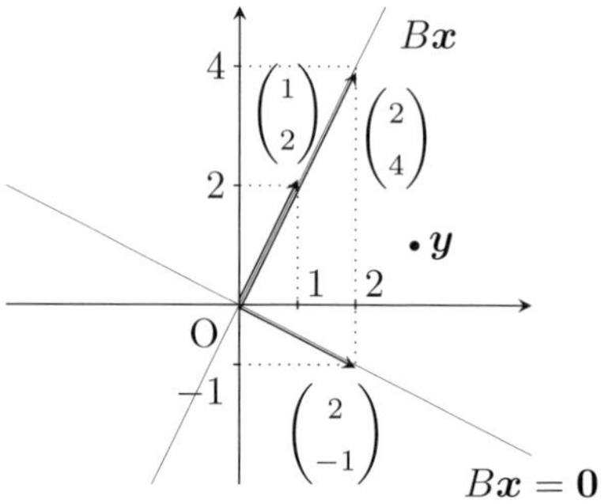

図 8　行列 B の像と同次連立 1 次方程式の非自明解

その理由は，図 8 の 2 つのベクトルが重なっている，つまり，行列 A の 2 つの列ベクトルは 1 次従属の関係にあるからです．

また，(19) より $x+2y=0$ を満たす $\begin{pmatrix} x \\ y \end{pmatrix}$ はすべて $\boldsymbol{0}$ に写ります．よって，単射ではありません．

以上の考察より，p.142 の行列式がゼロでないことに加えて，逆行列が存在する条件が分かりました．行列式が 0 であること $(ad-bc=0)$ は，p.94 の定理 1 の (22) で同次連立 1 次方程式が非自明解をもつ条件です．例 18 の $x+2y=0$ を満たす x, y が非自明解になります．

逆行列の存在と独立な列ベクトル

逆行列が存在する $\iff$ 行列の列ベクトルは独立 $\iff$ 行列式は非ゼロ

6.7　一般の行列式

第 6.5.B 項の 2 次正方行列の行列式から，3 次や一般の行列式を学びます．特に対角行列の例を中心に，行列式の性質に焦点をあてます．

A　3 次と一般の行列式

行列式を用いることで行列の正則性を判定できます．初学者にとって行列式の一般的な定義は難解に思えるかもしれません．簡単な例からその有用性を学びます．

3 次の行列式を求める**サラスの公式**を紹介しましょう．それを紹介する前に，2 次の行列式を復習します．

$$\begin{vmatrix} a_{11} & a_{12} \\ a_{21} & a_{22} \end{vmatrix} = a_{11}a_{22} - a_{12}a_{21} \tag{20}$$

この (20) 式の積の和は，図 9 の左にあるように右下がり対角線の数の積はプラスの符号が付いており，左下がりの対角線の数の積はマイナスの符号が付いています．

図 9　サラスの公式

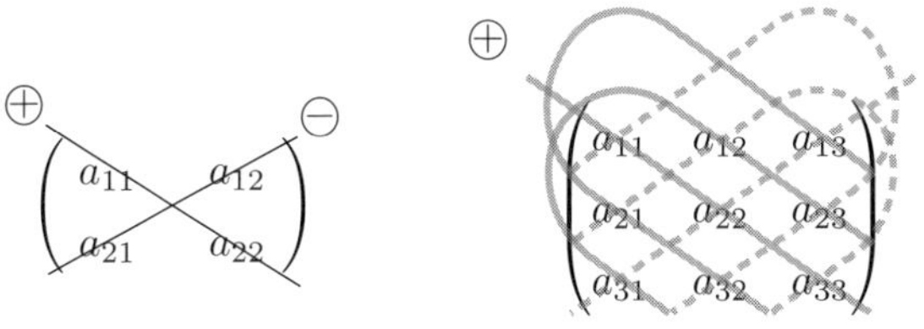

この直観を引き継いで，3 次の行列式は以下で定義できます．図 9 で 3 次正方行列の成分の掛ける数とその符号を確認してください．

$$\begin{vmatrix} a_{11} & a_{12} & a_{13} \\ a_{21} & a_{22} & a_{23} \\ a_{31} & a_{32} & a_{33} \end{vmatrix} = a_{11}a_{22}a_{33} + a_{12}a_{23}a_{31} + a_{13}a_{21}a_{32}$$
$$- a_{11}a_{23}a_{32} - a_{12}a_{21}a_{33} - a_{13}a_{22}a_{31} \tag{21}$$

これまで学んだ 2 次と 3 次の行列式 (20) と (21) から，行列式は正方行列の各行から 1 つずつ成分を取り出して，その積を取ることです．その積に符号 (+1 または −1) を掛けています．最後にその和を取っています．n 次正方行列の行列式は，n 個の行列の成分を取り出して，それらの積を計算します．

成分を取り出すことは，それぞれ n 個ある行の番号 i と列の番号 j を指定することです．行の番号 i に対して列の番号 j を並べ替えて指定して，成分を取り出します．2 次の最初の項 $a_{11}a_{22}$ は，$i = 1$ に対して j を 1, $i = 2$ には $j = 2$ にすることです．この順番に並べ替えることは数学で**順列**あるいは**置換**といいます．ある n 個の番号 $1, 2, \cdots, n$ の置換を σ としましょう．この σ はシグマと読むギリシャ文字です．アルファベットの s に対応します．例えば，$i = 1$ に対して j を 2 にする置換は $\sigma(1) = 2$ となります．n 個の番号の置換 σ の全体を S_n とします．

次に，ある並べ替えの符号を定義します．1 つずつ番号を交換して，それが偶数回ならば正，奇数回ならば負とします．これを記号で $\mathrm{sgn}\,\sigma = +1$ ，または -1 とします．2 次の最初の項 $a_{11}a_{22}$ はそのままなので 0 回の交換であり，正です．置換 σ とその符号 $\mathrm{sgn}\,\sigma$ から一般の行列式が定義できます．n 次正方行列 $A = (a_{ij})$ の行列式 $\det A$ は

$$\det A = \sum_{\sigma \in S_n} \mathrm{sgn}\,\sigma \cdot a_{1\sigma(1)} a_{2\sigma(2)} \cdots a_{n\sigma(n)} \tag{22}$$

となります．例えば，(21) の要素の積 $a_{11}a_{23}a_{32}$ の符号は負です．これは行の番号の並び $(1, 2, 3)$ から列の番号の並び $(1, 3, 2)$ に置換する回数が奇数回であることを意味します．実際，前者の番号 2 と番号 3 を交換して後者になる 1 回の交換を行なっています．

この定義はあまりピンとこないかもしれません．実際の行列式の計算は必要があればコンピュータがやってくれるので，2 次と 3 次の式を覚えておくだけで十分です．この定義をもとに簡単な行列の行列式の性質を探りましょう．

B　対角行列や逆行列の行列式

様々な行列の行列式を考えます．まず (12) の 2 次対角行列の特徴を見てみます．対角行列は対角成分以外の成分はすべて 0 でしたね．その行列式を (22) から計算する際に，対角成分以外の成分が入る積は 0 になります．よって，**対角行列の行列式は対角要素の積になる**ことが分かります (練習問題 [11])．

対角行列 $\boldsymbol{D} = (\boldsymbol{d_{ii}})$ の行列式

$$\det D = \begin{vmatrix} d_{11} & 0 & \cdots & 0 \\ 0 & d_{22} & \cdots & 0 \\ \vdots & \vdots & \ddots & \vdots \\ 0 & 0 & \cdots & d_{nn} \end{vmatrix} = d_{11} d_{22} \cdots d_{nn} \tag{23}$$

この事実から，特にどんな n 次の単位行列 I_n も，その行列式は 1 になります．

単位行列の行列式

$$\det I = 1 \tag{24}$$

　次に，対角行列同士の積を考えます．p.139 にあるように，対角行列同士の積は各対角成分の積です．対角行列 $A = (a_{ij})$ と $B = (b_{ij})$ の積は以下になります．

$$AB = \begin{pmatrix} a_{11}b_{11} & 0 & \cdots & 0 \\ 0 & a_{22}b_{22} & \cdots & 0 \\ \vdots & \vdots & \ddots & \vdots \\ 0 & 0 & \cdots & a_{nn}b_{nn} \end{pmatrix} \tag{25}$$

(23) からその行列式は $\det AB = a_{11}b_{11}\cdots a_{nn}b_{nn}$ です．ところで，$\det A = a_{11}\cdots a_{nn}$ と $\det B = b_{11}\cdots b_{nn}$ も同様に成り立つので, $\det AB = \det A \det B$ が成り立ちます．実は，一般の正方行列においても，この行列の積の行列式は，各々の行列式の積であることが成り立ちます．

行列の積の行列式

$$\det AB = \det A \det B \tag{26}$$

例 19　行列 $A = \begin{pmatrix} 1 & 1 \\ 1 & 2 \end{pmatrix}$ と $B = \begin{pmatrix} 2 & 1 \\ 1 & 2 \end{pmatrix}$ の積と，その行列式を求めてください．それが各々の行列式の積に等しいことを示してください．

解答 19　行列の積とその行列式は以下になります．

$$AB = \begin{pmatrix} 1 & 1 \\ 1 & 2 \end{pmatrix}\begin{pmatrix} 2 & 1 \\ 1 & 2 \end{pmatrix} = \begin{pmatrix} 3 & 3 \\ 4 & 5 \end{pmatrix}, \qquad \det AB = 15 - 12 = 3$$

例 16 の解答 $\det A = 1$ と $\det B = 2\cdot 2 - 1\cdot 1 = 3$ より，$\det A \det B = 1\cdot 3 = 3$ より，$\det AB = \det A \det B$ が成り立ちます．

　次に，対角行列の逆行列はどんな形をしているでしょうか？　その逆行列が存在するとき $\det D \neq 0$ ですから，(23) より $d_{11}d_{22}\cdots d_{nn} \neq 0$ であり，どの対角要素もゼロでないことを意味します．このとき逆行列 D^{-1} は，D のゼロではない対角成分の逆数がその成分になります．

対角行列 $D = (d_{ii})$ の逆行列

$$D^{-1} = \begin{pmatrix} \frac{1}{d_{11}} & 0 & \cdots & 0 \\ 0 & \frac{1}{d_{22}} & \cdots & 0 \\ \vdots & \vdots & \ddots & \vdots \\ 0 & 0 & \cdots & \frac{1}{d_{nn}} \end{pmatrix} \tag{27}$$

対角行列の逆行列は綺麗な形になりましたね．その説明をしましょう．積 DD^{-1} は，(25) の対角行列の積 AB の $a_{ii} = d_{ii}$ と $b_{ii} = 1/d_{ii}$ を代入すると $a_{ii}b_{ii} = 1$ になります．対角要素が 1 でその他の要素が 0 なので，その積は単位行列になります．よって，(27) の D^{-1} は D の逆行列になります．

次に，対角行列の逆行列の行列式を考えます．これは (23) より以下になります．

$$\det D^{-1} = \frac{1}{d_{11}} \cdot \frac{1}{d_{22}} \cdots \frac{1}{d_{nn}} = \frac{1}{d_{11}d_{22}\cdots d_{nn}} = \frac{1}{\det D}$$

よって，対角行列の逆行列の行列式は，対角行列の行列式の逆数になります．

実はこの性質も，一般の正方行列にあてはまります．

逆行列の行列式

$$\det A^{-1} = \frac{1}{\det A} \tag{28}$$

これは行列とその逆行列の積は単位行列 $AA^{-1} = I$ であり，(26) の行列の積の行列式，(24) の単位行列の行列式は 1 であることから分かります．

$$\det AA^{-1} = \det I \iff \det A \det A^{-1} = 1 \iff \det A^{-1} = \frac{1}{\det A}$$

例 20 例 19 の逆行列 A^{-1} を求め，その行列式を計算して $\det A^{-1} = 1/\det A$ が成り立つことを示してください．

解答 20　逆行列は例 17 で求められています．

$$A^{-1} = \begin{pmatrix} 2 & -1 \\ -1 & 1 \end{pmatrix}, \quad \det A^{-1} = 2 \cdot 1 - (-1)(-1) = 1$$

例 16 の解答 $\det A = 1$ から，$\det A^{-1} = 1/\det A = 1$ が成り立ちます．

次に，転置行列の行列式を考えましょう．対角行列 D は (13) の対称行列です．よって，D は転置行列 $D^\top$ と等しくなり，対角行列の行列式とその転置行列の行列式は等しくなります ($\det D = \det D^\top$)．実はこの性質も，一般の行列で成り立ちます．

転置行列の行列式

$$\det A^\top = \det A \tag{29}$$

行列 $A = \begin{pmatrix} a & b \\ c & d \end{pmatrix}$ の転置行列は，(9) より $A^\top = \begin{pmatrix} a & c \\ b & d \end{pmatrix}$ です．よって，$\det A^\top = a \cdot d - c \cdot b = \det A$ となります．

(29) の直観的な説明は，行列式の定義 (22) から行列の成分を各行から選ぶときに，転置して各列から選んでも成分の組み合わせは同じです．さらに番号を交換する回数から決まる符号も同じになることから分かります．

練習問題 6

1 2×2 行列において積 $C = AB$ の第 2 列ベクトル $\boldsymbol{c}_{\cdot 2}$ は，A と B の第 2 列ベクトルの積に等しくなることを示してください．つまり $\boldsymbol{c}_{\cdot 2} = A\boldsymbol{b}_{\cdot 2}$ が成り立つ．

2 2×2 行列において積 $C = AB$ の第 1 行ベクトル $\boldsymbol{c}_{1\cdot}$ は，A の第 1 行ベクトルと B の積に等しくなることを示してください．つまり $\boldsymbol{c}_{1\cdot} = \boldsymbol{a}_{1\cdot}B$ が成り立つ．

3 $m \times n$ 行列 A と $n \times p$ 行列 B であるとき，それらの積 $C = AB$ に関して次のことが成り立つことを示してください．$\boldsymbol{c}_{\cdot j} = A\boldsymbol{b}_{\cdot j}$

4 $m \times n$ 行列 A と $n \times p$ 行列 B であるとき，それらの積 $C = AB$ に関して次のことが成り立つことを示してください．$\boldsymbol{c}_{i\cdot} = \boldsymbol{a}_{i\cdot}B$.

5 積は列ベクトルや行ベクトルを用いて，次のように表現することもできることを示してください．

$$C = \begin{pmatrix} A\boldsymbol{b}_{\cdot 1} & \cdots & A\boldsymbol{b}_{\cdot p} \end{pmatrix}, \quad C = \begin{pmatrix} \boldsymbol{a}_{1\cdot}B \\ \vdots \\ \boldsymbol{a}_{m\cdot}B \end{pmatrix}$$

6 行列の積の性質 (p.135) を 2×2 行列 $A = \begin{pmatrix} a_{11} & a_{12} \\ a_{21} & a_{22} \end{pmatrix}$, $B = \begin{pmatrix} b_{11} & b_{12} \\ b_{21} & b_{22} \end{pmatrix}$, $C = \begin{pmatrix} c_{11} & c_{12} \\ c_{21} & c_{22} \end{pmatrix}$ で証明してください．

(1) $(AB)C = A(BC)$,　(2) $(A + B)C = AC + BC$, $A(B + C) = AB + AC$,

(3) $(kA)B = A(kB) = k(AB)$,　(4) $AI = IA = A$,　(5) $AO = OA = O$

7 $A = \begin{pmatrix} a & b \\ c & d \end{pmatrix}$ と $B = \begin{pmatrix} e & f \\ g & h \end{pmatrix}$ に対し $(AB)^\top = B^\top A^\top$ を示してください．

8 逆行列が存在すれば，それはただ 1 つであることを証明してください．

9 2 次正則行列 $A = \begin{pmatrix} a & b \\ c & d \end{pmatrix}$ の逆行列 $X = \begin{pmatrix} x & u \\ y & v \end{pmatrix}$ が以下であることを，連立 1 次方程式の解を導くことで証明してください．

$$X = A^{-1} = \frac{1}{ad - bc} \begin{pmatrix} d & -b \\ -c & a \end{pmatrix}$$

10 異なるベクトル $\boldsymbol{x}_1 = \begin{pmatrix} 2 \\ 0 \end{pmatrix}$, $\boldsymbol{x}_2 = \begin{pmatrix} 0 \\ 1 \end{pmatrix}$ でも，行列 $B = \begin{pmatrix} 1 & 2 \\ 2 & 4 \end{pmatrix}$ で同じベクトルに対応させることを示してください．行列 B の列ベクトルと図 8 の $\begin{pmatrix} 2 \\ -1 \end{pmatrix}$ が直交する意味を考えてください．

11 対角行列の行列式は対角要素の積になることを示してください．

7 線形写像と連立方程式

行列は比例を意味する変換です．第 6 章では行列の計算を中心に学びました．初等的な例との比較を行ない，かつ抽象的な立場からその意味を学びましょう．

7.1 線形性

まずは 1 次関数を思い出して線形性を確認しましょう．そして，第 6 章で学んだ行列からベクトルがどのように移動するかを見てみましょう．

A 線形写像の定義

図 1 で描かれているような原点を通る直線 $f(x) = 2x$ で表される写像の性質が**線形性**です．

図 1 線形性

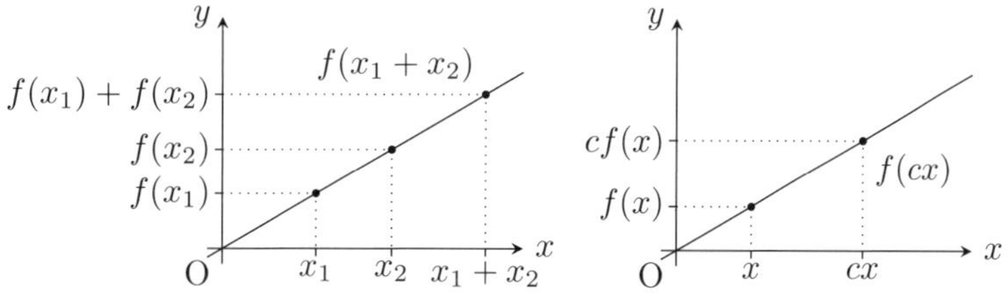

それは和とスカラー倍を保つ変換です．まず，和を説明します．例えば，$x_1 = 1$ と $x_2 = 2$ の和 $x_1 + x_2 = 3$ を x としても，$f(x) = 2 \cdot 3 = 6$ ですし，個別の $f(x_1)$ と $f(x_2)$ の和を取っても同じ $2 + 4 = 6$ です．

$$f(x_1 + x_2) = f(x_1) + f(x_2)$$

和の記号がするりと写像 f の記号をすり抜けます．

次に，スカラー c をとって $f(cx) = 2 \cdot cx = 2cx$ としても，x を変換してから c 倍しても $cf(x) = c \cdot 2x = 2cx$ となり，結果は同じです．

$$f(cx) = cf(x)$$

この関数 f は 1 次式ですが，英語では「直線の」と「1 次の」という形容詞は同じ linear です．リニアモーターカーやリニア新幹線のリニアです．いま学んでいる行列は線形性を有しています．また，反対に有限個の基底をもつベクトル空間のあいだの線形写像は行列で表現できます．図 1 から一見つまらない現象と思われるかもしれませんが，実はとても豊かな数学的な対象です.

線形写像

ベクトル空間 V, W に対し写像 $f: V \to W$ を考える. 以下の 2 条件が満たされる写像 f は**線形写像**であるという. 任意のベクトル $\boldsymbol{v}, \boldsymbol{u}$ とスカラー c に対して

$$f(\boldsymbol{v}+\boldsymbol{u}) = f(\boldsymbol{v}) + f(\boldsymbol{u}), \qquad f(c\boldsymbol{v}) = cf(\boldsymbol{v}) \tag{1}$$

ベクトル空間
→ p.27

ベクトル空間の和とスカラー倍の演算を保つ写像が線形写像です. 行列はもちろん線形性を有しています. 行列の積の性質 (p.135) では, 和や積が計算可能な行列 A, B, C やスカラー k に関して, 以下が成り立つことを示しました.

$$A(B+C) = AB + AC \quad A(kB) = k(AB)$$

これは, 行列 A を写像として捉えたときに, B, C をベクトルとすれば, 行列の線形性に他なりません. 第 6 章の練習問題 6 では, 2×2 行列で示しました. 同様のことをやってみましょう.

例 1 $A = \begin{pmatrix} a_{11} & a_{12} \\ a_{21} & a_{22} \end{pmatrix}$ と $\boldsymbol{v} = \begin{pmatrix} v_1 \\ v_2 \end{pmatrix}$, $\boldsymbol{u} = \begin{pmatrix} u_1 \\ u_2 \end{pmatrix}$ およびスカラー k に関して, 以下を示してください.

$$A(\boldsymbol{v}+\boldsymbol{u}) = A\boldsymbol{v} + A\boldsymbol{u}, \qquad A(k\boldsymbol{v}) = k(A\boldsymbol{v})$$

解答 1 $\boldsymbol{v}+\boldsymbol{u} = \begin{pmatrix} v_1+u_1 \\ v_2+u_2 \end{pmatrix}$ に対して以下が成り立ちます.

$$\begin{aligned}
A(\boldsymbol{v}+\boldsymbol{u}) &= \begin{pmatrix} a_{11} & a_{12} \\ a_{21} & a_{22} \end{pmatrix} \begin{pmatrix} v_1+u_1 \\ v_2+u_2 \end{pmatrix} = \begin{pmatrix} a_{11}(v_1+u_1) + a_{12}(v_2+u_2) \\ a_{21}(v_1+u_1) + a_{22}(v_2+u_2) \end{pmatrix} \\
&= \begin{pmatrix} a_{11}v_1 + a_{11}u_1 + a_{12}v_2 + a_{12}u_2 \\ a_{21}v_1 + a_{21}u_1 + a_{22}v_2 + a_{22}u_2 \end{pmatrix} \\
&= \begin{pmatrix} a_{11}v_1 + a_{12}v_2 \\ a_{21}v_1 + a_{22}v_2 \end{pmatrix} + \begin{pmatrix} a_{11}u_1 + a_{12}u_2 \\ a_{21}u_1 + a_{22}u_2 \end{pmatrix} \\
&= \begin{pmatrix} a_{11} & a_{12} \\ a_{21} & a_{22} \end{pmatrix} \begin{pmatrix} v_1 \\ v_2 \end{pmatrix} + \begin{pmatrix} a_{11} & a_{12} \\ a_{21} & a_{22} \end{pmatrix} \begin{pmatrix} u_1 \\ u_2 \end{pmatrix} = A\boldsymbol{v} + A\boldsymbol{u}
\end{aligned}$$

$$\begin{aligned}
A(k\boldsymbol{v}) &= \begin{pmatrix} a_{11} & a_{12} \\ a_{21} & a_{22} \end{pmatrix} \begin{pmatrix} kv_1 \\ kv_2 \end{pmatrix} = \begin{pmatrix} a_{11}kv_1 + a_{12}kv_2 \\ a_{21}kv_1 + a_{22}kv_2 \end{pmatrix} = \begin{pmatrix} ka_{11}v_1 + ka_{12}v_2 \\ ka_{21}v_1 + ka_{22}v_2 \end{pmatrix} \\
&= \begin{pmatrix} k(a_{11}v_1 + a_{12}v_2) \\ k(a_{21}v_1 + a_{22}v_2) \end{pmatrix} = k \begin{pmatrix} a_{11}v_1 + a_{12}v_2 \\ a_{21}v_1 + a_{22}v_2 \end{pmatrix} = k \begin{pmatrix} a_{11} & a_{12} \\ a_{21} & a_{22} \end{pmatrix} \begin{pmatrix} v_1 \\ v_2 \end{pmatrix} \\
&= kA\boldsymbol{v}
\end{aligned}$$

線形性の定義 (1) において，$f(c\boldsymbol{v}) = cf(\boldsymbol{v})$ は変数を何倍かすれば同じ倍率で関数値も変化します．このように，関数の変数が比例的に変化すると，それに応じて一定の比率で関数値も変化する関数を**同次関数**といいます．特に線形写像の場合は，倍率 c に対して関数値も c 倍されるため，これを **1 次同次**と呼びます．

B　内積と転置の線形性

p.108 の内積は線形性をもっています．その性質③の加法性と性質④の斉次(せいじ)性が，内積の第 1 ベクトルの線形性を表しています．それを再掲しましょう．

$$(\boldsymbol{a}+\boldsymbol{b})\cdot\boldsymbol{c} = \boldsymbol{a}\cdot\boldsymbol{c}+\boldsymbol{b}\cdot\boldsymbol{c}, \quad (k\boldsymbol{a})\cdot\boldsymbol{b} = k\boldsymbol{a}\cdot\boldsymbol{b}$$

もちろん，第 2 ベクトルに関しても線形性が成り立っています．

行列式 (p.143) にも線形性が現れています．ここでは簡単な 2 次正方行列でその線形性を例示しましょう．行列 $A = \begin{pmatrix} x & a \\ y & b \end{pmatrix}$ の第 1 列ベクトルを変数とみなし，行列式を関数 $f(x, y)$ とします．

$$f(x,y) = |A| = \begin{vmatrix} x & a \\ y & b \end{vmatrix} = bx - ay, \quad f(x',y') = \begin{vmatrix} x' & a \\ y' & b \end{vmatrix} = bx' - ay'$$

$$\begin{aligned} f(x+x', y+y') &= \begin{vmatrix} x+x' & a \\ y+y' & b \end{vmatrix} = b(x+x') - a(y+y') \\ &= bx - ay + bx' - ay' \\ &= f(x,y) + f(x',y') \end{aligned}$$

よって，加法性が成り立っています．同様に斉次性も成り立っています．

$$f(cx, cy) = \begin{vmatrix} cx & a \\ cy & b \end{vmatrix} = bcx - acy = c(bx - ay) = cf(x,y)$$

同様に第 2 列や各行でも行列式は線形性をもっています (練習問題 [1])．これは一般の正方行列にも成り立ち，行列式には線形性が複数現れることから，それを行列式の**多重線形性**と呼びます．

行列を転置することも線形性を有しています．例えば，p.137 の例 11 の行列 A と 単位行列 I を用いると，以下が成り立ちます．

$$(cA)^\top = \left(c\begin{pmatrix} 1 & 2 \\ 0 & 1 \end{pmatrix}\right)^\top = \begin{pmatrix} c & 2c \\ 0 & c \end{pmatrix}^\top = \begin{pmatrix} c & 0 \\ 2c & c \end{pmatrix} = c\begin{pmatrix} 1 & 0 \\ 2 & 1 \end{pmatrix} = cA^\top,$$

$$(A+I)^\top = \begin{pmatrix} 2 & 2 \\ 0 & 2 \end{pmatrix}^\top = \begin{pmatrix} 2 & 0 \\ 2 & 2 \end{pmatrix} = \begin{pmatrix} 1 & 0 \\ 2 & 1 \end{pmatrix} + \begin{pmatrix} 1 & 0 \\ 0 & 1 \end{pmatrix} = A^\top + I^\top$$

このように，行列の転置は行と列を入れ替えることから，線形性が成り立ちます．

$$(cA)^\top = cA^\top, \qquad (A+B)^\top = A^\top + B^\top \tag{2}$$

C 次元

ベクトル空間には次元があります．平面 $\mathbb{R}^2$ 上の点は x 座標と y 座標で表現できます．点は左右や上下に自由に移動できます．この自由度を**次元**といいます． 平面には正規直交基底 $\{\boldsymbol{e}_1, \boldsymbol{e}_2\}$ の 2 個の基底があり，その個数 2 が平面の次元です．

次元
→ p.40

次元

ベクトル空間の基底ベクトルの個数を，その次元という．

ベクトル空間 V の次元を $\dim V$ と表します．つまり $\dim \mathbb{R}^2 = 2$ です．空間 $\mathbb{R}^3$ になると上下・左右に加えて前後の移動が可能になり，自由度が増えます．つまり，$\dim \mathbb{R}^3 = 3$ です．ゼロベクトルのみの空間 $V = \{\boldsymbol{0}\}$ は次元が 0 であるとします．

ベクトル空間には異なった基底を取ることができます．しかし，その数は一定です．さらに，ベクトル空間の 1 次独立なベクトルの最大個数とその次元は等しくなります．1 次従属はムダなベクトルがあることです．次元は一種の自由度ですから，自由に動けるベクトルの数の最大値として捉えるのは直観にあっています．

ベクトル空間の次元の知識から，線形写像としての 2×2 行列 A は，2 次元ベクトル空間 $\mathbb{R}^2$ から 2 次元ベクトル空間 $\mathbb{R}^2$ への写像となります．

$$\boldsymbol{y} = A\boldsymbol{x} = \begin{pmatrix} a & b \\ c & d \end{pmatrix} \begin{pmatrix} x \\ y \end{pmatrix} = \begin{pmatrix} ax+by \\ cx+dy \end{pmatrix}$$

独立変数 $\boldsymbol{x}$ は平面内を自由に動きます．しかし，従属変数 $\boldsymbol{y}$ はどうでしょうか？

1 変数関数 $y = ax$ は，1 次元ベクトル空間から 1 次元ベクトル空間への線形写像です．もし，$a \neq 0$ であれば，その値 y は y 軸上を動きます．しかし，$a = 0$ であれば，すべての点は 0 に集まってしまいます．つまり，このときの線形写像の値域の次元は 0 になってしまいます．次元が上がると，このような現象は行列の形からどのようになるかをこれから学びます．

7.2　1 次変換

行列の線形性の説明から，さらに行列の 1 次変換の特徴を眺めていきます．図形的な直観を得るために，2 次正方行列で考察を深めていきます．

A　1 次変換入門

図 2　基本ベクトルと面積

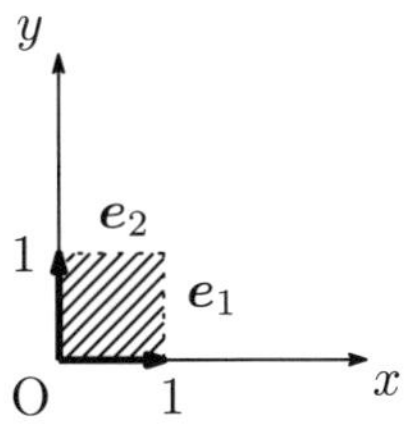

様々なベクトルに行列を掛けて新たなベクトルを作ってみましょう．ここは行列を学ぶ醍醐味です．第 3 章で学んだ基本ベクトル $\boldsymbol{e}_1$ と $\boldsymbol{e}_2$ を考えます．この 2 つのベクトルで形作られた正方形の面積は，図 2 より明らかに 1 です．これらを位置ベクトルとする点 $(1,0)$, $(0,1)$ は，行列によりどのような点に写るかを考えてみます．

例 2　行列 A, B は $\boldsymbol{e}_1, \boldsymbol{e}_2$ をどのように変換するでしょうか．

$$A = \begin{pmatrix} 1 & 0 \\ 0 & -1 \end{pmatrix},\ B = \begin{pmatrix} -1 & 0 \\ 0 & 1 \end{pmatrix}$$

解答 2　行列 A, B は点 $(1,0)$, $(0,1)$ を図 3 のように変換します．

$$A\boldsymbol{e}_1 = \begin{pmatrix} 1 \\ 0 \end{pmatrix},\quad A\boldsymbol{e}_2 = \begin{pmatrix} 0 \\ -1 \end{pmatrix},\quad B\boldsymbol{e}_1 = \begin{pmatrix} -1 \\ 0 \end{pmatrix},\quad B\boldsymbol{e}_2 = \begin{pmatrix} 0 \\ 1 \end{pmatrix}$$

図 3　x 軸対称と y 軸対称

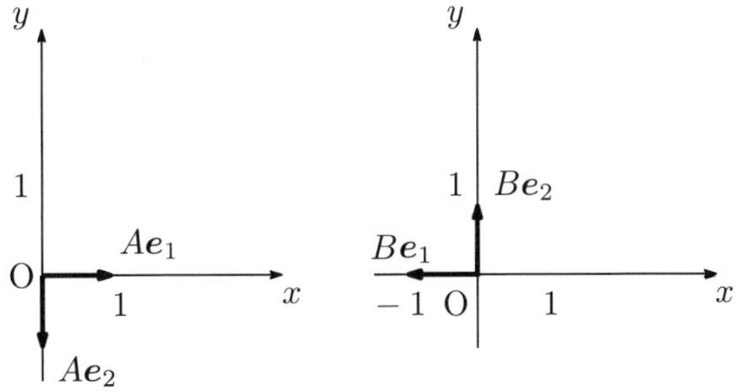

このように行列を掛けて写った先を見ると，行列はベクトルを他のベクトルへ写す作用があることが分かります．このような平面上の点から同じ平面上の点が 1 つ定まるときに，この対応を座標平面上の**変換**といいます．例えば，座標平面上の $\mathrm{P}(x, y)$ から点 $\mathrm{Q}(x', y')$ に写されたときに，この Q をこの変換による点 P の**像**といいます．この変換を記号 f を用いて

$$f : (x, y) \mapsto (x', y')$$

と書き表します．上に見たような行列を用いたベクトルの変換

$$\begin{pmatrix} x' \\ y' \end{pmatrix} = \begin{pmatrix} a & b \\ c & d \end{pmatrix} \begin{pmatrix} x \\ y \end{pmatrix} = \begin{pmatrix} ax + by \\ cx + dy \end{pmatrix}$$

を特に **1 次変換**といいます．あるいは**線形変換**，**線形写像**と呼ぶこともあります．単位行列 I の表す 1 次変換は，座標平面上のすべての点をそれ自身に写します．

$$\begin{pmatrix} x' \\ y' \end{pmatrix} = \begin{pmatrix} 1 & 0 \\ 0 & 1 \end{pmatrix} \begin{pmatrix} x \\ y \end{pmatrix} = \begin{pmatrix} x \\ y \end{pmatrix}$$

図 4 のような単位行列の変換を，**恒等変換**といいます．

例 3　次の行列は，2 次列ベクトル $\boldsymbol{x}$ をどのように写すか述べてください．

$$O = \begin{pmatrix} 0 & 0 \\ 0 & 0 \end{pmatrix},\ A = \begin{pmatrix} 1 & 0 \\ 0 & -1 \end{pmatrix},\ B = \begin{pmatrix} -1 & 0 \\ 0 & 1 \end{pmatrix},\ C = \begin{pmatrix} 0 & 1 \\ 1 & 0 \end{pmatrix},$$

$$D = \begin{pmatrix} -1 & 0 \\ 0 & -1 \end{pmatrix}$$

解答 3　図 4 のように，O はすべての点を原点に写します．A は x 軸に関して対称な点に写します．B は y 軸に関して対称な点に写します．C は直線 $y = x$ に関して対称な点に写します．D は原点に関して対称な点に写します．

B　合成変換と逆変換

例 2 で考えた変換を表す行列の積を考えます．

$$BA = \begin{pmatrix} -1 & 0 \\ 0 & 1 \end{pmatrix} \begin{pmatrix} 1 & 0 \\ 0 & -1 \end{pmatrix} = \begin{pmatrix} -1 & 0 \\ 0 & -1 \end{pmatrix} = D$$

ある点を x 軸に関して対称移動し，さらに y 軸に関して対称に写す変換は行列 D で表され，原点に関する対称になりました．このような点を 2 回移動させることが行列の積でできます．変換 f を行ない，さらに変換

図 4　ベクトルを対称移動する行列

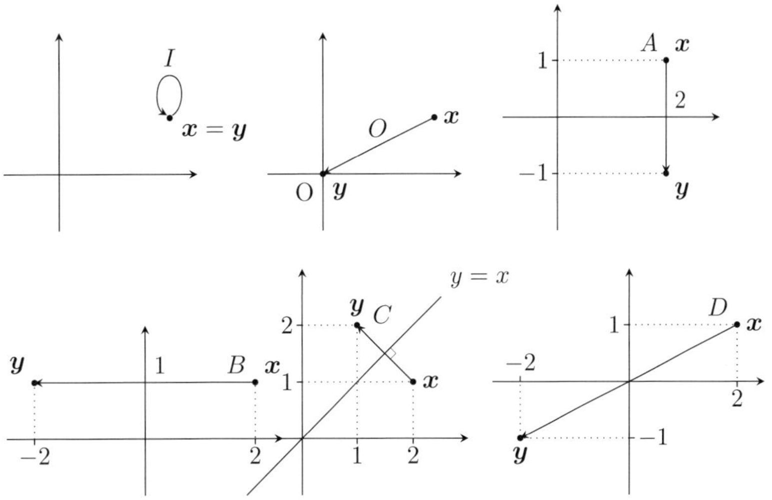

g を行なうこのような変換を**合成変換**といいます．この合成変換を $g \circ f$ と書きます．

問い 1　例 2, 3 で考えた行列で，AB と CD を求めてみてください．

答え 1　まず，行列 AB を計算します．

$$AB = \begin{pmatrix} 1 & 0 \\ 0 & -1 \end{pmatrix} \begin{pmatrix} -1 & 0 \\ 0 & 1 \end{pmatrix} = \begin{pmatrix} 1 \cdot -1 + 0 \cdot 0 & 1 \cdot 0 + 0 \cdot 1 \\ 0 \cdot -1 + (-1) \cdot 0 & 0 \cdot 0 + (-1) \cdot 1 \end{pmatrix}$$
$$= \begin{pmatrix} -1 & 0 \\ 0 & -1 \end{pmatrix} = D$$

これで $AB = BA$ であることが分かります．次に，行列 CD を計算します．

$$CD = \begin{pmatrix} 0 & 1 \\ 1 & 0 \end{pmatrix} \begin{pmatrix} -1 & 0 \\ 0 & -1 \end{pmatrix} = \begin{pmatrix} 0 \cdot (-1) + 1 \cdot 0 & 0 \cdot 0 + 1 \cdot (-1) \\ 1 \cdot (-1) + 0 \cdot 0 & 1 \cdot 0 + 0 \cdot (-1) \end{pmatrix}$$
$$= \begin{pmatrix} 0 & -1 \\ -1 & 0 \end{pmatrix}$$

行列に対して逆行列があったように，変換も逆を考えることができます．1 次変換 f で点 P を点 Q に写すような f を表す行列 A に逆行列があるときに，反対に点 Q から点 P に写す変換が考えられます．このような変換を 1 次変換 f の**逆変換**といいます．逆変換を f^{-1} で表します．そして，逆変換 f^{-1} は行列 A^{-1} で表される 1 次変換になります．

例 4　x 軸に関する対称変換の逆変換はもとのままであることを，計算で確かめてください．また，$y = x$ に関する対称も同様に確かめてください．

$$A^{-1} = \begin{pmatrix} 1 & 0 \\ 0 & -1 \end{pmatrix}^{-1} = \begin{pmatrix} 1 & 0 \\ 0 & -1 \end{pmatrix} = A,$$
$$C^{-1} = \begin{pmatrix} 0 & 1 \\ 1 & 0 \end{pmatrix}^{-1} = \begin{pmatrix} 0 & 1 \\ 1 & 0 \end{pmatrix} = C$$

解答 4 行列 A において，$\det A = 1 \cdot -1 - 0 \cdot 0 = -1$ となります．したがって，

$$A^{-1} = \begin{pmatrix} 1 & 0 \\ 0 & -1 \end{pmatrix}^{-1} = \begin{pmatrix} \frac{-1}{-1} & \frac{0}{-1} \\ \frac{0}{-1} & \frac{1}{-1} \end{pmatrix} = \begin{pmatrix} 1 & 0 \\ 0 & -1 \end{pmatrix} = A$$

同様に，行列 C において，$\det C = 0 \cdot 0 - 1 \cdot 1 = -1$ となります．したがって，

$$C^{-1} = \begin{pmatrix} 0 & 1 \\ 1 & 0 \end{pmatrix}^{-1} = \begin{pmatrix} \frac{0}{-1} & \frac{-1}{-1} \\ \frac{-1}{-1} & \frac{0}{-1} \end{pmatrix} = \begin{pmatrix} 0 & 1 \\ 1 & 0 \end{pmatrix} = C$$

7.3 面積と行列式

ここでは行列の 1 次変換の機能をさらに分析するとともに，第 6.5.B 項で紹介した行列式の性質を学びます．

A 面積を保つ変換と潰す変換

前節の例の変換と比べ，次の変換はどんな図形に変換するでしょうか？

$$E = \begin{pmatrix} 1 & 1 \\ 0 & 0 \end{pmatrix},$$
$$E\boldsymbol{e}_1 = \begin{pmatrix} 1 & 1 \\ 0 & 0 \end{pmatrix}\begin{pmatrix} 1 \\ 0 \end{pmatrix} = \begin{pmatrix} 1 \\ 0 \end{pmatrix}, \quad E\boldsymbol{e}_2 = \begin{pmatrix} 1 & 1 \\ 0 & 0 \end{pmatrix}\begin{pmatrix} 0 \\ 1 \end{pmatrix} = \begin{pmatrix} 1 \\ 0 \end{pmatrix}$$

図 5 に示されているように，どんな点も x 軸上の点に写ってしまいます．基本ベクトル $\boldsymbol{e}_1$ と $\boldsymbol{e}_2$ で張られた平行四辺形 (正方形でもある) は直線に写りました．面積は 1 でしたが，変換先では面積をもたず，0 になります．

さらにゼロ行列では，以下のように今度は原点の 1 点に潰れてしまいます．

$$O\boldsymbol{e}_1 = \begin{pmatrix} 0 & 0 \\ 0 & 0 \end{pmatrix}\begin{pmatrix} 1 \\ 0 \end{pmatrix} = \begin{pmatrix} 0 \\ 0 \end{pmatrix}, \quad O\boldsymbol{e}_2 = \begin{pmatrix} 0 & 0 \\ 0 & 0 \end{pmatrix}\begin{pmatrix} 0 \\ 1 \end{pmatrix} = \begin{pmatrix} 0 \\ 0 \end{pmatrix}$$

もちろん，面積は 0 になります．

図 5　基本ベクトルと潰れる変換

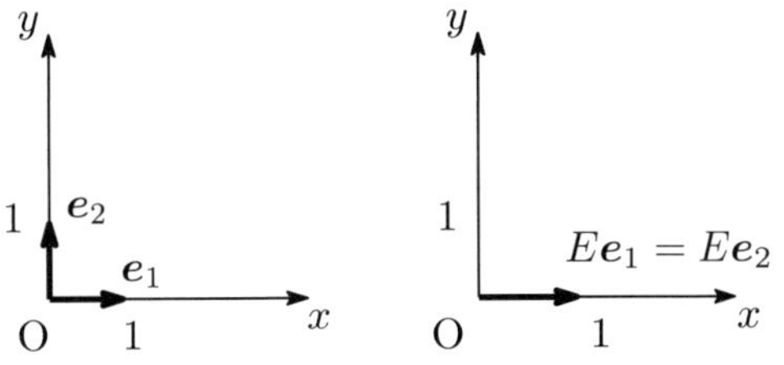

では，1 次変換で面積が求まる変換はどんな条件を満たさなければならないのでしょうか？　それは行列式が 0 ではないことです．つまり，正則な行列 A をもつ 1 次変換は，基本ベクトルが張る面積 1 の領域を拡大したり縮小したりはしますが，ある領域をもった部分に写します．

しかも，その Ae_1 と Ae_2 が張る平行四辺形の面積は，図 6 に描かれているように，行列 A の行列式の絶対値に等しいことが分かっています．

図 6　1 次変換の面積

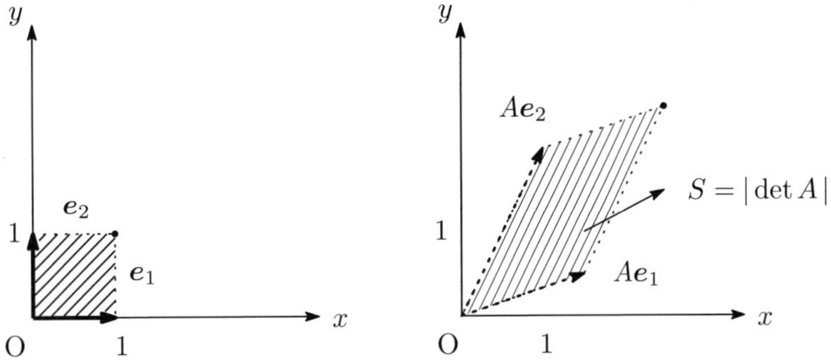

ベクトルが張る平行四辺形の面積と行列式

2 次正方行列 $A = \begin{pmatrix} a & b \\ c & d \end{pmatrix}$ で表される 1 次変換は，面積 1 の基本ベクトル e_1 と e_2 で張る正方形を，面積 $|\det A| = |ad - bc|$ のベクトル $Ae_1 = \begin{pmatrix} a \\ c \end{pmatrix}$ と $Ae_2 = \begin{pmatrix} b \\ d \end{pmatrix}$ で張る平行四辺形に写す．

この公式は図 7 より，以下のように計算できます．

$$\text{平行四辺形の面積} = (a+b)(c+d) - 2bc - ac - bd = ad - bc$$

ここで絶対値が付いているのは，ベクトルの「向き」によってマイナスになるので正の値に戻すためです．例えば，前章の p.143 の例 16 で計算した行列 $A = \begin{pmatrix} 1 & 1 \\ 1 & 2 \end{pmatrix}$ と，その列ベクトルを入れ替えた行列 $\tilde{A} =$

図 7　$\boldsymbol{A} = \begin{pmatrix} \boldsymbol{a}_{\cdot 1} & \boldsymbol{a}_{\cdot 2} \end{pmatrix}$ の行列式と面積

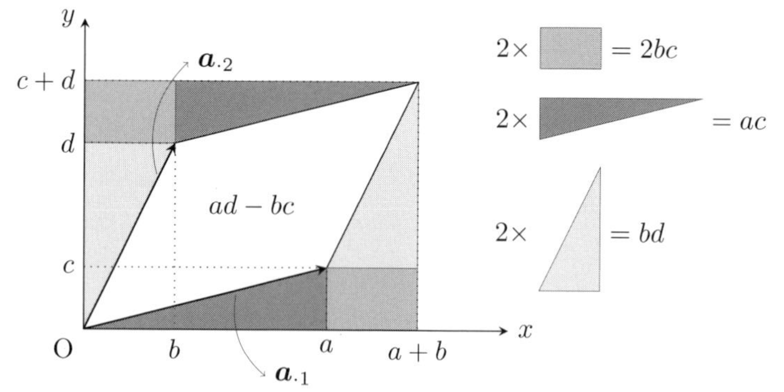

$\begin{pmatrix} 1 & 1 \\ 2 & 1 \end{pmatrix}$ の行列式は以下になります．

$$\det A = 1 \cdot 2 - 1 \cdot 1 = 1, \qquad \det \tilde{A} = 1 \cdot 1 - 1 \cdot 2 = -1$$

この波形の記号 ˜ はチルダと呼ばれ，$\tilde{A}$ はエーチルダといいます．

図 8 のように，行列の列ベクトルが反時計回りであれば行列式は正になります．反対に時計回りであれば負になります．

行列式はこの A から $\tilde{A}$ の変換のように，**行列の 2 つの列を交換すると行列式の符号が反転する**性質をもっています．これを**行列式の交代性**といいます．

図 8　行列式の交代性と面積

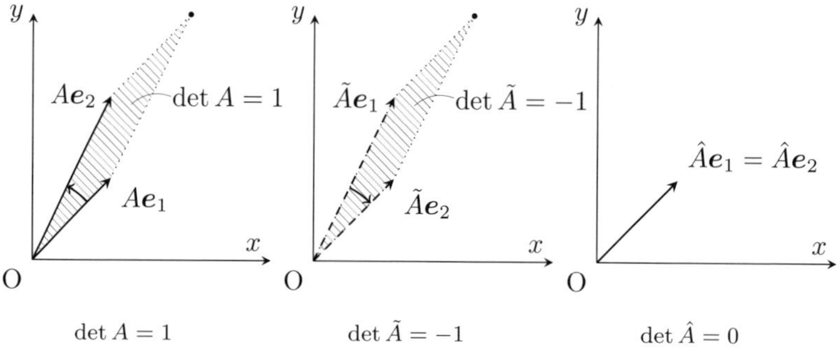

また，例えば行列 $\hat{A} = \begin{pmatrix} 1 & 1 \\ 1 & 1 \end{pmatrix}$ のように，**行列の 2 つの列が等しい行列の行列式は 0 になる**性質があります．この $\det \hat{A} = 0$ は，図 8 にあるように，同じ列ベクトルなので平行四辺形は直線になり，面積がゼロになることを意味します．

この性質はさらに一般化が可能です．すなわち 2 つの列が 1 次従属であれば，行列式はゼロになります．これは図 8 の一番右の図において，一方のベクトルが他方のスカラー倍になっていれば，この 2 つのベクトルは 1 つの直線上にあります．それは面積が 0 であることを意味します．

実は，2 次正方行列のこの性質はすでに説明されています．第 4 章の p.93 の同次連立 1 次方程式に非自明解をもつ (21) のとき，$ad - bc = 0$ が成立することを説明していました．このとき，列ベクトルは 1 次従属です．

B　回転行列

前項では向きを考えるときに反時計回りが正の面積になることを学びましたが，ここでは反時計回りに角 θ だけ回転 (rotation) する変換を考えます．この角は $0 \leq \theta < 2\pi$ の範囲を動くとします．そうすると，**回転行列**は以下の R になります．

$$R(\theta) = \begin{pmatrix} \cos\theta & -\sin\theta \\ \sin\theta & \cos\theta \end{pmatrix}$$

なぜこの形をしているのか，図 9 を参照して説明しましょう．

図 9　反時計回りに θ 回転させる変換

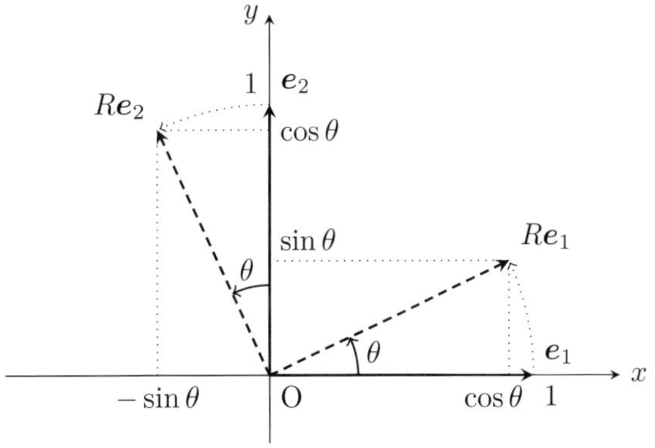

基本ベクトル $\boldsymbol{e}_1$ はこの変換により $R\boldsymbol{e}_1$ へ写ります．変換後の座標は三角関数の定義により $\begin{pmatrix} \cos\theta \\ \sin\theta \end{pmatrix}$ になります．これが R の第 1 列になります．そして，基本ベクトル $\boldsymbol{e}_2$ はこの変換により $R\boldsymbol{e}_2$ へ写りますが，y 軸に対して角 θ が反時計回りに左に来ることに注意すると，変換後の座標は $\begin{pmatrix} -\sin\theta \\ \cos\theta \end{pmatrix}$ になります．これが R の第 2 列になります．この回転行列とこれまで学んだ変換の関係を見てみましょう．

例 5 回転行列 $R(\theta)$ の $\theta = 0, \pi/2, \pi$ はどんな変換か調べてください．

解答 5

$$R(0) = \begin{pmatrix} \cos 0 & -\sin 0 \\ \sin 0 & \cos 0 \end{pmatrix} = \begin{pmatrix} 1 & 0 \\ 0 & 1 \end{pmatrix} = I \quad \text{：単位行列}$$

$$R\left(\frac{\pi}{2}\right) = \begin{pmatrix} \cos\frac{\pi}{2} & -\sin\frac{\pi}{2} \\ \sin\frac{\pi}{2} & \cos\frac{\pi}{2} \end{pmatrix} = \begin{pmatrix} 0 & -1 \\ 1 & 0 \end{pmatrix} \quad \text{：反時計回りに 90 度回転}$$

$$R(\pi) = \begin{pmatrix} \cos\pi & -\sin\pi \\ \sin\pi & \cos\pi \end{pmatrix} = \begin{pmatrix} -1 & 0 \\ 0 & -1 \end{pmatrix} = D \quad \text{：反時計回りに 180 度回転}$$

最後の回転 $R(\pi)$ は，原点に関して対称な点に写る例 3 の D に等しくなります．変換 $R(\theta)$ は回転するだけで図形の形は変えないので，面積は 1 のままです．p.53 の三角関数の性質 (9) より，以下が成り立ちます．

$$\det R(\theta) = \cos\theta\cos\theta - (-\sin\theta)\sin\theta = \cos^2\theta + \sin^2\theta = 1$$

7.4 行基本変形，ランクおよび既約行階段形

連立方程式を行列を変形することで解きます．公式を導出するよりも具体的に解を求めたり，不定や解なしの場合を判定する方法を学びます．

A 鶴亀算再び

第 1 章で鶴亀算を解きました．ここでは鶴と亀が合わせて 21 匹いて，足の数の合計は 60 本であるとしましょう．鶴が x 匹，亀が y 匹いるとして，以下の連立 1 次方程式を解きます．

$$\begin{cases} x + y = 21 \\ 2x + 4y = 60 \end{cases} \tag{3}$$

左辺にある各変数の係数ベクトル $\begin{pmatrix} 1 \\ 2 \end{pmatrix}$ と $\begin{pmatrix} 1 \\ 4 \end{pmatrix}$ を並べると行列ができます．この連立 1 次方程式の係数からなる行列を，**係数行列**といいます．

$$A = \begin{pmatrix} 1 & 1 \\ 2 & 4 \end{pmatrix}$$

右辺の定数からなる**定数ベクトル**を右に加えた行列を，**拡大係数行列**と呼びます．

$$\begin{pmatrix} 1 & 1 & 21 \\ 2 & 4 & 60 \end{pmatrix}$$

この (3) の連立方程式を解いてみましょう．まず，(3) の上の式を 2 倍します．

$$2x+2y=42 \tag{4}$$
$$2x+4y=60 \tag{5}$$

(5) の $2x$ を消すために，(5) から (4) を引きます．

$$2x+2y=42$$
$$2y=18 \tag{6}$$

この (6) を 2 で割ります．

$$2x+2y=42 \tag{7}$$
$$y=9 \tag{8}$$

これで $y=9$ が分かりました．(7) から (8) の 2 倍を引きます．

$$2x \quad =24 \tag{9}$$
$$y=9$$

最後に (9) の上の式を 2 で割ると解が求まりました．

$$x \quad =12$$
$$y=9$$

この連立 1 次方程式を行列の表現に戻すと，以下になります．

$$\begin{pmatrix}1&0\\0&1\end{pmatrix}\begin{pmatrix}x\\y\end{pmatrix}=\begin{pmatrix}12\\9\end{pmatrix}$$

係数行列は単位行列になりました．このような計算手法を**消去法**といいます．拡大係数行列の変換をまとめると，以下になります．

$$\begin{pmatrix}1&1&21\\2&4&60\end{pmatrix}\xrightarrow{①\times 2}\begin{pmatrix}2&2&42\\2&4&60\end{pmatrix}\xrightarrow{①\times(-1)+②}\begin{pmatrix}2&2&42\\0&2&18\end{pmatrix}$$
$$\xrightarrow{②\times\frac{1}{2}}\begin{pmatrix}2&2&42\\0&1&9\end{pmatrix}\xrightarrow{②\times(-2)+①}\begin{pmatrix}2&0&24\\0&1&9\end{pmatrix}\xrightarrow{①\times\frac{1}{2}}\begin{pmatrix}1&0&12\\0&1&9\end{pmatrix}$$

ここで丸に囲まれた番号は，行列の行の式を表します．このような拡大係数行列の変換は，解を変えずにそれが見えやすい形に行列を変えます．係数行列が単位行列になれば，定数ベクトルの部分が解になります．この変換はある行列 T で表現できます．

$$\tilde{A}=\begin{pmatrix}1&1&21\\2&4&60\end{pmatrix}\xrightarrow{\text{行列 }T\text{ で変換}}\hat{A}=\begin{pmatrix}1&0&12\\0&1&9\end{pmatrix} \tag{10}$$

この行列は $T = \begin{pmatrix} 2 & -\frac{1}{2} \\ -1 & \frac{1}{2} \end{pmatrix}$ となり，それを $\tilde{A}$ の左から掛けて $\hat{A}$ へ変換します．

$$
\begin{aligned}
T\tilde{A} &= \begin{pmatrix} 2 & -\frac{1}{2} \\ -1 & \frac{1}{2} \end{pmatrix} \begin{pmatrix} 1 & 1 & 21 \\ 2 & 4 & 60 \end{pmatrix} \\
&= \begin{pmatrix} 2 \cdot 1 + \left(-\frac{1}{2}\right) \cdot 2 & 2 \cdot 1 + \left(-\frac{1}{2}\right) \cdot 4 & 2 \cdot 21 + \left(-\frac{1}{2}\right) \cdot 60 \\ -1 \cdot 1 + \left(\frac{1}{2}\right) \cdot 2 & -1 \cdot 1 + \left(\frac{1}{2}\right) \cdot 4 & -1 \cdot 21 + \left(\frac{1}{2}\right) \cdot 60 \end{pmatrix} \\
&= \begin{pmatrix} 2-1 & 2-2 & 42-30 \\ -1+1 & -1+2 & -21+30 \end{pmatrix} = \begin{pmatrix} 1 & 0 & 12 \\ 0 & 1 & 9 \end{pmatrix} = \hat{A}
\end{aligned}
$$

このように連立 1 次方程式を解くことは，拡大係数行列に行列を掛けて変換することに集約されます．上で行なった方程式を解く各ステップごとに行列が対応しており，方程式の変換をまとめたものが，それらの積である T になります (練習問題 [2]).

B　行基本変形

このように，連立 1 次方程式の係数行列を変形して解が求まりやすい形にすることを，**行基本変形**といいます．最初に $2x$ を消しましたが，このようなことを**掃き出し**といいます．行基本変形で行を掃き出すので，連立方程式の消去法は，別名**掃き出し法** (Gauss-Jordan elimination) とも呼ばれます．これまでの過程から解を変えないで行列に行基本変形を施す方法は，以下の通りになります．

① 1 つの行に 0 でない数を掛ける．

② 1 つの行にある数を掛けて他の行に加える．

③ 2 つの行を入れ替える．

この変形によって連立 1 次方程式の解は変わりません．しかし，0 を掛けることは方程式の解を変えることになります．

このように解が 1 通り決まる場合もあれば，そうでない場合もあります．いくつかの例を見てみましょう．最初の例は $0 \times x = 1$ のような解不能の例です．

例 6　p.6 の (12) を行基本変形して，解の構造を見やすくしてください．

$$
\begin{cases} x + y = 20 \\ 2x + 2y = 52 \end{cases}
$$

解答 6 上の拡大係数行列とその行基本変形を行なった結果は，以下になります．

$$\begin{pmatrix} 1 & 1 & 20 \\ 2 & 2 & 52 \end{pmatrix} \xrightarrow{①\times(-2)+②} \begin{pmatrix} 1 & 1 & 20 \\ 0 & 0 & 12 \end{pmatrix} \tag{11}$$

(11) の下の方程式は $0x + 0y = 12$ になり，解がないことがわかります (練習問題 3).

第 1 章の (13) では解不定を分析しました．$0 \times x = 0$ のように解が複数あります．不定解は p.98 で，連立 1 次方程式とその付随する同次方程式で解析しました．

例 7 p.7 の (15) を行基本変形して解の構造を見やすくしてください．

$$\begin{cases} x + y = 20 \\ 2x + 2y = 40 \end{cases}$$

解答 7 上の拡大係数行列とその行基本変形を行なった結果は，以下になります．

$$\begin{pmatrix} 1 & 1 & 20 \\ 2 & 2 & 40 \end{pmatrix} \xrightarrow{①\times(-2)+②} \begin{pmatrix} 1 & 1 & 20 \\ 0 & 0 & 0 \end{pmatrix} \tag{12}$$

(12) の下の方程式は変形後に $0x + 0y = 0$ になって実はムダな方程式であり，(12) の上の方程式 $x + y = 20$ を満たす複数の解があることが分かりますね (練習問題 3).

これまでの例では，拡大係数行列に行基本変形を施すと，それは一意な解 (10)，解なし (11)，複数解 (12) の形になりました．これらの変形後の係数行列は以下の通りです．

$$\begin{pmatrix} 1 & 0 \\ 0 & 1 \end{pmatrix}, \quad \begin{pmatrix} 1 & 1 \\ 0 & 0 \end{pmatrix}, \quad \begin{pmatrix} 1 & 1 \\ 0 & 0 \end{pmatrix} \tag{13}$$

この形の行列を，**既約行階段形**といいます．定義は次の通りです．第 1 に，ゼロではない成分を含む行は，すべての成分がゼロの行 (もしあれば) よりも上にあります．第 2 に，ゼロベクトルではない行の左から最初の非ゼロ成分は 1 です．これを**ピボット**，あるいは**かなめ**，**主成分**といいます．第 3 に，ピボットを含む列の他の成分はすべて 0 です．第 4 に，ピボットは，それが含まれる行の上の行のピボットの列より右の列にあります．一意な解 (10) の既約行階段形は 2 個のピボット ($a_{11} = a_{22} = 1$)，解なし (11) と複数解 (12) のそれは 1 個のピボット ($a_{11} = 1$) を有しています．

ピボットは 1 としましたが，1 以外の非ゼロ要素をピボットとする場合もあります．要は，左から右へ順に並ぶ 0 の個数が，下の行へ移る際に増えていく階段形であればよいのです．

C ランク

行列 (13) の最初の行列の列ベクトルは 2 つの 1 次独立なベクトル $\begin{pmatrix}1\\0\end{pmatrix}, \begin{pmatrix}0\\1\end{pmatrix}$ があります．2 番目と 3 番目の列ベクトルは，1 つの 1 次独立なベクトル $\begin{pmatrix}1\\0\end{pmatrix}$ を有しています．行列の列ベクトルのなかで最大の 1 次独立なベクトルの数を，その行列の**ランク**，あるいは**階数**といいます．行列 (13) では最初の行列はランクが 2 で，2 番目と 3 番目は 1 です．行列を行基本変形で変換すると，そのランクが明瞭になります．

第 6 章の行列の列ベクトル表示 (6)(p.132) を用いると，ランクの意味がよく分かるでしょう．

ランク

$m \times n$ 行列 $A = \begin{pmatrix}\boldsymbol{a}_{\cdot 1} & \cdots & \boldsymbol{a}_{\cdot n}\end{pmatrix}$ の 1 次独立な列ベクトルの組み合わせのなかで最大の個数を， A のランクという．それを $\operatorname{rank} A$ と表記する．

ゼロ行列は 1 次独立の定義から，ランクはゼロです．行列のランクをまとめます．

$$\operatorname{rank}\begin{pmatrix}1 & 0\\0 & 1\end{pmatrix} = 2, \quad \operatorname{rank}\begin{pmatrix}1 & 1\\0 & 0\end{pmatrix} = 1, \quad \operatorname{rank} O = 0$$

例 8 行列 $A = \begin{pmatrix}1 & 0 & 1\\0 & 1 & 1\\1 & 1 & 2\end{pmatrix}, B = \begin{pmatrix}1 & -1\\1 & 1\\2 & 2\end{pmatrix}$ のランクを求めてください．

解答 8 最初の行列は第 4 章の例 10 (p.99) の，解不定の係数行列です．

$$A = \begin{pmatrix}1 & 0 & 1\\0 & 1 & 1\\1 & 1 & 2\end{pmatrix} \xrightarrow{①\times(-1)+③} \begin{pmatrix}1 & 0 & 1\\0 & 1 & 1\\0 & 1 & 1\end{pmatrix} \xrightarrow{②\times(-1)+③} \begin{pmatrix}1 & 0 & 1\\0 & 1 & 1\\0 & 0 & 0\end{pmatrix}$$

よって，$\operatorname{rank} A = 2$ となります．例 4 (p.83) で学んだベクトル $\boldsymbol{d}$ が 1 次結合になることがよく分かるでしょう．

行列 B は第 4 章問い 4 (p.96) の，一意な解がある連立 1 次方程式の係数行列です．

$$B = \begin{pmatrix}1 & -1\\1 & 1\\2 & 2\end{pmatrix} \xrightarrow{①\times(-1)+②} \begin{pmatrix}1 & -1\\0 & 2\\2 & 2\end{pmatrix} \xrightarrow{①\times(-2)+③} \begin{pmatrix}1 & -1\\0 & 2\\0 & 4\end{pmatrix}$$

$$\xrightarrow{(-2)\times②+③}\begin{pmatrix}1 & -1\\0 & 2\\0 & 0\end{pmatrix}\xrightarrow{\frac{1}{2}\times②}\begin{pmatrix}1 & -1\\0 & 1\\0 & 0\end{pmatrix}\xrightarrow{①+②}\begin{pmatrix}1 & 0\\0 & 1\\0 & 0\end{pmatrix}$$

よって，$\operatorname{rank} B = 2$ となります．

行列を階段行列化することは，行列の左に 1 次独立なベクトルを集めることです．明らかにランクは行列の列数 n を超えることはできません．

$$\operatorname{rank} A \leq n$$

行基本変形で出てきたピボットがある列ベクトルは，ランクに対応する最大数の 1 次独立なベクトルの集まりに含まれています．つまり，**ピボットの総数とランクは一致します**．ピボットの位置は成分 $(1,1), (2,2), \cdots$ と右下へ行の番号が増えていきます．よって，行列のランクは行数をも超えないことも分かります．

$$\operatorname{rank} A \leq m$$

よって，行列のランクについて以下が成り立ちます．

$$\operatorname{rank} A \leq \min\{m, n\}$$

特に，$\operatorname{rank} A = \min\{m, n\}$ であるとき，A は**フルランク**，あるいは最大階数であるといいます．フルランクである A が $\operatorname{rank} A = n$ であれば，行列の列ベクトルがすべて独立になります．このとき**列フルランク**といいます．同様に，$\operatorname{rank} A = m$ であれば，このとき**行フルランク**といいます．

D　既約行階段形

連立 1 次方程式の係数行列，拡大係数行列，行基本変形でランクを説明しました．これでその解の存在の条件を導出できます．p.100 では 3 個の方程式からなる 3 元連立 1 次方程式を考えました．m 個の方程式からなる n 元連立 1 次方程式

$$\begin{cases} a_{11}x_1 + & \cdots + a_{1n}x_n = b_1 \\ & \vdots \\ a_{m1}x_1 + & \cdots + a_{mn}x_n = b_m \end{cases} \tag{14}$$

の解の存在条件を考えましょう．行列を用いると，以下のような形になります．

$$Ax = \boldsymbol{b}, \quad A = \begin{pmatrix} a_{11} & \cdots & a_{1n} \\ & \vdots & \\ a_{m1} & \cdots & a_{mn} \end{pmatrix}, \ \boldsymbol{b} = \begin{pmatrix} b_1 \\ \vdots \\ b_m \end{pmatrix}, \ \boldsymbol{x} = \begin{pmatrix} x_1 \\ \vdots \\ x_n \end{pmatrix} \tag{15}$$

行基本変形により拡大係数行列 $(A\ \boldsymbol{b})$ を既約行階段形にします．さらに，列を入れ替えて見やすくすると，図 10 のような階段行列にできます．

図 10 拡大係数行列の階段行列

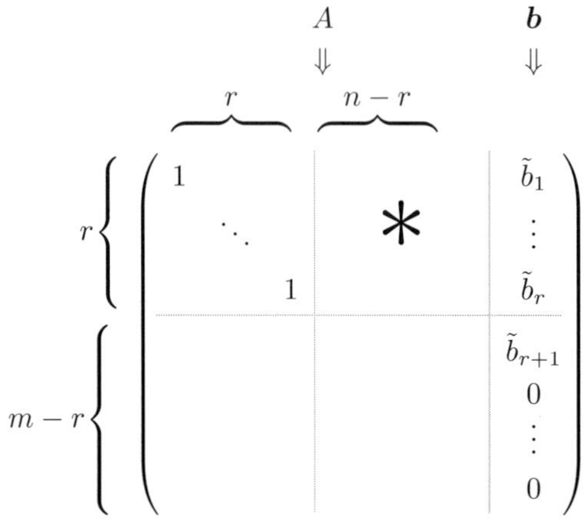

この 6 つの部分をもつ階段行列を説明しましょう．まず，左上の部分です．対角線上にピボット 1 を有しているこの行列のランクは r と分かります．つまり $\operatorname{rank} A = r$ です．よって，1 以外の成分は 0 になります．

第 2 に，左下は $r < m$ のとき出現しますが，その部分は上にピボットがあるので 0 です．

第 3 に，真ん中の上の部分を説明します．もし，この行列が $m \geq n$ でフルランクであれば，すなわち $\operatorname{rank} A = n$ であれば，この部分はありません．しかし，$\operatorname{rank} A < n$ のとき $n - r$ 個の列が現れます．この部分は r 個の 1 次独立な列ベクトルの 1 次結合で表現されます．よって，行列により定まるある数が置かれています．これを $*$ は示しています．

第 4 に，真ん中の下の部分は，ピボットのある列ベクトルの $r + 1$ 番目以降の行は 0 なので，この部分も 0 の要素が並びます．

第 5 に，右上を説明します．係数ベクトル $\boldsymbol{b}$ は，行基本変形により $\tilde{\boldsymbol{b}}$ に変換されて上から r 番目の要素が並んでいます．最後に右下ですが，$r + 1$ 番目の要素 $\tilde{b}_{r+1}$ があり，他は 0 になっています．もし複数の 0 でない要素があれば，行基本変形で打ち消して 1 つの 0 でない要素にして $r + 1$ 番目の行にもっていくことができます．

ここで $\tilde{b}_{r+1}$ は重要な役割を果たします．もし $\tilde{b}_{r+1} = 0$ ならば，係数行列の 1 次独立なベクトルの 1 次結合で定数ベクトルを表現できます．これは例 7 のケースであり，解が存在します．いわば $r + 1$ 番目の行以降実質的にムダな方程式 $0x = 0$ が続いています．

しかし，$\tilde{b}_{r+1} \neq 0$ ならば，1 次独立なベクトルをどんなに使っても $\tilde{\boldsymbol{b}}$ を表現できません．これは例 6 のケースであり，解がありません．いわば $r+1$ 番目の行で $0x = 1$ の方程式があり，矛盾が生じています．

7.5　連立 1 次方程式の解の存在と一意性

前節で学んだランクや拡大係数行列を変形した階段行列から，解の存在や一意性を解説します．

A　連立 1 次方程式の解の存在

前項のランクや拡大係数行列を変形した階段行列から，解の存在を証明することができます．p.100 の 3 元連立 1 次方程式で学んだように，解をもてば係数行列の列ベクトルのスパンのなかに定数ベクトルが入ります．同様にこの場合でも以下が成り立ちます．

$$\text{解をもつ} \iff \boldsymbol{b} \in \mathrm{span}(\boldsymbol{a}_{\cdot 1}, \cdots, \boldsymbol{a}_{\cdot n}) \tag{16}$$

$$\text{解をもたない} \iff \boldsymbol{b} \notin \mathrm{span}(\boldsymbol{a}_{\cdot 1}, \cdots, \boldsymbol{a}_{\cdot n}) \tag{17}$$

この関係を図解的に示したものが階段行列です．そして，(16) の条件をランクで表現すると，係数ベクトルに定数ベクトルを加えても 1 次従属なベクトルなので，その 1 次独立なベクトルの最大数は変わりません．よって，$\mathrm{rank}\, A = r$ のとき，$\mathrm{rank}(A\ \boldsymbol{b}) = r$ になります．

他方，もし定数ベクトルが 1 次独立であれば，それを含めると 1 次独立なベクトルの最大数は 1 上がります．よって，解が存在しないときは $\mathrm{rank}(A\ \boldsymbol{b}) = r + 1 \neq r$ となります．結局，係数行列と拡大係数行列のランクが等しいことが，方程式に解がある条件になります．

定理 2

連立 1 次方程式 $A\boldsymbol{x} = \boldsymbol{b}$ が解をもつための必要十分条件は以下である．

$$\mathrm{rank}\, A = \mathrm{rank}(A\ \boldsymbol{b})$$

例 9　拡大係数行列 (10)，例 6 および例 7 で定理 2 を確かめてください．

解答 9　まずは鶴亀算の行列のランクです．

$$\operatorname{rank} A = \operatorname{rank}\begin{pmatrix} 1 & 0 \\ 0 & 1 \end{pmatrix} = \operatorname{rank}(A\ \boldsymbol{b}) = \operatorname{rank}\begin{pmatrix} 1 & 0 & 12 \\ 0 & 1 & 9 \end{pmatrix} = 2$$

よって $\operatorname{rank} A = \operatorname{rank}(A\ \boldsymbol{b}) = 2$ となり，解の存在が確かめられます．次は例 6 です．

$$\operatorname{rank} A = \operatorname{rank}\begin{pmatrix} 1 & 1 \\ 0 & 0 \end{pmatrix} = 1 < \operatorname{rank}(A\ \boldsymbol{b}) = \operatorname{rank}\begin{pmatrix} 1 & 1 & 20 \\ 0 & 0 & 12 \end{pmatrix} = 2$$

よって $\operatorname{rank} A \neq \operatorname{rank}(A\ \boldsymbol{b})$ となり，解は存在しません．次は例 7 です．

$$\operatorname{rank} A = \operatorname{rank}\begin{pmatrix} 1 & 1 \\ 0 & 0 \end{pmatrix} = \operatorname{rank}(A\ \boldsymbol{b}) = \operatorname{rank}\begin{pmatrix} 1 & 1 & 20 \\ 0 & 0 & 0 \end{pmatrix} = 1$$

よって $\operatorname{rank} A = \operatorname{rank}(A\ \boldsymbol{b}) = 1$ となり，解が存在します．

例 10 方程式 $0x = 0$ と方程式 $0x = 1$ に定理 2 を適用するとどうなるでしょうか．

解答 10 方程式 $0x = 0$ は $A = 0$ と $(A\ \boldsymbol{b}) = (0\ 0)$ から両方のランクは 0 になります．よって $\operatorname{rank} A = \operatorname{rank}(A\ \boldsymbol{b})$ から，解が存在します．方程式 $0x = 1$ は $A = 0$ と $(A\ \boldsymbol{b}) = (0\ 1)$ なので，$\operatorname{rank} A = 0 \neq \operatorname{rank}(A\ \boldsymbol{b}) = 1$ となり，解は存在しません．

B 連立 1 次方程式の解の一意性

前項では解の存在を係数行列のランクで表現しました．しかし，(10) では唯一の解ですが，例 7 では複数の解が出てきました．ただ 1 つの解，つまり**一意な解**が求まる条件を導出します．それは，階段行列の図 10 をよく観察すると分かります．もし，列の数の $n-r$ が 0 だと，つまり $n = r$ でフルランクだと図 11(a) の形になります．

図 10, 図 11 の階段行列は，見やすくするために列ベクトルを入れ替えている場合があります．解を求めるときは，入れ替えた列を元に戻す作業が必要です．

図 11 一意な解の階段行列

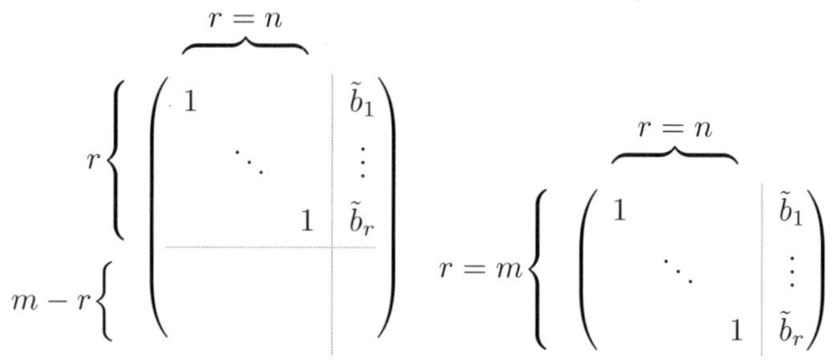

(a)　　　(b)

この場合 ($\tilde{b}_{r+1} = 0$, $r = n$)，拡大係数行列のすべての変数の解が定数に等しくなります．つまり $\boldsymbol{x}^* = \tilde{\boldsymbol{b}}$ です．

図 11(a) の下の部分のすべての成分は 0 です．つまり，$0x = 0$ のムダな方程式が並んでいます．よって，$n = r$ が成立するには $m \geq n$ でなければなりません．一意な解を決定するには十分な方程式の数が必要です．方程式の数が変数の数より下回っては，一意な解は求められません．例えば，$x + y = 0$ という方程式が 1 個で変数が 2 個では，一意な解は得られません．

定理 3

$\mathrm{rank}\, A = \mathrm{rank}(A\ \boldsymbol{b})$ を満たしている連立 1 次方程式 $A\boldsymbol{x} = \boldsymbol{b}$ が一意な解をもつための必要十分条件は以下である．

$$\mathrm{rank}\, A = n \tag{18}$$

つまり，行列 A が $m \geq n$ でフルランクが一意な解をもつ条件です．ランクは行の数を超えられないので，$m < n$ であれば一意な解をもつことはあり得ないことが分かります．

例 11　第 4 章の問い 4 (p.96) の連立 1 次方程式や方程式 $0x = 0$ で，定理 3 を確かめてください．

解答 11　この係数行列のランクは例 8 から 2 であり，この数は変数の数と一致しています．よって，一意な解があります．次に，方程式 $0x = 0$ で $\mathrm{rank}\, 0 = 0$ なので変数の数 1 よりも少なく，解は無数にあります．

同次連立 1 次方程式 $A\boldsymbol{x} = \boldsymbol{0}$ でも同様に，列ベクトルが 1 次独立であればそれは自明解のみをもつ，つまり一意な解をもちます．それは，同次方程式は図 11(a) において定数ベクトルがゼロベクトルのときに対応するからです．つまり，$\tilde{\boldsymbol{b}} = \boldsymbol{0}$ です．このとき $\boldsymbol{x}^* = \boldsymbol{0}$ でなくてはなりません．そして，それ以外に解はありません．

定理 4

$A\boldsymbol{x} = \boldsymbol{0}$ が自明な解のみをもつための必要十分条件は (18) である．

この結果は p.93 にある自明解のみの (20) の一般化になります．

C　連立1次方程式の不定解

不定解が存在する場合を分析します．図10の $*$ の部分があるときでです．よって，$r = \operatorname{rank} A < n$ が成り立っています．このとき，$n-r$ 個のピボットを含まない列が現れます．この列の個数は解の**自由度**と呼ばれます．例7では $n = 2$ で，$r = 1$ なので自由度は1です．この連立方程式の解は1個のパラメータ t を用いて，$(x^*, y^*) = (t, 20-t)$ となります．このように自由度はパラメータの数を定めることができます．

ランクは行の数を超えることはないので，もし $m < n$ ならば連立1次方程式は不定解をもつことが分かります．変数を決定する十分な方程式がないのです．この場合，定理4より，付随する同次方程式には非自明な解が存在します．

第4章では，連立1次方程式の解が不定のとき，それに付随する同次方程式が重要な役割を果たすことを知りました．さらに分析を進めます．連立1次方程式 $A\boldsymbol{x} = \boldsymbol{b}$ のある1つ解は $\boldsymbol{x}_0$ であるとします．第4.3節(p.98)では**特殊解**といいましたね．以下の付随する同次方程式のある解 $\boldsymbol{x}_1$ を考えます．

$$A\boldsymbol{x} = \boldsymbol{0}$$

これを**一般解**といいましたね．ここで，特殊解と，付随する同次方程式の一般解の2つの解の和

$$\boldsymbol{x}^* = \boldsymbol{x}_0 + \boldsymbol{x}_1$$

は，$A\boldsymbol{x} = \boldsymbol{b}$ の解になります．これは以下のように証明できます．

$$A\boldsymbol{x}^* = A(\boldsymbol{x}_0 + \boldsymbol{x}_1) = A\boldsymbol{x}_0 + A\boldsymbol{x}_1 = \boldsymbol{b} + \boldsymbol{0} = \boldsymbol{b}$$

このように解が不定のとき，p.98で学んだようにその解は特殊解と，付随する同次方程式の一般解の和になることが証明できました．定理として述べておきましょう．

定理 5

$\boldsymbol{x}_0$ が $A\boldsymbol{x} = \boldsymbol{b}$ のある解であるとする．そして $\boldsymbol{x}_1$ が $A\boldsymbol{x} = \boldsymbol{0}$ のある解であるとする．このとき，$A\boldsymbol{x} = \boldsymbol{b}$ の解は $\boldsymbol{x}^* = \boldsymbol{x}_0 + \boldsymbol{x}_1$ の形で表すことができる．このとき，パラメータの個数は $n - \operatorname{rank} A$ である．

D　同次連立1次方程式と逆行列

第7.5.B項では解の一意性にムダな方程式があることを認めていました．まったくムダがない場合を考えます．つまり，方程式の数と変数の

数が同じ場合です．このとき一意性から $\mathrm{rank}\, A = r = n = m$ になります (図 11(b))．連立 1 次方程式を写像として捉える部分は難しいかもしれません．そう思える人はこの項は飛ばしても構いません．

最も簡単な場合は，第 4 章の p.95 で学んだ 2 個の方程式からなる 2 元連立 1 次方程式です．その同次連立 1 次方程式 (19) を再掲します．

$$A\boldsymbol{x} = \boldsymbol{0}, \quad A = \begin{pmatrix} \boldsymbol{a}_{\cdot 1} & \boldsymbol{a}_{\cdot 2} \end{pmatrix} = \begin{pmatrix} a & b \\ c & d \end{pmatrix} \tag{19}$$

これが自明解 $\boldsymbol{x}^* = \boldsymbol{0}$ のみをもつ条件は，定理 4 のフルランクです．つまり，A の列ベクトルは 1 次独立であることです．p.94 の定理 1 から以下が成り立ちます．

$$\text{自明解のみをもつ} \quad \Longleftrightarrow \quad ad - bc \neq 0$$

この式は行列式です．$\det A \neq 0$ を意味します．つまり，以下が成り立ちます．

$$\boldsymbol{A\boldsymbol{x} = \boldsymbol{0}}\ \textbf{は自明解のみ} \quad \Longleftrightarrow \quad \boldsymbol{\det A \neq 0}$$

1 変数の方程式 $ax = 0$ では，明らかに自明解しかもたない条件は $a \neq 0$ です．多変数になると行列式が 0 ではない条件になります．よって，次のことが分かりました．

$$\textbf{逆行列が存在する} \quad \Longleftrightarrow \quad \boldsymbol{A\boldsymbol{x} = \boldsymbol{0}}\ \textbf{は自明解のみ}$$

以上の分析は一般の n 次正方行列でも成り立ちます．そのため (19) を一般の形にして (15) のような行列表示し，その列ベクトルで方程式を表示してみます．

$$A\boldsymbol{x} = \boldsymbol{0} \quad \Longleftrightarrow \quad x_1\boldsymbol{a}_{\cdot 1} + \cdots + x_n\boldsymbol{a}_{\cdot n} = \boldsymbol{0} \tag{20}$$

A の列ベクトルが 1 次独立であれば，定義により右辺を満たすものは $\boldsymbol{x} = \boldsymbol{0}$ のみです．よって，自明な解のみをもつことが分かります．これは定理 4 の別の証明でもあります．そして，これは A を写像として考えたときに，**列ベクトルが 1 次独立な A は単射である**ことが分かります (練習問題 [5])．

連立 1 次方程式 $A\boldsymbol{x} = \boldsymbol{b}$ の解 $\boldsymbol{x}^*$ は，(16) で示したように，その列ベクトルの 1 次結合で $\boldsymbol{b}$ を表現できます．

$$x_1^*\boldsymbol{a}_{\cdot 1} + \cdots + x_n^*\boldsymbol{a}_{\cdot n} = \boldsymbol{b}$$

ここで $m = n$ より，$\boldsymbol{b}$ も n 次元ベクトルです．n 個の 1 次独立な列ベクトルでそのような n 次元ベクトルも表現できます．よって，任意の定

数ベクトル $\boldsymbol{b}$ に対してある解 $\boldsymbol{x}$ があります．それは写像としての $\boldsymbol{A}$ **が全射である**ことを意味します．

よって A は全単射になり，その逆行列 A^{-1} が存在します．逆行列が存在すると，逆に同次方程式に自明解のみをもつことが分かります．

$$A\boldsymbol{x} = \boldsymbol{0} \iff (A^{-1}A)\boldsymbol{x} = A^{-1}\boldsymbol{0} \iff I\boldsymbol{x} = \boldsymbol{0} \iff \boldsymbol{x} = \boldsymbol{0}$$

様々な面から逆行列を分析しました．以上をまとめておきましょう．

定理 6

n 次正方行列 A が逆行列 A^{-1} をもつ同値な条件は以下である．

$$\begin{aligned} A \text{ は全単射} &\iff \det A \neq 0 \\ \iff \text{列ベクトルは独立} &\iff A\boldsymbol{x} = \boldsymbol{0} \text{ は自明解のみ} \end{aligned}$$

E　連立 1 次方程式と逆行列

係数行列が正方行列となる場合，同次連立 1 次方程式の一意な解のための必要十分条件は，逆行列の存在条件と同じでした．もとの連立 1 次方程式は以下です．

$$A\boldsymbol{x} = \boldsymbol{b}, \qquad A = \begin{pmatrix} a & b \\ c & d \end{pmatrix}, \quad \boldsymbol{b} = \begin{pmatrix} e \\ f \end{pmatrix} \tag{21}$$

行列式が 0 でないときに存在が保証される逆行列を，左から上式に掛けてみましょう．

$$A^{-1}A\boldsymbol{x} = A^{-1}\boldsymbol{b}$$

左辺の $A^{-1}A$ は単位行列に等しくなりますから，結局

$$\boldsymbol{x} = A^{-1}\boldsymbol{b}$$

となります．つまり，$A^{-1}\boldsymbol{b}$ が解となります．p.144 の逆行列の式 (17) を思い出してまとめると以下になります．

2 本の方程式からなる 2 元連立 1 次方程式と逆行列

(21) が一意な解をもつ必要十分条件は $\det A \neq 0$ であり，解は以下である．

$$\boldsymbol{x}^* = A^{-1}\boldsymbol{b} = \frac{1}{ad-bc}\begin{pmatrix} d & -b \\ -c & a \end{pmatrix}\begin{pmatrix} e \\ f \end{pmatrix} = \begin{pmatrix} \dfrac{de-bf}{ad-bc} \\ \dfrac{af-ce}{ad-bc} \end{pmatrix}$$

以上の導出をまとめると以下になります．$\det A \neq 0$ のとき

$$A\boldsymbol{x} = \boldsymbol{b} \iff (A^{-1}A)\boldsymbol{x} = A^{-1}\boldsymbol{b} \iff I\boldsymbol{x} = A^{-1}\boldsymbol{b} \iff \boldsymbol{x} = A^{-1}\boldsymbol{b}$$

これは第 1 章の 1 変数 1 次方程式の解の公式 (6) の導出と同じですね．

行列式と方程式の解について興味深い関係があります．変数 x の解の分子 $de-bf$ は行列式 $\begin{vmatrix} e & b \\ f & d \end{vmatrix}$ であり，変数 y の解の分子 $af-ce$ は行列式 $\begin{vmatrix} a & e \\ c & f \end{vmatrix}$ です．このように，行列の列を入れ替えて行列式を導き，方程式の解を導く方法を**クラメルの公式**と呼びます．

例 12　次の連立 1 次方程式の解を求めてください．

$$(1)\quad \begin{cases} x + 2y = 21 \\ 2x + 4y = 60 \end{cases} \qquad (2)\quad \begin{cases} 2x + 3y = 3 \\ 4x + 5y = 7 \end{cases}$$

解答 12　(1) $\mathrm{rank}\,A = 1 < \mathrm{rank}(A\ \boldsymbol{b}) = 2$ から解はありません，(2) 以下のように最初の方程式に 2 を掛けて計算すると，解は $(x, y) = (3, -1)$ となります．

$$\begin{pmatrix} 2 & 3 & 3 \\ 4 & 5 & 7 \end{pmatrix} \to \begin{pmatrix} 4 & 6 & 6 \\ 0 & -1 & 1 \end{pmatrix} \to \begin{pmatrix} 4 & 0 & 12 \\ 0 & 1 & -1 \end{pmatrix} \to \begin{pmatrix} 1 & 0 & 3 \\ 0 & 1 & -1 \end{pmatrix}$$

例 12 (2) は，ここで学んだ逆行列を計算して $\boldsymbol{b}$ を掛けて解を求めることもできます．しかし，行基本変形の方が計算が少ないと考えられます．

ここまでは 2×2 行列について説明しましたが，一般の n 次正方行列においても同様の原理が適用されます．

n 本の方程式からなる n 元連立 1 次方程式の解

$m = n$ である連立 1 次方程式 (15) が一意な解をもつ必要十分条件は $\det A \neq 0$ であり，解は以下である．

$$\boldsymbol{x}^* = A^{-1}\boldsymbol{b} \tag{22}$$

練習問題 7

1 行列 $A = \begin{pmatrix} a & b \\ x & y \end{pmatrix}$ の第 2 行ベクトルを変数とみなし，行列式を $g(x, y) = |A| = ay - bx$ とするとき，g はこの変数に関して線形性を有していることを示してください．

2 拡大係数行列の変換 (10) の各ステップを，以下の各行列を左から拡大係数行列に掛けることで表現できます．その変換が正しいことを，行列の積を計算して確かめてください．そして，その積 $T_5T_4T_3T_2T_1$ が $T = \begin{pmatrix} 2 & -\frac{1}{2} \\ -1 & \frac{1}{2} \end{pmatrix}$ に等しくなることを示してください．

(1) ① × 2：$T_1 = \begin{pmatrix} 2 & 0 \\ 0 & 1 \end{pmatrix}$，　(2) ① × (−1) + ②：$T_2 = \begin{pmatrix} 1 & 0 \\ -1 & 1 \end{pmatrix}$，

(3) ② × $\frac{1}{2}$：$T_3 = \begin{pmatrix} 1 & 0 \\ 0 & \frac{1}{2} \end{pmatrix}$，　(4) ② × (−2) + ①：$T_4 = \begin{pmatrix} 1 & -2 \\ 0 & 1 \end{pmatrix}$，

(5) ① × $\frac{1}{2}$：$T_5 = \begin{pmatrix} \frac{1}{2} & 0 \\ 0 & 1 \end{pmatrix}$，　(6) $T_5T_4T_3T_2T_1$

3 練習問題 2 の変換を参考にして，例 6 と例 7 の拡大係数行列の変換のための行列を表してください．そして，その行列と拡大係数行列の積を表現してください．

4 行基本変形を用いて，連立 1 次方程式 (21) が一意な解をもつ必要十分条件は $ad - bc \neq 0$ であることを示してください．また，その解は以下であることを示してください．

$$x = \frac{de - bf}{ad - bc}, \qquad y = \frac{af - ce}{ad - bc}$$

5 $A\boldsymbol{x} = \boldsymbol{0}$ が自明な解のみをもてば，A を写像として考えたときに単射であることを証明してください．

8 多変数関数の微分

多変数関数の微分について，2 変数関数を中心に学びます．最適化や最小 2 乗法では多変数の微分が用いられます．多変数になると独特の難しさが出てきますが，ベクトル (行列) を用いると簡単に表現できます．

8.1 2変数関数の微分

1 変数関数の微分を復習し，2 変数関数をどのように表現したらよいのかを学びます．ベクトルが大いに役立つことが分かるでしょう．

A 2 変数関数の微分の直観的な定義

皆さんは関数 $y = x^2$ を微分して $y' = (x^2)' = 2x$ とすることで，関数のグラフの傾きを求めたことがあるでしょう．ここでは関数 $f(x, y) = x^2 + y^2$ や $g(x, y) = \sqrt{xy}$ のような 2 変数関数の微分を考えます．一般に，**2 変数実数値関数**は，ある 2 次元ベクトル $\boldsymbol{x} \in \mathbb{R}^2$ にある実数を与えます．

その定義に入る前に，まず 1 変数の微分を復習し，なぜその定義が 2 変数関数にそのまま適用できないのかを見てみましょう．ここで**区間**とは，その任意の 2 つの数のあいだにあるすべての数を含む実数の部分集合です． **開区間**とは端の点である端点(たんてん)を含まない区間で，次の 4 種類の形で表されます．実数全体も一種の開区間です．

開区間
→『経済数学入門』
p.48

$$(a, b) = \{x \in \mathbb{R} | a < x < b\}, \qquad (-\infty, b) = \{x \in \mathbb{R} | x < b\}$$
$$(a, +\infty) = \{x \in \mathbb{R} | a < x\}, \qquad (-\infty, +\infty) = \mathbb{R}$$

一方，端点を含む区間は**閉区間**と呼ばれます．これらは欄外の図に描かれています．

$$[a, b] = \{x \in \mathbb{R} | a \leq x \leq b\}, \qquad (-\infty, b] = \{x \in \mathbb{R} | x \leq b\}$$
$$[a, +\infty) = \{x \in \mathbb{R} | a \leq x\}, \qquad [0, 1] = \{x \in \mathbb{R} | 0 \leq x \leq 1\}$$

右下の閉区間 $[0, 1]$ は**単位区間**といい，解析学や確率論で頻繁に出てきます．**半開区間**または**半閉区間**は，一方の端点を含み他方の端点を含まない区間です．

$$[a, b) = \{x \in \mathbb{R} | a \leq x < b\}, \quad (a, b] = \{x \in \mathbb{R} | a < x \leq b\}$$

1 変数関数の微分係数

開区間 $X \subset \mathbb{R}$ 上で定義された関数 $f : X \to \mathbb{R}$ のある点 $a \in X$ において，極限

$$\lim_{h \to 0} \frac{f(a+h) - f(a)}{h} \tag{1}$$

が存在するとき，f は点 a で**微分可能**であるという．この極限を関数 f の点 a における**微分係数**と呼び，それを $f'(a)$, $\dfrac{df}{dx}(a)$, $Df(a)$ と表現する．

微分係数
→『経済数学入門』
p.136

区間の端点においては**片側微分**の概念で対応します．h を正の数から 0 に近づける $h \to 0+$，および負の数から 0 に近づける $h \to 0-$ により，それぞれ極限

$$\lim_{h \to 0+} \frac{f(a+h) - f(a)}{h}, \qquad \lim_{h \to 0-} \frac{f(a+h) - f(a)}{h} \tag{2}$$

が存在するとき，f は点 a で**右側微分可能**，および**左側微分可能**であるといいます．各極限をそれぞれ**右側微分係数**，および**左側微分係数**と呼びます．

例 1 $X = [0,1]$ 上の関数 $y = f(x) = x$ の微分係数は $y' = 1$ です．$x = 0$ では右側微分係数，$x = 1$ では左側微分係数になります．そのグラフは欄外の図にあります．

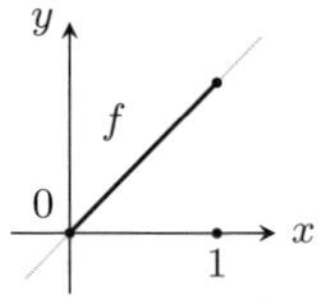

定義域 X 内のすべての点で微分可能な関数を，**微分可能関数**といいます．このとき，各点 $x \in X$ で得られる微分係数 $f'(x)$ との対応関係を**導関数**といいます．それを f', $\dfrac{df}{dx}$, Df などで表します．導関数を求めることを**微分する**といいます．

このように，$h \to 0$ としたときの**平均変化率** $\dfrac{\Delta y}{\Delta x} = \dfrac{f(a+h) - f(a)}{h}$ の極限が微分係数です．この微分の定義は多変数では使用できません．それは，平均変化率はある数 h で割っているからです．多変数では変数はベクトルです．例えば，ベクトル $\begin{pmatrix} 1 \\ 1 \end{pmatrix}$ で割ることはできません．

ではどうすればよいのかを図 1 で考えましょう．微分することは接線の傾きを求めることでした．そして，ある点 a の接線とは，関数のグラフを直線で近似できることを意味します．もちろん，近似ですから点 a に十分近い点です．直線の点を a に近づければいくらでも近似の精度を

図 1　1 変数関数のグラフとその接線

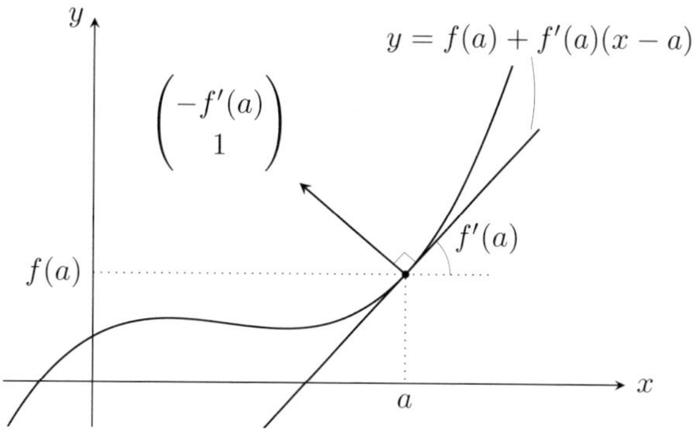

上げられます．もし，1 変数の微分 (1) においてある数 $f'(a)$ があれば，点 a に十分近い点 x では，関数 f を以下の方程式で表される直線で**線形近似**できます．

$$y=f(a)+f'(a)(x-a) \tag{3}$$

この式は点 $(a,f(a))$ を通る傾き $f'(a)$ の直線です．それは図 1 に描かれています．微分は $y=l(x)=ax+b$ の傾き a を求めることであり，接線の法線ベクトルは p.69 の (20) より $\begin{pmatrix}-f'(a)\\1\end{pmatrix}$ であることが分かります．

この接線に類似する概念を 2 変数関数に導入しましょう．図 2 にある 2 変数関数のグラフでは，ある点 $\boldsymbol{a}=\begin{pmatrix}a\\b\end{pmatrix}$ に $c=f(\boldsymbol{a})$ が対応しています．この点の座標は $\mathrm{P}(a,b,c)$ です．変数が増えたので，直線ではなく平面で近似を考えるのがよいでしょう．つまり，点 P でグラフに接する平面が存在することが微分可能の定義とします．このような，一般に関数のある点におけるグラフに接する平面を**接平面**といいます．

図 2　2 変数関数のグラフと接平面

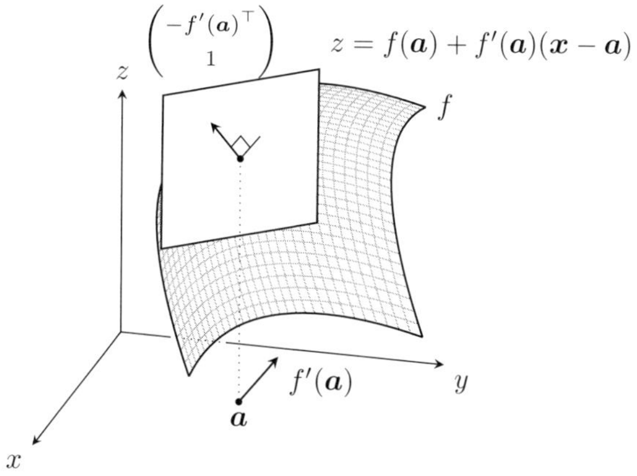

平面の方程式は p.84 の (7) の $ax+by+cz+d=0$ でした．これを z イコールの式にして $z=Ax+By+C$ にすると，接平面の一般式になります．1 変数ならば接線の傾きである数が微分係数ですが，2 変数ならば接平面を定義する

$$z = Ax + By + C = \begin{pmatrix} A & B \end{pmatrix} \begin{pmatrix} x \\ y \end{pmatrix} + C$$

の **2 次行ベクトル** $\begin{pmatrix} A & B \end{pmatrix}$ **が微分係数になる**ことが分かります．関数 f のある点 $\boldsymbol{a} = \begin{pmatrix} a \\ b \end{pmatrix}$ におけるグラフに接する平面 p は，以下の式になります．

$$\begin{aligned} z = p(\boldsymbol{x}) &= A(x-a) + B(y-b) + f(a,b) = \begin{pmatrix} A & B \end{pmatrix} \begin{pmatrix} x-a \\ y-b \end{pmatrix} + f(a,b) \\ &= \begin{pmatrix} A & B \end{pmatrix} (\boldsymbol{x}-\boldsymbol{a}) + f(\boldsymbol{a}) = f(\boldsymbol{a}) + f'(\boldsymbol{a})(\boldsymbol{x}-\boldsymbol{a}) \end{aligned} \quad (4)$$

ここで，$\boldsymbol{x}-\boldsymbol{a} = \begin{pmatrix} x-a \\ y-b \end{pmatrix}$ としています．このとき $\boldsymbol{x}$ が十分 $\boldsymbol{a}$ に近ければ，関数 $f(\boldsymbol{x})$ は $p(\boldsymbol{x})$ で近似できます．

B　2 変数関数の微分の定義

第 8.1.A 項では，微分は関数のグラフを近似する平面として捉えると説明しました．この近似の様子を，1 変数の微分 (1) の式を変形して考察します．

$$f'(a) = \lim_{h\to 0} \frac{f(a+h)-f(a)}{h} \iff \lim_{h\to 0} \frac{f(a+h)-f(a)-f'(a)h}{h} = 0$$

ここで $x=a+h$ と置きます．$h=x-a$ であり，$h\to 0$ のとき $x\to a$ です．

$$\lim_{x\to a} \frac{|f(x)-f(a)-f'(a)(x-a)|}{|x-a|} = 0 \quad (5)$$

ある数 $f'(a)$ は，図 1 の点 $(a, f(a))$ での f の接線の傾きを意味します．

この式から変数がベクトルである微分の定義に移る際に，注意点が 2 つあります．第 1 に，ここでは絶対値で表現していますが，2 変数ではベクトルの長さで考えることになります．数で割るのではなく，距離で割って極限を取ります．第 2 に，傾き $f'(a)$ は数ですが，変数にベクトルをもつ場合は，(4) にある行ベクトル $\begin{pmatrix} A & B \end{pmatrix}$ が存在することが必要になります．

微分の定義の前に，関数の連続性を述べておきましょう．関数 f はそ

の定義域の点 $\boldsymbol{a}$ で以下を満たすとき，$\boldsymbol{a}$ で**連続**といいます．

$$\lim_{\boldsymbol{x}\to\boldsymbol{a}} |f(\boldsymbol{x}) - f(\boldsymbol{a})| = 0 \tag{6}$$

関数がある点で微分可能であれば，それはその点で連続になります．

2 変数関数の微分

集合 $X \subset \mathbb{R}^2$ とし，関数 $f: X \to \mathbb{R}$ のある点 $\boldsymbol{a} \in X$ に対して，以下の 2 次行ベクトル $f'(\boldsymbol{a})$ が存在するとき

$$\lim_{\boldsymbol{x}\to\boldsymbol{a}} \frac{|f(\boldsymbol{x}) - f(\boldsymbol{a}) - f'(\boldsymbol{a})(\boldsymbol{x}-\boldsymbol{a})|}{|\boldsymbol{x}-\boldsymbol{a}|} = 0 \tag{7}$$

f は点 $\boldsymbol{a}$ で**微分可能**であるという．このとき，$f'(\boldsymbol{a})$ を関数 f の点 $\boldsymbol{a}$ における**微分係数**といい，$\dfrac{df}{d\boldsymbol{x}}(\boldsymbol{a}), Df(\boldsymbol{a})$ とも表現する．f が各点 $\boldsymbol{a} \in X$ で微分可能ならば，f は**微分可能**という．さらに，関数 f が微分可能なとき，変数 $\boldsymbol{x}$ からその微分係数を与える関数を f の**導関数**といい，f', $\dfrac{df}{d\boldsymbol{x}}$, Df と表現します．導関数を求めることを**微分する**という．

集合 X は，p.244 で開集合として定義されます．

この定義の $f'(\boldsymbol{a})(\boldsymbol{x}-\boldsymbol{a})$ は，2 次行ベクトル $f'(\boldsymbol{a})$ と 2 次列ベクトル $\boldsymbol{x}-\boldsymbol{a}$ の積である数を意味します．この定義 (7) は 1 変数関数の微分の定義 (5) と形式的には同じですね．この定義は抽象的ですが，図 2 の xy 平面上にあるベクトルになります．そして，この微分 (7) は，偏微分を成分とするベクトルとして表現できることをこれから学びます．それを紹介する前に偏微分を確認しましょう．

C　2 変数関数の偏微分

2 変数関数の偏微分は，一方の変数を固定することによって 1 変数とみなし，1 変数の微分を行なうことです．例えば，図 3 にある偏微分 $\dfrac{\partial f}{\partial x}$ は，$y = b$ と固定して x の変化による関数の変化を捉えます．いうなれば，平面 $y = b$ で関数のグラフを切り取ったときに得られる曲線における傾きが偏微分です．変数 x に関して**偏微分可能**とは，以下の極限が存在することをいいます．そして，その極限を x に関する偏微分係数といいます．

図 3　曲面と偏微分

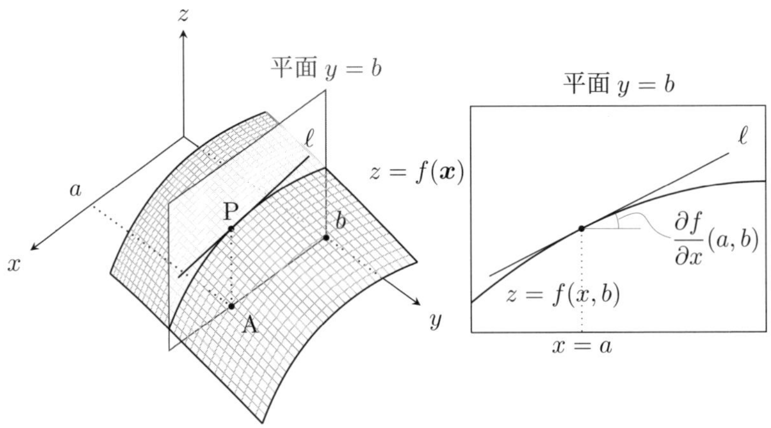

点 (a,b) における x に関する偏微分係数

$$\frac{\partial f}{\partial x}(a,b)=\lim_{h\to 0}\frac{f(a+h,b)-f(a,b)}{h} \tag{8}$$

ここに出てくる記号 ∂ はラウンドと読んで，微分の記号 d の変形だと考えてください．少し変わっていると，多変数かどうかを見分けられます．同様に，点 (a,b) における y に関する**偏微分係数** $\dfrac{\partial f}{\partial y}(a,b)$ も定義できます．$h\to 0$ のときの $\dfrac{f(a,b+h)-f(a,b)}{h}$ の極限となります．他の偏微分の記号を紹介します．

偏微分係数
→『経済数学入門』
p.180

$$f_x(a,b),\qquad f_y(a,b),\qquad D_xf(a,b),\qquad D_yf(a,b)$$

偏微分には導関数もあります．**偏導関数**とは，関数の変数に対してその偏微分係数を与える関数です．記法も 1 変数関数と同様に，x と y の偏導関数をそれぞれ

$$\frac{\partial f}{\partial x},\ \frac{\partial f}{\partial y},\qquad f_x,\ f_y,\qquad D_xf,\ D_yf$$

と書きます．偏導関数を求めることを**偏微分する**といいます．

例 2　関数 $f(x,y)=16-x^2-y^2$, $g(x,y)=2x^2+2xy+2y^2$, $h(x,y)=2x+3y$ の各偏導関数を求めてください．

解答 2　他の変数は定数として考えればよいのですから，$f_x(x,y)=(-x^2)'+(\text{定数})'=-2x$ となります．同様に $f_y(x,y)=-2y$ となります．$g_x(x,y)=2(x^2)'+2y(x)'=4x+2y$ となります．同様に $g_y(x,y)=4y+2x$ となります．

$h_x(x,y)=2,\ g_y(x,y)=3$ となります．

例 3　関数 $f(x,y)=\sqrt{xy}$ を各変数で偏微分してください．

解答 3

$$\frac{\partial f}{\partial x}=\sqrt{y}(\sqrt{x})'=\sqrt{y}\cdot\frac{1}{2}x^{-\frac{1}{2}}=\frac{1}{2}\sqrt{\frac{y}{x}},$$
$$\frac{\partial f}{\partial y}=\sqrt{x}(\sqrt{y})'=\sqrt{x}\cdot\frac{1}{2}y^{-\frac{1}{2}}=\frac{1}{2}\sqrt{\frac{x}{y}}$$

D　2 変数関数の微分のベクトル表現

多変数の微分を接平面 (4) の定義から見てみましょう．微分の定義 (7) より，微分係数は 2 次行ベクトルです．

$$f'(\boldsymbol{a})=\begin{pmatrix}A & B\end{pmatrix}$$

この A は x に関する偏微分係数 $\dfrac{\partial f}{\partial x}(\boldsymbol{a})$ になります．同様に B も $\dfrac{\partial f}{\partial y}(\boldsymbol{a})$ になります．直観的には，x 方向への変化は変数のその方向への変化 $x-a$ に，関数の y を固定したときの変化である x の偏微分係数を掛けたものになるからです．同様に y 方向の変化も偏微分係数を掛けたものになり，この 2 つの効果を足したものが関数値の変化になるからです．

2 変数実数値関数 f の微分のベクトル表現

集合 $X\subset\mathbb{R}^2$ とし，関数 $f:X\to\mathbb{R}$ が微分可能であるとする．そのとき，偏導関数 $\dfrac{\partial f}{\partial x}$ と $\dfrac{\partial f}{\partial y}$ が存在する．微分の定義 (7) の 2 次行ベクトル $f'(\boldsymbol{a})$ は以下で表現できる．

$$f'(\boldsymbol{a})=\left(\frac{\partial f}{\partial x}(\boldsymbol{a})\quad\frac{\partial f}{\partial y}(\boldsymbol{a})\right)\tag{9}$$

1 変数関数の微分と同様に，f' を**導関数**といいます．それを求めることを微分するといいます．この定義は変数の数が n でも成り立ちます．よって，多変数関数の微分は，各々の偏微分係数を成分とする行ベクトルとして表現できます．

例 4　例 2 の関数 f, g, h を微分してください．

解答 4　例 2 の結果より以下になります．

$$f'(\boldsymbol{x}) = \begin{pmatrix}-2x & -2y\end{pmatrix}, \quad g'(\boldsymbol{x}) = \begin{pmatrix}4x+2y & 2x+4y\end{pmatrix}, \quad h'(\boldsymbol{x}) = \begin{pmatrix}2 & 3\end{pmatrix}$$

例 5

例 3 の関数 $f(x,y) = \sqrt{xy}$ を微分して，$f'(1,1)$ を求めてください．

解答 5

$$f' = \begin{pmatrix}\dfrac{\partial f}{\partial x} & \dfrac{\partial f}{\partial y}\end{pmatrix} = \begin{pmatrix}\dfrac{1}{2}\sqrt{\dfrac{y}{x}} & \dfrac{1}{2}\sqrt{\dfrac{x}{y}}\end{pmatrix} \quad \therefore \quad f'(1,1) = \begin{pmatrix}\dfrac{1}{2} & \dfrac{1}{2}\end{pmatrix}$$

よって，(9) から接平面 (4) の方程式が得られます．

接平面の方程式

集合 $X \subset \mathbb{R}^2$ とし，関数 $f: X \to \mathbb{R}$ が微分可能であるとする．そのとき，点 $\boldsymbol{a}$ における $z = f(\boldsymbol{x})$ の**接平面**の方程式は以下で与えられる．

$$z = f'(\boldsymbol{a})(\boldsymbol{x}-\boldsymbol{a}) + f(\boldsymbol{a}) = \begin{pmatrix}\dfrac{\partial f}{\partial x}(\boldsymbol{a}) & \dfrac{\partial f}{\partial y}(\boldsymbol{a})\end{pmatrix}(\boldsymbol{x}-\boldsymbol{a}) + f(\boldsymbol{a}) \quad (10)$$

この平面の法線ベクトルは以下で与えられる．

$$\begin{pmatrix}-\dfrac{\partial f}{\partial x}(\boldsymbol{a}) & -\dfrac{\partial f}{\partial y}(\boldsymbol{a}) & 1\end{pmatrix}$$

例 6

例 2 の関数 f の点 $\boldsymbol{a} = \begin{pmatrix}1\\1\end{pmatrix}$ における接平面の方程式を求めてください．

解答 6

例 4 の解答を参考にして求まります．

$$\begin{aligned} z &= f'(\boldsymbol{a})(\boldsymbol{x}-\boldsymbol{a}) + f(\boldsymbol{a}) = \begin{pmatrix}-2\cdot 1 & -2\cdot 1\end{pmatrix}\begin{pmatrix}x-1\\y-1\end{pmatrix} + 16 - 1^2 - 1^2 \\ &= -2(x-1) - 2(y-1) + 14 = -2x - 2y + 18 \qquad \therefore z = -2x-2y+18 \end{aligned}$$

関数 h の接平面は，$z = h'(\boldsymbol{a})(\boldsymbol{x}-\boldsymbol{a}) + h(\boldsymbol{a}) = \begin{pmatrix}2 & 3\end{pmatrix}\begin{pmatrix}x-1\\y-1\end{pmatrix} + 5$ から $z = 2x+3y$ になります．この計算から，平面それ自身は接平面に一致することが分かります．これは，1 変数関数のグラフである直線はそれ自身が接線である，という事実の多変数版と捉えられることを示しています．

8.2　勾配ベクトル

2 変数関数の微分の意味を探るため，ベクトルの向きやその大きさを学びます．そして，最適化に必要な概念を導入します．

A　勾配ベクトルとは何か

偏微分係数や偏導関数を列ベクトルでまとめる記法を導入します．(9) の $f'(\boldsymbol{a})$ は行ベクトルですが，それを列ベクトルとして扱うと後に便利になります．

勾配ベクトル

2 変数実数値関数 f の**勾配ベクトル**を以下に定義する．記号 $\mathrm{grad} f$ も用いられる．

$$\nabla f = \frac{\partial f}{\partial \boldsymbol{x}} = \begin{pmatrix} \dfrac{\partial f}{\partial x} \\ \dfrac{\partial f}{\partial y} \end{pmatrix} \tag{11}$$

ここで記号 ∇ はナブラと読みます．ギリシャ文字ではありません．記号 grad は勾配の英語 gradient から来ています．この言葉から，∇f は関数のグラフの勾配と密接に関連していることが分かります．

もちろん，(9) と (11) から $\nabla f = f'^{\top}$ が成り立っています．微分をナブラで表すと，基本ベクトルを用いて以下の表現ができます．

$$\nabla f = \frac{\partial f}{\partial x}\boldsymbol{e}_1 + \frac{\partial f}{\partial y}\boldsymbol{e}_2$$

例 7　例 2 の関数 f の勾配ベクトルを求めてください．

解答 7　例 4 の解答を参考にして求まります．

$$\nabla f = f'(\boldsymbol{x})^{\top} = \begin{pmatrix} -2x & -2y \end{pmatrix}^{\top} = \begin{pmatrix} -2x \\ -2y \end{pmatrix}$$

勾配ベクトルの方向はどちらを向いているでしょうか？　関数値の最大増加方向を指していることを後から証明します．そのために，もう 1 つ微分概念を紹介します．

B　方向微分

勾配ベクトルはその名の通り，関数のグラフの勾配と関係があります．それを知るため，x 軸方向と y 軸方向だけでなく，任意の方向への微分を考える必要があります．そのような微分を**方向微分**といいます．ここでの方向はベクトル $\boldsymbol{v}$ で表されていて，その長さは 1 であるとします．方向微分のイメージは図 4 に描かれています．

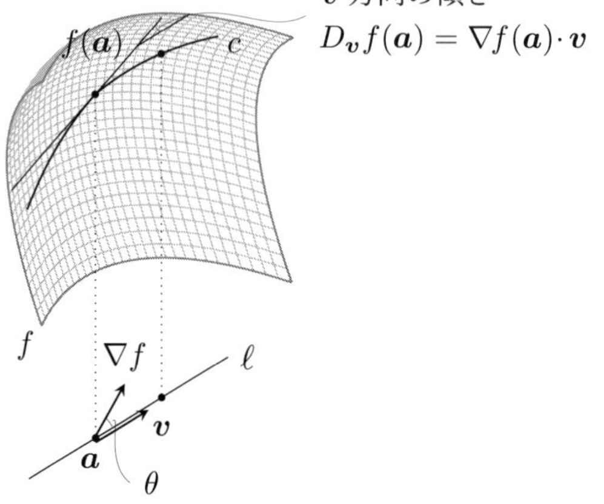

図 4　方向微分および微分と方向の積

図 4 の xy 平面に直線 ℓ が描かれています．その直線上の点 (x, y) とその値 $z = f(x, y)$ は，曲線 c 上にあります．例えば，ℓ 上の点 $\boldsymbol{a}$ に対応する値が $f(\boldsymbol{a})$ です．ℓ を通る点 $\boldsymbol{a}$ が示す $(\boldsymbol{a}, f(\boldsymbol{a}))$ の曲線 c の接線の傾きが，ℓ に沿った方向微分です．いうなれば，ℓ から xy 平面上に垂直な平面で切り取った曲線の接線の傾きが方向微分です．

方向微分

集合 $X \subset \mathbb{R}^2$ と単位ベクトル $\boldsymbol{v} \in \mathbb{R}^2$ とし，関数 $f : X \to \mathbb{R}$ のある点 $\boldsymbol{a} \in X$ に対して，以下の極限が存在するとき

$$\lim_{h\to 0} \frac{f(\boldsymbol{a} + h\boldsymbol{v}) - f(\boldsymbol{a})}{h} \tag{12}$$

f は点 $\boldsymbol{a}$ において $\boldsymbol{v}$ 方向で**方向微分可能**であるという．その極限を関数 f の点 $\boldsymbol{a}$ における $\boldsymbol{v}$ 方向の**方向微分係数**という．それを $D_{\boldsymbol{v}}f(\boldsymbol{a})$ で表す．

方向微分係数はある数であり，偏微分係数の一般化です．基本ベクトルの方向 (例えば x 軸の正の方向の $\boldsymbol{e}_1$) の方向微分は，その方向の偏微分と一致します．つまり，図 4 の直線 ℓ が x 軸の場合です．このとき $\boldsymbol{a} + h\boldsymbol{e}_1 = \begin{pmatrix} a \\ b \end{pmatrix} + h\begin{pmatrix} 1 \\ 0 \end{pmatrix} = \begin{pmatrix} a+h \\ b \end{pmatrix}$ です．$\boldsymbol{a}$ からの移動では $y = b$ は

変化しません．よって，$D_{\boldsymbol{e}_1} f(\boldsymbol{a})$ は変数 x に関する偏微分と等しくなります．つまり，$D_{\boldsymbol{e}_1} f(\boldsymbol{a}) = \dfrac{\partial f}{\partial x}(\boldsymbol{a})$ です．

一方，(11) から勾配ベクトル ∇f は偏微分の列ベクトルですから，勾配ベクトルと基本ベクトルとの内積は以下になります．

$$\nabla f \cdot \boldsymbol{e}_1 = \begin{pmatrix} \dfrac{\partial f}{\partial x} \\ \dfrac{\partial f}{\partial y} \end{pmatrix} \cdot \begin{pmatrix} 1 \\ 0 \end{pmatrix} = \frac{\partial f}{\partial x}$$

つまり，$\nabla f \cdot \boldsymbol{e}_1 = \dfrac{\partial f}{\partial x}$ です．よって，勾配ベクトルと基本ベクトルの内積はその方向の方向微分と等しくなります．

$$\nabla f(\boldsymbol{a}) \cdot \boldsymbol{e}_1 = D_{\boldsymbol{e}_1} f(\boldsymbol{a})$$

この等式から推察できるように，図 4 のように，ある方向の方向微分は勾配ベクトルとその方向の内積に等しくなります (練習問題 1).

勾配ベクトルと方向微分

$$D_{\boldsymbol{v}} f(\boldsymbol{a}) = \nabla f(\boldsymbol{a}) \cdot \boldsymbol{v} \tag{13}$$

導関数 Df (2 次行ベクトル) を用いて表現すると，方向 $\boldsymbol{v}$ (2 次列ベクトル) との積がその方向の方向微分です．

$$D_{\boldsymbol{v}} f = Df\boldsymbol{v}$$

このように f が $\boldsymbol{x}$ で微分可能であれば，任意の向き $\boldsymbol{v}$ の方向微分係数が存在して，それは (13) で与えられます．したがって，方向微分を個別に計算する必要はなく，Df と考えたい方向ベクトルの積により求められることが分かります．

例 8　例 2 の関数 f の方向 $\boldsymbol{v} = \begin{pmatrix} v_1 \\ v_2 \end{pmatrix}$ の方向微分を求めてください．

解答 8　(13) から例 4 の解答を参考にして求まります．$f(x, y) = 16 - x^2 - y^2$, $f_x(x, y) = -2x$, $f_y(x, y) = -2y$ から

$$D_{\boldsymbol{v}} f = \nabla f \cdot \boldsymbol{v} = \begin{pmatrix} -2x \\ -2y \end{pmatrix} \cdot \begin{pmatrix} v_1 \\ v_2 \end{pmatrix} = -2v_1 x - 2v_2 y$$

C 勾配ベクトルの方向

勾配ベクトルの方向は，曲面 $z = f(x, y)$ の値 z が最も増加する方向に向いていることを示しましょう．1 変数関数の変数の方向は，増える $(+)$ か減るか $(-)$ です．その微分係数が正ならば，関数値が増える方向は正の方向です．変数がベクトルになっても微分は関数の増大する方向になります．

ここで $\nabla f \neq \mathbf{0}$ と仮定します．(13) を p.56 の内積とコサインの関係 (11) を使い書き換えます．ここで θ は図 4 の ∇f と $\boldsymbol{v}$ のあいだの角です．

$$D_{\boldsymbol{v}} f = \nabla f \cdot \boldsymbol{v} = |\nabla f||\boldsymbol{v}|\cos\theta = |\nabla f|\cos\theta \tag{14}$$

方向微分の方向 $\boldsymbol{v}$ は単位ベクトルであること $|\boldsymbol{v}| = 1$ を使っています．

ある方向 $\boldsymbol{v}$ の方向微分の最大値は，(14) から $\cos\theta = 1$ で達成されます．その値は $|\nabla f|$ です．また，$\cos\theta = 1$ は p.53 の三角関数の値の表 2 より $\theta = 0$ を意味します．つまり，図 4 の ∇f と $\boldsymbol{v}$ のあいだの角はゼロです．これは，方向ベクトル $\boldsymbol{v}$ は ∇f と同じ向きであることが分かります．反対に，∇f の方向は関数値が最も大きくなる向きであることが分かります．

勾配ベクトルの方向は関数値の最大増加方向

ある点 $\boldsymbol{a}$ における関数値 $z = f(\boldsymbol{a})$ の増加が最も大きくなる方向は，∇f である．この方向の方向微分，つまり傾きは $|\nabla f|$ である．

図 5　勾配ベクトルと関数値の増加と減少

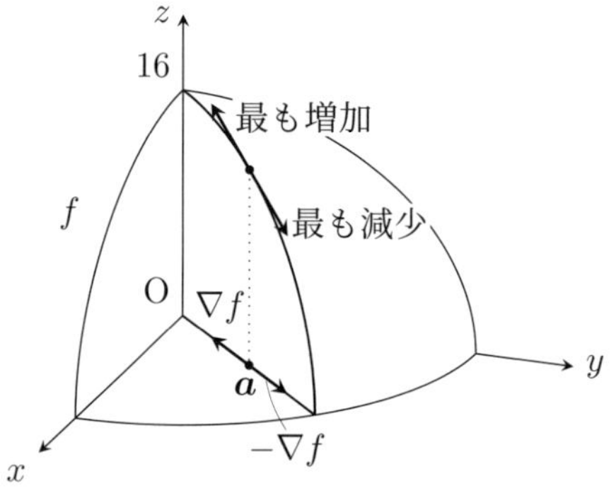

図 5 には p.186 の例 2 の関数 f のグラフが描かれています．例 7 から関数 f の勾配ベクトルは $\nabla f = \begin{pmatrix} -2x \\ -2y \end{pmatrix}$ です．点 $\boldsymbol{a} = \begin{pmatrix} 1 \\ 1 \end{pmatrix}$ では

$\nabla f(\boldsymbol{a}) = \begin{pmatrix} -2 \\ -2 \end{pmatrix}$ です．点 $\boldsymbol{a}$ から原点に向かう方向ですね．それは関数値が最大になる原点を向いています．

反対に勾配ベクトルの逆方向 $-\nabla f$ は，関数値が最も減少する方向であることが分かります．p.183 の図 2 の $f'(\boldsymbol{a})$ は xy 平面上にありますが，曲面 f が最も高くなる方向を向いているベクトルになります．

8.3　極大・極小

勾配ベクトルと方向微分から，2 変数関数の形状を学びました．関数の極大・極小を調べてみましょう．1 変数関数と同様に，微分してゼロが出てきます．

A　微分がゼロベクトルのとき

第 8.2.C 項では，方向微分の関係 (14) の導出では $\nabla f \neq \mathbf{0}$ を仮定しました．ここでは，$\nabla f = \mathbf{0}$，つまり $f'(\boldsymbol{x}) = \mathbf{0}$ のときはどうなるか考えます．

$$D_{\boldsymbol{v}} f = \nabla f \cdot \boldsymbol{v} = 0 \tag{15}$$

微分がゼロのとき $\nabla f \cdot \boldsymbol{v} = 0$ から，すべての方向 $\boldsymbol{v}$ で方向微分 $D_{\boldsymbol{v}} f$ は 0 です．あらゆる方向で関数値は変化しません．このような点を**臨界点**と呼びます．

臨界点
→『経済数学入門』
p.154

p.10 の第 1.2.A 項にある (18) では，**最適化問題**を定式化しました．2 変数でも同様に最適化問題が定義できます．1 変数関数の最大・最小問題では，内点 x^* で最大化が達成されていれば，その微分係数は 0 です．

内点
→『経済数学入門』
p.48

$$f'(x^*) = 0 \tag{16}$$

同じように，2 変数関数でも微分は最大点の情報を与えてくれると期待できます．しかし，変数が増えたため 1 変数とは違う現象も現れます．

例 9　関数 $f(x,y) = -x^2 - y^2$, $g(x,y) = x^2 + y^2$, $h(x,y) = x^2 - y^2$ を微分してください．点 $(0,0), (1,0), (0,1), (-1,0), (0,-1)$ の微分係数を求めてください．この値から，関数値が最大あるいは最小になる方向はどちらでしょうか？　これらの情報から関数のグラフを描いてください．

解答 9　関数 f, g, h を微分すると

$$f'(\boldsymbol{x}) = \begin{pmatrix} -2x & -2y \end{pmatrix},\ g'(\boldsymbol{x}) = \begin{pmatrix} 2x & 2y \end{pmatrix},\ h'(\boldsymbol{x}) = \begin{pmatrix} 2x & -2y \end{pmatrix}$$

微分係数は以下のようになります．

$$
\begin{aligned}
&f'(0,0) = \begin{pmatrix}0 & 0\end{pmatrix},\ g'(0,0) = \begin{pmatrix}0 & 0\end{pmatrix},\ h'(0,0) = \begin{pmatrix}0 & 0\end{pmatrix} \\
&f'(1,0) = \begin{pmatrix}-2 & 0\end{pmatrix},\ g'(1,0) = \begin{pmatrix}2 & 0\end{pmatrix},\ h'(1,0) = \begin{pmatrix}2 & 0\end{pmatrix} \\
&f'(0,1) = \begin{pmatrix}0 & -2\end{pmatrix},\ g'(0,1) = \begin{pmatrix}0 & 2\end{pmatrix},\ h'(0,1) = \begin{pmatrix}0 & -2\end{pmatrix} \\
&f'(-1,0) = \begin{pmatrix}2 & 0\end{pmatrix},\ g'(-1,0) = \begin{pmatrix}-2 & 0\end{pmatrix},\ h'(-1,0) = \begin{pmatrix}-2 & 0\end{pmatrix} \\
&f'(0,-1) = \begin{pmatrix}0 & 2\end{pmatrix},\ g'(0,-1) = \begin{pmatrix}0 & -2\end{pmatrix},\ h'(0,-1) = \begin{pmatrix}0 & 2\end{pmatrix}
\end{aligned} \tag{17}
$$

図 6　最大，最小，鞍点

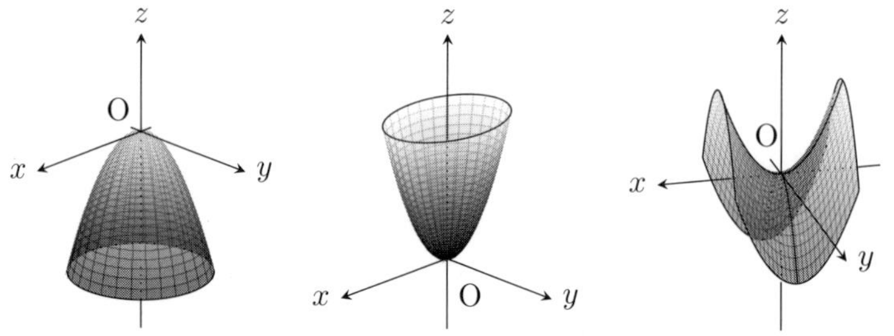

図 6 から，関数 f のグラフはその形から原点 O で最大値を取ります．例えば，点 $(1,0)$ では微分係数が $\begin{pmatrix}-2 & 0\end{pmatrix}$ であり，原点を向きます．また，関数 g のグラフもその形から原点 O で最小値を取ります．例えば，$(1,0)$ では微分係数が $\begin{pmatrix}2 & 0\end{pmatrix}$ であり，原点から x 軸上で遠ざかる方向を向きます．

しかし，関数 h の点 $(1,0)$ では微分係数が $\begin{pmatrix}2 & 0\end{pmatrix}$ となり，原点から x 軸上で遠ざかる方向を向きます．しかし，点 $(0,1)$ では $h'(0,1) = \begin{pmatrix}0 & -2\end{pmatrix}$ となり，y 軸上で原点に向かう方向です．

例 9 や図 6 では，極大や極小を取る点の他にも**鞍点**(あんてん)と呼ばれる奇妙な点が現れていることが分かります．x 軸上 $(y=0)$ で固定すると，$h(x,0)=x^2$ において $x=0$ で「最小」になります．しかし，y 軸上 $(x=0)$ で固定すると，$h(0,y)=-y^2$ において $y=0$ で「最大」になります．この形は馬の鞍に似ているので鞍点と呼ばれます．鞍点は英語で saddle point といい，自転車の**サドル**と同じです．

B　極大点・極小点・鞍点

ここでは 2 変数関数の極大・極小について定式化を行いましょう．まず，1 変数関数の極大・極小の復習です．1 変数関数 f のある点 x^* が**極大点**であるとは，x^* を含むある開区間 (a,b) があり，そのなかでは

$$f(x^*) \geq f(x), \quad x \in (a,b)$$

となる点のことを指します．$f(x^*)$ を**極大値**といいます．このとき f は x^* で**極大**になるといいます．同様に 1 変数関数 f のある点 x^{**} が極小点であるとは，x^{**} を含むある開区間 (a,b) があり，そのなかでは

$$f(x^{**}) \leq f(x), \quad x \in (a,b)$$

となる点のことを指します．$f(x^{**})$ を**極小値**といいます．このとき f は x^{**} で**極小**になるといいます．極大値と極小値を**極値**と総称します．

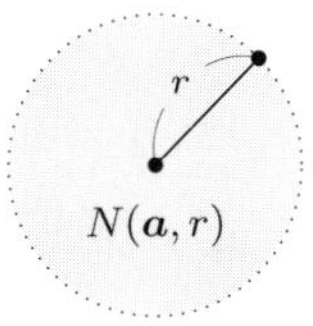

極大や極小は局所的な現象です．この局所性を平面で表現するため「点の近所」を考えます．平面 $\mathbb{R}^2$ において，ある点 $\boldsymbol{a}$ の**近傍**とは，中心が $\boldsymbol{a}$ で半径 r 未満の点の集まりです ($r > 0$ です)．円周を含まない円の内部です．近傍は英語で neighborhood なので，記号 $N(\boldsymbol{a}, r)$ で表します．

$$N(\boldsymbol{a}, r) = \{\boldsymbol{x} \in \mathbb{R}^2 \mid |\boldsymbol{x} - \boldsymbol{a}| < r\} \tag{18}$$

近傍の点 $\boldsymbol{x} \in N(\boldsymbol{a}, r)$ は $\boldsymbol{a}$ の近所です．r を小さくすることでその近傍の範囲をいくらでも狭められます．2 変数関数ではこの近傍を使って極大・極小を定義します．

極大点・極大値

定義域 $X \subset \mathbb{R}^2$ の関数 $f : X \to \mathbb{R}$ の点 $\boldsymbol{x}^* \in X$ が**極大点**であるとは，以下の (19) を満たす近傍 $N(\boldsymbol{x}^*, r)$ が存在することである．

$$f(\boldsymbol{x}^*) \geq f(\boldsymbol{x}), \qquad \boldsymbol{x} \in N(\boldsymbol{x}^*, r) \tag{19}$$

この $f(\boldsymbol{x}^*)$ を**極大値**という．ある近傍ではなく定義域 X で (19) が成り立つとき，$\boldsymbol{x}^*$ は**最大点**といい，その値を**最大値**という．

極大点の候補となる点を中心としたある円を描き，その円のなかで候補よりも大きくなる点がなければ，その点は極大点になります．同様に極小も定義できます．

極小点・極小値

定義域 $X \subset \mathbb{R}^2$ の関数 $f : X \to \mathbb{R}$ の点 $\boldsymbol{x}^{**} \in X$ が**極小点**であるとは，以下の (20) を満たす近傍 $N(\boldsymbol{x}^{**}, r)$ が存在することである．

$$f(\boldsymbol{x}^{**}) \leq f(\boldsymbol{x}), \qquad \boldsymbol{x} \in N(\boldsymbol{x}^{**}, r) \tag{20}$$

この $f(\boldsymbol{x}^{**})$ を**極小値**という．ある近傍ではなく定義域 X で (20) が成り立つとき，$\boldsymbol{x}^{**}$ は**最小点**といい，その値を**最小値**という．

極大値と極小値を**極値**と総称します．

鞍点についても定義を述べておきます．鞍点 $\boldsymbol{x}^s$ は，その点を通る 2 つの直線 ℓ と直線 m があり，ℓ 上に f を制限すると f は $\boldsymbol{x}^s$ で極大であり，m 上に f を制限すると f は $\boldsymbol{x}^s$ で極小であることです．例 9 の h では，ℓ は y 軸であり，m は x 軸になります．

鞍点の近傍で関数は極値をもちません．私たちの関心は最大・最小です．その候補としてまずは極大・極小を見つけて，それから最大・最小を見つけましょう．

C　1 変数の極大・極小の 1 階の条件

前項の極大点や極小点を見つけるために，関数の微分は大変役に立ちます．まずは 1 変数関数の微分を使った極値の判定を復習します．

注意が必要なのは，区間の端点では微分係数が 0 でなくても極値を取ることがあるという点です．例えば，p.182 の例 1 の $X = [0,1]$ 上の関数 $y = x$ は，極大点 $x^* = 1$ と極小点 $x^{**} = 0$ を取りますが，微分係数は $y' = 1$ であり，微分係数が 0 でなくても極値をもつことが分かります．

このような端点では，微分の性質がうまく活かせません．そのため関数の定義域の「内側」を定義して，その範囲内で極値を考えることにしましょう．

内点 (1 次元)

実数 $\mathbb{R}$ の部分集合 X において，ある点 $a \in X$ が X の**内点**であるとは，ある正の実数 $r > 0$ が存在して，開区間 $(a - r, a + r)$ が X の部分集合になることである．

$$(a - r, a + r) \subset X$$

例えば，区間 $X = [0,1]$ において点 $a = 1/2$ は内点です．r を $1/2$ にすると，$(a-r, a+r) = (0,1)$ となり，$(0,1) \subset X$ を満たします．r は $1/2$ より小さければ内点の定義を満たします．しかし，端点の $a = 0$ ではどんなに r を小さくしても $a - r$ の部分が X からはみ出てしまい，$a = 0$ は内点になりません．

集合 X のある内点 a が極大点であると，関数値が増加して a に到達し，a を通過して減少する範囲が出てきます．この性質が微分 $f'(a)$ によって示されます．

定義域 $X \subset \mathbb{R}$ の関数 $f : X \to \mathbb{R}$ の**臨界点** x^* とは，$f'(x^*) = 0$ を満たす点を指します．

極値の 1 階の条件 (1 変数)

定義域 $X \subset \mathbb{R}$ の関数 $f: X \to \mathbb{R}$ が X の内点 x^* で極値を取り，この点で微分可能であれば，この点は臨界点 $f'(x^*) = 0$ である．

つまり，極大点でも極小点でもそれが関数の定義域の内点であれば，その微分係数は 0 になります．最適化されている場合，その点で微分するとゼロになります．

D　極大・極小の 1 階の条件

前項の 1 階の条件を 2 変数関数に拡張します．最初に臨界点を定義します．

臨界点

定義域 $X \subset \mathbb{R}^2$ の関数 $f: X \to \mathbb{R}$ の以下を満たす点 $\boldsymbol{x}^*$ は，f の**臨界点**という．

$$\nabla f(\boldsymbol{x}^*) = \mathbf{0} \tag{21}$$

臨界点を**停留点**ともいいます．ある点 $\boldsymbol{x}^*$ が臨界点であれば，図 7 にあるように，その点 $\boldsymbol{x}^*$ の $z = f(x, y)$ のグラフの接平面は，(10) より水平になります．

図 7　臨界点の水平な接平面

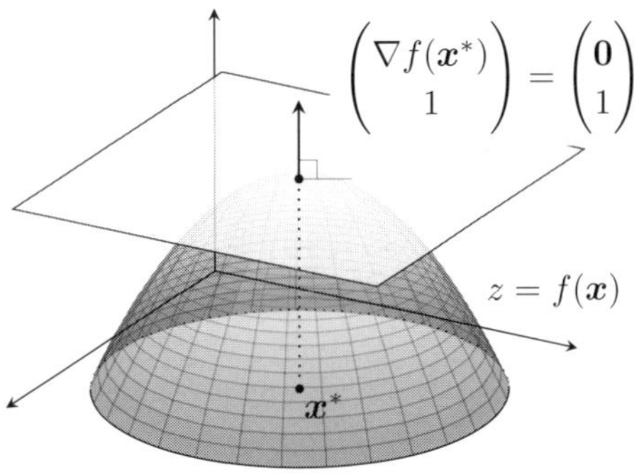

1 変数関数が極大値をもつときに，その点での接線は水平であることと同じです．条件 $\nabla f(\boldsymbol{x}^*) = \mathbf{0}$ を満たす臨界点 $\boldsymbol{x}^*$ での接平面を，(10) から表現しましょう．

$$z = f'(\boldsymbol{x}^*)(\boldsymbol{x} - \boldsymbol{x}^*) + f(\boldsymbol{x}^*) = \mathbf{0} \cdot (\boldsymbol{x} - \boldsymbol{x}^*) + f(\boldsymbol{x}^*) = f(\boldsymbol{x}^*) \tag{22}$$

接平面 $z = f(\boldsymbol{x}^*)$ は，xy 平面に平行な一定の高さにある平面を表しています．

極大の 1 階の条件 (2 変数)

定義域 $X \subset \mathbb{R}^2$ の関数 $f : X \to \mathbb{R}$ が X の内点 $\boldsymbol{x}^*$ で極大値を取り，この点で偏微分が存在すれば，この点は臨界点 $\nabla f(\boldsymbol{x}^*) = \boldsymbol{0}$ である．

この条件を極大の **1 階の条件**と呼びます．同様に**極小の 1 階の条件**も定義できます．2 次元を含む n 次元の内点は p.244 で定義されますが，直観的には $\boldsymbol{x}$ のすべての周りには X の点が存在することです．また，そこで定義域に関しても詳細な説明があります．

極小の 1 階の条件

定義域 $X \subset \mathbb{R}^2$ の関数 $f : X \to \mathbb{R}$ が X の内点 $\boldsymbol{x}^{**}$ で極小値を取り，この点で偏微分が存在すれば，この点は臨界点 $\nabla f(\boldsymbol{x}^{**}) = \boldsymbol{0}$ である．

極大・極小値をもつために必要な条件を合わせて，**極値の 1 階の条件**と呼びます．

例 10 例 9 の関数 $f(x,y) = -x^2 - y^2$, $g(x,y) = x^2 + y^2$, $h(x,y) = x^2 - y^2$ において，原点で 1 階の条件を満たしていることを確認してください．

解答 10 (17) からすべての関数でゼロベクトルになっています．

$f(\boldsymbol{x}^*)$ は極値 $\Longrightarrow \nabla f(\boldsymbol{x}^*) = \boldsymbol{0}$

ある点の近傍で極大点であれば，その点は 1 階の条件を満たします．しかし，逆は必ずしもいえません．つまり，1 階の条件は極大値を取るための**必要条件**です．欄外に示されているように，矢印の先が必要条件です．

例 11 関数 $z = f(x,y) = -x^2 - y^2 + xy + x + y$ の臨界点 $\boldsymbol{x}^* = (x^*, y^*)$ とその点の値 z^* を求めてください．

解答 11 関数 f を偏微分します．

$$\frac{\partial f}{\partial x} = -2x + y + 1, \quad \frac{\partial f}{\partial y} = -2y + x + 1$$

これらの偏微分係数をゼロに等しくして，連立方程式を解きます．

$$-2x + y + 1 = 0, \quad -2y + x + 1 = 0$$

最初の方程式から $y = 2x - 1$ となり，2 番目の式に代入します．

$$-2(2x-1)+x+1=-4x+2+x+1=-3x+3=0$$

上式より $x^*=1$ が解になります．臨界点の y の値は以下になります．

$$y^*=2x^*-1=2-1=1$$

臨界点は $\boldsymbol{x}^*=\begin{pmatrix}x^*\\y^*\end{pmatrix}=\begin{pmatrix}1\\1\end{pmatrix}$ になり，よって，その点の値 z^* は以下になります．

$$z^*=f(x^*,y^*)=-1^2-1^2+1\cdot1+1+1=1$$

この例 11 の極値は極大値でしょうか？　臨界点を探せば，そのなかに極大点があるかもしれませんが，極小点も鞍点もそのなかにあるかもしれません．極大点を見つけるために，$\nabla f(\boldsymbol{x}^*)=\mathbf{0}$ に加えて何が必要かをこれから探ることになります．

練習問題 8

[1] 例 2 の関数 $g(x,y)=2x^2+2xy+y^2$, $h(x,y)=2x+3y$ で，点 $(1,1)$ における接平面の方程式を求めてください．

[2] 練習問題 [1] の関数 g, h の勾配ベクトルを求めてください．

[3] 練習問題 [1] の関数 g, h の方向 $\boldsymbol{v}=\begin{pmatrix}v_1\\v_2\end{pmatrix}$ の方向微分を求めてください．

9 ベクトル値関数の微分

平面上を時間とともに動く点のスピードを測るにはどうしたらよいでしょうか？　この問題に答えてくれるのが，ベクトル値関数の微分です．それは物体の動きだけではなく，最適化問題の解の条件付けにも大きな威力を発揮します．

9.1 ベクトル値関数

ここでは関数値がベクトルである場合の微分を考えます．難しく考える必要はなく，ベクトルの各成分を微分すればよいことを学びます．

A 曲線のパラメータ表示

図 1　パラメータ表示された曲線

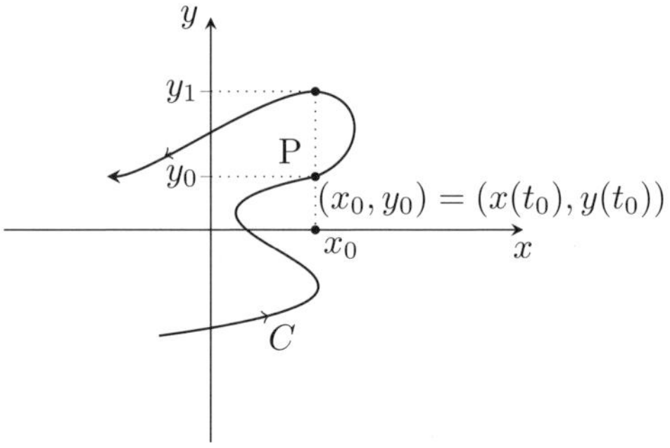

図 1 の平面上のある点 $\mathrm{P}(x_0, y_0)$ が時間とともに動くとき，その動きは時間 t に対して数の組 (x, y) を与える**ベクトル値関数**となります．このような典型的な例を中心に，関数値がベクトルである関数の微分を考えます．ベクトル値関数は様々な記法が用いられます．**パラメータ**と呼ばれるある実数 t に依存する座標を考えます．

$$x = f(t), \quad y = g(t)$$

各座標に関数記号を与えるのは記号のムダです．従属変数を関数として見て $x(t), y(t)$ と書きましょう．ここではベクトル値関数 $\boldsymbol{x}$ は列ベクトルとします．

$$\boldsymbol{x}(t) = \begin{pmatrix} x(t) \\ y(t) \end{pmatrix} \tag{1}$$

関数 $\boldsymbol{x}(t)$ の各座標 $x(t), y(t)$ を**成分関数**といいます．パラメータ t の範囲は，特に指定がなければ実数全体を動きます．t が動くとき，$\boldsymbol{x}(t)$ はある**曲線**を定めます．t が増加するときベクトル $\boldsymbol{x}(t)$ が動く方向を曲線の**向き**といいます．

第 3 章の p.70 で直線の方程式 (21) を学びました．そこでの記法では，点 $\boldsymbol{a}$ を通る方向ベクトル $\boldsymbol{v}$ の直線 $\boldsymbol{x}(t)$ は以下になります．

$$\boldsymbol{x}(t) = \boldsymbol{a} + t\boldsymbol{v} = \begin{pmatrix} a + tv_1 \\ b + tv_2 \end{pmatrix} \tag{2}$$

例 1　関数 $\boldsymbol{f}(t) = \begin{pmatrix} t \\ t^2 \end{pmatrix}$, $\boldsymbol{g}(t) = \begin{pmatrix} 2t \\ 3-t \end{pmatrix}$ はどんな曲線になるでしょうか？

解答 1　$\boldsymbol{f}$ は，$x = t$ を $y = t^2$ に代入して，$y = x^2$ となります．つまり，放物線になります．$\boldsymbol{g}$ は，$t = x/2$ を $y = 3 - t$ に代入して，$y = 3 - x/2$ となります．つまり，傾き $-1/2$，y 切片 3 の直線になります．

このような曲線の表現を，**パラメータ表示**といいます．関数はある独立変数にただ 1 つの従属変数が対応します．図 1 の x_0 には複数の y_0, y_1 が対応しています．パラメータ表示は関数のグラフよりも曲線の描画の自由度が高いといえるでしょう．

B　ベクトル値関数の微分

パラメータ t に対して定まる点 $\mathrm{P}(x(t), y(t))$ への原点 O から伸びるベクトルを与えるベクトル値関数 $\boldsymbol{f}$ は，基本ベクトル表示も可能です．

$$\boldsymbol{f}(t) = \begin{pmatrix} x(t) \\ y(t) \end{pmatrix}, \quad \boldsymbol{f}(t) = x(t)\boldsymbol{e}_1 + y(t)\boldsymbol{e}_2$$

t の関数 x, y が微分可能なベクトル値関数の微分を考えます．ベクトル値関数の問題点は，平均変化率の分子がベクトルであることです．しかし，大丈夫です．p.185 の 2 変数関数の微分の定義 (7) の分子の絶対値を，ベクトルの長さにすればよいのです．もとの関数のベクトルとそれを近似する関数のベクトルの差の長さで測ります．

点 $t = t_0$ における微分は，次の極限の列ベクトル $\boldsymbol{f}'(t_0) = \begin{pmatrix} A \\ B \end{pmatrix}$ になります．

$$\lim_{t \to t_0} \frac{|\boldsymbol{f}(t) - \boldsymbol{f}(t_0) - \boldsymbol{f}'(t_0)(t - t_0)|}{|t - t_0|} = 0 \tag{3}$$

この極限が存在するとき，$\boldsymbol{f}$ は点 t_0 で**微分可能**であるといいます．こ

こで (3) の分子は，列ベクトルの長さを意味します．この極限が存在すれば，それを $\boldsymbol{f}'(t_0)$, $\dfrac{d\boldsymbol{f}}{dt}(t_0)$, $D\boldsymbol{f}(t_0)$ と書き，関数 $\boldsymbol{f}$ の点 t_0 における**微分係数**といいます．定義域すべてで微分可能であれば，$\boldsymbol{f}$ は微分可能であるといいます (練習問題 3)．

$\boldsymbol{f}$ が微分可能なとき，変数 t からその微分係数を与える関数を，$\boldsymbol{f}$ の**導関数**といいます．それを $\boldsymbol{f}'$, $\dfrac{d\boldsymbol{f}}{dt}$, $D\boldsymbol{f}$ とし，導関数を求めることを**微分する**といいます．

この微分 $\boldsymbol{f}'(t_0)$ は，p.187 の 2 変数関数の微分 (9) が偏微分の組であるように，関数値の成分の微分の組になります．

1 変数ベクトル値関数 f の微分のベクトル表現

関数 $f:\mathbb{R}\to\mathbb{R}^2$ が微分可能であるとする．そのとき，導関数 $\dfrac{dx}{dt}$, $\dfrac{dy}{dt}$ が存在する．微分の定義 (3) の 2 次列ベクトル $\boldsymbol{f}'(t_0)$ は以下で表現できる．

$$\boldsymbol{f}'(t_0)=\begin{pmatrix}\dfrac{dx}{dt}(t_0)\\ \dfrac{dy}{dt}(t_0)\end{pmatrix}=\begin{pmatrix}x'(t_0)\\ y'(t_0)\end{pmatrix} \tag{4}$$

ベクトル値関数の定義域 X は，特に制限する必要がない限り実数全体としましょう．直線の方程式 (2) の $\boldsymbol{x}(t)=\boldsymbol{a}+t\boldsymbol{v}$ を微分します．

$$\boldsymbol{x}'(t)=\begin{pmatrix}\dfrac{d}{dt}(a+tv_1)\\ \dfrac{d}{dt}(b+tv_2)\end{pmatrix}=\begin{pmatrix}v_1\\ v_2\end{pmatrix}=\boldsymbol{v} \tag{5}$$

1 次関数の微分と同じように，傾き $\boldsymbol{v}$——ここでは方向ベクトル——が出てきました．ベクトル値関数であっても，実数値関数の直観が生きていることが分かるでしょう．

例 2 例 1 の関数 $\boldsymbol{f}(t)=\begin{pmatrix}t\\ t^2\end{pmatrix}$, $\boldsymbol{g}(t)=\begin{pmatrix}2t\\ 3-t\end{pmatrix}$ を微分してください．

解答 2 $\dfrac{dx}{dt}=1,\ \dfrac{dy}{dt}=2t\quad\therefore\ \boldsymbol{f}'(t)=\begin{pmatrix}\dfrac{dx}{dt}\\ \dfrac{dy}{dt}\end{pmatrix}=\begin{pmatrix}1\\ 2t\end{pmatrix}$,

$\dfrac{dx}{dt}=2,\ \dfrac{dy}{dt}=-1\quad\therefore\ \boldsymbol{g}'(t)=\begin{pmatrix}\dfrac{dx}{dt}\\ \dfrac{dy}{dt}\end{pmatrix}=\begin{pmatrix}2\\ -1\end{pmatrix}$

時間 t の位置 $\boldsymbol{x}(t)$ の微分は $\dot{\boldsymbol{x}}(t)$ と表記することもあります．

C　接ベクトル

例 2 を用いて，ベクトル値関数の微分の意味を考えます．図 2 に表されているように，関数 $\boldsymbol{f}$ の $t=1$ の座標は $\mathrm{P}(1,1)$ です．

図 2　曲線と接ベクトル

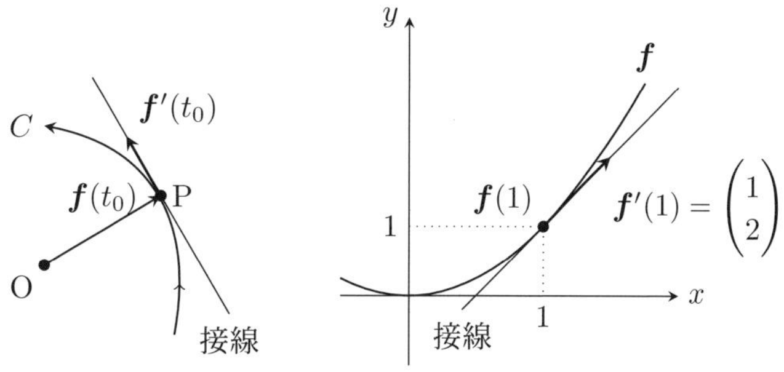

その点での微分係数は $\boldsymbol{f}'(1)=\begin{pmatrix}1\\2\end{pmatrix}$ になり，その y 成分を x 成分で割った値は 2 です．

$$\frac{\dfrac{dy}{dt}(1)}{\dfrac{dx}{dt}(1)}=\frac{2}{1}=2$$

この値は，関数 $y=x^2$ の点 $(1,1)$ における接線の傾きに等しくなっています．つまり，ベクトル $\boldsymbol{f}'(1)$ は曲線の $t=1$ における接線と平行しています．

つまり，ある曲線を定めるベクトル値関数を微分することは，その点における接線と平行なベクトルを求めることです．

接ベクトル

ベクトル値関数 $\boldsymbol{f}:\mathbb{R}\to\mathbb{R}^2$ のある値 $\boldsymbol{f}(t_0)$ が空間の点 P を表しているとする．微分 $\boldsymbol{f}'(t_0)\neq\boldsymbol{0}$ が存在するとき，ベクトル $\boldsymbol{f}'(t_0)$ は関数 $\boldsymbol{f}$ の点 $\boldsymbol{f}(t_0)$ における**接ベクトル**という．点 P を通り，方向ベクトルが $\boldsymbol{f}'(t_0)$ に平行な直線は，$\boldsymbol{f}$ の点 $\boldsymbol{f}(t_0)$ における**接線**という．

最初にベクトル値関数の典型例として，時間とともに動く (1) の点 $\boldsymbol{x}(t)$ を記述しました．そのベクトル値関数の微分は，瞬間的な位置の変化，つまり**速度**を表します．つまり，$\boldsymbol{x}'(t_0)$ は時刻 t_0 における**速度ベクトル**となります．図 2 の曲線 C に沿って物体が動くとき，点 P でその曲線から離れた場合，物体は速度ベクトルの方向へ飛んで行きます．これが方向と速さがある速度ベクトルのイメージです．

速度は英語で velocity なので，接ベクトルを $\boldsymbol{v}$ と表すことがあります．

$$\boldsymbol{v}(t) = \boldsymbol{x}'(t) = \begin{pmatrix} x'(t) \\ y'(t) \end{pmatrix} = \begin{pmatrix} \dfrac{dx}{dt}(t) \\ \dfrac{dy}{dt}(t) \end{pmatrix} \tag{6}$$

例 1 の $\boldsymbol{g}$ の接ベクトルは $\boldsymbol{g}'(t) = \begin{pmatrix} 2 \\ -1 \end{pmatrix}$ であり，t に依らず一定の傾き $-\dfrac{1}{2}$ をもっています．これは，この直線は接線に等しいことを示しています．

直線の方程式 $\boldsymbol{x}(t) = \boldsymbol{a} + t\boldsymbol{v}$ の微分は (5) から $\boldsymbol{x}'(t) = \boldsymbol{v}$ なので，**直線の方向ベクトルと接ベクトルは等しい**ことが分かります．直線はその接線と一致します．

曲線上の点 P の位置ベクトルは，$\boldsymbol{x}_0 = \boldsymbol{x}(t_0)$ で表されるとします．その点における接ベクトル $\boldsymbol{v}_0 = \boldsymbol{x}'(t_0)$ が存在するならば，パラメータ t を用いて点 P を通る**接線**を引くことができます．

$$\boldsymbol{x}(t) = \boldsymbol{x}_0 + (t - t_0)\boldsymbol{v}_0 \tag{7}$$

この式は点 P を通る接線の**ベクトル方程式**です．接線の性質より，点 P の近くの曲線上の点は，この接線で近似することができます．

関数 $y = f(x)$ のグラフの接線の傾きは $\dfrac{dy}{dx}$ と表します．傾きは $\dfrac{dx}{dt}$, $\dfrac{dy}{dt}$ を用いて

$$\frac{dy}{dx} = \frac{\dfrac{dy}{dt}}{\dfrac{dx}{dt}}$$

となります．右辺は，パラメータ表示のベクトル値関数から導かれた接線の傾きです．この dt を数のように扱い，約分すると同じ式になることが分かります．

D　ベクトル値関数と 2 変数関数の合成

ある時刻 t_0 から点 $\mathrm{P}(x, y)$ が動いたとします．その点で定義される関数 $g(x, y)$ があるとしましょう．そのとき，その時刻での関数値はどうなるでしょうか？　それは，時刻 t_0 から $(x(t_0), y(t_0))$ に写り，そして $g(x(t_0), y(t_0))$ に写った値になります．つまり，図 3 のような関数の**合成**を考えることになります．

図 3　合成関数

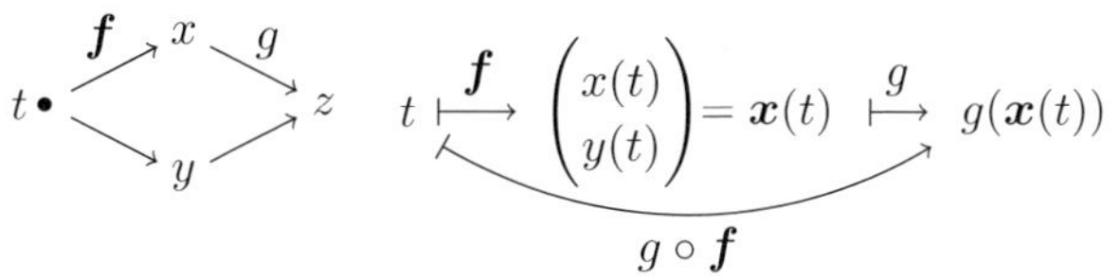

このような合成関数を学ぶ前に，1 変数の合成関数を復習しましょう．2 次関数の $(x+1)^2$ を例に取りましょう．この式はある変数 x に 1 を加えて $x+1$ に写しています．そして，次にそれを 2 乗しています．つまり，

$$x \mapsto x+1 \mapsto (x+1)^2$$

という 2 段階の計算を経ています．最初の関数の従属変数を y，次の関数のそれを z とすれば $x \mapsto y \mapsto z$ です．変数を関連付ける関数を順番に f と g とすれば，

$$x \mapsto f(x) = y \mapsto g(y) = z$$

となります．結局，$y = f(x)$ と $z = g(y)$ から以下の式になります．

$$z = g(f(x))$$

関数 $f : X \to Y$ と $g : Y \to Z$ に関して，各 $x \in X$ に対して関数 f と g をこの順に適用して得られる $g(f(x))$ を関連付けることができるとき，これを関数 f と g の**合成関数**といい，$g \circ f$ と表記します．

合成関数
→『経済数学入門』
p.82

$$g \circ f : X \to Z, \qquad (g \circ f)(x) = g(f(x))$$

以上の 1 変数の合成関数の知識を活用すると，最初の例は以下になります．

$$t \mapsto \begin{pmatrix} x(t) \\ y(t) \end{pmatrix} = \boldsymbol{x} \mapsto g(\boldsymbol{x}) = z$$

$$z = (g \circ \boldsymbol{f})(t) = g(\boldsymbol{x}) = g(\boldsymbol{f}(t)) = g\begin{pmatrix} x(t) \\ y(t) \end{pmatrix}$$

例 3　例 2 の関数 $\boldsymbol{f}(t) = \begin{pmatrix} t \\ t^2 \end{pmatrix}$ と，p.186 の例 2 の関数 $g(x, y) = 16 - x^2 - y^2$ の合成関数 $h(t) = (g \circ \boldsymbol{f})(t)$ を求めてください．

解答 3　$\boldsymbol{f}(t) = \begin{pmatrix} x(t) \\ y(t) \end{pmatrix} = \begin{pmatrix} t \\ t^2 \end{pmatrix}$ より，$h(t) = (g \circ \boldsymbol{f})(t) = g(x(t), y(t)) = 16 - x(t)^2 - y(t)^2 = 16 - t^2 - (t^2)^2 = 16 - t^2 - t^4$ となります．

E　多変数関数の連鎖律

例 3 の合成関数 h を微分すると以下になります．

$$\frac{dh}{dt} = (16 - t^2 - t^4)' = -2t - 4t^3 \tag{8}$$

この微分をもとの関数 $\boldsymbol{f}$ と g の微分で表現しましょう．前者はベクトル値関数であり，後者は 2 変数関数です．皆さんは 1 変数関数の**連鎖律**をご存じだと思います．それをベクトル (行列) の積へ拡張すると，その関数の連鎖律が可能になります．

多変数の連鎖律を紹介する前に，1 変数の連鎖律の復習をしましょう．合成関数の微分は，以下の (9) より各関数の微分の積になります．

連鎖律
→『経済数学入門』
p.156

$$(g \circ f)' = g' \cdot f' \tag{9}$$

前の例 $(x+1)^2$ で $y = x + 1$ として， $f(x) = x + 1$ と $g(y) = y^2$ の合成関数として考えます．個別の微分は $f'(x) = 1$ と $g'(y) = 2y$ になります．連鎖律 (9) より $f'(x) \cdot g'(y) = 2y$ から， $2y = 2(x+1)$ になります．

この連鎖律は， dz/dx を求める際に dz/dy と dy/dx をあたかも数として扱って dy を約分しても，公式が成り立つことが分かります．

$$\frac{dz}{dx} = \frac{dz}{dy}\frac{dy}{dx} \tag{10}$$

合成関数の微分の公式を多変数関数に拡張をしましょう．ベクトルは行列の一種です．第 6 章 p.131 の図 4 にある，前のベクトルの列の数と後ろのベクトルの行の数が等しければ積が取れます．例 2 の $\boldsymbol{f}(t)$ と p.187 の例 4 の関数の微分から

$$\begin{aligned} g'(\boldsymbol{x})\boldsymbol{f}'(t) &= \begin{pmatrix} -2x & -2y \end{pmatrix} \begin{pmatrix} 1 \\ 2t \end{pmatrix} = (-2x)1 + (-2y)2t \\ &= -2x - 4ty = -2t - 4t \cdot t^2 = -2t - 4t^3 \end{aligned}$$

となり，合成関数を t で微分した結果 (8) と等しくなりました．

連鎖律 1

関数 $\boldsymbol{f} : X \to \mathbb{R}^2$ $(X = \mathbb{R})$ が微分可能であるとする．集合 $Y \subset \mathbb{R}^2$ とし，$\boldsymbol{f}$ の値域は Y に含まれるものとし，関数 $g : Y \to \mathbb{R}$ が微分可能であるとする．このとき，合成関数 $g \circ \boldsymbol{f}$ は微分可能であり，次のようになる．

$$(g \circ \boldsymbol{f})' = g' \cdot \boldsymbol{f}' \tag{11}$$

この連鎖律 (11) は 1 変数ケースの (9) と同じ形です．しかし，実際に計算する際にはもっと具体的な表現の方がよいでしょう．

連鎖律 2

連鎖律 1 の条件の下で $\boldsymbol{f} = \begin{pmatrix} x \\ y \end{pmatrix}$ の微分は $\boldsymbol{f}' = \begin{pmatrix} \frac{dx}{dt} \\ \frac{dy}{dt} \end{pmatrix}$ とし，$g' = \begin{pmatrix} \frac{\partial g}{\partial x} & \frac{\partial g}{\partial y} \end{pmatrix}$ であるとする．このとき，合成関数 $z = (g \circ \boldsymbol{f})(t)$ の微分は次のようになる．

$$\frac{dz}{dt} = \begin{pmatrix} \frac{\partial g}{\partial x} & \frac{\partial g}{\partial y} \end{pmatrix} \begin{pmatrix} \frac{dx}{dt} \\ \frac{dy}{dt} \end{pmatrix} = \frac{\partial g}{\partial x}\frac{dx}{dt} + \frac{\partial g}{\partial y}\frac{dy}{dt} \tag{12}$$

この公式 (12) は，1 変数の公式 (10) と同様に，dx や dy を数のように扱って約分することができるとみなしもよいことが分かります．結局，t が変化したときの z の変化は，x を通じた変化と y を通じた変化の和になります．

繰り返しになりますが，例 2 の関数 $\boldsymbol{f}(t) = \begin{pmatrix} t \\ t^2 \end{pmatrix}$ と p.193 の例 9 の関数 $h(x,y) = x^2 - y^2$ の合成関数を，連鎖律を用いて微分します．

$$\frac{dz}{dt} = \begin{pmatrix} \frac{\partial h}{\partial x} & \frac{\partial h}{\partial y} \end{pmatrix} \begin{pmatrix} \frac{dx}{dt} \\ \frac{dy}{dt} \end{pmatrix} = \begin{pmatrix} 2x & -2y \end{pmatrix} \begin{pmatrix} 1 \\ 2t \end{pmatrix} = \frac{\partial h}{\partial x}\frac{dx}{dt} + \frac{\partial h}{\partial y}\frac{dy}{dt}$$
$$= 2x \cdot 1 + (-2y) \cdot 2t = 2x - 4ty = 2t - 4t \cdot t^2 = 2t - 4t^3$$

例 4　関数 $\boldsymbol{g}(t) = \begin{pmatrix} t/4 \\ 24 - t \end{pmatrix}$ $(0 \leq t \leq 24)$ と p.187 の例 3 の関数 $f(x,y) = \sqrt{xy}$ の合成関数 $f \circ \boldsymbol{g}$ を，連鎖律を用いて微分してください．次に，その合成関数を求めて t で微分して両者が等しいことを示してください．

解答 4　第 8 章の例 5(p.188) から，$f' = \begin{pmatrix} \frac{1}{2}\sqrt{\frac{y}{x}} & \frac{1}{2}\sqrt{\frac{x}{y}} \end{pmatrix}$ となり，$\boldsymbol{g}$ の微分は以下になります．

$$\boldsymbol{g}'(t) = \begin{pmatrix} \frac{1}{4} \\ -1 \end{pmatrix}$$

連鎖律より合成関数 $f \circ \boldsymbol{g}$ の微分は以下になります．

$$f' \cdot \boldsymbol{g}'(t) = \begin{pmatrix} \frac{1}{2}\sqrt{\frac{y}{x}} & \frac{1}{2}\sqrt{\frac{x}{y}} \end{pmatrix} \begin{pmatrix} \frac{1}{4} \\ -1 \end{pmatrix} = \frac{1}{8}\sqrt{\frac{y}{x}} - \frac{1}{2}\sqrt{\frac{x}{y}} = \frac{1}{8}\frac{y - 4x}{\sqrt{xy}}$$

$$= \frac{1}{8} \frac{24 - t - 4 \cdot \dfrac{t}{4}}{\sqrt{\dfrac{t}{4}(24 - t)}} = \frac{1}{8} \frac{24 - 2t}{\dfrac{1}{2}\sqrt{t(24 - t)}} = \frac{12 - t}{2\sqrt{t(24 - t)}}$$

合成関数を直接微分すると以下になり，両者は等しいことが分かります．

$$h(t) = f(\boldsymbol{g}(t)) = f\left(\frac{t}{4}, 24 - t\right) = \sqrt{\frac{t}{4}(24 - t)} = \frac{1}{2}\sqrt{t(24 - t)}$$
$$h'(t) = \frac{1}{2} \cdot \frac{1}{2\sqrt{t(24 - t)}} \cdot (24 - 2t) = \frac{12 - t}{2\sqrt{t(24 - t)}}$$

連鎖律を用いると，曲線の動きを示す勾配ベクトルと方向の関係を**内積で表現**できます．

連鎖律 3

f は 2 変数関数であり，パラメータ t で表示する $\boldsymbol{x}(t)$ は平面上の曲線を表し，$h(t) = f(\boldsymbol{x}(t))$ はそれらの合成関数であるとする．このとき以下が成り立つ．

$$\frac{dh}{dt}(t) = h'(t) = \nabla f(\boldsymbol{x}(t)) \cdot \boldsymbol{x}'(t) \tag{13}$$

この公式 (13) は，(12) をナブラで書き換えたものです．この公式によって，方向微分は勾配ベクトルと方向の内積に等しいことを証明できます (練習問題 [1])．

9.2 等高線の形状

3 次元の曲面はイメージするのが難しいです．しかし，ある水準で固定して曲線にすると，その形状を簡単に知ることができます．

A 等高線

私たちは毎日天気予報を確認しています．そこでの等圧線はおなじみでしょう．また，登山するときにもって行く地図には等高線が描かれており，それを見るとキツい上りや下り，あるいは平坦な場所を知ることができます．多変数関数では，ある一定の値を取る定義域の点は**等高線**，あるいは**等位面** (contour, level curve) と呼ばれます．

図 4 に描かれている 2 変数関数 $z = f(x, y)$ の等高線は，一定の関数値をもつ定義域の点の集合です．関数 $f : X \to \mathbb{R}$ $(X \subset \mathbb{R}^2)$ の高さ c の等高線の定義は以下になります．

図 4　等高線

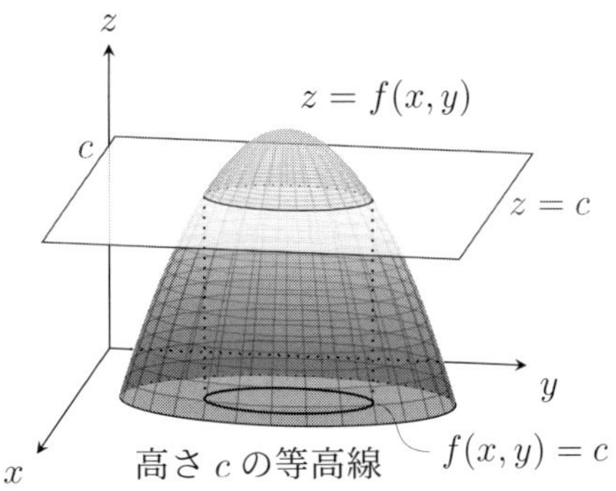

$$\{(x, y) \in X \mid f(x, y) = c\} \tag{14}$$

経済学で出てくる**無差別曲線**は，第 4.4 節で学んだ効用関数の等高線になります．第 9.1.E 項で学んだ連鎖律により，関数の等高線 (面) と勾配ベクトルが直交することを示します．その前に，まずは具体的な等高線を求めてみましょう．

例 5　p.186 の例 2 の関数 $f(x, y) = 16 - x^2 - y^2 = 7$ の等高線は，どんな形をしているでしょうか？

解答 5　$16 - x^2 - y^2 = 7$ より，$x^2 + y^2 = 9 = 3^2$ となります．これは，中心が原点で半径 3 の円になります．

例 6　p.187 の例 3 の関数 $f(x, y) = \sqrt{xy}$ の，点 $\mathrm{P}(x, y) = (1, 1)$ の等高線を求めてください．また，パラメータ t を用いて，点 $\mathrm{P}(x(t), y(t))$ の接ベクトルを求めてください．さらに，ある正数 $\overline{z}$ に対して，$\overline{z} = f(x, y)$ となる等高線を求めてください．

解答 6　$z = f(1, 1) = \sqrt{1 \cdot 1} = 1$ から，点 P を通る等高線の高さは $z = 1$ になります．よって，等高線の方程式は

$$\sqrt{xy} = 1$$

になります．これを 2 乗すると $xy = 1$ となるので，以下が xy 平面上の等高線になります．

$$y = \frac{1}{x} \qquad (x > 0)$$

ここで，$x(t) = t$ として，パラメータを用いて等高線を表現すると，$y = \dfrac{1}{x} = \dfrac{1}{t}$ から，等高線 $\boldsymbol{x}$ とその接ベクトル $\boldsymbol{v}$ は以下になります．

$$\boldsymbol{x} = \begin{pmatrix} x(t) \\ y(t) \end{pmatrix} = \begin{pmatrix} t \\ \dfrac{1}{t} \end{pmatrix}, \quad \boldsymbol{v} = \begin{pmatrix} x'(t) \\ y'(t) \end{pmatrix} = \begin{pmatrix} 1 \\ -\dfrac{1}{t^2} \end{pmatrix}$$

よって，$\boldsymbol{x}(1) = \begin{pmatrix} x(1) \\ y(1) \end{pmatrix} = \begin{pmatrix} 1 \\ 1 \end{pmatrix}$ の接ベクトル $\boldsymbol{v}$ は以下になります．

$$\boldsymbol{v}(1) = \begin{pmatrix} 1 \\ -1 \end{pmatrix}$$

$\overline{z} = f(x, y) = \sqrt{xy}$ となる等高線は $y = \dfrac{\overline{z}^2}{x}$ で表される双曲線になります．

この上線 $\overline{z}$ の読み方は，ゼットバーでよいでしょう．勾配ベクトル ∇f は，第 8 章 p.189 の (11) で学んだように関数 f の各変数についての偏微分を成分とする列ベクトルであり，関数値の最大変化方向を指しています．等高線は関数値が一定の線ですから，等高線上を動く点の関数値は変化していません．

B 等高線と接ベクトル

等高線 $f(\boldsymbol{x}) = c$ を考えます．その上の点はパラメータ t を用いて $\boldsymbol{x}(t)$ と表すことができるとします．つまり，$f(\boldsymbol{x}(t)) = c$ が成り立っています．さらに，その微分が存在して，(6) のように接ベクトルを $\boldsymbol{x}'(t) = \boldsymbol{v}(t)$ と表現できるとしましょう．

等高線のパラメータ $t = t_0$ のある点 $\boldsymbol{x}_0 = \boldsymbol{x}(t_0)$ において，接線 (7) を引くことができます．よって，接線の性質より，その点 $\boldsymbol{x}_0$ の近くの等高線上の点 $\boldsymbol{x}(t)$ は，その接線 $\boldsymbol{x}(t) = \boldsymbol{x}_0 + (t - t_0)\boldsymbol{v}_0$ で近似できます．

等高線上では常に $f(\boldsymbol{x}(t)) = c$ です．この両辺を t で微分します．

$$\frac{d}{dt} f(\boldsymbol{x}(t)) = \nabla f(\boldsymbol{x}(t)) \cdot \boldsymbol{x}'(t) = \nabla f(\boldsymbol{x}(t)) \cdot \boldsymbol{v}(t) = 0 \tag{15}$$

この式の左辺は連鎖律 (13) を用いて計算しています．右辺は定数を微分すると 0 になることを使っています．つまり，**ある点 $\boldsymbol{x}_0$ において $\nabla f(\boldsymbol{x}_0) \neq \boldsymbol{0}$ ならば，$\nabla f(\boldsymbol{x}_0)$ は，その点において接線 (7) の接ベクトル $\boldsymbol{v}_0$ に直交**します．

$$\nabla f(\boldsymbol{x}) \cdot \boldsymbol{v} = 0$$

上式を ∇f と (6) の $\boldsymbol{v}$ の成分を用いて書き換えると，意味がよく分かるでしょう．

$$\nabla f \cdot \boldsymbol{v} = \begin{pmatrix} \dfrac{\partial f}{\partial x} \\ \dfrac{\partial f}{\partial y} \end{pmatrix} \cdot \begin{pmatrix} \dfrac{dx}{dt} \\ \dfrac{dy}{dt} \end{pmatrix} = \frac{\partial f}{\partial x}\frac{dx}{dt} + \frac{\partial f}{\partial y}\frac{dy}{dt} = 0$$

これは連鎖律 2 の (12) の表現です．等高線上では，時刻が変わり点が移動しても各座標の変化が相殺され，関数値は一定になります．接ベクトルは接線の方向ベクトルなので，以下が成り立ちます．

勾配ベクトルは等高線の接線の方向ベクトルと直交する

$$\nabla f(\boldsymbol{x}) \cdot \boldsymbol{v} = 0 \tag{16}$$

勾配ベクトルは，等高線上にある点を通る接線と直交するので，図 5 に描かれているように，その点を通る等高線 $f(\boldsymbol{x}) = c$ に直交することが分かります．これは，点 $\boldsymbol{x}_0$ の近くの等高線上の点は，その点 $\boldsymbol{x}_0$ の接線で近似できることに基づいています．

図 5　最大方向，最小方向，一定方向

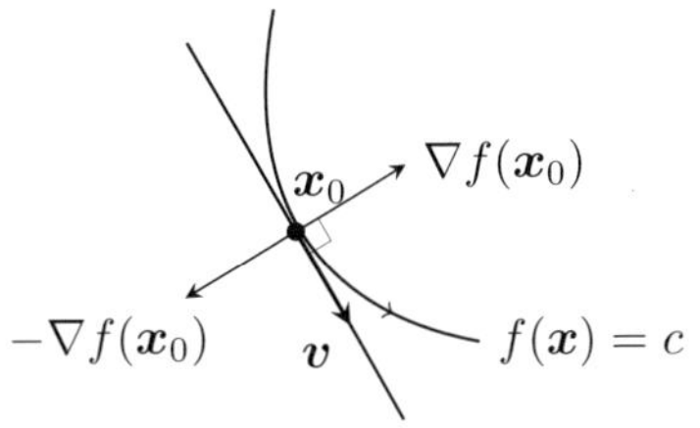

勾配ベクトルは等高線と直交する

$\nabla f(\boldsymbol{x}) \neq \boldsymbol{0}$ のとき，$\nabla f(\boldsymbol{x})$ は点 $\boldsymbol{x}$ を通る関数 f の等高線と直交する．

つまり，点 $\boldsymbol{x}$ がパラメータ付けられていて等高線上を動くとき，以下が成り立ちます．

$$\nabla f(\boldsymbol{x}) \cdot \boldsymbol{x}' = 0$$

第 3 章で学んだ p.70 にある直線の法線ベクトル (22) や，方向ベクトル (21) の議論を思い出してください．**方向ベクトルと法線ベクトルは直交**するので，法線ベクトル $\boldsymbol{n}$ は勾配ベクトル $\nabla f(\boldsymbol{x})$ と平行であることを意味します．

勾配ベクトル ∇f は，p.192 にある関数値の最大増加方向を向きます．反対方向 $-\nabla f$ は最小方向です．等高線の方向ベクトル (接ベクトル)$\boldsymbol{v}$ は，関数値が変化しない一定方向を向いています．これらの方向が図 5 にまとめられています．

例 7　例 6 で求めた関数 $f(x, y) = \sqrt{xy}$ の点 $\mathrm{P}(1, 1)$ における接ベクトルは，その点での勾配ベクトルと直交することを示してください．

解答 7　p.187 の例 3 の $f'(1,1)=\begin{pmatrix}\frac{1}{2} & \frac{1}{2}\end{pmatrix}$ と例 6 の $\boldsymbol{v}(1)$ より

$$\nabla f(1,1)=\begin{pmatrix}\frac{1}{2}\\ \frac{1}{2}\end{pmatrix},\quad \boldsymbol{v}(1)=\begin{pmatrix}1\\ -1\end{pmatrix}$$

となります．よって，それらの内積は 0 になります．

$$\nabla f(1,1)\cdot\boldsymbol{v}(1)=\begin{pmatrix}\frac{1}{2}\\ \frac{1}{2}\end{pmatrix}\cdot\begin{pmatrix}1\\ -1\end{pmatrix}=\frac{1}{2}\cdot 1+\frac{1}{2}\cdot(-1)=0$$

練 習 問 題 9

1. 連鎖律 (13) を用いて，第 8 章の公式 (13) の $D_{\boldsymbol{v}}f(\boldsymbol{a})=\nabla f(\boldsymbol{a})\cdot\boldsymbol{v}$ を証明してください．
2. 勾配ベクトル ∇f は関数値の最大方向を向くことを，連鎖律を用いた $f(x,y)$ とパラメター t を用いた $\boldsymbol{x}=\begin{pmatrix}x(t)\\ y(t)\end{pmatrix}=\begin{pmatrix}x_0+at\\ y_0+bt\end{pmatrix}$ の合成関数で証明してください．
3. (4) を $\boldsymbol{f}(t)=x(t)\boldsymbol{e}_1+y(t)\boldsymbol{e}_2$ を使って (3) から証明してください．

10 条件付き最適化問題

これまで学んできたツールにより，条件付き最適化の理論を定式化します．ベクトルで学んだ点と直線の距離の公式を最適化問題の解として表します．直交条件と最適化の多面的な特徴は，本書の 1 つの到達点といえるでしょう．

10.1 多変数関数の条件付き最適化問題

これまで学んだ多変数関数の知識を，条件付き最適化へ応用します．

A 制約付き最適化問題

目的を最大にしたり最小にしたりする方法を，数学は探求してきました．最小 2 乗法は，ガウスが小惑星の軌道を予測するため，限られたデータから誤差を最小に抑えるために考案した手法です．関数を最大化する際に何らかの制約がある場合を考えます．

p.10 の第 1.2.A 項にある (18) の最適化問題と同様に定式化します．

制約付き最大化問題

定義域 $X \subset \mathbb{R}^2$ の目的関数 $f : X \to \mathbb{R}$ を考えます．ある実数 c に対してベクトル $\boldsymbol{x}$ が $g(\boldsymbol{x}) = c$ を満たすとき，関数 $g : X \to \mathbb{R}$ を**制約関数**，あるいは**制約式**といいます．制約 (2) の下での最大化問題 (1) を**制約付き最大化問題**といいます．

$$\max_{\boldsymbol{x} \in X} f(\boldsymbol{x}) \tag{1}$$

$$\text{subject to } g(\boldsymbol{x}) = c \tag{2}$$

制約付き最適化問題
→『経済数学入門』
p.83

制約式が形作る図形を，**制約線 (曲線)** と呼びます．この subject to とは「条件として」という意味で，s.t. と略す場合もあります． **制約付き最小化問題**も (1) の max を min に取り替えると定義できます．制約付き最大化，あるいは最小化問題を，**制約付き最適化問題**と総称します．その問題の解を**最適解**といいます．最適解の目的関数値を**最適値**といいます．例題をやってみましょう．

例 1 p.186 の例 2 の関数 $f(x,y)=16-x^2-y^2$ を目的関数として，制約式を $g(x,y)=x+y=2$ とするときの最適解を求めてください．

解答 1 制約式 $x+y=2$ を変形して

$$y=2-x$$

とします．これを $f(x,y)$ に代入して，$h(x)$ とします．

$$h(x)=16-x^2-(2-x)^2=-2x^2+4x+12$$

これを微分して，ゼロと置きます．

$$h'(x)=-4x+4=0 \quad \Longleftrightarrow \quad x^*=1$$

よって，$x^*=1$ となります．最初の式に代入して $y^*=2-x^*=2-1=1$ が求まり，最適解は $\boldsymbol{x}^*=\begin{pmatrix}x^*\\y^*\end{pmatrix}=\begin{pmatrix}1\\1\end{pmatrix}$ となります．よって，最適値は

$$f(x^*,y^*)=16-1^2-1^2=14$$

2 階の条件
→『経済数学入門』
p.173
→本書 p.226

となります．このとき，2 階の条件を確認します．h' をもう 1 回微分すると，

$$h''(x)=-4<0$$

となり，2 階の微分係数が負なので x^* で h は最大となります．よって，$\boldsymbol{x}^*$ は制約 g の下で f の最大点となります．

図 1　制約付き最適化問題

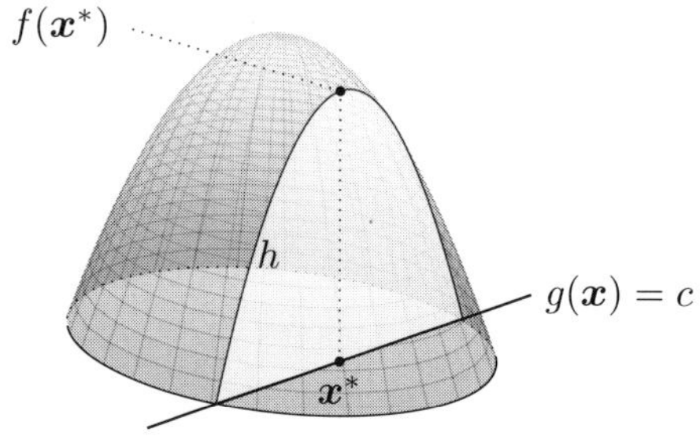

この例 1 の制約付き最大化問題の解と最大値が図 1 に描かれています．この図形的な特徴を，勾配ベクトルを用いて見てみます．p.189 の例 7 から，f の勾配ベクトルは

$$\nabla f(\boldsymbol{x}^*)=\begin{pmatrix}-2x^*\\-2y^*\end{pmatrix}=\begin{pmatrix}-2\\-2\end{pmatrix}$$

となります．制約関数 $g(x,y)=x+y$ の勾配ベクトルは以下です．

$$\nabla g(\boldsymbol{x}^*) = \begin{pmatrix} \dfrac{\partial}{\partial x}(x+y) \\ \dfrac{\partial}{\partial y}(x+y) \end{pmatrix} = \begin{pmatrix} 1 \\ 1 \end{pmatrix}$$

目的関数の勾配ベクトルと制約関数の勾配ベクトルは，p.47 の (8) から平行なベクトルであることが分かります．

$$\nabla f(\boldsymbol{x}^*) = -2\nabla g(\boldsymbol{x}^*) \tag{3}$$

このような平行になる実数 (この場合には -2) が存在することが，制約付き最適化問題の解を保証することになります．これは次項の第 10.1.B 項で説明します．

B　ラグランジュ乗数法

平行条件 (3) を用いて，制約付き最適化問題を再定式化します．これを変形すると

$$\nabla f(\boldsymbol{x}^*) + 2\nabla g(\boldsymbol{x}^*) = \boldsymbol{0} \tag{4}$$

となります．この (4) 式の左辺について，微分する前の関数を $\mathcal{L}$ と置いてみましょう．この筆記体の $\mathcal{L}$ は数学者ラグランジュ (Lagrange) の名前の頭文字から来ています．

$$\mathcal{L}(\boldsymbol{x}, \lambda) = f(\boldsymbol{x}) + \lambda(c - g(\boldsymbol{x})) \tag{5}$$

ここで λ は f と g の比例定数です．この (5) の $\boldsymbol{x}$ と λ の関数 $\mathcal{L}$ を**ラグランジュ関数**，あるいは**ラグランジュアン**といいます．また，比例定数 λ を**ラグランジュ乗数**といいます．

検討している問題は，目的関数 f を (2) の制約関数 g の下で最大化する制約付き最適化問題 (1) でした．この新しい関数 $\mathcal{L}$ は，この問題に対してどのような貢献ができるでしょうか？　この $\mathcal{L}$ を各変数で偏微分します．

$$\frac{\partial \mathcal{L}}{\partial x}(\boldsymbol{x}, \lambda) = \frac{\partial f}{\partial x}(\boldsymbol{x}) - \lambda \frac{\partial g}{\partial x}(\boldsymbol{x}) \tag{6}$$

$$\frac{\partial \mathcal{L}}{\partial y}(\boldsymbol{x}, \lambda) = \frac{\partial f}{\partial y}(\boldsymbol{x}) - \lambda \frac{\partial g}{\partial y}(\boldsymbol{x}) \tag{7}$$

$$\frac{\partial \mathcal{L}}{\partial \lambda}(\boldsymbol{x}, \lambda) = c - g(\boldsymbol{x}) \tag{8}$$

この (6), (7), (8) の偏導関数をゼロと置いた以下の連立方程式を考えます．

$$\frac{\partial \mathcal{L}}{\partial x}(\boldsymbol{x}, \lambda) = 0, \quad \frac{\partial \mathcal{L}}{\partial y}(\boldsymbol{x}, \lambda) = 0, \quad \frac{\partial \mathcal{L}}{\partial \lambda}(\boldsymbol{x}, \lambda) = 0 \tag{9}$$

連立方程式 (9) の解 $(\boldsymbol{x}^*, \lambda^*)$ が存在したとき，次の式が成り立ちます．

$$\frac{\partial f}{\partial x}(\boldsymbol{x}^*) - \lambda^* \frac{\partial g}{\partial x}(\boldsymbol{x}^*) = 0 \tag{10}$$

$$\frac{\partial f}{\partial y}(\boldsymbol{x}^*) - \lambda^* \frac{\partial g}{\partial y}(\boldsymbol{x}^*) = 0 \tag{11}$$

$$g(\boldsymbol{x}^*) = c \tag{12}$$

連立方程式の最後の式 (12) は，解 $\boldsymbol{x}^*$ は制約式を満たしていることを意味しています．

そして，前の 2 式 (10) と (11) をナブラでまとめると以下になります．

$$\nabla f(\boldsymbol{x}^*) - \lambda^* \nabla g(\boldsymbol{x}^*) = \mathbf{0} \tag{13}$$

この条件式は (4) を一般化したものになっています．

つまり，制約 (2) の下で最適化問題 (1) の解 $\boldsymbol{x}^*$ は，(10), (11), (12) を満たしています．さらに，それは連立方程式 (9) の解 $(\boldsymbol{x}^*, \lambda^*)$ になっていることを意味します．以上をまとめると，ラグランジュアンを微分してゼロにすることは，制約式と，比例定数付きの方程式を満たすことを意味します．

$$\nabla \mathcal{L}(\boldsymbol{x}^*, \lambda^*) = \mathbf{0} \iff \begin{cases} \nabla f(\boldsymbol{x}^*) = \lambda^* \nabla g(\boldsymbol{x}^*) \\ g(\boldsymbol{x}^*) = c \end{cases} \tag{14}$$

制約付き最大化問題はラグランジュアンを用いて，制約のない最適化問題と同様に微分してゼロと置く方程式を解けばよいことが分かりました．このラグランジュアンを用いて制約付き最適化問題を解く方法を，**ラグランジュ乗数法**といいます．定理としてまとめておきましょう．もちろんこの定理は最小化問題 min でも適用可能です．

ラグランジュ乗数定理

制約付き最適化問題 (1) において，f と g は連続な偏導関数があるとする．$\nabla g(\boldsymbol{x}^*) \neq \mathbf{0}$ であり，かつ $\boldsymbol{x}^*$ が最適解ならば，以下を満たす実数 λ^* が存在する．

$$\nabla f(\boldsymbol{x}^*) = \lambda^* \nabla g(\boldsymbol{x}^*) \tag{15}$$

この定理の図形的な意味を，図 2 を参照して考えてみましょう．最適解 $\boldsymbol{x}^*$ において目的関数の勾配ベクトル $\nabla f(\boldsymbol{x}^*)$ は，ラグランジュ乗数 λ^* の存在により制約関数の勾配ベクトル $\nabla g(\boldsymbol{x}^*) \neq \mathbf{0}$ と平行です．ベクトル $\nabla g(\boldsymbol{x}^*)$ は，点 $\boldsymbol{x}^*$ における制約曲線の接線と直交します．つまり，勾配ベクトル $\nabla f(\boldsymbol{x}^*)$ は，最適解 $\boldsymbol{x}^*$ において制約曲線の接線と直交し

図 2　ラグランジュ乗数法

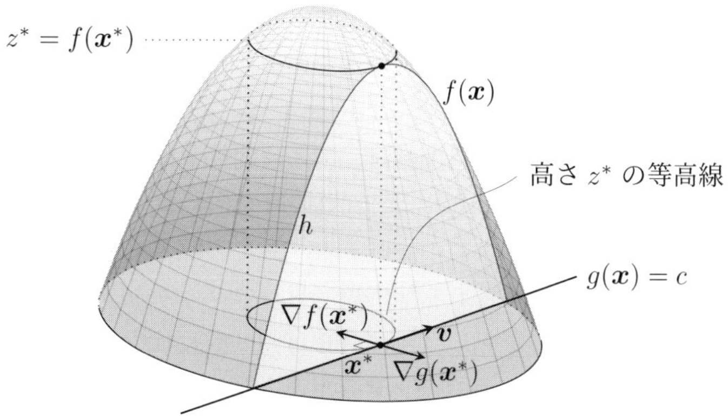

ます．この直交条件が (15) に現れている平行になることの意味です．

ラグランジュ乗数定理の図形的理解

目的関数の勾配ベクトル $\nabla f(\boldsymbol{x}^*)$ は，最適解において制約曲線の接線と直交する．

変数が制約式を満たして微小に動くとき，その動きは，その点における制約曲線の接線方向に沿った微小な変化に限られます．そのときの関数値の変化はゼロです．なぜならば，目的関数の勾配ベクトル $\nabla f(\boldsymbol{x}^*)$ は，p.211 の (16) の等高線の接線の方向ベクトル $\boldsymbol{v}^*$ と直交しているからです．このため関数値が増加する方向にも減少する方向にも動くことができません．

これを見るために，p.210 の等高線の微分 (15) を参考に，パラメータ付けられた変数 $\boldsymbol{x}(t)$ と g の合成関数を考えて，制約式 $g(\boldsymbol{x}(t)) = c$ を t で微分します．

$$\frac{d}{dt}g(\boldsymbol{x}(t)) = \nabla g(\boldsymbol{x}(t)) \cdot \boldsymbol{x}'(t) = \nabla g(\boldsymbol{x}(t)) \cdot \boldsymbol{w}(t) = 0 \tag{16}$$

ここで $\nabla g(\boldsymbol{x})$ がゼロベクトルでない限り，ベクトル $\boldsymbol{w} = \boldsymbol{x}'$ は制約曲線 $g(\boldsymbol{x}) = c$ の接ベクトルになります．これで平行条件 (15) の解釈の準備が整いました．

勾配ベクトルと接ベクトルの関係 $\nabla f(\boldsymbol{x}^*) \cdot \boldsymbol{v}^* = 0$ と $\nabla g(\boldsymbol{x}^*) \cdot \boldsymbol{w}^* = 0$ から

$$\nabla f(\boldsymbol{x}^*) \parallel \nabla g(\boldsymbol{x}^*) \quad \Longleftrightarrow \quad \boldsymbol{v}^* \parallel \boldsymbol{w}^*$$

です．平行な勾配ベクトルは平行な接ベクトルを意味します．制約式を満たす変数は $\boldsymbol{w}^*$ に沿って動きます．上式より，変数は $\boldsymbol{v}^*$ に沿って動くことを意味します．つまり，目的関数の等高線に沿って動くことになるため，関数値は変化しません．

陰関数定理
→『経済数学入門』
p.198

ラグランジュ乗数定理の (15) の仮定 $\nabla g(\boldsymbol{x}^*) \neq \boldsymbol{0}$ は，その証明のなかで**陰関数定理**を使用するため，その仮定 $g_y(a,b) \neq 0$ を満たすためにあります．

陰関数は，例えば変数 x, y が $F(x,y)=0$ のように関連付けられている x と y の関係 F を指します．例 1 の制約式 $g(x,y)=x+y=2$ が陰関数の一例です．例 1 の解答では，$y=2-x$ と制約式を変形しました．これを陰関数に対して，y が x に依存して動く**陽関数**といいます．この例では陽関数を目的関数に代入して最適点を求めました．しかし，ラグランジュ乗数定理より，このように陽関数を求めなくても，直接最適点を求めることができます (練習問題 2).

例 2 制約条件が $g(x,y)=4x+y=24$ の下で，第 8 章の例 3(p.187) の関数 $f(x,y)=\sqrt{xy}$ を最大化する問題を，ラグランジュ乗数法で解いてください．

解答 2 与式より，ラグランジュアン $\mathcal{L}$ は以下になります．

$$\mathcal{L}(\boldsymbol{x},\lambda)=\sqrt{xy}+\lambda(24-(4x+y))$$

この $\mathcal{L}$ を，第 8 章の例 3 を参考にして $\boldsymbol{x}$ と λ で偏微分します．

$$\frac{\partial \mathcal{L}}{\partial x}=\frac{1}{2}\sqrt{\frac{y}{x}}-4\lambda=0$$
$$\frac{\partial \mathcal{L}}{\partial y}=\frac{1}{2}\sqrt{\frac{x}{y}}-\lambda=0$$
$$\frac{\partial \mathcal{L}}{\partial \lambda}=24-(4x+y)=0$$

1 番目と 2 番目の式より，$\sqrt{\frac{y}{x}}=8\lambda$ と $\sqrt{\frac{x}{y}}=2\lambda$ が成り立っています．

$$\sqrt{\frac{y}{x}}\cdot\sqrt{\frac{y}{x}}=8\lambda\cdot\frac{1}{2\lambda} \iff \frac{y}{x}=4 \iff y=4x$$

右辺を 3 番目の式に代入します．

$$24-(4x+4x)=0 \iff 24-8x=0 \iff x^*=3$$

となり，この $x^*=3$ を制約式に代入すると $y^*=12$ が求まります．

$$24-(4\cdot 3+y)=0 \iff 24-12-y=0 \iff y^*=12$$

よって，$\boldsymbol{x}^*=\begin{pmatrix}3\\12\end{pmatrix}$ であり，$2\lambda=\sqrt{\frac{x}{y}}$ より，$\lambda^*=\frac{1}{2}\cdot\sqrt{\frac{3}{12}}=\frac{1}{4}$ となります．

この例 2 の最適解 $\boldsymbol{x}^*$ において，最適な値は $f(\boldsymbol{x}^*)=\sqrt{3\cdot 12}=6$ です．図 3 にこの目的関数の最適値の等高線 $f(\boldsymbol{x})=6$ が描かれています．最適点 $\boldsymbol{x}^*$ では，最適条件 $\nabla f(\boldsymbol{x}^*)=\lambda^*\nabla g(\boldsymbol{x}^*)$ が成り立っています．こ

の場合は $\lambda^* = \dfrac{1}{4}$ ですから，平行なベクトル $\nabla f(\boldsymbol{x}^*)$ と $\nabla g(\boldsymbol{x}^*)$ は同じ方向を向いています．

図 3　最適条件と等高線

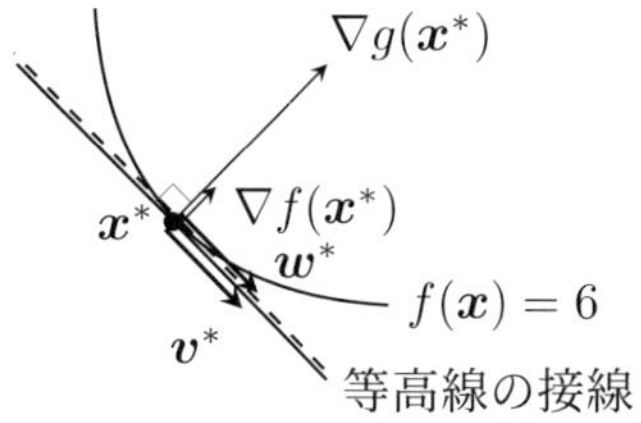

目的関数の定義域は平面です．しかし，制約があることによって，その定義域は狭められます．具体的には，$g(x, y) = 4x + y = 24$ から，$y = -4x + 24$ の直線上を変数 $\boldsymbol{x}$ は動きます．そのとき，$\boldsymbol{x}^*$ で最大値を取ります．

問い 1　パラメータ t を用いた p.207 の例 4 の関数 $\boldsymbol{g}(t) = \begin{pmatrix} x \\ y \end{pmatrix} = \begin{pmatrix} t/4 \\ 24 - t \end{pmatrix}$ は，例 2 の制約条件で表現できることを示してください．次に，最適解を t で表現して，例 2 の解 $\boldsymbol{x}^*$ を確かめてください．

答え 1　$\boldsymbol{g}(t)$ の $x = t/4$, $y = 24 - t$ から $y = 24 - 4x$ となり，例 2 の制約条件 $g(x, y) = 4x + y = 24$ に等しくなります．このとき，p.207 の例 4 の関数 $h(t) = \sqrt{t(24 - t)}/2$ が，パラメータ t で表現した目的関数になります．微分は p.207 の例 4 より，$h'(t) = (12 - t)/(2\sqrt{t(24 - t)})$ となります．1 階の条件 $h'(t) = 0$ を解いて $t^* = 12$ が解となり，$\boldsymbol{g}$ に代入すると $\boldsymbol{g}(12) = \begin{pmatrix} 3 \\ 12 \end{pmatrix}$ は例 2 の解と等しくなります．

C　ラグランジュ乗数の意味

ラグランジュ乗数法で出てくる乗数 λ には特別な意味があります．例 2 のラグランジュ乗数 $\lambda^* = 1/4$ は，制約式 $g(x, y) = 4x + y = 24$ の右辺の定数 24 が微小に変化したときの，最適値の変化になります．

実際，制約式を正の定数 c に置きかえて $g(x, y) = 4x + y = c$ とし，最適化問題を解くと，解は $\boldsymbol{x}^* = \begin{pmatrix} c/8 \\ c/2 \end{pmatrix}$ になります (練習問題 1)．その最適値は次のようになります．

$$f\left(\frac{c}{8}, \frac{c}{2}\right) = \sqrt{\frac{c}{8} \cdot \frac{c}{2}} = \frac{c}{4}$$

この目的関数を最適解で評価した関数を**価値関数**といいます．この価値

関数を $V(c) = \frac{c}{4}$ と置いて，制約式の定数 c で微分すると以下になります．

$$\frac{dV}{dc} = \frac{1}{4}$$

パラメータ c で価値関数を微分した値が，ラグランジュ乗数 $\lambda^* = \frac{1}{4}$ に等しくなりました．

ラグランジュ乗数は価値関数の微分

制約付き最適化問題 (1) において，ラグランジュ乗数定理 (15) の仮定が満たされ，かつその解が $\boldsymbol{x}^*(c)$, $\lambda^*(c)$ であるとします．目的関数を最適解で評価した

$$V(c) = f(\boldsymbol{x}^*(c))$$

を**価値関数**という．このとき，以下が成り立つ．

$$\frac{dV}{dc} = \lambda^* \tag{17}$$

価値関数の制約パラメータに関する微分がラグランジュ乗数になることの直観的な意味を説明しましょう．例 2 のラグランジュ乗数 $\lambda^* = \frac{1}{4}$ は正ですから，目的関数と制約関数の勾配ベクトルは同じ方向を向いています．つまり，制約が緩む (g の c が増加する) と目的関数値が増加します．なぜならば，目的関数の勾配ベクトルは，その値が最大になる方向を向いているからです．この c の変化は λ が乗じられた制約式の直接的な効果の他に，最適点 $\boldsymbol{x}^*(c)$ が変化する効果もあります．しかし，この間接的な効果はゼロであることを (17) 式は述べています．

というのは，解は最適な点なので，その微小な変化は目的関数の値には変化をもたらしません．1 変数のケースでは微分がゼロであるので，傾きがゼロということです．この場合は制約式を満たして最適点が変化しますが，そうであっても最適な点の変化は，目的関数に変化をもたらさないことを意味します．制約式の変化のみが最適値を変化させます．

D　再考：点と直線の距離の公式

第 3 章では p.72 の点と直線の距離 (29)，そして第 4 章では p.85 の点と平面の距離 (11) と，p.115 の点と超平面の距離の公式 (8) を学びました．ある点から直線 (平面・超平面) への距離は，その点から直線上の点へのベクトルの最小の長さです．距離の公式は制約付き最小化問題として捉えることが可能です．それを確かめてみましょう．

例 3　点 $\mathrm{P}(x_1, y_1)$ から直線 $ax+by+c=0$ への距離 $d = \dfrac{|ax_1+by_1+c|}{\sqrt{a^2+b^2}}$ を，制約 $g(x,y) = -(ax+by+c) = 0$ の下で距離の 2 乗 $f(x,y) = (x-x_1)^2 + (y-y_1)^2$ を最小化する問題の解として求めてください．

解答 3　まずラグランジュ関数を定義します．

$$\begin{aligned}\mathcal{L}(x,y,\lambda) &= (x-x_1)^2 + (y-y_1)^2 + \lambda(0 - (-(ax+by+c))) \\ &= (x-x_1)^2 + (y-y_1)^2 + \lambda(ax+by+c)\end{aligned}$$

各変数で偏微分してゼロと置きます．

$$\begin{aligned}\frac{\partial \mathcal{L}}{\partial x} &= 2(x-x_1) + \lambda a = 0 \\ \frac{\partial \mathcal{L}}{\partial y} &= 2(y-y_1) + \lambda b = 0 \\ \frac{\partial \mathcal{L}}{\partial \lambda} &= ax+by+c = 0\end{aligned}$$

まず $\partial\mathcal{L}/\partial x = 0$ と $\partial\mathcal{L}/\partial y = 0$ の式より

$$x = x_1 - \frac{1}{2}\lambda a, \quad y = y_1 - \frac{1}{2}\lambda b$$

となり，$\partial\mathcal{L}/\partial\lambda = 0$ の式に x と y を代入します．

$$\begin{aligned}& a\left(x_1 - \frac{1}{2}\lambda a\right) + b\left(y_1 - \frac{1}{2}\lambda b\right) + c = 0 \\ \iff\ & \frac{1}{2}(a^2+b^2)\lambda = ax_1 + by_1 + c \quad \therefore \lambda = \frac{2(ax_1+by_1+c)}{a^2+b^2}\end{aligned} \tag{18}$$

距離の式 $d = \sqrt{(x-x_1)^2 + (y-y_1)^2}$ にこの x と y を代入します．

$$d = \sqrt{\left(-\frac{1}{2}\lambda a\right)^2 + \left(-\frac{1}{2}\lambda b\right)^2} = \frac{|\lambda|}{2}\sqrt{a^2+b^2}$$

これに (18) を代入します．

$$d = \frac{1}{2}\left|\frac{2(ax_1+by_1+c)}{a^2+b^2}\right|\sqrt{a^2+b^2} = \frac{|ax_1+by_1+c|}{\sqrt{a^2+b^2}}$$

距離を最小化することは，その 2 乗を最小化することと同値ですので，問題を簡単化していることに注意してください．例 3 は解をすべて求めなくても最適値が求まります．点から直線への距離は射影で考えて導出しましたが，今回の微分を用いる制約付き最小化問題としても導出ができます．このような，同じ解でも多面的な見方ができるということは，最小 2 乗法の導出でも行なわれます．

ラグランジュ乗数法を用いて，例 2 では制約付き最大化と例 3 で制約付き最小化の問題を解きました．最適な点が満たす条件 $\nabla f(\boldsymbol{x}^*) = \lambda^* g(\boldsymbol{x}^*)$ の他に，何が最大化と最小化を区別するかをこれから学びます．

10.2　経済学への応用

ラグランジュ乗数法を，第 4 章で学んだ経済学へ応用します．

A　効用関数と予算制約線

第 4 章で学んだ消費問題を再考します．経済主体がある予算 m をもっていて，それを用いてベクトル $\boldsymbol{x}$ で表される 2 種類の財を消費して満足度を表す効用 $u(\boldsymbol{x})$ を最大化する問題を考えます．このとき，効用関数を微分すると以下になります．

$$\frac{du}{d\boldsymbol{x}} = \begin{pmatrix} \dfrac{\partial u}{\partial x_1} & \dfrac{\partial u}{\partial x_2} \end{pmatrix}, \quad \nabla u = \begin{pmatrix} \dfrac{\partial u}{\partial x_1} \\ \dfrac{\partial u}{\partial x_2} \end{pmatrix} \tag{19}$$

勾配ベクトルの成分は各財の限界効用です．これを**限界効用ベクトル**と呼びましょう．

価格ベクトル $\boldsymbol{p}$ を用いて予算を満たすならば，$\boldsymbol{p}\cdot\boldsymbol{x} = m$ となっています．p.103 の (38) 式で示されているように，価格ベクトルと予算制約線は直交します．

最適な消費ベクトル $\boldsymbol{x}^*$ は，予算制約線を満たし効用を最大化しています．それは以下のラグランジュ関数を使ったラグランジュ乗数法の解になります．

$$\mathcal{L}(\boldsymbol{x}, \lambda) = u(\boldsymbol{x}) + \lambda(m - \boldsymbol{p}\cdot\boldsymbol{x}) \tag{20}$$

このとき最大化された効用値 $\overline{u} = u(\boldsymbol{x}^*)$ を満たす効用関数の p.209 の等高線 (14) を，$\overline{u} = u(\boldsymbol{x})$ として考えることができます．このようなある効用値を満たす消費ベクトルの集まりを，**無差別曲線**といいます．

例えば，効用関数は p.187 の例 3 で学んだ関数 $u(x, y) = \sqrt{xy}$ を考えます．p.209 の例 6 から，その無差別曲線は双曲線 $y = \dfrac{c}{x}$ $(c > 0)$ になります．図 4 に示されているように，最適な消費点 $\boldsymbol{x}^*$ を通る無差別曲線は，例 6 より，$y = \dfrac{\overline{u}^2}{x}$ になります．予算制約線は右下がりの直線であり，この直線の法線ベクトルは価格ベクトル $\boldsymbol{p}$ であり，p.103 の (38) より $\boldsymbol{p}\cdot(\boldsymbol{x} - \boldsymbol{x}^*) = 0$ となります．

B　ラグランジュ乗数法の経済学的な意味

最適な消費は，ラグランジュ乗数法 (20) を使って以下の条件を満たします．

図 4　無差別曲線と予算制約線

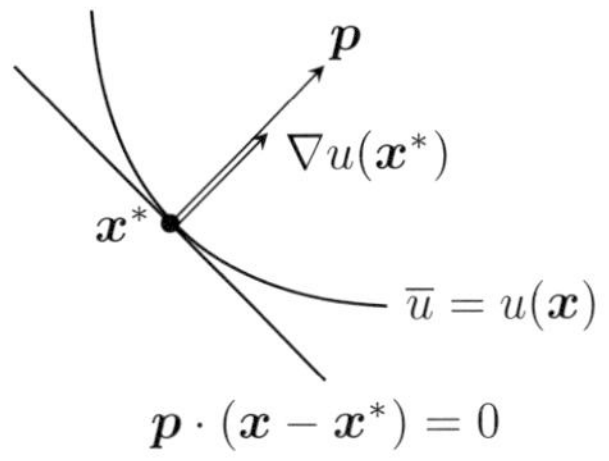

$$\nabla u(\boldsymbol{x}^*) = \lambda \boldsymbol{p} \tag{21}$$

これは p.105 の (43) 式を書き換えたものです．その解釈を改めて行ないましょう．

図 2 のラグランジュ乗数定理の図形的理解より，消費ベクトル $\boldsymbol{x}^*$ が最大効用を達成していれば，点 $\boldsymbol{x}^*$ において予算制約線と無差別曲線 $y = \dfrac{\overline{u}^2}{x}$ は接します．よって，最適な消費点 $\boldsymbol{x}^*$ において無差別曲線の接線は，予算制約線と一致します．第 9.2.B 項で学んだように，関数のある点の勾配ベクトルは，その点を通る等高線の接ベクトルと直交します．直線の方向ベクトルと法線ベクトルは直交しますから，よって，予算制約線の法線ベクトルである価格ベクトル $\boldsymbol{p}$ は，勾配ベクトル，すなわち限界効用ベクトルと平行になります．第 3 章の平行条件 (8)(p.47) より，あるスカラー λ が存在して (21) が成り立ちます．

次に，最大化された効用 $u(\boldsymbol{x}^*)$ から (17) 式で表されるラグランジュ乗数の経済学的な意味を考えます．一般の制約式 $g(x, y) = c$ の c が，消費問題の予算 m です．ラグランジュ乗数は価値関数を c で微分した値であることから，この予算が微小に増えたときの最大化された効用の増加になります．最大化された効用を V と置きます．この価値関数を予算 m について偏微分すると，(17) より以下になります．

$$\frac{\partial V}{\partial m} = \lambda^* \tag{22}$$

λ^* は予算が微小に増えたときの効用で測った価値の増加になります．これを**シャドウプライス**，あるいは**影の価格**といいます．予算という資源は私たちの満足度を増すためにあります．この意味で，予算の限界効用をラグランジュ乗数は表しています．

C　最適化条件

1 変数関数，2 変数関数および制約付きの最適化条件 (p.193 の (16), p.197 の (21), および p.216 の (14)) を確認しましょう．

$$f'(x^*) = 0, \quad \nabla f(\boldsymbol{x}^*) = \boldsymbol{0}, \quad \nabla f(\boldsymbol{x}^*) = \lambda^* \nabla g(\boldsymbol{x}^*)$$

最適化条件は，**独立変数が可能な方向へ微小に変化しても目的関数値は増えない**ことを意味します．1 変数の場合は変数が増えても減っても関数値の変化は 0 です．

2 変数の場合は，$\nabla f(\boldsymbol{x}^*)$ は関数値が最大になる方向です．それがゼロベクトルになります．ゼロベクトルは任意のベクトルと直交します．最適点から**任意の方向に変数を動かしても，最大増加方向とは同じ向きを向くことはない**ことが分かります．これは変数を微小に動かしても関数値が増えることはないことを意味します．

制約が付いた場合は，変数が微小に制約曲線上を動くことは，その接線に沿って動くことです．制約曲線の接ベクトルと平行な動きです．その接ベクトルは，ラグランジュ乗数定理より，目的関数の等高線の接ベクトルと平行になります．つまり，**最適解において，変数の制約曲線に沿った微小な動きは等高線に沿った微小な動きであり，関数値は一定**のままです．

練習問題 10

1. 正の定数 c に対して制約条件が $4x+y=c$ の下で，第 8 章例 3(p.187) の関数 $u(x,y)=\sqrt{xy}$ を最大化する問題を，ラグランジュ乗数法で解いてください．
2. 例 1 の制約 $g(x,y)=x+y=2$ の下で，目的関数 $f(x,y)=16-x^2-y^2$ を最大化する問題を，ラグランジュ乗数法で解いてください．次に，価値関数を求めて $|c| \leq 2\sqrt{2}$ を満たす制約 $g(x,y)=c$ が緩んだときの最適値の変化を求めてください．

11 2階微分

2 変数関数の微分や最適化問題の条件を学んだ次は，2 階微分と，その応用として極大・極小を区別する最適化の 2 階の条件を学びます．そこではさらにベクトルや行列が大いに威力を発揮します．

11.1 2階微分

第 8 章では多変数関数の微分，第 9 章ではベクトル値関数の微分を学びましたが，それらの 2 階微分をさらに学びます．

A 曲線の曲がり具合

2 変数関数で微分してゼロとすることで，極大・極小の他に鞍点と呼ばれる点が現れる場合があります．p.197 の臨界点 (21) をもつことに加えて，極大・極小が満たす条件を検討します．その基本となるのは，1 変数関数のグラフの曲がり具合が 2 階微分で表現できることです．ある関数の導関数がさらに微分可能である場合，その導関数をもう一度微分したものを **2 階微分**といいます．これに対して，関数の 1 回目の微分は **1 階微分**と呼ばれます．図 1 に示すように，$x = x^*$ が極大点になる関数 f

図 1　1 変数関数の極大・極小

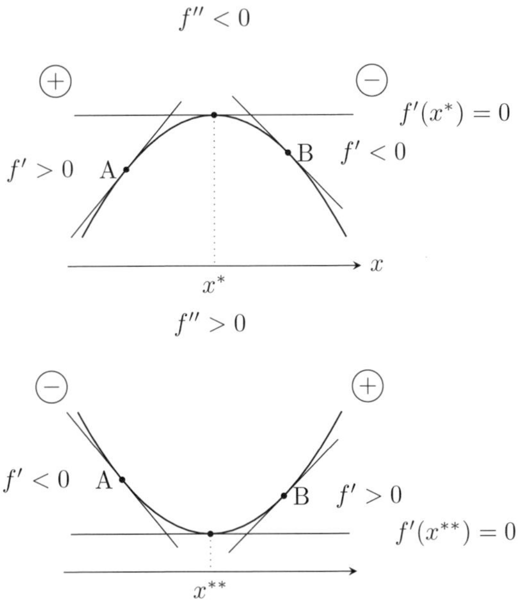

の傾きは，極大点に向かって減少し，極大点では傾き 0 になります．

同様に，極小点 $x = x^{**}$ では，その傾きは増加し，極小点で 0 になります．つまり，極大・極小を区別するには傾きの符号以外にも，その動きを知る必要があります．その情報を教えてくれるのが 2 階微分です．関数が 2 階微分可能であれば，極大点の近くでは $f''(x) < 0$ になる必要があります．同様に，極小点の近くでは $f''(x) > 0$ です．図 1 の関数 f はこの条件を満たしています．この 2 階微分が極大点ならば負であり，極小点であれば正であることを**2 階の条件**といいます．

極大・極小の 2 階の条件 (1 変数)

関数 $f: X \to \mathbb{R}$ $(X \subset \mathbb{R})$ は X の内点 x^* において 2 階微分可能であり，1 階の条件 $f'(x^*) = 0$ が成り立っているとする．

① $f''(x^*) < 0$ ならば，x^* は極大点である．

② $f''(x^*) > 0$ ならば，x^* は極小点である．

もし $f''(x^*) = 0$ ならば，この条件だけでは極値を判定できないことに注意です．

B 高階偏微分

2 変数の関数の最適化問題の 2 階の条件を求めるため，第 8.1.C 項で学んだ偏導関数をもう一度偏微分します．通常，1 変数と同様に複数回微分できますが，2 回目の偏微分は関数のグラフの曲がり具合を教えてくれるのでとても重要です．

2 変数関数 $f: X \to \mathbb{R}$ $(X \subset \mathbb{R}^2)$ が各変数の偏導関数 $\dfrac{\partial f}{\partial x}$ と $\dfrac{\partial f}{\partial y}$ が定義できるとき，これらを各変数の**1 階の偏導関数**といいます．これらに対して，ある点 $\boldsymbol{a} \in X$ でさらに偏微分が可能なとき，4 つの**2 階偏微分係数**が考えらます．

$$\frac{\partial}{\partial x}\left(\frac{\partial f}{\partial x}\right)(\boldsymbol{a}), \quad \frac{\partial}{\partial y}\left(\frac{\partial f}{\partial x}\right)(\boldsymbol{a}), \quad \frac{\partial}{\partial x}\left(\frac{\partial f}{\partial y}\right)(\boldsymbol{a}), \quad \frac{\partial}{\partial y}\left(\frac{\partial f}{\partial y}\right)(\boldsymbol{a})$$

ここで $\dfrac{\partial}{\partial x}\left(\dfrac{\partial f}{\partial x}\right)(\boldsymbol{a})$ は，関数 $\dfrac{\partial f}{\partial x}$ に対して，$\boldsymbol{x} = \boldsymbol{a}$ において y 座標を止めた p.186 の極限 (8) を意味します．同様に $\dfrac{\partial}{\partial y}\left(\dfrac{\partial f}{\partial x}\right)(\boldsymbol{a})$ は，関数 $\dfrac{\partial f}{\partial x}$ に対して，$\boldsymbol{x} = \boldsymbol{a}$ において y に関する偏微分係数を意味します．

カッコを取り除いて $\dfrac{\partial^2 f}{\partial x^2}(\boldsymbol{a})$, $\dfrac{\partial^2 f}{\partial y \partial x}(\boldsymbol{a})$, $\dfrac{\partial^2 f}{\partial x \partial y}(\boldsymbol{a})$, $\dfrac{\partial^2 f}{\partial y^2}(\boldsymbol{a})$ のように簡便に記述することもできます．これらは記法は 1 階の偏微分と同様に，$f_{xx}(\boldsymbol{a})$, $f_{xy}(\boldsymbol{a})$, $f_{yx}(\boldsymbol{a})$, $f_{yy}(\boldsymbol{a})$ とも表現できます．ここで変数の順番が

$\dfrac{\partial^2 f}{\partial y \partial x} = f_{xy}$

先

∂ の記法と逆になっていることに注意してください．

すべての点 $\boldsymbol{x} \in X$ でこれらの偏微分係数が存在するとき，$\boldsymbol{x}$ の関数とみなして **2 階の偏導関数**といいます．1 変数の場合と同様に，2 階の偏導関数の記法は，

$$\frac{\partial^2 f}{\partial x^2}, \quad \frac{\partial^2 f}{\partial y \partial x}, \quad \frac{\partial^2 f}{\partial x \partial y}, \quad \frac{\partial^2 f}{\partial y^2}$$

となります．同様に f_{xx}, f_{xy}, f_{yx}, f_{yy} も用いられます．これらの 2 階偏導関数を求めることを，**2 階偏微分する**といいます．2 階だけではなく 3 回，4 回…と偏微分することも考えられます．このような偏微分を**高階偏微分**といいます．

異なる変数の 2 階偏微分 f_{xy} などは，**混合偏導関数**といいます．

例 1　関数 $f(x, y) = x^2 + xy + y^2$ の各 2 階偏導関数を求めてください．

解答 1

$$\frac{\partial f}{\partial x} = \frac{\partial}{\partial x}(x^2 + xy + y^2) = \frac{\partial}{\partial x}x^2 + y\frac{\partial}{\partial x}x = 2x + y,$$

$$\frac{\partial f}{\partial y} = \frac{\partial}{\partial y}(x^2 + xy + y^2) = x\frac{\partial}{\partial y}y + \frac{\partial}{\partial y}y^2 = x + 2y,$$

$$\frac{\partial}{\partial x}\left(\frac{\partial f}{\partial x}\right) = \frac{\partial}{\partial x}(2x + y) = 2\frac{\partial}{\partial x}x = 2,$$

$$\frac{\partial}{\partial x}\left(\frac{\partial f}{\partial y}\right) = \frac{\partial}{\partial x}(x + 2y) = \frac{\partial}{\partial x}x = 1,$$

$$\frac{\partial}{\partial y}\left(\frac{\partial f}{\partial x}\right) = \frac{\partial}{\partial y}(2x + y) = \frac{\partial}{\partial y}y = 1,$$

$$\frac{\partial}{\partial y}\left(\frac{\partial f}{\partial y}\right) = \frac{\partial}{\partial y}(x + 2y) = 2\frac{\partial}{\partial y}y = 2$$

この例 1 の結果から分かるように，混合偏導関数 f_{xy} と f_{yx} は外見上は異なっていますが，結果は両者とも 1 で同じになっています．

C　混合 2 階偏導関数の対称性

例 1 の結果 $f_{xy} = f_{yx}$ は偶然ではありません．この一致は広い範囲で活用される定理として知られています．図 2 のように，点 (x_0, y_0) から変数 x, y が変化して点 $(x_0 + \Delta x, y_0 + \Delta y)$ に移るときに，どちらの変数から動いても行き着く先は同じです．この当然な結果を保証する条件を，以下の定理は述べています．このとき，2 変数関数の 2 階偏導関数は f_{xx}, f_{xy}, f_{yy} の合計 3 種類で済みます．

図 2　混合偏導関数の対称性

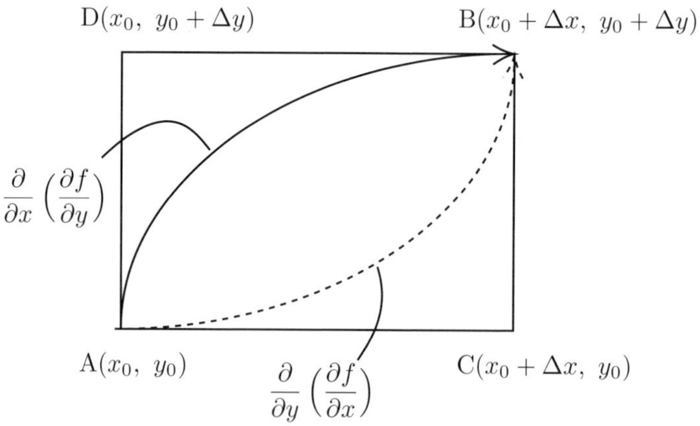

2 階偏導関数の対称性

関数 f の 2 階偏導関数 $\dfrac{\partial^2 f}{\partial x \partial y}$ が連続であれば，次が成り立つ．

$$\frac{\partial^2 f}{\partial x \partial y} = \frac{\partial^2 f}{\partial y \partial x} \tag{1}$$

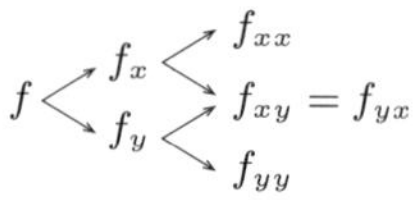

ヤングの定理

条件の連続性の定義は p.185 の (6) にあります．この定理は**ヤングの定理**や**クロアネの定理**とも呼ばれます．混合偏導関数が連続であれば，2 変数関数の 2 つの混合偏導関数は等しいのです．これで順番を気にせず偏微分ができることになります．

私たちの分析でも，2 階偏導関数の対称性が成り立つ場合に焦点を絞って考えていきます．解析学ではこのような関数を広く分析しており，2 階偏導関数が連続である関数を $\boldsymbol{C^2}$ **級関数** (読みは「しーつー」) と呼びます．また，すべての階数の微分が存在する関数を**滑らかな**関数と呼びます．ある関数が任意の階数の偏導関数をもち，それらがすべて連続ならば，それは $\boldsymbol{C^\infty}$ **級関数**と呼びます．このような滑らかな関数は，これから学ぶテイラー展開で上手く近似できるため，解析学で重要な役割を果たします．

例 2　p.193 の例 9 の関数 $f(x,y) = -x^2 - y^2$, $g(x,y) = x^2 + y^2$, $h(x,y) = x^2 - y^2$ を 2 階偏微分してください．

解答 2　p.193 の例 9 の解答の 1 階微分を参考にして求まります．

$$\frac{\partial f}{\partial x} = -2x, \quad \frac{\partial f}{\partial y} = -2y, \quad \frac{\partial^2 f}{\partial x \partial y} = \frac{\partial^2 f}{\partial y \partial x} = 0, \quad \frac{\partial^2 f}{\partial x^2} = \frac{\partial^2 f}{\partial y^2} = -2,$$
$$\frac{\partial g}{\partial x} = 2x, \quad \frac{\partial g}{\partial y} = 2y, \quad \frac{\partial^2 g}{\partial x \partial y} = \frac{\partial^2 g}{\partial y \partial x} = 0, \quad \frac{\partial^2 g}{\partial x^2} = \frac{\partial^2 g}{\partial y^2} = 2,$$

$$\frac{\partial h}{\partial x} = 2x, \quad \frac{\partial h}{\partial y} = -2y, \quad \frac{\partial^2 h}{\partial x \partial y} = \frac{\partial^2 h}{\partial y \partial x} = 0, \quad \frac{\partial^2 h}{\partial x^2} = 2, \quad \frac{\partial^2 h}{\partial y^2} = -2$$

11.2　2 変数関数の 2 次近似

ここでは 1 階の微分による 1 次近似から 2 次近似を行ない，極大・極小の条件を詳しく考えましょう．ここで微分積分学と線形代数学の両方の知識を活用します．

A　2 次近似の必要性

微分は関数の 1 次近似ですが，2 階偏導関数を用いることにより関数を 2 次関数で近似することができます．それがテイラー展開という手法です．2 次関数で近似すると，グラフに凹凸が現れ極大値と極小値を区別することが可能になります．

私たちは曲線を p.183 で 1 次関数 $y = f(a) + f'(a)(x-a)$ で近似したり，p.204 でベクトル方程式 $\boldsymbol{x}(t) = \boldsymbol{x}_0 + (t - t_0)\boldsymbol{v}_0$ で近似してきました．この近似の精度を上げましょう．具体的には 2 次関数で近似します．

2 次のテイラー展開 (1 変数)

1 変数関数 f が 2 階の導関数まで連続であるとき，関数 f は，ある点 $x = a$ の周りで**テイラー展開**と呼ばれる以下の x に関する 2 次の多項式で表される．

$$f(x) = f(a) + f'(a)(x-a) + \frac{f''(a)}{2}(x-a)^2 + R_2 \qquad (2)$$

ここで，R_2 は**剰余項**と呼ばれるもので，**2 次近似**では表しきれない誤差を表す．R_2 は以下の性質を有する．

$$\frac{R_2}{(x-a)^2} \to 0 \quad (x \to a)$$

2 次のテイラー展開は，関数を 2 次関数により近似する方法です．この剰余項の意味を簡単に説明すると，x が限りなく a に近づくと，2 乗の項 $(x-a)^2$ よりも速いペースで R_2 はゼロに近づく，ということです．この性質により，2 次近似が上手くいくことが**テイラーの定理**で保証されています．剰余項を省いた式は，2 次の**テイラー多項式**と呼ばれ，次のように書けます．

$$f(x) \simeq f(a) + f'(a)(x-a) + \frac{f''(a)}{2}(x-a)^2 \tag{3}$$

一般に，このテイラー多項式を得る操作を，**a の周りでテイラー展開する**といいます．

試しに $y = x^2$ を $x = 0$ の周りでテイラー展開してみます．ある点 a では

$$f(a) = a^2, \quad f'(a) = 2a, \quad f''(a) = 2$$

と書けるので，(2) は，剰余項 R_2 は 0 になり，テイラー多項式は f 自身です．

$$\begin{aligned} f(x) &= f(0) + f'(0)(x-0) + \frac{f''(0)}{2}(x-0)^2 + R_2 \\ &= 0 + 0(x-0) + \frac{2}{2}(x-0)^2 + R_2 = x^2 + R_2 = x^2 \end{aligned}$$

$R_2 = 0$ である 2 次関数の 2 次のテイラー展開が 2 次関数自身であることは，1 次関数の微分による 1 次近似が自分自身になることに対応しています．

例 3 関数 $y = f(x) = x^4 - 2x^2$ を $x = 0$ と $x = 1$ の周りで 2 次のテイラー展開してください．

解答 3 以下の計算になります．

$f'(x) = 4x^3 - 4x = 4x(x^2-1) = 4x(x+1)(x-1)$,

$f''(x) = 12x^2 - 4 = 4(3x^2 - 1)$

$x = 0$ でのテイラー展開は，$f(0) = 0$, $f'(0) = 0$, $f''(0) = -4$ より

$$\begin{aligned} f(x) &\simeq f(0) + f'(0)(x-0) + \frac{f''(0)}{2}(x-0)^2 \\ &= 0 + 0 + \frac{-4}{2}(x-0)^2 = -2x^2 \end{aligned}$$

$x = 1$ でのテイラー展開は，$f(1) = -1$, $f'(1) = 0$, $f''(1) = 8$ より

$$f(x) \simeq -1 + 0 + \frac{8}{2}(x-1)^2 = -1 + 4(x-1)^2$$

ここで，$x = 0$ の周りでテイラー展開すると，関数 $g(x) = -2x^2$ になります．この点で $f'(0) = 0$ ですから 1 次の項はありません．この点は臨界点です．一方，g は上に凸なグラフです．つまり，この点は極大点です．$x = 2$ の周りでテイラー展開すると，関数 $h(x) = 4(x-1)^2 - 1$ になります．この点で $f'(1) = 0$ ですから 1 次の項はありません．この点は臨界点です．一方，h は下に凸なグラフです．つまり，この点は極小点です．図 3 は，g や h のグラフは与えられた点近くでは f のグラフをよく近似していることを示しています．

このように，ある点の 2 階の微分係数の符号を考えると，関数の極大・

図 3　1 変数関数のテイラー展開

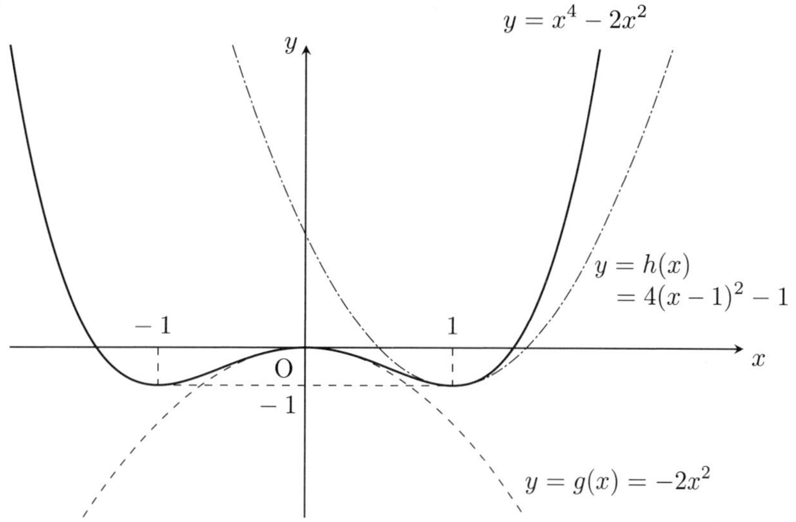

極小の判定が可能になります．また，2 次近似より関数のグラフの形状をその点近くで知ることができます．1 階の微分で表した 1 次式の近似の精度を上げることを 2 変数関数でも行なうことが，2 変数関数の極大・極小を判定することに繋がります．

B　1 次のテイラー展開

2 変数関数の 2 次近似であるテイラー展開を紹介しましょう．まずは f の $\boldsymbol{x} = \boldsymbol{a}$ での 1 次近似である p.188 の接平面 (10) を再掲しましょう．

$$z = f'(\boldsymbol{a})(\boldsymbol{x} - \boldsymbol{a}) + f(\boldsymbol{a}) = \begin{pmatrix} \dfrac{\partial f}{\partial x}(\boldsymbol{a}) & \dfrac{\partial f}{\partial y}(\boldsymbol{a}) \end{pmatrix} (\boldsymbol{x} - \boldsymbol{a}) + f(\boldsymbol{a}) \qquad (4)$$

1 次近似のテイラーの定理の 2 変数関数バージョンは以下になります．

$$f(\boldsymbol{x}) = f(\boldsymbol{a}) + f'(\boldsymbol{a})(\boldsymbol{x} - \boldsymbol{a}) + R_1$$

この剰余項 R_1 は，$\boldsymbol{x}$ が $\boldsymbol{a}$ に近いとき，十分小さいことが必要です．このとき，接平面 (4) は，$\boldsymbol{x}$ が $\boldsymbol{a}$ に近いとき関数 $z = f(\boldsymbol{x})$ のグラフを近似できます．

この模様は，第 8 章の例 2(p.186) で分析した関数 $f(x, y) = 16 - x^2 - y^2$ の，点 $\boldsymbol{a} = \begin{pmatrix} 1 \\ 1 \end{pmatrix}$ における接平面の方程式 $z = 18 - 2x - 2y$ を，第 8 章の例 6(p.188) で示したことに対応します．

$$z = f(\boldsymbol{a}) + f'(\boldsymbol{a})(\boldsymbol{x} - \boldsymbol{a}) = 18 + \begin{pmatrix} -2 & -2 \end{pmatrix} \begin{pmatrix} x - 1 \\ y - 1 \end{pmatrix} = 18 - 2x - 2y$$

点 $\boldsymbol{a}$ 付近では，関数 $f(x,y)=16-x^2-y^2$ は $z=18-2x-2y$ で近似できます．

例 4

例 1 の関数 $f(x,y)=x^2+xy+y^2$ を，$\boldsymbol{a}=\begin{pmatrix}1\\1\end{pmatrix}$ の周りで 1 次のテイラー展開してみましょう．

解答 4

例 1 の解答より答えが求まります．

$$\begin{aligned} f(\boldsymbol{a}) &= 1^2+1\cdot 1+1^2=3,\ f'=\begin{pmatrix}\dfrac{\partial f}{\partial x} & \dfrac{\partial f}{\partial y}\end{pmatrix}=\begin{pmatrix}2x+y & x+2y\end{pmatrix}\\ f'(\boldsymbol{a}) &= \begin{pmatrix}2\cdot 1+1 & 1+2\cdot 1\end{pmatrix}=\begin{pmatrix}3 & 3\end{pmatrix}\\ z &= f(\boldsymbol{a})+f'(\boldsymbol{a})(\boldsymbol{x}-\boldsymbol{a})=3+\begin{pmatrix}3 & 3\end{pmatrix}\begin{pmatrix}x-1\\y-1\end{pmatrix}\\ &= 3+3(x-1)+3(y-1)=-3+3x+3y \end{aligned}$$

2 変数関数の 2 次近似はどうなるでしょうか？ 2 階の偏導関数の知識が必要です．

C 2 次のテイラー展開

2 次の近似のためには，2 階の偏導関数 f_{xx}, f_{xy}, f_{yx}, f_{yy} を活用します．2 階偏導関数の対称性の条件である，混合偏導関数の連続性を仮定しますので，$f_{xy}=f_{yx}$ となり 3 種類の偏導関数で十分です．例 1 の関数 $f(x,y)=x^2+xy+y^2$ では，

$$\frac{\partial^2 f}{\partial x^2}=2, \qquad \frac{\partial^2 f}{\partial x\partial y}=\frac{\partial^2 f}{\partial y\partial x}=1, \qquad \frac{\partial^2 f}{\partial y^2}=2 \tag{5}$$

2 変数の 2 次の項は x^2, xy, y^2 の 3 つあることに注意します．1 変数のテイラー多項式の 2 次の項 $\dfrac{f''(a)(x-a)^2}{2}$ の類推から，点 $\boldsymbol{a}=\begin{pmatrix}1\\1\end{pmatrix}$ における 2 次の項は

$$\frac{1}{2}\left(\frac{\partial^2 f}{\partial x^2}(x-1)^2+\frac{\partial^2 f}{\partial x\partial y}(x-1)(y-1)+\frac{\partial^2 f}{\partial y\partial x}(y-1)(x-1)\right.$$
$$\left.+\frac{\partial^2 f}{\partial y^2}(y-1)^2\right)$$

になります．ここでなぜ f_{xx} に $(x-1)^2$ が掛けられているかというと，x で 2 階偏微分することは，y 座標を固定して x 座標の 2 次の変化を見ているからです．よって，f による x の 2 次の変化に 2 次式 $(x-1)^2$ を乗じています．

混合偏導関数の説明の図 2 における点 (x_0,y_0) からの移動で学んだよ

うに，変数 x, y の 2 つのルートがあります．そのため $(x-1)(y-1)$ の項が 2 つあります．混合偏導関数の対称性定理から，上式は簡潔に書き換えられます．

$$\frac{1}{2}\left(\frac{\partial^2 f}{\partial x^2}(x-1)^2 + 2\frac{\partial^2 f}{\partial x \partial y}(x-1)(y-1) + \frac{\partial^2 f}{\partial y^2}(y-1)^2\right)$$

1 変数関数の場合は，2 次の効果でも一方向だけです．2 変数関数の 2 次の方向は，点 (x_0, y_0) から点 $(x_0+\Delta x, y_0+\Delta y)$ に移るときに，x 座標の 2 個分，y 座標の 2 個分，x と y の混合の合計 3 つの効果が出てきます．

2 次のテイラー展開

2 変数関数 f が 2 階偏導関数まで連続であるとき，関数 f は，ある点 $\boldsymbol{a} = \begin{pmatrix} x_0 \\ y_0 \end{pmatrix}$ の周りで**テイラー展開**と呼ばれる以下の $\boldsymbol{x}$ に関する 2 次の多項式で表される．

$$\begin{aligned} f(\boldsymbol{x}) = f(\boldsymbol{a}) + f'(\boldsymbol{a})(\boldsymbol{x}-\boldsymbol{a}) + \frac{1}{2}\Bigg(&\frac{\partial^2 f}{\partial x^2}(x-x_0)^2 \\ &+ 2\frac{\partial^2 f}{\partial x \partial y}(x-x_0)(y-y_0) + \frac{\partial^2 f}{\partial y^2}(y-y_0)^2\Bigg) + R_2 \end{aligned} \tag{6}$$

ここで，R_2 は**剰余項**と呼ばれるもので，**2 次近似**では表しきれない誤差を表す．R_2 は以下の性質を有する．

$$\frac{R_2}{|\boldsymbol{x}-\boldsymbol{a}|^2} \to 0 \quad (|\boldsymbol{x}-\boldsymbol{a}| \to 0)$$

この剰余項はベクトルの距離が小さくなることで評価しています．1 変数関数と同様，この 2 次近似を**テイラーの定理**といいます．また，剰余項を除いた式を**テイラー多項式**と呼びます．

$$\begin{aligned} f(\boldsymbol{x}) \simeq f(\boldsymbol{a}) + f'(\boldsymbol{a})(\boldsymbol{x}-\boldsymbol{a}) + \frac{1}{2}\Bigg(&\frac{\partial^2 f}{\partial x^2}(x-x_0)^2 \\ &+ 2\frac{\partial^2 f}{\partial x \partial y}(x-x_0)(y-y_0) + \frac{\partial^2 f}{\partial y^2}(y-y_0)^2\Bigg) \end{aligned} \tag{7}$$

例 5　例 1 の関数 $f(x,y) = x^2 + xy + y^2$ を，$\boldsymbol{a} = \begin{pmatrix} 1 \\ 1 \end{pmatrix}$ の周りで 2 次のテイラー展開してみましょう．

解答 5　例 4 を参考にします．2 階偏導関数は (5) から以下になります．

$$\frac{\partial^2 f}{\partial x^2} = 2, \qquad \frac{\partial^2 f}{\partial x \partial y} = \frac{\partial^2 f}{\partial y \partial x} = 1, \qquad \frac{\partial^2 f}{\partial y^2} = 2,$$

$$\frac{1}{2}\left(\frac{\partial^2 f}{\partial x^2}(x-x_0)^2+2\frac{\partial^2 f}{\partial x\partial y}(x-x_0)(y-y_0)+\frac{\partial^2 f}{\partial y^2}(y-y_0)^2\right)$$
$$=\frac{1}{2}\left(2(x-1)^2+2\cdot 1(x-1)(y-1)+2(y-1)^2\right)$$
$$=\frac{1}{2}(2x^2-4x+2+2xy-2x-2y+2+2y^2-4y+2)$$
$$=x^2-3x+xy+y^2-3y+3$$

定数と 1 次の項 $f(\boldsymbol{a})+f'(\boldsymbol{a})(\boldsymbol{x}-\boldsymbol{a})$ は，例 4 より $-3+3x+3y$ なので，

$$z=-3+3x+3y+x^2-3x+xy+y^2-3y+3=x^2+y^2+xy$$

これは例 1 の $f(x,y)=x^2+xy+y^2$ と一致します．

このように，1 変数の場合と同様，**2 次の 2 変数関数は 2 次のテイラー展開と一致します**．一般の関数でももちろんテイラーの定理は成り立ちますから，ある点の滑らかな関数は，その近傍で 2 次関数で近似できます．

練習問題 11

1 p.187 の例 3 の $f(x,y)=\sqrt{xy}$ を 2 階偏微分してください．

12 2次形式

第 11 章では 2 変数関数をテイラー展開により 2 次関数で近似しました．3 以上の変数を扱う場合，さらに複雑になります．しかし，行列を用いて 2 次の多項式で表される関数に限ると，大変見通しがよくなります．この章では行列操作を通して，多変数関数の最適化における 2 階の条件を解説します．多くの議論は，1 変数や 2 変数の微分に基づいた類推で読み進めることができます．

12.1 2次形式とは何か

テイラー展開では関数の 2 階の偏微分が出てきて，それを用いて関数を 2 次の多項式で近似しました．2 次形式は，変数が多くなっても 2 次式を簡便に扱うことができます．2 次関数 $y = x^2$ がもっと複雑になり，$5x^2 + 4xy + 2y^2$ になったらどのように扱えばよいかを行列が教えてくれます．

A 2次形式入門

1 変数の 2 次関数 $f(x) = ax^2 + bx + c$ を行列で表現してみます．

$$
\begin{aligned}
f(x) &= x\left(ax + \frac{b}{2}\right) + 1\left(\frac{b}{2}x + c\right) \\
&= \begin{pmatrix} x & 1 \end{pmatrix} \begin{pmatrix} ax + \dfrac{b}{2} \\ \dfrac{b}{2}x + c \end{pmatrix} = \begin{pmatrix} x & 1 \end{pmatrix} \begin{pmatrix} a & \dfrac{b}{2} \\ \dfrac{b}{2} & c \end{pmatrix} \begin{pmatrix} x \\ 1 \end{pmatrix}
\end{aligned}
$$

変数を含んだ同じベクトルが両側にあります．真ん中には対称行列が現れます．

次に，2 変数 $\boldsymbol{x} = \begin{pmatrix} x \\ y \end{pmatrix}$ に対して関数 $g(\boldsymbol{x}) = x^2 + y^2$ は以下になります．

$$
\begin{aligned}
\begin{pmatrix} x & y \end{pmatrix} \begin{pmatrix} 1 & 0 \\ 0 & 1 \end{pmatrix} \begin{pmatrix} x \\ y \end{pmatrix} &= \begin{pmatrix} x & y \end{pmatrix} \begin{pmatrix} 1 \cdot x + 0 \cdot y \\ 0 \cdot x + 1 \cdot y \end{pmatrix} = \begin{pmatrix} x & y \end{pmatrix} \begin{pmatrix} x \\ y \end{pmatrix} \\
&= x \cdot x + y \cdot y = x^2 + y^2 = g(\boldsymbol{x})
\end{aligned}
$$

単位行列を用いて 2 変数の 2 次関数を表現できました．次に，行列を変えてみます．

$$\begin{pmatrix} x & y \end{pmatrix}\begin{pmatrix} 1 & 1 \\ 1 & 1 \end{pmatrix}\begin{pmatrix} x \\ y \end{pmatrix} = \begin{pmatrix} x & y \end{pmatrix}\begin{pmatrix} 1 \cdot x + 1 \cdot y \\ 1 \cdot x + 1 \cdot y \end{pmatrix} = \begin{pmatrix} x & y \end{pmatrix}\begin{pmatrix} x + y \\ x + y \end{pmatrix}$$
$$= x \cdot (x + y) + y \cdot (x + y) = x^2 + 2xy + y^2$$

交差項 xy が出てきました．このように 2 次関数を表す方法を，2 次形式といいます．

2 次形式 (2 変数)

2 次元のベクトル $\boldsymbol{x}$ と 2 次対称行列 A で変換した $A\boldsymbol{x}$ と $\boldsymbol{x}$ の内積を，ベクトル $\boldsymbol{x}$ の A に関する **2 次形式**という．それを $Q_A(\boldsymbol{x})$ で表す．

$$Q_A(\boldsymbol{x}) = \boldsymbol{x} \cdot A\boldsymbol{x} = \begin{pmatrix} x & y \end{pmatrix}\begin{pmatrix} a & b \\ b & d \end{pmatrix}\begin{pmatrix} x \\ y \end{pmatrix} = ax^2 + 2bxy + dy^2 \tag{1}$$

2 次は英語で Quadratic というので，記号 Q を採用しています．もし行列 A が単位行列であれば，2 次形式は先ほどの 2 次関数 g になります．

$$Q_I(\boldsymbol{x}) = \boldsymbol{x} \cdot I\boldsymbol{x} = \begin{pmatrix} x & y \end{pmatrix}\begin{pmatrix} 1 & 0 \\ 0 & 1 \end{pmatrix}\begin{pmatrix} x \\ y \end{pmatrix} = x^2 + y^2 = |\boldsymbol{x}|^2 \tag{2}$$

この 2 次形式はベクトルの長さの 2 乗になります．この変数を c 倍しましょう．

$$\begin{aligned} Q_I(c\boldsymbol{x}) &= \begin{pmatrix} cx & cy \end{pmatrix}\begin{pmatrix} 1 & 0 \\ 0 & 1 \end{pmatrix}\begin{pmatrix} cx \\ cy \end{pmatrix} \\ &= c^2x^2 + c^2y^2 = c^2(x^2 + y^2) = c^2 Q_I(\boldsymbol{x}) \end{aligned} \tag{3}$$

この結果 $Q_I(c\boldsymbol{x}) = c^2 Q_I(\boldsymbol{x})$ のように，一般に 2 次形式では変数を c 倍すると，関数値は c^2 倍されます．一定の比率で関数値が変化するので，2 次形式は**同次関数**です．また，比率が 2 乗されることから，2 次形式は **2 次同次**とも呼ばれます．

例 1 p.193 の例 9 で提示された関数 $f(x, y) = -x^2 - y^2$, $g(x, y) = x^2 + y^2$, $h(x, y) = x^2 - y^2$ ，および p.227 の例 1 の関数 $f(x, y) = x^2 + xy + y^2$ を 2 次形式で表現してください．

解答 1 f に関して行列は $A_f = \begin{pmatrix} -1 & 0 \\ 0 & -1 \end{pmatrix}$ になります．

$$f(\boldsymbol{x}) = \boldsymbol{x}^\top A_f \boldsymbol{x} = \begin{pmatrix} x & y \end{pmatrix} \begin{pmatrix} -1 & 0 \\ 0 & -1 \end{pmatrix} \begin{pmatrix} x \\ y \end{pmatrix} = \begin{pmatrix} x & y \end{pmatrix} \begin{pmatrix} -x \\ -y \end{pmatrix} = -x^2 - y^2$$

$Q_I(\boldsymbol{x}) = \boldsymbol{x} \cdot I\boldsymbol{x} = \begin{pmatrix} x & y \end{pmatrix} \begin{pmatrix} 1 & 0 \\ 0 & 1 \end{pmatrix} \begin{pmatrix} x \\ y \end{pmatrix} = x^2 + y^2$ と同じなので，g に関して行列は I です．

h に関して行列は $A_h = \begin{pmatrix} 1 & 0 \\ 0 & -1 \end{pmatrix}$ になります．

$$h(\boldsymbol{x}) = \boldsymbol{x}^\top A_h \boldsymbol{x} = \begin{pmatrix} x & y \end{pmatrix} \begin{pmatrix} 1 & 0 \\ 0 & -1 \end{pmatrix} \begin{pmatrix} x \\ y \end{pmatrix} = \begin{pmatrix} x & y \end{pmatrix} \begin{pmatrix} x \\ -y \end{pmatrix} = x^2 - y^2$$

例 1 の f に関して行列は $A = \begin{pmatrix} 1 & \frac{1}{2} \\ \frac{1}{2} & 1 \end{pmatrix}$ になります．

$$\begin{aligned} f(\boldsymbol{x}) = \boldsymbol{x}^\top A_f \boldsymbol{x} &= \begin{pmatrix} x & y \end{pmatrix} \begin{pmatrix} 1 & \frac{1}{2} \\ \frac{1}{2} & 1 \end{pmatrix} \begin{pmatrix} x \\ y \end{pmatrix} = \begin{pmatrix} x & y \end{pmatrix} \begin{pmatrix} x + \frac{1}{2}y \\ \frac{1}{2}x + y \end{pmatrix} \\ &= x^2 + \frac{1}{2}xy + \frac{1}{2}xy + y^2 = x^2 + xy + y^2 \end{aligned}$$

---

2 次形式の行列 A は対称行列です．一般の行列 $A = (a_{ij})$ の場合は

$$\begin{aligned} Q_A(\boldsymbol{x}) = \boldsymbol{x}^\top A \boldsymbol{x} &= \begin{pmatrix} x_1 & x_2 \end{pmatrix} \begin{pmatrix} a_{11} & a_{12} \\ a_{21} & a_{22} \end{pmatrix} \begin{pmatrix} x_1 \\ x_2 \end{pmatrix} \\ &= \begin{pmatrix} x_1 & x_2 \end{pmatrix} \begin{pmatrix} a_{11}x_1 + a_{12}x_2 \\ a_{21}x_1 + a_{22}x_2 \end{pmatrix} \\ &= x_1(a_{11}x_1 + a_{12}x_2) + x_2(a_{21}x_1 + a_{22}x_2) \\ &= a_{11}x_1^2 + (a_{12} + a_{21})x_1x_2 + a_{22}x_2^2 \qquad (4) \\ &= a_{11}x_1^2 + 2a_{12}x_1x_2 + a_{22}x_2^2 \qquad (5) \end{aligned}$$

となります．一般には (4) の式になります．対称行列では $a_{12} = a_{21}$ ですので (5) となりますが，(1) と同じです．一般の次元の 2 次形式は以下になります．

2 次形式

n 次元ベクトル $\boldsymbol{x}$ と n 次対称行列 A で変換した $A\boldsymbol{x}$ と $\boldsymbol{x}$ の内積を，ベクトル $\boldsymbol{x}$ の A に関する **2 次形式**という．それを $Q_A(\boldsymbol{x})$ で表す．

$$Q_A(\boldsymbol{x}) = \boldsymbol{x} \cdot A\boldsymbol{x} = \boldsymbol{x}^\top A \boldsymbol{x} = \sum_{i=1}^{n} \sum_{j=1}^{n} a_{ij}x_ix_j \qquad (6)$$

B 双線形形式

2 次形式は同じベクトルでしたが，ベクトル $\boldsymbol{x}$ と他のベクトル $\boldsymbol{y}$ とのあいだでの積も考えられます．$\boldsymbol{x}$ と $A\boldsymbol{y}$ または $\boldsymbol{y}$ と $A\boldsymbol{x}$ の内積を取った形式を，ベクトル $\boldsymbol{x}$ と $\boldsymbol{y}$ の A に関する**極形式**，**双線形形式**，あるいは**双 1 次形式**といいます．英語で双線形を Bilinear というので，記号 $B_A(\boldsymbol{x},\boldsymbol{y})$ を用います．

双線形形式の行列が単位行列だとどうなるでしょうか？

$$B_I(\boldsymbol{x},\boldsymbol{y}) = \boldsymbol{x}\cdot I\boldsymbol{y} = \boldsymbol{x}\cdot\boldsymbol{y}$$

ベクトルの内積になります．2 変数の双線形形式の定義を示します．

双線形形式 (2 変数)

2 次元ベクトル $\boldsymbol{x},\boldsymbol{y}$ に対して，ベクトル $\boldsymbol{x}$ と，ベクトル $\boldsymbol{y}$ を 2 次正方行列 A で変換した $A\boldsymbol{y}$ の内積を，A に関する**双線形形式** $B_A(\boldsymbol{x},\boldsymbol{y})$ という．

$$\begin{aligned} B_A(\boldsymbol{x},\boldsymbol{y}) &= \boldsymbol{x}\cdot A\boldsymbol{y} = \boldsymbol{x}^\top A\boldsymbol{y} = \begin{pmatrix} x_1 & x_2 \end{pmatrix}\begin{pmatrix} a_{11} & a_{12} \\ a_{21} & a_{22} \end{pmatrix}\begin{pmatrix} y_1 \\ y_2 \end{pmatrix} \\ &= a_{11}x_1y_1 + a_{12}x_1y_2 + a_{21}x_2y_1 + a_{22}x_2y_2 \end{aligned} \tag{7}$$

ここでは 2 次形式と違い，対称行列ではなくても構いません．この (7) 式は

$$\sum_{i=1}^{2}\sum_{j=1}^{2} a_{ij}x_iy_j = a_{11}x_1y_1 + a_{12}x_1y_2 + a_{21}x_2y_1 + a_{22}x_2y_2$$

と和で表現できます．行列の成分 a_{ij} の i が x の番号，j が y の番号に対応しています．一般の双線形形式の定義を示します．

双線形形式

n 次元ベクトル $\boldsymbol{x}$ と n 次元ベクトル $\boldsymbol{y}$ を n 次正方行列 A で変換した $A\boldsymbol{y}$ の内積を，A に関する**双線形形式**という．これを $B_A(\boldsymbol{x},\boldsymbol{y})$ で表す．

$$B_A(\boldsymbol{x},\boldsymbol{y}) = \boldsymbol{x}\cdot A\boldsymbol{y} = \boldsymbol{x}^\top A\boldsymbol{y} = \sum_{i=1}^{n}\sum_{j=1}^{n} a_{ij}x_iy_j \tag{8}$$

双線形形式の特徴について述べましょう．その名前が示す通り，各成分において p.156 の線形性 (1) が成り立ちます．例えば，第 1 変数について $B_A(\boldsymbol{x}+\boldsymbol{z},\boldsymbol{y}) = B_A(\boldsymbol{x},\boldsymbol{y}) + B_A(\boldsymbol{z},\boldsymbol{y})$ などです．双線形形式は，内

積の一般化ですので，p.108 の内積の特徴を引き継いでいるといえます．

双線形形式には重要な特徴があります．(8) は行ベクトル $\boldsymbol{x}^\top A$ と列ベクトル $\boldsymbol{y}$ の積としても捉えられます．この積を内積で表現するとどうなるでしょうか？　以下に示すように，$A^\top \boldsymbol{x} \cdot \boldsymbol{y}$ となります．つまり，**双線形形式の行列が内積の成分間で移動すると，その行列は転置される**ことになります．

内積と転置行列

$$\boldsymbol{x} \cdot A\boldsymbol{y} = A^\top \boldsymbol{x} \cdot \boldsymbol{y} \tag{9}$$

この等式は，行列の転置の 2 つの性質，p.137 の (10) $A = (A^\top)^\top$ ，および p.138 の (11) $A^\top B^\top = (BA)^\top$ を用いて示すことができます．

$$\boldsymbol{x} \cdot A\boldsymbol{y} = \boldsymbol{x}^\top A\boldsymbol{y} = \boldsymbol{x}^\top (A^\top)^\top \boldsymbol{y} = (A^\top \boldsymbol{x})^\top \boldsymbol{y} = A^\top \boldsymbol{x} \cdot \boldsymbol{y}$$

この関係は様々な計算でよく用いられるため，ぜひ覚えておきましょう．2 次元ベクトルの場合の具体的な計算は練習問題とします (練習問題 [1])．第 7 章 p.158 の (2) より，行列の転置は線形性を有しています．また，p.56 の (11) より，内積はベクトルの類似性を表しています．この内積と転置行列 (9) から，行列 A と転置行列 $A^\top$ は深い関係があることが分かります．

例 2

ベクトル $\boldsymbol{x} = \begin{pmatrix} 1 \\ 2 \end{pmatrix}$, $\boldsymbol{y} = \begin{pmatrix} 3 \\ 4 \end{pmatrix}$ に対して，行列 $A = \begin{pmatrix} 2 & 1 \\ 1 & 3 \end{pmatrix}$ を用いた双線形形式 $B_A(\boldsymbol{x}, \boldsymbol{y}) = \boldsymbol{x}^\top A\boldsymbol{y}$ を計算してください．さらに転置行列 $A^\top$ を用いた双線形形式 $B_{A^\top}(\boldsymbol{y}, \boldsymbol{x})$ と等しいことを示してください．

解答 2

双線形形式 $B_A(\boldsymbol{x}, \boldsymbol{y})$ の計算は以下です．

$$A\boldsymbol{y} = \begin{pmatrix} 2 & 1 \\ 1 & 3 \end{pmatrix} \begin{pmatrix} 3 \\ 4 \end{pmatrix} = \begin{pmatrix} 2 \cdot 3 + 1 \cdot 4 \\ 1 \cdot 3 + 3 \cdot 4 \end{pmatrix} = \begin{pmatrix} 10 \\ 15 \end{pmatrix},$$

$$B_A(\boldsymbol{x}, \boldsymbol{y}) = \boldsymbol{x}^\top A\boldsymbol{y} = \begin{pmatrix} 1 & 2 \end{pmatrix} \begin{pmatrix} 10 \\ 15 \end{pmatrix} = 1 \cdot 10 + 2 \cdot 15 = 10 + 30 = 40$$

転置行列 $A^\top$ を用いた双線形形式 $B_{A^\top}(\boldsymbol{y}, \boldsymbol{x})$ の計算は次です．

$$A^\top = \begin{pmatrix} 2 & 1 \\ 1 & 3 \end{pmatrix}, \quad A^\top \boldsymbol{x} = \begin{pmatrix} 2 & 1 \\ 1 & 3 \end{pmatrix} \begin{pmatrix} 1 \\ 2 \end{pmatrix} = \begin{pmatrix} 2 \cdot 1 + 1 \cdot 2 \\ 1 \cdot 1 + 3 \cdot 2 \end{pmatrix} = \begin{pmatrix} 4 \\ 7 \end{pmatrix},$$

$$B_{A^\top}(\boldsymbol{y}, \boldsymbol{x}) = \boldsymbol{y}^\top (A^\top \boldsymbol{x}) = \begin{pmatrix} 3 & 4 \end{pmatrix} \begin{pmatrix} 4 \\ 7 \end{pmatrix} = 3 \cdot 4 + 4 \cdot 7 = 12 + 28 = 40$$

$B_A(\boldsymbol{x},\boldsymbol{y}) = B_{A^\top}(\boldsymbol{y},\boldsymbol{x}) = 40$ から，双線形形式において行列の転置が内積の順序を変えた場合でも，結果が一致することが示されました．

12.2 行列の符号

関数 $g(\boldsymbol{x}) = x^2 + y^2$ は，任意のベクトル $\boldsymbol{x} \neq \boldsymbol{0}$ では正の値を取ります．この観察から行列に符号を導入してみましょう．この 2 次形式は (2) の $Q_I(\boldsymbol{x}) = \boldsymbol{x} \cdot I\boldsymbol{x}$ です．この単位行列は「正」と考えてよいでしょう．

A 正定値行列

p.233 のテイラー多項式 (7) における 2 階偏微分の項を行列で表現して，その行列が「正」や「負」の符号をもつ条件を導出します．行列 $A = \begin{pmatrix} 2 & 0 \\ 0 & 2 \end{pmatrix}$ は正定値であることを見てみましょう．任意のベクトル $\boldsymbol{x} \neq \boldsymbol{0}$ で

$$\begin{aligned} \boldsymbol{x}^\top A\boldsymbol{x} &= \begin{pmatrix} x & y \end{pmatrix} \begin{pmatrix} 2 & 0 \\ 0 & 2 \end{pmatrix} \begin{pmatrix} x \\ y \end{pmatrix} = \begin{pmatrix} x & y \end{pmatrix} \begin{pmatrix} 2x \\ 2y \end{pmatrix} \\ &= 2(x^2 + y^2) > 0 \end{aligned} \tag{10}$$

となります．この式の符号が正であることは，どの方向 $\boldsymbol{x} \neq \boldsymbol{0}$ でもこの式は正になることを意味します．ここで $\boldsymbol{x} = \boldsymbol{0}$ であれば，もちろん $\boldsymbol{x}^\top A\boldsymbol{x} = 0$ です．つまり，ベクトルが $\boldsymbol{x} = \boldsymbol{0}$ であればこの式は 0 ですが，そこから少しでも離れると常にこの式は正になることを意味します．この意味で正定値行列を定義します．

正定値行列

以下を満たす正方行列 A を**正定値行列**という．

$$\boldsymbol{x}^\top A\boldsymbol{x} > 0, \qquad \boldsymbol{x} \neq \boldsymbol{0} \tag{11}$$

この定値は definite の訳ですが，どんなベクトルでも一定の値になるという意味が込められています．常に同じ符号になることを**定符号性**といいます．正定値は**正値定符号**ともいいます．

ここで (10) の行列 A の $(1,1)$ 成分は正であり，その行列式は正です．

$$\det A = 2 \cdot 2 - 0 \cdot 0 = 4 > 0$$

この性質が，対称 2 次正方行列が正定値になる条件です．

正定値の条件

対称行列 $A = \begin{pmatrix} a & b \\ b & d \end{pmatrix}$ が正定値である条件は以下になる．

$$a > 0, \qquad ad - b^2 > 0$$

この証明は平方完成で簡単にできます (練習問題 2).

$$A \text{ は正定値} \iff a > 0,\ \det A > 0 \tag{12}$$

B　負定値行列

正定値があれば負定値行列もあります．行列 $B = \begin{pmatrix} -2 & 0 \\ 0 & -2 \end{pmatrix}$ の 2 次形式を考えましょう．ゼロベクトルでない任意のベクトル $\boldsymbol{x}$ に対して

$$\begin{aligned} \boldsymbol{x}^\top B\boldsymbol{x} &= \begin{pmatrix} x & y \end{pmatrix} \begin{pmatrix} -2 & 0 \\ 0 & -2 \end{pmatrix} \begin{pmatrix} x \\ y \end{pmatrix} = \begin{pmatrix} x & y \end{pmatrix} \begin{pmatrix} -2x \\ -2y \end{pmatrix} \\ &= -2(x^2 + y^2) < 0 \end{aligned} \tag{13}$$

となります．この式の符号が負であることは，どの方向 $\boldsymbol{x} \neq \boldsymbol{0}$ でもこの式は負になることを意味します．以上の意味で行列の負の符号を定義できます．

負定値行列

以下を満たす正方行列 B を**負定値行列**という．

$$\boldsymbol{x}^\top B\boldsymbol{x} < 0, \qquad \boldsymbol{x} \neq \boldsymbol{0} \tag{14}$$

ここで A が正定値ならば $-A$ は負定値になります．

$$\boldsymbol{x}^\top A\boldsymbol{x} > 0 \iff (-1)\boldsymbol{x}^\top A\boldsymbol{x} < (-1)0 \iff \boldsymbol{x}^\top(-A)\boldsymbol{x} < 0$$

(13) の行列 B の $(1, 1)$ 成分は負であり，その行列式は正です．

$$\det B = (-2)\cdot(-2) - 0\cdot 0 = 4 > 0$$

この性質が，対称 2 次正方行列が負定値になる条件です．

負定値の条件

対称行列 $B = \begin{pmatrix} a & b \\ b & d \end{pmatrix}$ が負定値である条件は以下になる．

$$a < 0, \qquad ad - b^2 > 0 \tag{15}$$

この条件 (15) は $a < 0$ であり，かつ行列式が正であることです．

$$B \text{ は負定値} \iff a < 0,\ \det B > 0 \tag{16}$$

正の行列式は正定値と負定値で共通です．正定値の条件との違いは a の符号です．

C 半正定値，半負定値および不定値

極大・極小を区別するには正定値と負定値だけで十分です．しかし，等号付き不等号の値も有用であるときがあります．ゼロ行列 O はどんなベクトルもすべてゼロに写します．

$$\boldsymbol{x}^\top O\boldsymbol{x} = \begin{pmatrix} x & y \end{pmatrix} \begin{pmatrix} 0 & 0 \\ 0 & 0 \end{pmatrix} \begin{pmatrix} x \\ y \end{pmatrix} = 0$$

等号が付いた不等号を満たすとき，行列は**半正定値**や**半負定値**と呼ばれます．

半正定値行列と半負定値行列

以下を満たす正方行列 A を**半正定値行列**という．

$$\boldsymbol{x}^\top A\boldsymbol{x} \geq 0$$

以下を満たす正方行列 B を**半負定値行列**という．

$$\boldsymbol{x}^\top B\boldsymbol{x} \leq 0$$

0 になることを許しているので，$\boldsymbol{x} \neq \boldsymbol{0}$ という条件がありません．ゼロ行列 O は半正定値かつ半負定値です．それ以外の行列ではこの条件は排反です．不等号の性質から，正定値であれば半正定値，および負定値であれば半負定値です．これらの条件をまとめておきます．

2 × 2 行列の半正定値と半負定値の条件

$$A \text{ は半正定値} \iff a \geq 0, \quad \det A \geq 0 \tag{17}$$

$$B \text{ は半負定値} \iff a \leq 0, \quad \det B \geq 0 \tag{18}$$

負定値と同様，半負定値の場合には a の符号が反転します．

次に，行列 $C = \begin{pmatrix} 2 & 0 \\ 0 & -2 \end{pmatrix}$ は (半) 正定値や (半) 負定値のいずれでもありません．

$$\begin{pmatrix} 1 & 0 \end{pmatrix} \begin{pmatrix} 2 & 0 \\ 0 & -2 \end{pmatrix} \begin{pmatrix} 1 \\ 0 \end{pmatrix} = 2 > 0, \quad \begin{pmatrix} 0 & 1 \end{pmatrix} \begin{pmatrix} 2 & 0 \\ 0 & -2 \end{pmatrix} \begin{pmatrix} 0 \\ 1 \end{pmatrix} = -2 < 0 \tag{19}$$

不定値行列

次を満たすベクトル $\boldsymbol{x} \neq \boldsymbol{y}$ が存在するとき，C は**不定値行列**と呼ばれる．

$$\boldsymbol{x}^\top C \boldsymbol{x} > 0, \quad \boldsymbol{x} \neq \boldsymbol{0}, \qquad \boldsymbol{y}^\top C \boldsymbol{y} < 0, \quad \boldsymbol{y} \neq \boldsymbol{0} \tag{20}$$

(19) の C の行列式は負なので，(半) 正定値や (半) 負定値のどれでもありません．

$$a = 2 > 0, \quad \det C = 2 \cdot (-2) - 0 \cdot 0 = -4 < 0 \tag{21}$$

12.3　2 次形式の微分

多変数の極大・極小に関して，2 次形式は大きな情報を与えてくれます．さらに最小 2 乗法でも用いられます．

A　3 変数以上の関数の微分

2 変数関数の偏微分を第 8 章で学びましたが，3 変数以上の関数でも他の変数を定数として扱い，注目する変数で微分することで偏微分を行なうことができます．

ここまで読み進めてきた皆さんは，偏微分の方法に慣れてきたことでしょう．変数が増えても基本的には 1 変数や 2 変数と同様の形を取ることが多いため，ここまでの知識を活かして，多変数の微分について学んでいきます．以下に一般的な関数の微分の定義を示します．最初に読む方は本項は飛ばしても差し支えありません．

第 1 に定義域を考えます．定義域 $X \subset \mathbb{R}^n$ (整数 $n \geq 1$) の $\boldsymbol{n}$ **変数関数** $f : X \to \mathbb{R}$ を考えます．極大・極小の定義において，p.195 の (18) では近傍を用いました．同様に $\mathbb{R}^n$ に一般化すると，点 $\boldsymbol{a}$ の半径 r の**近傍**は以下で定義できます ($r > 0$ です).

$$N(\boldsymbol{a}, r) = \{\boldsymbol{x} \in \mathbb{R}^n \mid |\boldsymbol{x} - \boldsymbol{a}| < r\} \tag{22}$$

この $N(\boldsymbol{a}, r)$ は中心 $\boldsymbol{a}$ から距離が r 未満の $\mathbb{R}^n$ の点の集まりです．$n = 1$ ならば開区間，$n = 2$ ならば境界を含まない円，$n = 3$ ならば境界の含まない球です．

1 変数の微分可能関数ではその定義域を開区間としました．一般には開集合を定義域とします．集合 X が $\mathbb{R}^n$ の**開集合**であるとは，任意の点 $\boldsymbol{a} \in X$ に対して，ある正の実数 $r > 0$ が存在して，その近傍 $N(\boldsymbol{a}, r)$ が X に含まれることです．

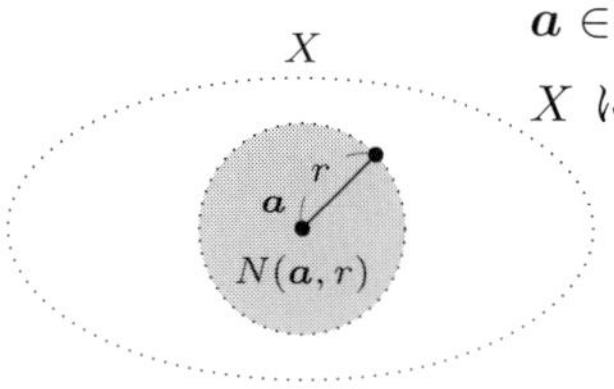

$$\boldsymbol{a} \in X \quad \Longrightarrow \quad N(\boldsymbol{a}, r) \subset X$$

ここで，各 $\boldsymbol{a}$ に対してその近傍が X に含まれるように，適切な距離 r を考えています．$n = 1$ の開区間はもちろん開集合です．空間全体 $\mathbb{R}^n$ も開集合であり，近傍自体も開集合です．**関数の定義域はある開集合**としましょう．

1 次元の内点を p.196 で紹介しましたが，一般の n 次元の $\mathbb{R}^n$ の部分集合 X の内点を定義しましょう．ある点 $\boldsymbol{a} \in X$ が X の**内点**であるとは，ある正の実数 r が存在して $N(\boldsymbol{a}, r) \subset X$ とすることができることです．つまり，内点は X の**内部**の点です．この定義は半径 r を上手く取るとその近傍は X に含まれる，つまり点 $\boldsymbol{a}$ の周りはすべて X の点であることを意味します．

第 2 に連続性を考察します．関数 f の点 $\boldsymbol{a} \in X$ における**連続性**の定義は，p.185 の (6) と同様に，$\boldsymbol{x} \to \boldsymbol{a}$ のとき，関数値の差 $|f(\boldsymbol{x}) - f(\boldsymbol{a})|$ が 0 に収束することです．直観的には 点 $\boldsymbol{a}$ で関数 f のグラフにジャンプがないことです．f がすべての $\boldsymbol{a} \in X$ で連続である場合，f は**連続関数**であると呼ばれます．

第 3 に偏微分を定義しましょう．変数 $\boldsymbol{x} = (x_1, \cdots, x_n) \in X$ の第 i 番目の変数 x_i のみが変化すること考えます．以下の右辺の極限が存在するとき，f は第 i 変数に関して $\boldsymbol{a}$ で**偏微分可能**であるといいます．

点 $\boldsymbol{a} = (a_1, \cdots, a_n)$ における変数 x_i に関する偏微分係数

$$\frac{\partial f}{\partial x_i}(\boldsymbol{a}) = \lim_{h \to 0} \frac{f(a_1, \cdots, a_i + h, \cdots, a_n) - f(\boldsymbol{a})}{h} \tag{23}$$

すべての変数 x_i $(i = 1, \cdots, n)$ について**偏微分係数** $\dfrac{\partial f}{\partial x_i}(\boldsymbol{a})$ が存在する場合，関数 f は点 $\boldsymbol{a}$ で**偏微分可能**であるといいます．f がすべての $\boldsymbol{a} \in X$ で偏微分可能ならば，f は X 上で偏微分可能といいます．このとき，点 $\boldsymbol{a} \in X$ からその点の第 i 変数に関する偏微分係数 $\dfrac{\partial f}{\partial x_i}(\boldsymbol{a})$ を対応させる **1 階偏導関数**が定義できます．これを求めることを x_i で**偏微分する**といい，$\dfrac{\partial f}{\partial x_i}$ と記します．

関数 f が連続関数であり，すべての変数について 1 階偏導関数が存在して，かつそれらが連続関数である場合，f は $\boldsymbol{C^1}$ **級関数** (読みは「しーわん」) といいます．

第 4 に微分を定義します．関数 f が点 $\boldsymbol{a} \in X$ で**微分可能**であるとは，その点で関数が線形近似可能であることを意味します．その定義は 2 変数の場合の p.185 の定義 (7) と同様です．

微分係数

開集合 $X \subset \mathbb{R}^n$ 上で定義された関数 $f : X \to \mathbb{R}$ のある点 $\boldsymbol{a} \in X$ に対して，以下の n 次行ベクトル $f'(\boldsymbol{a})$ が存在するとき，f は点 $\boldsymbol{a}$ で**微分可能**であるという．

$$\lim_{\boldsymbol{x} \to \boldsymbol{a}} \frac{|f(\boldsymbol{x}) - f(\boldsymbol{a}) - f'(\boldsymbol{a})(\boldsymbol{x} - \boldsymbol{a})|}{|\boldsymbol{x} - \boldsymbol{a}|} = 0 \tag{24}$$

このとき，$f'(\boldsymbol{a})$ を関数 f の点 $\boldsymbol{a}$ における**微分係数**という．

この線形近似は，1 変数関数 $(n = 1)$ では p.183 の図 1 に描かれているそのグラフの接線で表されます．2 変数関数 $(n = 2)$ では p.183 の図 2 に描かれているそのグラフの接平面になります．n 変数関数 $(n \geq 3)$ ではもはや視覚的把握はできず，p.114 の (7) 式の超平面 $(\boldsymbol{x} - \boldsymbol{a}) \cdot \boldsymbol{n} = 0$ がそのグラフを近似します．

この超平面の式では，$\boldsymbol{x}$ は n 次元ベクトルです．関数では関数値の変数も考える必要があります．そのため，線形近似の超平面は $n + 1$ 次元ベクトルで表します．関数値を $y = f(\boldsymbol{x})$, $y_a = f(\boldsymbol{a})$ と置き，微分の定義 (24) の分子を参考にすると超平面は以下になります．

$$y - y_a - \boldsymbol{n} \cdot (\boldsymbol{x} - \boldsymbol{a}) = 0 \tag{25}$$

これは p.85 の (10) の平面 P の方程式の変形と同様の形です．

ある点 $\boldsymbol{a}$ における微分 $f'(\boldsymbol{a})$ は，p.187 の (9) の 2 変数の場合と同様，n 個の偏微分 (23) を用いてその形は以下になります．**勾配ベクトル**も提示しておきます．

$$\frac{df}{d\boldsymbol{x}} = \left(\frac{\partial f}{\partial x_1}, \cdots, \frac{\partial f}{\partial x_n}\right), \qquad \nabla f = \begin{pmatrix} \dfrac{\partial f}{\partial x_1} \\ \vdots \\ \dfrac{\partial f}{\partial x_n} \end{pmatrix} \tag{26}$$

勾配ベクトル (26) は，2 変数の場合と同様に関数のグラフの勾配と密接に関係します．勾配ベクトル ∇f は，(24) から線形近似する超平面 (25) の法線ベクトル $\begin{pmatrix} -\boldsymbol{n} \\ 1 \end{pmatrix}$ の n 次元ベクトルの部分と等しくなります．

$$\boldsymbol{n} = \nabla f$$

これは，いままで学んできた例題の一般化です．第 3 章 p.73 の練習問題 6 では，関数の式 $y = 2x$ を直交ベクトル $\boldsymbol{b} = \begin{pmatrix} -2 \\ 1 \end{pmatrix}$ で表現しました．微分係数 2 をマイナスにした値がベクトルの第 1 成分になっています．また，$\boldsymbol{n} = \nabla f$ は，2 変数関数の p.188 の (10) の接平面の式を一般化しています．一般化はここまでとし，残りの一般化は他の専門書に任せ，これからは 2 次形式に焦点をあてて多変数の微分を考えていきます．

B 内積の微分

内積は各ベクトルに関して線形性を有していることを，第 7.1.B 項で説明しました．1 つのベクトル $\boldsymbol{x}$ を変数としたときの内積 $\boldsymbol{b} \cdot \boldsymbol{x}$ の微分を考えます．まず，p.214 の例 1 の制約関数 $x + y$ を内積で表現し，その微分を計算しましょう．

例 3 関数 $f(\boldsymbol{x}) = \boldsymbol{b} \cdot \boldsymbol{x} = \begin{pmatrix} 1 \\ 1 \end{pmatrix} \cdot \begin{pmatrix} x \\ y \end{pmatrix} = x + y$ の微分を求めてください．

解答 3 $f(\boldsymbol{x}) = x + y$ より，以下のように計算できます．

$$\frac{\partial f}{\partial x} = 1, \qquad \frac{\partial f}{\partial y} = 1, \qquad \frac{df}{d\boldsymbol{x}} = \begin{pmatrix} \dfrac{\partial f}{\partial x} & \dfrac{\partial f}{\partial y} \end{pmatrix} = \begin{pmatrix} 1 & 1 \end{pmatrix} = \boldsymbol{b}^\top$$

1 次関数 $y = bx$ の微分は $y' = b$ と定数になります．変数がベクトルでも，内積で表された 1 次関数 $\boldsymbol{b} \cdot \boldsymbol{x}$ の微分はその定数ベクトル $\boldsymbol{b}^\top$ になります．例えば，もし，$\boldsymbol{b}$ が 2 次行ベクトルであれば，内積は $\boldsymbol{b}\boldsymbol{x}$ で表され，微分すると $\boldsymbol{b}$ となります．

次元が増えても，微分が 1 次の係数となる結果は美しいですが，転置が必要なのは煩わしく感じることがあります．そこで，多変数実数値関数の微分を「行ベクトル」ではなく「列ベクトル」として扱う方が便利です．この場合，例 3 は $(\boldsymbol{b}\cdot\boldsymbol{x})'=\boldsymbol{b}$ となります．つまり，(26) の勾配ベクトルを微分とするのです．今後の議論を明快にするため，以下のように，**これからは n 変数実数値関数の微分係数や導関数を列ベクトルとして扱います**．

$$\frac{df}{d\boldsymbol{x}}=\begin{pmatrix}\dfrac{\partial f}{\partial x}\\ \dfrac{\partial f}{\partial y}\end{pmatrix}=\begin{pmatrix}1\\1\end{pmatrix}=\boldsymbol{b}$$

内積の微分 1

n 次列ベクトル $\boldsymbol{b}$ と $\boldsymbol{x}$ に対して，内積 $f(\boldsymbol{x})=\boldsymbol{b}\cdot\boldsymbol{x}$ の微分は以下になる．

$$\frac{df}{d\boldsymbol{x}}=\frac{d}{d\boldsymbol{x}}\boldsymbol{b}\cdot\boldsymbol{x}=\boldsymbol{b} \tag{27}$$

この (27) から，ベクトル $\boldsymbol{b}$ の第 i 成分 b_i は微分 $\dfrac{df}{d\boldsymbol{x}}$ の第 i 成分 $\dfrac{\partial f}{\partial x_i}$ と等しくなります．このとき，$f(\boldsymbol{x})=\boldsymbol{b}\cdot\boldsymbol{x}=\dfrac{df}{d\boldsymbol{x}}\cdot\boldsymbol{x}$ が成り立ち，f を微分の和で表すと

$$f(\boldsymbol{x})=\sum_{i=1}^{n}\frac{\partial f}{\partial x_i}x_i \tag{28}$$

となります．実は (28) は内積の微分だけではなく，p.156 の (1) の 2 番目の条件を満たす 1 次同次関数でも成立します．(28) を 1 次同次関数の**オイラーの定理**といいます．

変数の積 xy の偏微分は $\dfrac{\partial xy}{\partial x}=y$ と $\dfrac{\partial xy}{\partial y}=x$ です．この xy は内積に似ていますね．さらに内積の微分を考えるため，次の例 4 をやってみましょう．

例 4　2 次列ベクトルの内積 $f(\boldsymbol{x},\boldsymbol{y})=\boldsymbol{x}\cdot\boldsymbol{y}$ の微分を計算してください．

解答 4　$f(\boldsymbol{x},\boldsymbol{y})=x_1y_1+x_2y_2$ なので，以下のようになります．

$$\frac{\partial f}{\partial x_1}=y_1,\quad \frac{\partial f}{\partial x_2}=y_2,\quad \frac{\partial f}{\partial y_1}=x_1,\quad \frac{\partial f}{\partial y_2}=x_2$$

このように，内積 $\boldsymbol{x}\cdot\boldsymbol{y}$ の微分をベクトルで表すと，次のようになります．

$$\frac{\partial f}{\partial \boldsymbol{x}} = \frac{\partial}{\partial \boldsymbol{x}}\boldsymbol{x}\cdot\boldsymbol{y} = \begin{pmatrix} y_1 \\ y_2 \end{pmatrix} = \boldsymbol{y}, \qquad \frac{\partial f}{\partial \boldsymbol{y}} = \frac{\partial}{\partial \boldsymbol{y}}\boldsymbol{x}\cdot\boldsymbol{y} = \begin{pmatrix} x_1 \\ x_2 \end{pmatrix} = \boldsymbol{x}$$

片方の変数が出てくるのは $(\boldsymbol{b}\cdot\boldsymbol{x})' = \boldsymbol{b}$ の結果と同じです.

一般の n 次元ベクトルの双線形形式において，単位行列を用いた B_I を用いて，ベクトル $\boldsymbol{x}$ と $\boldsymbol{y}$ の内積に対して偏微分を考えてみましょう.

$$f(\boldsymbol{x},\boldsymbol{y}) = \boldsymbol{x}\cdot I\boldsymbol{y} = \boldsymbol{x}\cdot\boldsymbol{y} = x_1y_1 + \cdots + x_ny_n$$

各変数に対する偏微分は，$i = 1, 2, \cdots, n$ に対して以下になります.

$$\frac{\partial f}{\partial x_i} = y_i, \qquad \frac{\partial f}{\partial y_i} = x_i$$

勾配ベクトル (26) から，勾配が取られるベクトルを明示した記法 $\nabla_{\boldsymbol{x}} f$, $\nabla_{\boldsymbol{y}} f$ で表した内積の偏微分は以下になります.

内積の微分 2

n 次列ベクトル $\boldsymbol{x}$ と $\boldsymbol{y}$ に対して，内積 $f(\boldsymbol{x},\boldsymbol{y}) = \boldsymbol{x}\cdot\boldsymbol{y}$ の微分は以下になる.

$$\frac{\partial f}{\partial \boldsymbol{x}} = \frac{\partial}{\partial \boldsymbol{x}}\boldsymbol{x}\cdot\boldsymbol{y} = \nabla_{\boldsymbol{x}} f = \boldsymbol{y}, \qquad \frac{\partial f}{\partial \boldsymbol{y}} = \frac{\partial}{\partial \boldsymbol{y}}\boldsymbol{x}\cdot\boldsymbol{y} = \nabla_{\boldsymbol{y}} f = \boldsymbol{x}$$

次に，内積の両方のベクトルが同じ場合，すなわちベクトルの長さの 2 乗 $f(\boldsymbol{x}) = \boldsymbol{x}\cdot\boldsymbol{x} = x^2 + y^2 = |\boldsymbol{x}|^2$ の微分を考えます．この形式は，1 変数関数 $y = x^2$ の微分 $y' = 2x$ を想起させますね.

$$\frac{df}{d\boldsymbol{x}} = \frac{d(x^2+y^2)}{d\boldsymbol{x}} = \begin{pmatrix} \dfrac{\partial f}{\partial x} \\ \dfrac{\partial f}{\partial y} \end{pmatrix} = \begin{pmatrix} 2x \\ 2y \end{pmatrix} = 2\begin{pmatrix} x \\ y \end{pmatrix} = 2\boldsymbol{x}$$

1 次関数と同様に，指数の 2 が係数になりました．次に n 変数の場合を考えます．この場合も $\boldsymbol{x}\cdot\boldsymbol{x} = x_1^2 + \cdots + x_n^2$ の形より，1 変数の 2 次関数と同様に計算できます．したがって，ベクトルの長さの 2 乗を微分すると，一般の場合でも $2\boldsymbol{x}$ になります.

ベクトルの長さの 2 乗の微分

同じ n 次列ベクトル $\boldsymbol{x}$ の内積 $f(\boldsymbol{x}) = \boldsymbol{x} \cdot \boldsymbol{x} = |\boldsymbol{x}|^2$ の微分は以下になる．

$$\frac{df}{d\boldsymbol{x}} = \frac{d}{d\boldsymbol{x}}\boldsymbol{x} \cdot \boldsymbol{x} = 2\boldsymbol{x}$$

C　2 次形式とオイラーの法則

n 次元ベクトル $\boldsymbol{x}$ と，n 次対称行列 A で表された 2 次形式の微分を考えます．

$$f(\boldsymbol{x}) = Q_A(\boldsymbol{x}) = \boldsymbol{x} \cdot A\boldsymbol{x} = \boldsymbol{x}^\top A\boldsymbol{x}$$

$n = 2$ で A が単位行列ならば，$I\boldsymbol{x} = \boldsymbol{x}$ から (2) の $Q_I(\boldsymbol{x}) = \boldsymbol{x}^\top \boldsymbol{x} = x^2 + y^2$ になります．これは前項のベクトルの長さの 2 乗の微分ですね．つまり，$Q_I'(\boldsymbol{x}) = 2\boldsymbol{x}$ が成り立ちます．n 変数でも 2 次元ベクトルの内積の微分と同様になります．

$$\frac{dQ_I(\boldsymbol{x})}{d\boldsymbol{x}} = \frac{d}{d\boldsymbol{x}}\boldsymbol{x} \cdot I\boldsymbol{x} = \frac{d}{d\boldsymbol{x}}\boldsymbol{x} \cdot \boldsymbol{x} = \begin{pmatrix} \dfrac{\partial f}{\partial x_1} \\ \vdots \\ \dfrac{\partial f}{\partial x_n} \end{pmatrix} = \begin{pmatrix} 2x_1 \\ \vdots \\ 2x_n \end{pmatrix} = 2\boldsymbol{x} \tag{29}$$

単位行列 I の 2 次形式の微分

単位行列 I に対して，2 次形式 $f(\boldsymbol{x}) = Q_I(\boldsymbol{x}) = \boldsymbol{x} \cdot \boldsymbol{x} = |\boldsymbol{x}|^2$ の微分は以下になる．

$$\frac{df}{d\boldsymbol{x}} = \frac{dQ_I}{d\boldsymbol{x}} = \frac{d}{d\boldsymbol{x}}\boldsymbol{x} \cdot \boldsymbol{x} = 2\boldsymbol{x}$$

例 5　例 1 の行列 $A = \begin{pmatrix} 1 & \frac{1}{2} \\ \frac{1}{2} & 1 \end{pmatrix}$ の 2 次形式 Q_A の微分を求めてください．

解答 5　(5) を用いると以下のように計算されます．

$$Q_A(\boldsymbol{x}) = \begin{pmatrix} x & y \end{pmatrix} \begin{pmatrix} 1 & \frac{1}{2} \\ \frac{1}{2} & 1 \end{pmatrix} \begin{pmatrix} x \\ y \end{pmatrix} = x^2 + xy + y^2,$$

$$\frac{\partial Q_A(\boldsymbol{x})}{\partial \boldsymbol{x}} = \begin{pmatrix} \dfrac{\partial}{\partial x}(x^2+xy+y^2) \\ \dfrac{\partial}{\partial y}(x^2+xy+y^2) \end{pmatrix} = \begin{pmatrix} 2x+y \\ x+2y \end{pmatrix} = \begin{pmatrix} 2 & 1 \\ 1 & 2 \end{pmatrix} \begin{pmatrix} x \\ y \end{pmatrix} = 2A\boldsymbol{x}$$

係数が収められている行列 A が 2 倍されました．1 変数関数 $y = ax^2$ の微分 $y' = 2ax$ と同様に係数 $2a$ が出てきました．この計算は一般化できます．

例 6 (5) にある 2 次対称行列 A の 2 次形式 Q_A の微分を計算してください．

解答 6 (5) を用いると以下になります．

$$\begin{aligned} \frac{\partial Q_A(\boldsymbol{x})}{\partial \boldsymbol{x}} &= \frac{\partial}{\partial \boldsymbol{x}}\left(a_{11}x_1^2 + 2a_{12}x_1x_2 + a_{22}x_2^2\right) = \begin{pmatrix} 2a_{11}x_1 + 2a_{12}x_2 \\ 2a_{12}x_1 + 2a_{22}x_2 \end{pmatrix} \\ &= 2\begin{pmatrix} a_{11}x_1 + a_{12}x_2 \\ a_{12}x_1 + a_{22}x_2 \end{pmatrix} = 2\begin{pmatrix} a_{11} & a_{12} \\ a_{12} & a_{22} \end{pmatrix}\begin{pmatrix} x_1 \\ x_2 \end{pmatrix} = 2A\boldsymbol{x} \end{aligned}$$

つまり，2 次形式 $\boldsymbol{x}^\top A\boldsymbol{x}$ を微分すると線形変換 $2A\boldsymbol{x}$ になります．単位行列 I の場合である (29) も $I\boldsymbol{x} = \boldsymbol{x}$ ですから，$Q_I'(\boldsymbol{x}) = 2I\boldsymbol{x}$ が成り立っています．

2 次形式の微分 (2 次列ベクトル)

対称 2 次正方行列 A に対して，2 次形式 $f(\boldsymbol{x}) = Q_A(\boldsymbol{x}) = \boldsymbol{x} \cdot A\boldsymbol{x}$ の微分は以下になる．

$$\frac{dQ_A}{d\boldsymbol{x}} = 2A\boldsymbol{x}$$

単位行列を用いた (3) では，2 次形式は 2 次同次であることを示しました．1 次同次と同様に 2 次形式のような 2 次同次関数は，その微分で表現することができます．

$$f(\boldsymbol{x}) = \boldsymbol{x}^\top A\boldsymbol{x} = \boldsymbol{x}^\top\left(\frac{1}{2}\frac{df}{d\boldsymbol{x}}\right) = \frac{1}{2}\boldsymbol{x}^\top\left(\frac{df}{d\boldsymbol{x}}\right) \iff 2f(\boldsymbol{x}) = \sum_{i=1}^{n}\frac{\partial f}{\partial x_i}x_i \tag{30}$$

2 次同次関数で成立する (30) も，**オイラーの定理**といいます．この 1 次や 2 次同次関数についての微分と変数の積和の定理は，以下のように一般化できます．

オイラーの定理

微分可能な k 次同次関数 $f(c\boldsymbol{x}) = c^k f(\boldsymbol{x})$ について，次の関係が成り立つ．

$$kf(\boldsymbol{x}) = \sum_{i=1}^{n} \frac{\partial f}{\partial x_i} x_i$$

同次性に関するオイラーの定理は，経済学の消費者理論や企業理論，さらには機械学習の損失関数や正則化の解析において重要な役割を果たします．

D　一般の 2 次形式の微分

次に，2 変数の 2 次形式から n 変数に一般化しましょう．n 変数の $f(\boldsymbol{x}) = Q_A(\boldsymbol{x}) = \boldsymbol{x}^\top A\boldsymbol{x}$ を考えます．ここで変数 $\boldsymbol{x}$ が 2 箇所出てくることに注意が必要です．このような場合，1 変数関数の微分では積の微分の公式を用いました．

積の微分

$$(fg)' = f'g + fg'$$

図 1 を参考に，まずは変数 $\boldsymbol{x}$ の第 k 成分である x_k の微分の計算をしましょう．

$$\begin{aligned}\frac{df}{dx_k} &= \sum_j (x_k)' a_{kj} x_j + \sum_i x_i a_{ik} (x_k)' \\ &= \sum_j a_{kj} x_j + \sum_i a_{ik} x_i \\ &= A \text{ の第 } k \text{ 行と } \boldsymbol{x} \text{ の積} + A \text{ の第 } k \text{ 列と } \boldsymbol{x} \text{ の積} \\ &= A\boldsymbol{x} \text{ の第 } k \text{ 成分} + A^\top \boldsymbol{x} \text{ の第 } k \text{ 成分} \\ &= 2A\boldsymbol{x} \text{ の第 } k \text{ 成分} \end{aligned} \tag{31}$$

最後の等式は，行列の対称性から $A = A^\top$ を用いています．例 6 の 2 変数の場合と同様に，a_{ij} が 2 回出てきます．図 1 のように k 行と k 列の「場所」で微分しているからです．

p.239 の内積と転置行列の関係 (9) において，$\boldsymbol{y}$ を $\boldsymbol{x}$ に変えると $\boldsymbol{x} \cdot A\boldsymbol{x} = A^\top \boldsymbol{x} \cdot \boldsymbol{x}$ になります．Q_A を微分する際に 2 箇所の $\boldsymbol{x}$ で微分します．最初のベクトルの微分では，この等式の左辺の第 2 成分の $A\boldsymbol{x}$ が出てきて，次のベクトルの微分では，等式の右辺の第 2 成分の $A^\top \boldsymbol{x}$ が出てきます．この解釈は，図 1 に描かれている (31) の変数 x_k に関する微

図 1　2 次形式の微分の変数

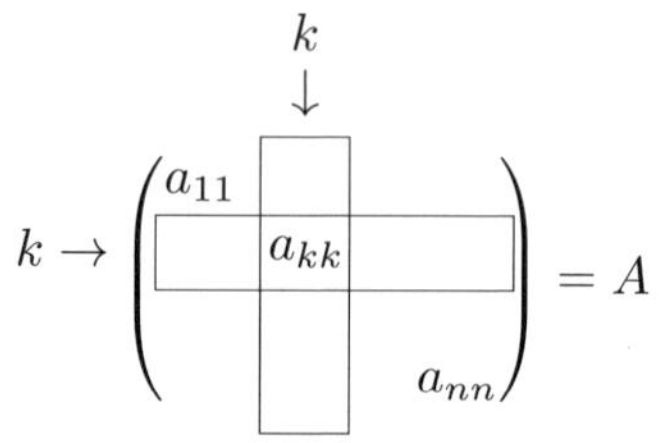

分の横と縦の第 k 番目の行と列が出てくることを意味します.

よって，x_k の議論を他の要素にも適用すると，ベクトルの微分は以下になります.

$$\frac{df}{d\boldsymbol{x}} = \frac{d}{d\boldsymbol{x}} Q_A = \frac{d}{d\boldsymbol{x}} (\boldsymbol{x}^\top A \boldsymbol{x}) = A\boldsymbol{x} + A^\top \boldsymbol{x} = 2A\boldsymbol{x} \tag{32}$$

A は対称行列なので，(31) と同様に $A\boldsymbol{x} = A^\top \boldsymbol{x}$ となります.

2 次形式の微分

n 次対称行列 A に対して，2 次形式 $Q_A(\boldsymbol{x}) = \boldsymbol{x} \cdot A\boldsymbol{x}$ の微分は以下になる.

$$\frac{d}{d\boldsymbol{x}} Q_A(\boldsymbol{x}) = \frac{d}{d\boldsymbol{x}} \boldsymbol{x} \cdot A\boldsymbol{x} = \frac{d}{d\boldsymbol{x}} \boldsymbol{x}^\top A\boldsymbol{x} = 2A\boldsymbol{x} \tag{33}$$

練習問題 12

1 (7) の 2×2 行列 A において，行列の転置の公式 (9) を確かめてください.

2 (15) の対称行列 $H = \begin{pmatrix} a & b \\ b & d \end{pmatrix}$ が負定値である条件 $a < 0$, $ad - b^2 > 0$ を証明してください.

13 最適性の2階の条件

2 階微分や 2 次形式の微分を用いて極大・極小を区別する 2 階の条件を学びます．また，微分可能関数が臨界点で最大・最小をもつ条件を提示します．

13.1 2 変数関数の 2 階の条件

2 変数関数のテイラー展開を基礎にして，極大・極小の 2 階の条件を述べます．

A 1 変数の 2 階の条件と 2 次形式

1 変数の 2 次関数の最大・最小 (p.12) をもう少し考えてみましょう．$a \neq 0$ のとき，2 次関数 $f(x) = ax^2 + bx + c$ の 1 階微分は以下です．

$$f'(x) = 2ax + b$$

$f'(x^*) = 0$ を満たす臨界点 $x^* = -\frac{1}{2}a^{-1}b$ より，極値 $f(x^*)$ は以下になります．

$$f(x^*) = -\frac{1}{4}a^{-1}b^2 + c$$

変数が x^* から少し離れたときに，極値から関数値が小さくなれば極大であり，大きくなれば極小です．f の定義域の内点で極大・極小を取るための 2 階の条件は，

$$f''(x^*) = 2a \lesseqgtr 0 \quad \Longleftrightarrow \quad \begin{cases} x^* \text{ は極大点} \\ x^* \text{ は極小点} \end{cases}$$

となります．

第 12 章で学んだ 2 次形式を極値に応用しましょう．2 変数 x, y の多項式関数 f の次数が 2 であれば，f は (1) の 2 次形式，内積および定数項で表現できます．

$$f(\boldsymbol{x}) = \boldsymbol{x} \cdot A\boldsymbol{x} + \boldsymbol{b} \cdot \boldsymbol{x} + c \tag{1}$$

ここで A は 2 次対称行列，$\boldsymbol{b}$ は 2 次列ベクトル，c はスカラーです．(1) を微分します．第 12 章 p.252 の (33) の 2 次形式の微分と，p.247 の (27) の内積の微分から

$$f'(\boldsymbol{x}) = 2A\boldsymbol{x} + \boldsymbol{b} \tag{2}$$

となります．f のある点 $\boldsymbol{x}^*$ が臨界点であるならば，(2) から以下が成り立ちます．

$$f'(\boldsymbol{x}^*) = 2A\boldsymbol{x}^* + \boldsymbol{b} = \boldsymbol{0} \tag{3}$$

もし，A が正則であれば，逆行列 A^{-1} が存在して，臨界点は以下のように書き換えられます．

$$\boldsymbol{x}^* = -\frac{1}{2}A^{-1}\boldsymbol{b}$$

これは 1 変数の臨界点 $x^* = -\dfrac{1}{2}a^{-1}b$ とよく似ています．極値 $f(\boldsymbol{x}^*)$ は

$$\begin{aligned} f(\boldsymbol{x}^*) &= \boldsymbol{x}^* \cdot A\boldsymbol{x}^* + \boldsymbol{b} \cdot \boldsymbol{x}^* + c = \frac{1}{4}A^{-1}\boldsymbol{b} \cdot I\boldsymbol{b} - \frac{1}{2}\boldsymbol{b} \cdot A^{-1}\boldsymbol{b} + c \\ &= -\frac{1}{4}\boldsymbol{b} \cdot A^{-1}\boldsymbol{b} + c \end{aligned}$$

となります．ここで，$AA^{-1} = I$ (p.142)，転置行列の逆行列 $(A^\top)^{-1} = (A^{-1})^\top$ (p.146)，対称性 $A = A^\top$，内積と転置行列の関係 (p.239) を用いています．この極値は 1 変数の極値 $f(x^*) = -\dfrac{1}{4}a^{-1}b^2 + c$ と似ています．

次に，2 階微分を導きます．(2) の f' はベクトルであることに注意し，ベクトル値関数の微分を用います．2 次列ベクトル $A\boldsymbol{x}$ を $\boldsymbol{x}$ で微分します．$\boldsymbol{x}$ の x での微分を 1 列目に配置し，y での微分を 2 列目に配置します．$A = \begin{pmatrix} a & b \\ b & d \end{pmatrix}$ から，

$$\begin{aligned} \frac{d}{d\boldsymbol{x}}A\boldsymbol{x} = \frac{d}{d\boldsymbol{x}}\begin{pmatrix} ax + by \\ bx + dy \end{pmatrix} &= \begin{pmatrix} \dfrac{\partial(ax+by)}{\partial x} & \dfrac{\partial(ax+by)}{\partial y} \\ \dfrac{\partial(bx+dy)}{\partial x} & \dfrac{\partial(bx+dy)}{\partial y} \end{pmatrix} \\ &= \begin{pmatrix} a & b \\ b & d \end{pmatrix} = A \end{aligned} \tag{4}$$

となります．また，第 2 項の定数ベクトル $\boldsymbol{b}$ は，微分するとゼロ行列になります．そうすると (4) を用いて f の 2 階微分は，(2) をもう 1 回微分して以下で表現できます．

$$f''(\boldsymbol{x}) = 2A + O = 2A \tag{5}$$

この (5) の 2 階微分 $f''(\boldsymbol{x}) = 2A$ も，1 変数の 2 階微分 $f''(x) = 2a$ と似ています．1 変数とのアナロジーでは，行列 A の符号——つまり行列の正定値や負定値——を調べれば，極大・極小を判別することができることが分かります．

B　2 階の条件

1 変数関数の極大・極小の判定は，第 11 章の p.225 の図 1 に描かれているように，p.226 の 2 階微分係数の符号を調べることで可能です．このように 1 変数では 1 つの方向を考えていました．2 変数では様々な方向を考えねばなりません．極大・極小以外にも鞍点の可能性もあります．これらを判定するために，3 つの 2 階偏微分係数が用いられます．

例 1　p.228 の例 2 の関数 $f(x,y) = -x^2 - y^2$, $g(x,y) = x^2 + y^2$, $h(x,y) = x^2 - y^2$ の臨界点 $\boldsymbol{x}^* = \boldsymbol{0}$ でテイラー展開してください．

解答 1　第 11 章の例 2(p.228) の 2 階偏微分係数を参考に以下になります．

$$\begin{aligned}
f(\boldsymbol{x}) &= 0 + 0 + \frac{1}{2}\left(\frac{\partial^2 f}{\partial x^2}x^2 + 2\frac{\partial^2 f}{\partial x \partial y}xy + \frac{\partial^2 f}{\partial y^2}y^2\right) \\
&= \frac{1}{2}\left((-2)\cdot x^2 + 2\cdot 0\cdot xy + (-2)\cdot y^2\right) \\
g(\boldsymbol{x}) &= 0 + 0 + \frac{1}{2}\left(\frac{\partial^2 g}{\partial x^2}x^2 + 2\frac{\partial^2 g}{\partial x \partial y}xy + \frac{\partial^2 g}{\partial y^2}y^2\right) \\
&= \frac{1}{2}\left(2\cdot x^2 + 0\cdot xy + 2\cdot y^2\right) \\
h(\boldsymbol{x}) &= 0 + 0 + \frac{1}{2}\left(\frac{\partial^2 h}{\partial x^2}x^2 + 2\frac{\partial^2 h}{\partial x \partial y}xy + \frac{\partial^2 h}{\partial y^2}y^2\right) \\
&= \frac{1}{2}\left(2\cdot x^2 + 0\cdot xy + (-2)\cdot y^2\right)
\end{aligned}$$

2 階の条件 $\Longrightarrow$ $\boldsymbol{x}^*$ は極大点

$\boldsymbol{x}^*$ は最適点 $\Longrightarrow$ 1 階の条件

これらの偏微分係数のパターンが，2 変数関数の 2 階の条件を形成します．注意してほしいのは，これから説明する 2 階の条件は**十分条件**であることです．臨界点であることは極大点であることの**必要条件**です．つまり，極大点 $\boldsymbol{x}^*$ では必ず $\nabla f(\boldsymbol{x}^*) = \boldsymbol{0}$ が成り立ちます．しかし，臨界点が極小点となることもあります．

ここでは臨界点に関するどんな条件が無条件に極大点になるか，つまり，極大点になるのに**十分**である条件を探ります．

C　ヘッセ行列

私たちの主目的は，臨界点がどのように極大点，極小点，鞍点になるかを知ることです．臨界点では p.197 の (21) の $\nabla f(\boldsymbol{x}^*) = \boldsymbol{0}$ が成り立っています．つまり，$f'(\boldsymbol{x}^*) = \boldsymbol{0}$ なので，p.233 のテイラー多項式 (7) の $f'(\boldsymbol{x}^*)(\boldsymbol{x} - \boldsymbol{x}^*)$ は 0 になります．

$$f(\boldsymbol{x}^*) + \frac{1}{2}\left(\frac{\partial^2 f}{\partial x^2}(x - x^*)^2 + 2\frac{\partial^2 f}{\partial x \partial y}(x - x^*)(y - y^*) + \frac{\partial^2 f}{\partial y^2}(y - y^*)^2\right) \tag{6}$$

定数項は一定なので，関数のグラフの凹凸を決めるのは 2 次の項になります．2 次の項は一見複雑に見えます．しかし，2 階微分をまとめた行列で簡潔に表現できます．

第 11 章の例 5(p.233) の関数 $f(x,y) = x^2 + xy + y^2$ の 2 階偏導関数 (5) を行列で表します．

$$\begin{pmatrix} \dfrac{\partial^2 f}{\partial x^2} & \dfrac{\partial^2 f}{\partial x \partial y} \\ \dfrac{\partial^2 f}{\partial x \partial y} & \dfrac{\partial^2 f}{\partial y^2} \end{pmatrix} = \begin{pmatrix} 2 & 1 \\ 1 & 2 \end{pmatrix} \tag{7}$$

ここで，このようなすべての 2 階偏導関数を要素とする行列を，ヘッセ行列といいます．

ヘッセ行列 (2×2)

C^2 級 2 変数関数 f の**ヘッセ行列**は，2 階偏導関数を要素とする対称行列である．

$$H = \begin{pmatrix} f_{xx} & f_{xy} \\ f_{xy} & f_{yy} \end{pmatrix}$$

数学者 Hesse から記号 H を使い，点 $\boldsymbol{a}$ のヘッセ行列は $H(\boldsymbol{a})$ と書く．

2 階偏導関数の対称性を満たす場合を考えています．ヘッセ行列 (7) を用いると，例 5(p.233) の $\boldsymbol{a} = \begin{pmatrix} 1 \\ 1 \end{pmatrix}$ の周りでテイラー展開した関数 f を簡潔に書くことができます．第 11 章のテイラー多項式 (7) の 2 次の項は，ヘッセ行列とベクトルの積になります．

$$\begin{aligned} (\boldsymbol{x} - \boldsymbol{a})^\top \begin{pmatrix} 2 & 1 \\ 1 & 2 \end{pmatrix} (\boldsymbol{x} - \boldsymbol{a}) &= \begin{pmatrix} x-1 & y-1 \end{pmatrix} \begin{pmatrix} 2 & 1 \\ 1 & 2 \end{pmatrix} \begin{pmatrix} x-1 \\ y-1 \end{pmatrix} \\ &= \begin{pmatrix} x-1 & y-1 \end{pmatrix} \begin{pmatrix} 2(x-1) + 1(y-1) \\ 1(x-1) + 2(y-1) \end{pmatrix} \\ &= 2(x-1)^2 + 2(x-1)(y-1) + 2(y-1)^2 \end{aligned}$$

第 11 章の例 4(p.232) より，$f(\boldsymbol{a}) = 3$, $f'(\boldsymbol{a})(\boldsymbol{x} - \boldsymbol{a}) = 3(x-1) + 3(y-1)$ から

$$\begin{aligned} & f(\boldsymbol{a}) + f'(\boldsymbol{a})(\boldsymbol{x} - \boldsymbol{a}) + \frac{1}{2}(\boldsymbol{x} - \boldsymbol{a})^\top \begin{pmatrix} 2 & 1 \\ 1 & 2 \end{pmatrix} (\boldsymbol{x} - \boldsymbol{a}) \\ &= 3 + 3(x-1) + 3(y-1) + (x-1)^2 + (x-1)(y-1) + (y-1)^2 \\ &= x^2 + xy + y^2 \end{aligned}$$

となります．つまり，p.233 の (6) のテイラー展開を，ヘッセ行列を用いて表現できることが分かります．

ヘッセ行列 $\boldsymbol{H}$ を用いたテイラー展開

C^2 級 2 変数関数 f の点 $\boldsymbol{a}$ の周りのテイラー展開は，ヘッセ行列 $H(\boldsymbol{a})$ を用いて以下に書き換えられる．

$$f(\boldsymbol{x}) = f(\boldsymbol{a}) + f'(\boldsymbol{a})(\boldsymbol{x}-\boldsymbol{a}) + \frac{1}{2}(\boldsymbol{x}-\boldsymbol{a})^\top H(\boldsymbol{a})(\boldsymbol{x}-\boldsymbol{a}) + R_2 \tag{8}$$

例 2　第 11 章の例 2(p.228) の関数 $f(x,y) = -x^2 - y^2$, $g(x,y) = x^2 + y^2$, $h(x,y) = x^2 - y^2$ の臨界点 $\boldsymbol{x}^* = \boldsymbol{0}$ におけるヘッセ行列を求めてください．また，これらの符号を求めてください．

解答 2　p.228 の例 2 の 2 階偏微分係数や例 1 を参考に，以下のようになります．

$$H_f = \begin{pmatrix} -2 & 0 \\ 0 & -2 \end{pmatrix}, \quad H_g = \begin{pmatrix} 2 & 0 \\ 0 & 2 \end{pmatrix}, \quad H_h = \begin{pmatrix} 2 & 0 \\ 0 & -2 \end{pmatrix}$$

H_f は，p.241 の (13) の B と同じです．よって，H_f は負定値です．H_g は，p.240 の (10) の A と同じです．よって，H_g は正定値です．H_h は，p.243 の (19) の C と同じです．よって，H_h は不定値です．

D　極大の 2 階の条件は負定値ヘッセ行列

ヘッセ行列の符号から，極大の条件を考えます．最初に例 2 から，ヘッセ行列 H_f は負定値である，つまり任意の $\boldsymbol{x} \neq \boldsymbol{0}$ について

$$\boldsymbol{x}^\top H_f \boldsymbol{x} = \begin{pmatrix} x & y \end{pmatrix} \begin{pmatrix} -2 & 0 \\ 0 & -2 \end{pmatrix} \begin{pmatrix} x \\ y \end{pmatrix} = -2(x^2 + y^2) < 0$$

となります．この符号が負であることは，どの方向 $\boldsymbol{x}$ でもこの式は負になることを意味します．これは関数 f のテイラー展開 (8) の 2 次の項は負であることを意味します．よって，$f'(\boldsymbol{x}^*) = 0$ を満たす臨界点 $\boldsymbol{x}^* = \boldsymbol{0}$ の近傍の点 $\boldsymbol{x}$ に対して

$$\begin{aligned} f(\boldsymbol{x}) &\simeq f(\boldsymbol{x}^*) + f'(\boldsymbol{x}^*)(\boldsymbol{x}-\boldsymbol{x}^*) + \frac{1}{2}(\boldsymbol{x}-\boldsymbol{x}^*)^\top H_f(\boldsymbol{x}-\boldsymbol{x}^*) \\ &= f(\boldsymbol{x}^*) + \frac{1}{2}(\boldsymbol{x}-\boldsymbol{x}^*)^\top H_f(\boldsymbol{x}-\boldsymbol{x}^*) \end{aligned} \tag{9}$$

となり，$\boldsymbol{x} = \boldsymbol{x}^*$ であれば，もちろん $(\boldsymbol{x}-\boldsymbol{x}^*)^\top H_f(\boldsymbol{x}-\boldsymbol{x}^*) = 0$ です．

つまり，ベクトルが $\boldsymbol{x} = \boldsymbol{x}^*$ であれば，この式は $f(\boldsymbol{x}^*)$ ですが，そこ

から少しでも離れると常にこの 2 次の項は負になることを意味します．よって，$\boldsymbol{x}^*$ の近傍において $\boldsymbol{x}=\boldsymbol{x}^*$ は f の極大点になります．

このことから，関数 f の臨界点 $\boldsymbol{x}=\boldsymbol{x}^*$ におけるヘッセ行列 H が負定値行列であれば，その点は極大点であることが分かります．

極大の 2 階の条件 (負定値)

臨界点 $\boldsymbol{x}=\boldsymbol{x}^*$ のヘッセ行列 $H(\boldsymbol{x}^*)$ が負定値行列であれば，$\boldsymbol{x}^*$ は極大点である．

ヘッセ行列が負定値であることを，極大のための **2 階の条件**といいます．この条件は**十分条件**です．必要条件ではないことに注意してください．p.242 の負定値の条件 (16) にヘッセ行列を適用すると以下になります．

極大の 2 階の条件 (2 次正方行列の行列式)

C^2 級 2 変数関数 f の臨界点 $\boldsymbol{x}=\boldsymbol{x}^*$ が極大点になる 2 階の条件は以下である．

$$f_{xx}(\boldsymbol{x}^*)<0 \quad \text{かつ} \quad \det H(\boldsymbol{x}^*)>0$$

1 変数関数の負値は関数 $y=ax^2$ の $a<0$ を意味しますから，変数が増えるとその条件は変わらず，行列式が正という条件が加わったことになります．

ヘッセ行列の行列式 $\det H$ を**ヘッシアン**，あるいは**ヘッセ行列式**といいます．ヘッセ行列のことをヘッシアンと呼ぶこともありますので，ヘッセ行列式ということにしましょう．このヘッセ行列式が正で f_{xx} が負が極大の条件になります．

$$\det H=\begin{vmatrix} f_{xx} & f_{xy} \\ f_{xy} & f_{yy} \end{vmatrix}=f_{xx}f_{yy}-(f_{xy})^2>0$$

E 極小の 2 階の条件は正定値ヘッセ行列

次は極小点の条件をヘッセ行列で特定しましょう．例 2 から，関数 g のヘッセ行列 H_g は正定値である，つまり任意の $\boldsymbol{x}\neq\boldsymbol{0}$ について

$$\boldsymbol{x}^\top H_g\boldsymbol{x}=\begin{pmatrix} x & y \end{pmatrix}\begin{pmatrix} 2 & 0 \\ 0 & 2 \end{pmatrix}\begin{pmatrix} x \\ y \end{pmatrix}=2(x^2+y^2)>0$$

となります．この符号が正であることは，どの方向 $\boldsymbol{x}\neq\boldsymbol{0}$ でもこの値は正になることを意味します．これは関数 g のテイラー展開 (8) の 2 次の

項は正であることを意味します．よって，$g'(\boldsymbol{x}^{**})=0$ を満たす臨界点 $\boldsymbol{x}^{**}=\mathbf{0}$ の近傍では

$$\begin{aligned} g(\boldsymbol{x}) &\simeq g(\boldsymbol{x}^{**})+g'(\boldsymbol{x}^{**})(\boldsymbol{x}-\boldsymbol{x}^{**})+\frac{1}{2}(\boldsymbol{x}-\boldsymbol{x}^{**})^\top H_g(\boldsymbol{x}-\boldsymbol{x}^{**}) \\ &= g(\boldsymbol{x}^{**})+\frac{1}{2}(\boldsymbol{x}-\boldsymbol{x}^{**})^\top H_g(\boldsymbol{x}-\boldsymbol{x}^{**}) \end{aligned} \tag{10}$$

となり，$\boldsymbol{x}=\boldsymbol{x}^{**}$ であれば，もちろん $(\boldsymbol{x}-\boldsymbol{x}^{**})^\top H_f(\boldsymbol{x}-\boldsymbol{x}^{**})=0$ であるので，$\boldsymbol{x}=\boldsymbol{x}^{**}$ の点ではこの式は $f(\boldsymbol{x}^{**})$ です．しかし，そこから少しでも離れると常にこの 2 次の項は正になり，$f(\boldsymbol{x}^{**})$ より増加することを意味します．よって，$\boldsymbol{x}^{**}$ の近傍において $\boldsymbol{x}=\boldsymbol{x}^{**}$ は g の極小点であることを意味します．

このことから，関数 g の臨界点 $\boldsymbol{x}=\boldsymbol{x}^{**}$ におけるヘッセ行列 H が正定値行列であるならば，その点は極小点であることが分かりました．

極小の 2 階の条件 (正定値)

臨界点 $\boldsymbol{x}^{**}$ のヘッセ行列 $H(\boldsymbol{x}^{**})$ が正定値行列であれば，$\boldsymbol{x}^{**}$ は極小点である．

正定値のヘッセ行列であることは，極小のための **2 階の条件**といいます．第 12 章の p.241 の正定値の条件 (12) にヘッセ行列を適用すると以下になります．

極小の 2 階の条件 (2 次正方行列の行列式)

C^2 級 2 変数関数 g の臨界点 $\boldsymbol{x}=\boldsymbol{x}^{**}$ が極小点になる 2 階の条件は以下である．

$$g_{xx}(\boldsymbol{x}^{**})>0 \quad \text{かつ} \quad \det H(\boldsymbol{x}^{**})>0$$

1 変数関数の正値は関数 $y=ax^2$ の $a>0$ を意味しますから，変数が増えるとその条件は変わらず，行列式が正という条件が加わったことになります．極大との違いは g_{xx} の符号の違いであり，正の行列式は同じです．

例 3　第 11 章の例 1 の関数 $f(x,y)=x^2+xy+y^2$ の極値の判定をしてください．

解答 3　p.233 の例 5 より，ヘッセ行列とヘッセ行列式が求まります．

$$H=\begin{pmatrix} 2 & 1 \\ 1 & 2 \end{pmatrix}, \qquad \det H = 2\cdot 2-1\cdot 1=3>0$$

$\dfrac{\partial^2 f}{\partial x^2} = 2 > 0$ より，H は正定値です．臨界点 $\boldsymbol{x}^{**} = \boldsymbol{0}$ で極小値を取ります．

F　鞍点と極値のまとめ

第 3 に，第 8 章の例 9(p.193) の関数 $h(x, y) = x^2 - y^2$ は鞍点をもつことを示しましょう．例 2 よりそのヘッセ行列式は負であり，それは負定値でも正定値でもありません．

$$H_h = \begin{pmatrix} 2 & 0 \\ 0 & -2 \end{pmatrix}, \quad a = 2 > 0, \quad \det H_h = 2 \cdot (-2) - 0 \cdot 0 = -4 < 0 \tag{11}$$

極大・極小点をもたない h のグラフは，ある点のある方向では「極大」になり，他の方向では「極小」になります．それは p.194 にある図 6 の鞍点をもつことを意味します．

不定値行列 (再掲)

次を満たすベクトル $\boldsymbol{x} \neq \boldsymbol{y}$ が存在するとき，H は**不定値行列**と呼ばれる．

$$\boldsymbol{x}^\top H \boldsymbol{x} > 0, \quad \boldsymbol{x} \neq \boldsymbol{0}, \qquad \boldsymbol{y}^\top H \boldsymbol{y} < 0, \quad \boldsymbol{y} \neq \boldsymbol{0}$$

ここで考えている 2 次正方行列の場合，ヘッセ行列式が負であると，その行列は不定値になります．以上の議論をまとめましょう．

極値の判定

C^2 級 2 変数関数 f の $\boldsymbol{x} = \boldsymbol{x}^*$ が，臨界点 $\nabla f(\boldsymbol{x}^*) = \boldsymbol{0}$ をもつとする．このとき，ヘッセ行列式を $\det H(\boldsymbol{x}^*)$ とすると，以下が成り立つ．

① $\det H(\boldsymbol{x}^*) > 0$ であるとき，
　(a) $f_{xx}(\boldsymbol{x}^*) < 0$ ならば，$\boldsymbol{x} = \boldsymbol{x}^*$ は極大点．
　(b) $f_{xx}(\boldsymbol{x}^*) > 0$ ならば，$\boldsymbol{x} = \boldsymbol{x}^*$ は極小点．

② $\det H(\boldsymbol{x}^*) < 0$ であるとき，鞍点をもつ．

この極値の判定では，$\det H(\boldsymbol{x}^*) = 0$ の場合については何もいっていません．この場合は，1 変数関数で $y = x^3$ や $y = x^4$ の場合と同様に，極値であるかどうかを知るにはより高次の偏微分係数の情報が必要です．

13.2　制約付き最適化問題の 2 階の条件

ベクトルや行列を用いた制約付き最適化問題の 2 階の条件を考えます．

第 8 章の例 2(p.186) の目的関数を $f(x,y)=16-x^2-y^2$ として，制約式を $g(x,y)=x+y=2$ とするときの最大化問題の解は，例 1(p.214) で $\boldsymbol{x}^*=\begin{pmatrix} x^* \\ y^* \end{pmatrix}=\begin{pmatrix} 1 \\ 1 \end{pmatrix}$ となりました．ラグランジュ乗数法で求めたときの 2 階の条件を検討しましょう．

まずは p.215 のラグランジュ関数 (5) を再掲します．

$$\mathcal{L}(\boldsymbol{x},\lambda)=f(\boldsymbol{x})+\lambda(c-g(\boldsymbol{x})) \tag{12}$$

制約付き最適化問題の解 $\boldsymbol{x}^*$ が存在すれば，p.216 のラグランジュ乗数定理 (15) より，$\nabla f(\boldsymbol{x}^*)=\lambda^*\nabla g(\boldsymbol{x}^*)$ を満たす λ^* が存在します．この定理は制約を満たした解が 1 階の条件を満たすことを意味します．制約を満たした解が極大か極小かを 2 階偏微分で判定しましょう．ここで，ラグランジュ関数のヘッセ行列を $\nabla^2\mathcal{L}$ とします．

$$\nabla^2\mathcal{L}=\begin{pmatrix} \dfrac{\partial^2\mathcal{L}}{\partial x^2} & \dfrac{\partial^2\mathcal{L}}{\partial x\partial y} \\ \dfrac{\partial^2\mathcal{L}}{\partial x\partial y} & \dfrac{\partial^2\mathcal{L}}{\partial y^2} \end{pmatrix} \tag{13}$$

一般には各関数は連続な 2 階偏導関数をもち，混合偏導関数の対称性が成り立つ場合を考察します．最初に示した例 2(p.186) のヘッセ行列は，1 階の偏微分を利用して

$$\frac{\partial^2\mathcal{L}}{\partial x^2}=\frac{\partial}{\partial x}(-2x-\lambda)=-2,\quad \frac{\partial^2\mathcal{L}}{\partial x\partial y}=\frac{\partial}{\partial y}(-2x-\lambda)=0,$$
$$\frac{\partial^2\mathcal{L}}{\partial y^2}=\frac{\partial}{\partial y}(-2y-\lambda)=-2,\quad \nabla^2\mathcal{L}=\begin{pmatrix} -2 & 0 \\ 0 & -2 \end{pmatrix}$$

となります．このヘッセ行列 $\nabla^2\mathcal{L}$ は，第 1 行第 1 列成分が $-2<0$ であり，$\det\nabla^2\mathcal{L}=(-2)\cdot(-2)-0\cdot 0=4>0$ ですので，制約がない最適化問題の極大値をもつ 2 階の条件を満たしています．

しかし，私たちがいま考えている問題には制約があります．それを考慮した 2 階の条件を求めるため，制約関数 g の勾配ベクトル $\nabla g=\begin{pmatrix} \dfrac{\partial g}{\partial x} \\ \dfrac{\partial g}{\partial y} \end{pmatrix}$ を考えます．後のために，その転置ベクトルも表示します．

$$\nabla g = \begin{pmatrix} \dfrac{\partial g}{\partial x} \\ \dfrac{\partial g}{\partial y} \end{pmatrix} = \begin{pmatrix} \dfrac{\partial}{\partial x}(x+y) \\ \dfrac{\partial}{\partial y}(x+y) \end{pmatrix} = \begin{pmatrix} 1 \\ 1 \end{pmatrix}, \qquad \nabla g^T = \begin{pmatrix} 1 & 1 \end{pmatrix}$$

これらの情報 $\nabla^2 \mathcal{L}$ と ∇g をまとめた行列を定義しましょう．行列のなかにベクトルや行列が入っていますが，素直にそのなかの成分を H に配列します．

縁付きヘッセ行列

ラグランジュ関数のヘッセ行列 $\nabla^2 \mathcal{L}$ と制約関数の勾配ベクトル ∇g を連結した以下の行列 H を，**縁付きヘッセ行列**，あるいは**境界付きヘッセ行列**と呼ぶ．

$$H = \begin{pmatrix} 0 & g_x & g_y \\ g_x & f_{xx} & f_{xy} \\ g_y & f_{xy} & f_{yy} \end{pmatrix} = \begin{pmatrix} 0 & \nabla g^T \\ \nabla g & \nabla^2 \mathcal{L} \end{pmatrix} \tag{14}$$

私たちが考えている例では，変数が 2 個，制約式が 1 個の 3×3 型行列になります．

$$H = \begin{pmatrix} 0 & 1 & 1 \\ 1 & -2 & 0 \\ 1 & 0 & -2 \end{pmatrix}$$

2 変数 1 制約の制約付き最適化問題の 2 階の条件

C^2 級 2 変数関数 f を目的関数として，1 個の 2 変数制約関数 g をもつ制約付き最適化問題について，ラグランジュ乗数定理を成り立たせる解 $(\boldsymbol{x}^*, \lambda^*)$ があるとする．このとき，縁付きヘッセ行列の行列式が正であれば，$\boldsymbol{x}^*$ はこの問題の極大点になる．それが負であれば，それは極小点になる．

つまり，制約付き最適化問題の縁付きヘッセ行列 H について，以下が成り立ちます．

$$\det H(\boldsymbol{x}^*) \gtrless 0 \quad \Longleftrightarrow \quad \begin{cases} x^* \text{ は極大点} \\ x^* \text{ は極小点} \end{cases}$$

例 4 p.186 の例 2 の関数 $f(x, y) = 16 - x^2 - y^2$ を目的関数として，制約式を $g(x, y) = x + y = 2$ とするとき，最適解 $\boldsymbol{x}^* = \begin{pmatrix} x^* \\ y^* \end{pmatrix} = \begin{pmatrix} 1 \\ 1 \end{pmatrix}$ において極大の 2 階の条

件が成り立っていることを示してください．

解答 4　3 次正方行列の行列式は，p.149 にある図 9 のサラスの公式が使えます．

$$\det H = 0\cdot(-2)\cdot(-2)+1\cdot 0\cdot 1+1\cdot 1\cdot 0 \\ -0\cdot 0\cdot 0-1\cdot 1\cdot(-2)-1\cdot(-2)\cdot 1 = 2+2 = 4 > 0$$

よって，$\boldsymbol{x}^*$ は極大点であることが分かりました．

13.3　大域的最適化

関数の極大・極小は局所的な特徴です．これまでの極大・極小の例は，実は最大・最小でもあります．ここでは関数の定義域全体での最大・最小を考えます．

A　凹関数と最大化

p.225 の図 1 に描かれている 1 変数関数 $y = -x^2$ では，$x^* = 0$ で最大値を取ります．この関数の 2 階微分係数は $y'' = -2 < 0$ であり，傾きは減少し続けています．このような関数を**凹関数**といいます．そして，そのグラフは**上に凸**です．

凹関数
→『経済数学入門』p.43

上に凸
→『経済数学入門』p.169

1 変数の関数が凹関数であることは，微分可能でなくても定義できます．凹関数を定義するときに，実数全体でも区間でも構いません．しかし，定義域を制限する場合もあります．そのときに応用可能なように，凸集合を定義しましょう．1 次結合を学びましたが，そのパラメータを制限して図 1 に描かれているベクトルのあいだにあるベクトルが凸結合です．

図 1　凸結合と凸集合

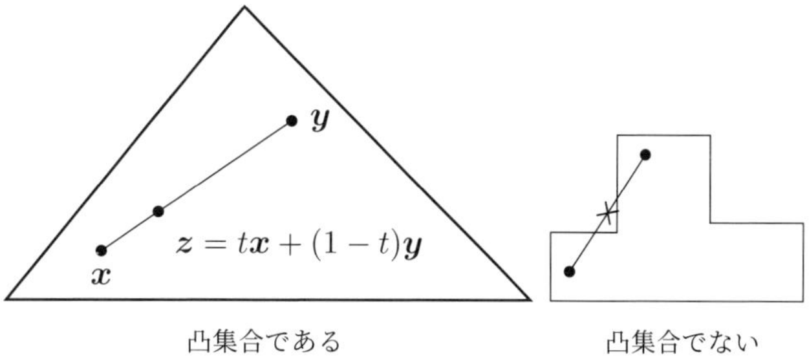

凸結合と凸集合

ベクトル $\boldsymbol{x}$ と $\boldsymbol{y}$ に対して，以下を満たすベクトルを $\boldsymbol{x}$ と $\boldsymbol{y}$ の**凸結合**という．

$$t\boldsymbol{x} + (1-t)\boldsymbol{y}, \qquad t \in [0,1]$$

集合 X が**凸**であるとは，任意の $\boldsymbol{x}, \boldsymbol{y} \in X$ に対して以下を満たすことをいう．

$$t\boldsymbol{x} + (1-t)\boldsymbol{y} \in X, \qquad t \in [0,1]$$

この $[0,1]$ は p.181 の単位区間です．変数は数でも構いません．凸結合はベクトルのあいだにあるベクトルです．1 次結合は実数のパラメータでしたが，凸結合では 1,0 のあいだにあるパラメータ t と $1-t$ でベクトルを関連付けています．凸結合をすべて合わせたベクトルの集まりを，**凸集合**といいます．それは凸結合について閉じた集合です．実数 $\mathbb{R}$，平面 $\mathbb{R}^2$，区間，円や三角形の内部は凸集合になります．このような一般性のある集合を関数の定義域として考えます．

凹関数

X は $\mathbb{R}$ か $\mathbb{R}^2$ の部分集合である凸集合であり，関数 $f: X \to \mathbb{R}$ は以下を満たすとき，**凹関数**であるという．

$$f(t\boldsymbol{x} + (1-t)\boldsymbol{y}) \geq tf(\boldsymbol{x}) + (1-t)f(\boldsymbol{y}), \qquad t \in [0,1] \qquad (15)$$

凹関数の定義でその定義域を凸集合としたのは，定義の左辺にあるベクトル $t\boldsymbol{x}+(1-t)\boldsymbol{y}$ の f の値を考えるからです．図 3 の上に描かれているグラフの関数 f が凹関数のグラフになります．明らかに上に凸になっています．前の $y=-x^2$ や第 8 章の例 9 の関数 $f(x,y) = -x^2 - y^2$ は凹関数です．しかし，関数形だけでその情報を得るのは難しく思われます．そのため微分を活用しましょう．

図 3　凹関数 f と凸関数 g

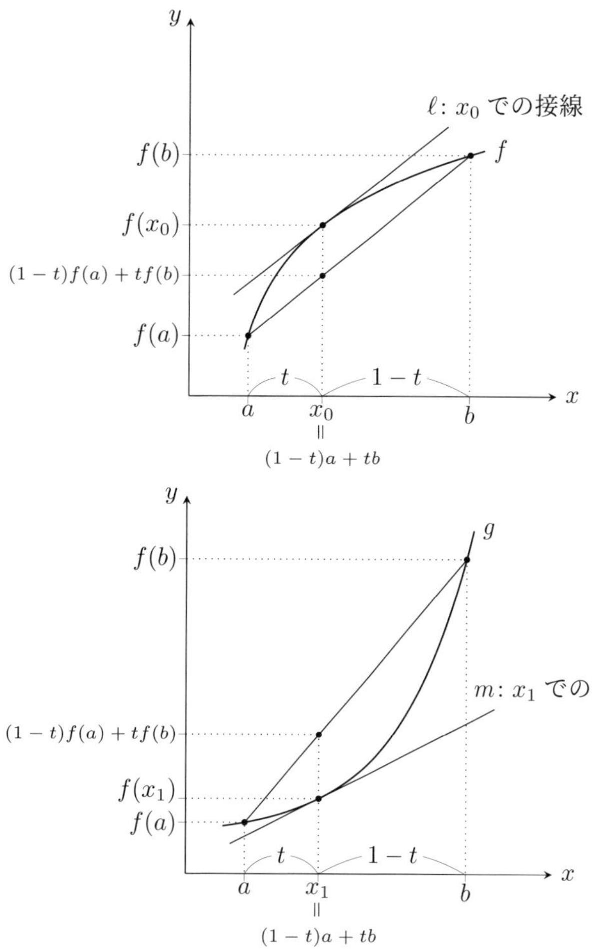

C^2 級凹関数の特徴付け (1, 2 変数関数)

以下を満たす C^2 級 1 変数関数 $f(x)$ は凹関数である.

$$f'' \leq 0$$

以下を満たす C^2 級 2 変数関数 $f(x,y)$ は凹関数である.

$$f_{xx} \leq 0, \qquad f_{xx}f_{yy} - (f_{xy})^2 \geq 0$$

導関数の符号 $f'' \leq 0$ は，すべての定義域 $x \in X$ に対して $f''(x) \leq 0$ を意味します．他の関数の符号に関しても同様に解釈します．p.258 の極大の条件では x^* の 1 点で考えますが，大域的な性質を考えているので，すべての定義域での条件です．

1 変数の導関数 f'' は，2 変数の文脈で解釈すると f_{xx} を意味します．

このことから，2 変数関数の凹性を特徴付ける条件の 1 つが，1 変数の場合の条件を自然に拡張したものであることが分かります．その条件に加えて，2 変数関数の凹性は関数 f のヘッセ行列式が 0 以上であることが必要です．この 2 条件を合わせると，2 変数関数の凹性は，そのヘッセ行列が p.243 の半負定値 (18) になることを意味します．

この特徴付けは，さらに一般の多変数関数に拡張できます．C^2 級の n 変数関数が凹になる必要十分条件は，そのヘッセ行列が半負定値であることです．

C^2 級凹関数の特徴付け

f は凹関数 $\iff$ f のヘッセ行列は**半負定値**

そして，$y = -x^2$ や $f(x, y) = -x^2 - y^2$ のような凹関数が臨界点で最大値を取るように，一般の n 変数の凹関数は，臨界点で最大値を取ります．

凹関数と最大化

関数 f が凹関数ならば，その臨界点は最大点である．

この定理について，図を用いて直観的に説明しましょう．図 3 の上の凹関数 f のグラフの点 $(x_0, f(x_0))$ に接線 ℓ が描かれています．この接線は凹関数のグラフよりも上側にあります．一般に凹関数のグラフは，その任意の点の接線を越えることはできないことが分かります．臨界点では接線は水平になります．つまり，接線は定数関数のグラフです．接点以外の x 座標に対応する f の値は，この定数を超えることはできません．よって，臨界点は最大点となります．

ここでいくつか注意点があります．この定理は臨界点の存在を保証するものではありません．凹関数が臨界点をもたない場合もあります．また，最大点が唯一であることも保証されていません．複数の最大点が存在する可能性があります． 例えば，定数関数 $y = c$ は凹関数であり，すべての点で最大値を取ります．しかし，一般に最大値は存在すれば唯一です．

最大値は唯一
→『経済数学入門』
p.56

凸関数
→『経済数学入門』
p.43

B 凸関数と最小化

図形的に凹の反対は凸ですので，大域的な最小化は凸関数でなされます．凹関数で行なった議論の逆が最小化の条件になります． この点を簡潔にまとめましょう．そして，そのグラフは**下に凸**になります．

下に凸
→『経済数学入門』
p.169

凸関数も凸集合上で定義されます．

凸関数

X は $\mathbb{R}$ か $\mathbb{R}^2$ の部分集合である凸集合であり，関数 $f: X \to \mathbb{R}$ は以下を満たすとき，**凸関数**であるという．

$$f(t\boldsymbol{x} + (1-t)\boldsymbol{y}) \leq tf(\boldsymbol{x}) + (1-t)f(\boldsymbol{y}), \qquad t \in [0,1] \qquad (16)$$

図 3 の下に描かれているグラフの関数 g が凸関数です．明らかに下に凸になっています．前の $y = x^2$ や第 8 章の例 9 の関数 $g(x,y) = x^2 + y^2$ は凸関数です．図の点 x_1 での接線 m はそのグラフより下に描かれています．この特徴は，凸関数が最小値を保証することを示します．

C^2 級凸関数の特徴付け (1, 2 変数関数)

以下を満たす C^2 級 1 変数関数 $f(x)$ は凸関数である．

$$f'' \geq 0$$

以下を満たす C^2 級 2 変数関数 $f(x,y)$ は凸関数である．

$$f_{xx} \geq 0, \qquad f_{xx}f_{yy} - (f_{xy})^2 \geq 0$$

凹関数の特徴付けと同様に，$f'' \geq 0$ は，2 変数の凸関数の条件の 1 番目と同じであることが分かります．その条件に加えて，2 変数関数の凸性は関数 f のヘッセ行列式が 0 以上であることが必要です．この 2 条件を合わせると，2 変数関数の凸性は，そのヘッセ行列が p.243 の半正定値 (17) になることを意味します．凹関数の場合と同様に，この特徴付けは，さらに一般の多変数関数に拡張できます．C^2 級の n 変数関数が凸になる必要十分条件は，そのヘッセ行列が半正定値であることです．

C^2 級凸関数の特徴付け

f は凸関数　$\iff$　f のヘッセ行列は**半正定値**

そして，$y = x^2$ や $g(x,y) = x^2 + y^2$ のような凸関数が臨界点で最小値を取るように，一般の n 変数の凸関数は，臨界点で最小値を取ります．

凸関数と最小化

関数 f が凸関数ならば，その臨界点は最小点である．

この十分条件の証明も，凹関数の議論と対照的に示せます．図 3 の下の凸関数 g のグラフの点 $(x_1, f(x_1))$ に接線 m が描かれています．一般に凸関数のグラフは，その任意の点の接線を下回ることはできません．このことから，水平な接線に対応する臨界点の値を下回ることはできません．よって，臨界点は最小点となります．

例 5

例 2 の関数 $g(x,y) = x^2 + y^2$ は凸関数であり，臨界点 $\boldsymbol{x}^* = \boldsymbol{0}$ は最小点であることを示してください．

解答 5

例 2 からヘッセ行列は $H_g = \begin{pmatrix} 2 & 0 \\ 0 & 2 \end{pmatrix}$ であり，$2 > 0, \det H_g = 2 \cdot 2 - 0 \cdot 0 = 4 > 0$ となり，凸関数です．第 8 章の例 9(p.193) より $\boldsymbol{x}^* = \boldsymbol{0}$ は臨界点であり，上の凸関数の最小値より，この点は最小点となります．

ヘッセ行列による最大と最小の特徴をまとめておきます．

半負 (正) 定値と最大 (小) 化

関数 f のヘッセ行列が半負 (正) 定値ならば，その臨界点は最大 (小) 点である．

凹関数と凸関数の定義で，等号が成立している関数が存在します．それは線形写像に定数項を加えた写像で，$y = ax + b$ や $\boldsymbol{y} = A\boldsymbol{x} + \boldsymbol{b}$ のようなグラフが直線や平面になる関数です．このような写像を**アフィン変換**と呼びます．つまり，**アフィン変換は凹関数であり，かつ凸関数**です．

一方，凹関数 (15) と凸関数 (16) の定義において，等号を除いた厳密な不等号の場合，それらの関数はそれぞれ**強い凹関数** $(>)$ および**強い凸関数** $(<)$ と呼ばれます．

$$f(t\boldsymbol{x} + (1-t)\boldsymbol{y}) \gtrless tf(\boldsymbol{x}) + (1-t)f(\boldsymbol{y}), \qquad t \in (0,1), \quad \boldsymbol{x} \neq \boldsymbol{y} \tag{17}$$

この t は p.181 の開区間 $(0,1)$ に属します．C^2 級関数の特徴付けは，ヘッセ行列がそれぞれ**負定値**および**正定値**であれば，強い凹関数および強い凸関数になります．この条件は強い凹関数と強い凸関数の十分条件であることに注意してください．例えば，関数 $f(x) = -x^4$ は強い凹関数ですが，$x = 0$ の 2 階微分係数は 0 です．

強い凹関数の臨界点は唯一の最大点であることが証明できます．同様に，強い凸関数の臨界点は唯一の最小点です．この証明などの詳細な説明は，さらに上級の経済数学の教科書に任せましょう．

C　最適解の見つけ方

微分を用いて最大・最小を求めてきました．その要点をまとめましょう．

① 微分可能な点での臨界点を求める．
  (a) 2 階の条件を調べる．
  (b) 2 階の条件がゼロ．
  (c) 極値であれば凹 (凸) 関数を調べる．

② 微分不可能な点を調べる．

③ 境界を調べる．

(a) の場合はこの本で主に学んできました．(b) の場合は，さらに高階の微分を考える必要があります．そして，いくつかの極値がある場合は，それらを比較します．唯一であれば (c) で，大域的な解であるかどうかを調べます．

また，②の微分不可能な点も重要です．例えば，関数 $y = -|x|$ は $x = 0$ で最大値を取りますが，この点では微分不可能です．

微分不可能
→『経済数学入門』
p.141

次に，③の境界も重要です．p.187 の例 3 の関数 $f(x,y) = \sqrt{xy}$ は，(x,y) の非負の領域 $x \geq 0, y \geq 0$ で定義された凹関数です (練習問題 [2])．臨界点はありませんし，最大値もありません．しかし，最小値は 0 で，定義域の境界 $x = 0$ や $y = 0$ の (x,y) で達成されます．この境界では微分不可能です．

練習問題 13

[1]　p.221 の例 3 の，点 $\mathrm{P}(x_1, y_1)$ から直線 $ax + by + c = 0$ への距離 $d = \dfrac{|ax_1 + by_1 + c|}{\sqrt{a^2 + b^2}}$ を，制約 $g(x,y) = -(ax + by + c) = 0$ の下で距離の 2 乗 $f(x,y) = (x - x_1)^2 + (y - y_1)^2$ を最小化する問題の解のヘッセ行列を提示して，その制約付き最小化問題の 2 階の条件が満たされていることを示してください．

[2]　p.187 の例 3 の関数 $f(x,y) = \sqrt{xy}$ は凹関数であることを示してください．

14 最小2乗法

ベクトル・行列や微分の知識から，最小 2 乗法の推定量を多面的に探求しましょう．正射影ベクトルや最適化のための微分の知識が大いに活躍します．

14.1 最小2乗法と正射影ベクトル

最小 2 乗法を分析するうえで，ベクトル，特に正射影ベクトルは大いに活躍します．第 1 章の例を用いてその考え方を述べておきましょう．

A 一直線上にない 3 点

第 1 章に戻り，これまでの学びから最小 2 乗法を詳細に検討しましょう．第 1.3.C 項では，一直線上にない点からそれらに最も近い直線をどうやって求めるかについて紹介しました．それは与えられたデータと，その点に対応するある直線上の点との垂直距離の 2 乗の和が最小になるような直線を求める方法，すなわち最小 2 乗法のアプローチでした．第 1 章の p.16 の例 4 では，その 3 点に最も近い直線を求めました．

ここでは，これまで学んだベクトルの知識からこの問題をさらに詳しく検討してみましょう．3 点と推定直線を表した図 1 は，第 1 章の p.17 の図 7(b) と同じです．

図 1　3 点と推定直線

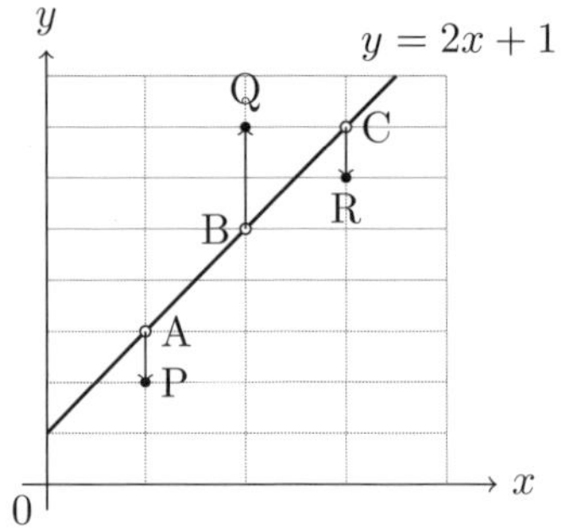

ここで，与えられたデータ $P(1,2)$, $Q(2,7)$, $R(3,6)$ が黒丸で記されています．推定直線を求めることは，第 4 章の p.100 の例 11 で示した連立 1 次方程式 (33) を解くことでした．そこで示したように，各座標の点をベクトルで表記してみましょう．

$$\boldsymbol{x} = \begin{pmatrix} 1 \\ 2 \\ 3 \end{pmatrix}, \quad \boldsymbol{y} = \begin{pmatrix} 2 \\ 7 \\ 6 \end{pmatrix}, \quad \mathbf{1} = \begin{pmatrix} 1 \\ 1 \\ 1 \end{pmatrix} \tag{1}$$

そうすると，この 3 点が乗る直線 $y = ax + b$ を見つけ出すことは，以下の (2) を満たす連立 1 次方程式の解 (a, b) を上手く見つけ出すことです．

$$\boldsymbol{y} = a\boldsymbol{x} + b\mathbf{1} \tag{2}$$

いい換えると，ベクトル $\boldsymbol{x}$ と $\mathbf{1}$ の 1 次結合のスカラー a, b を発見することです．しかし，残念ながら p.100 の例 11 で示したように，どんなに上手くスカラーを取っても $\boldsymbol{y}$ と等しくできません．つまり，p.173 の解の非存在のケース (17) です．

しかし，次善の方法として，3 点に最も近い直線を推定しました．推定直線は傾き 2, y 切片 1 の $y = 2x + 1$ でしたね．推定された点は図 1 の $y = 2x + 1$ 上にある点 A(1, 3), B(2, 5), C(3, 7) の y 座標 3, 5, 7 です．これは (2) 式に $a = 2$, $b = 1$ を代入することで，推定ベクトル $\hat{\boldsymbol{y}}$ が求まります．

$$\hat{\boldsymbol{y}} = 2\boldsymbol{x} + 1\mathbf{1} = 2\begin{pmatrix} 1 \\ 2 \\ 3 \end{pmatrix} + 1\begin{pmatrix} 1 \\ 1 \\ 1 \end{pmatrix} = \begin{pmatrix} 3 \\ 5 \\ 7 \end{pmatrix} \tag{3}$$

この $1\mathbf{1}$ はベクトル $\mathbf{1}$ の 1 倍です．つまり，推定直線 $y = ax + b$ の (a, b) を上手く見つけ出すことは，ベクトル $\boldsymbol{x}$ と $\mathbf{1}$ の 1 次結合のスカラーを発見することです．そして，そのスカラーを用いた 1 次結合が上手くベクトル $\boldsymbol{y}$ にフィットしてくれればよいわけです．その候補はベクトル $\boldsymbol{x}$ と $\mathbf{1}$ が生成する空間 $\mathrm{span}(\boldsymbol{x}, \mathbf{1})$ にあります．

B　残差ベクトル

前項では，点が一直線上に乗るような直線がないことは，連立 1 次方程式の解がないことである点を復習しました．これは p.100 の (32) や例 11 の分析より，図 2 に描かれているようなベクトル $\boldsymbol{y}$ が $\mathrm{span}(\boldsymbol{x}, \mathbf{1})$ に含まれないことを意味します．つまり，この 3 つのベクトルは 1 次独立です．ベクトル $\boldsymbol{x}$ と $\mathbf{1}$ が生成する平面にベクトル $\boldsymbol{y}$ が乗っていません．

しかし，p.16 の例 4 で，$\boldsymbol{y}$ に近いベクトル $\hat{\boldsymbol{y}} = 2\boldsymbol{x} + 1\mathbf{1}$ を導き出しました．この 2 つのベクトルの各成分の差は，与えられたデータ $\boldsymbol{y}$ から推定値 $\hat{\boldsymbol{y}}$ を引いた残り，p.9 ではこれを**残差**といいましたね．残差も (1) と (3) からベクトルで表しましょう．

図 2　最小 2 乗法と射影ベクトル

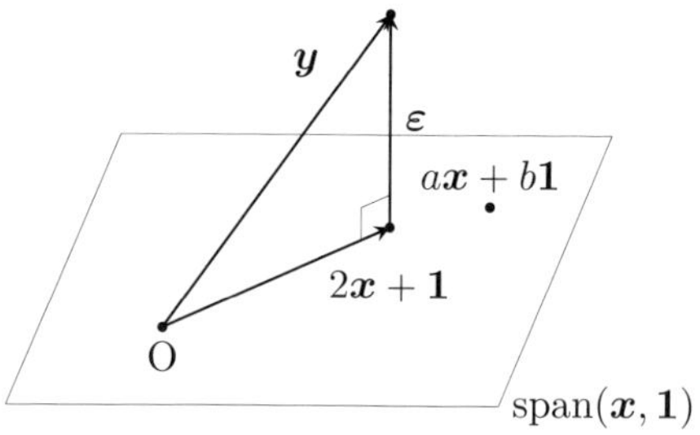

$$\boldsymbol{\varepsilon}=\boldsymbol{y}-\hat{\boldsymbol{y}}=\begin{pmatrix}\varepsilon_1\\\varepsilon_2\\\varepsilon_3\end{pmatrix}=\begin{pmatrix}2\\7\\6\end{pmatrix}-\begin{pmatrix}3\\5\\7\end{pmatrix}=\begin{pmatrix}-1\\2\\-1\end{pmatrix}$$

これを**残差ベクトル**と呼びましょう．この $\boldsymbol{\varepsilon}$ はもとのデータのベクトル $\boldsymbol{y}$ から，推計されたベクトル $2\boldsymbol{x}+1\boldsymbol{1}$ を差し引いたものです．よって，以下が成り立ちます．

$$\boldsymbol{\varepsilon}=\boldsymbol{y}-\hat{\boldsymbol{y}}=\boldsymbol{y}-(2\boldsymbol{x}+1\boldsymbol{1})=\begin{pmatrix}2\\7\\6\end{pmatrix}-\left(2\begin{pmatrix}1\\2\\3\end{pmatrix}+1\begin{pmatrix}1\\1\\1\end{pmatrix}\right)=\begin{pmatrix}-1\\2\\-1\end{pmatrix}$$

つまり，図 2 から残差ベクトルは，平面 $\mathrm{span}(\boldsymbol{x},\boldsymbol{1})$ 上のある点 $\hat{\boldsymbol{y}}$ からもとのデータのベクトルの終点 $\boldsymbol{y}$ へのベクトルです．

実際にはスカラー a,b を動かして最適な点を模索します．例えば $a\boldsymbol{x}+b\boldsymbol{1}$ というベクトルを考えます．その目的は，p.11 の残差の 2 乗の和を最小にすることです．

C　最小 2 乗法で推定されたベクトルは正射影ベクトル

これらか推定しようとするベクトル $a\boldsymbol{x}+b\boldsymbol{1}$ は，与えられたデータに最も近いものです．ですからその差を表す残差ベクトルの長さは，最も小さくなればよいのです．点と直線の距離で学んだように，最小距離を達成させる点は，その直線と直交する点です (第 3 章の練習問題 9)．同様に p.86 の例 7 で学んだように，ある点から平面への距離は，その点から垂線の足を求めて，その長さを測ればよいのでした．

よって，推定されたパラメータ $a=2, b=1$ が最適であれば，ベクトル $\hat{\boldsymbol{y}}=2\boldsymbol{x}+1\boldsymbol{1}$ は，残差 $\boldsymbol{\varepsilon}$ と直交しているはずです．実際に確かめてみましょう．

$$\boldsymbol{\varepsilon}\cdot(2\boldsymbol{x}+1\boldsymbol{1})=\begin{pmatrix}-1\\2\\-1\end{pmatrix}\cdot\begin{pmatrix}3\\5\\7\end{pmatrix}=(-1)\cdot3+2\cdot5+(-1)\cdot7$$

$$= -3 + 10 - 7 = 0$$

めでたくベクトル $\hat{\boldsymbol{y}} = 2\boldsymbol{x} + \mathbf{1}\mathbf{1}$ と $\boldsymbol{\varepsilon}$ は直交していることが分かりました！

図 2 をもう一度眺めると，いま確かめた直交関係から，ベクトル $\boldsymbol{y}$ の平面 $\mathrm{span}(\boldsymbol{x}, \mathbf{1})$ 上への正射影ベクトルが，ベクトル $2\boldsymbol{x} + \mathbf{1}\mathbf{1}$ であることが分かります．このように残差の 2 乗和を最小化する最適化問題は，幾何学的に解くことができます．

最小 2 乗推定量 ($m = 3$)

データの組 (x_i, y_i) $(i = 1, 2, 3)$ が与えられているときに，そのデータに最もあてはまる直線 $y = ax + b$ の $\hat{a}$ と $\hat{b}$ は，y 座標データ $\boldsymbol{y} = \begin{pmatrix} y_1 & y_2 & y_3 \end{pmatrix}^\top$ の，x 座標データ $\boldsymbol{x} = \begin{pmatrix} x_1 & x_2 & x_3 \end{pmatrix}^\top$ と $\mathbf{1} = \begin{pmatrix} 1 & 1 & 1 \end{pmatrix}^\top$ が生成する空間への正射影ベクトル $\hat{a}\boldsymbol{x} + \hat{b}\mathbf{1}$ になる．このとき，残差ベクトル $\boldsymbol{\varepsilon} = \boldsymbol{y} - (\hat{a}\boldsymbol{x} + \hat{b}\mathbf{1})$ と正射影ベクトルは直交する．

$$\boldsymbol{\varepsilon} \cdot (\hat{a}\boldsymbol{x} + \hat{b}\mathbf{1}) = 0$$

14.2　最小 2 乗法と偏微分

最小 2 乗法は距離を最小にすることであることが分かりました．次は，それを微分してゼロとする公式で確かめてみましょう．

A　最小 2 乗法と偏微分

最小 2 乗法を最小化の 1 階の条件から考察します．m 個のデータの組 (x_i, y_i) が与えられいます．すべての x_i が同じ値を取らないと仮定します．データに最もあてはまる 1 次の関係を，以下の残差 ϵ_i の 2 乗の和 L を最小にする a, b を求めることで導出します．

$$L(a, b) = \sum_{i=1}^{m} \epsilon_i^2 = \sum_{i=1}^{m} (y_i - (ax_i + b))^2 \tag{4}$$

この目的関数 $L(a, b)$ は**損失関数**といいます．この損失 (loss) という言葉には，願うことならデータが直線にフィットしてほしいけれども，そうでないならばできるだけ直線に近くなるよう損失を最小化したい，という意味が込められています．あるいは**残差平方和** (residual sum of squares)

と呼びます．後者はRSSと略されます．煩わしいので，必要に応じて和 Σ に関する m は省略して導出しましょう．

この損失関数 L は a と b の2変数で，次数2の関数です．その最小化問題の1階の条件は，p.197 の (21) の $\nabla L = \mathbf{0}$ です．

最初に a による偏微分を行ないます．p.206 の (9) の連鎖律と呼ばれる合成関数の微分 $\dfrac{d}{da}(f(a))^2 = 2f(a)f'(a)$ を用いて以下になります．

$$\frac{\partial L}{\partial a} = \sum_i 2(y_i - ax_i - b)(-x_i) = -2\left(\sum_i x_i y_i - a\sum_i x_i^2 - b\sum_i x_i\right) \tag{5}$$

この2はカッコの2乗の指数からきます．この $\dfrac{\partial L}{\partial a}$ を0と置き整理します．

$$b\sum_i x_i + a\sum_i x_i^2 = \sum_i x_i y_i \tag{6}$$

次に b による偏微分を行ないます．ここでも合成関数の微分を用います．また，定数項は $\displaystyle\sum_{i=1}^{m} b = mb$ となりますが，それは b を m 個足しているからです．

$$\begin{aligned}\frac{\partial L}{\partial b} &= \sum_i 2(y_i - ax_i - b)(-1) = -2\left(\sum_i y_i - a\sum_i x_i - b\sum_i 1\right)\\ &= -2\left(\sum_i y_i - a\sum_i x_i - mb\right)\end{aligned} \tag{7}$$

この $\dfrac{\partial L}{\partial b}$ を0と置き整理します．

$$mb + a\sum_i x_i = \sum_i y_i \tag{8}$$

1階の条件 $\dfrac{\partial L}{\partial a} = 0$ の (6) と $\dfrac{\partial L}{\partial b} = 0$ の (8) は，**正規方程式**と呼ばれます．

$$\begin{cases} mb + a\sum_i x_i = \sum_i y_i \\ b\sum_i x_i + a\sum_i x_i^2 = \sum_i x_i y_i \end{cases} \tag{9}$$

この連立方程式 (9) を満たす解 $(\hat{a}, \hat{b})$ が最小2乗推定量となります．解を特徴付ける標準的な方程式なので，正規方程式といいます．p.16 の例4で推計したパラメータ $(\hat{a}, \hat{b}) = (2, 1)$ が正規方程式を満たしていることを確認しましょう．

$$\sum_i x_i = 1+2+3 = 6, \qquad \sum_i y_i = 2+7+6 = 15,$$
$$\sum_i x_i^2 = 1^2+2^2+3^2 = 1+4+9 = 14,$$

$$\sum_i x_i y_i = 1 \cdot 2 + 2 \cdot 7 + 3 \cdot 6 = 2 + 14 + 18 = 34$$

これらとデータ数である点の数 $m = 3$ を正規方程式 (9) に代入します．

$$\begin{cases} 3b + a \cdot 6 = 15 \\ b \cdot 6 + a \cdot 14 = 34 \end{cases}$$

これらは $(a, b) = (\hat{a}, \hat{b}) = (2, 1)$ のとき満たされています．

B　平均は最小 2 乗推定量

第 1 章第 1.2.A 項で行なった，パンケーキミックスを測った値の**平均**は最小 2 乗推定量であることを簡単に触れておきましょう．

データセット $\{x_1, x_2, \cdots, x_m\}$ に対し，残差平方和 f は以下で定義されます．

$$f(\theta) = \sum_{i=1}^{m} (x_i - \theta)^2$$

ここで θ は推定値です．この残差平方和を最小化するために f を θ で微分して，それをゼロに等しくします．まず，f の θ に関する微分は以下です．

$$\frac{df}{d\theta} = \frac{d}{d\theta}\left(\sum_i (x_i - \theta)^2\right)$$

例えば，第 i 項の微分を計算すると以下になります．ここでも連鎖律を用いています．

$$\frac{d}{d\theta}\left((x_i - \theta)^2\right) = -2(x_i - \theta)$$

よって，f の全体の微分は以下になります．

$$\frac{df}{d\theta} = -2\sum_i (x_i - \theta) \qquad (10)$$

f を最小化するために，この微分をゼロに等しくして θ について解きます．

$$\sum_i (x_i - \theta) = 0 \iff \sum_i x_i - m\theta = 0 \iff \theta = \frac{1}{m}\sum_i x_i = \overline{x}$$

平均 $\overline{x}$ が最適解です．最小化の 2 階の条件は (10) をまた微分して満たされています．

$$\frac{d^2 f}{d\theta^2} = \frac{d}{d\theta}\left(-2\sum_i (x_i - \theta)\right) = (-2(-m\theta))' = 2m > 0$$

1 種類のデータの最小 2 乗推定量は，そのデータの平均 $\overline{x}$ であることが示されました.

C　最小 2 乗法と平均・分散・共分散

前項では，1 種類のデータの場合，最小 2 乗推定量は平均になりましたが，データの種類が複数である場合でもデータの各平均と推定量は興味深い関係があります．難しいと思われた人は，最初に読むときにはこの項はスキップしても構いません.

もう 1 つのデータセット $\{y_1, y_2, \cdots, y_m\}$ の平均を $\overline{y}$ とすると，各データの平均 $\overline{x}$ と $\overline{y}$ は，最小 2 乗法で推定されるパラメータ $(\hat{a}, \hat{b})$ と以下の関係があります.

$$\overline{y} = \hat{a}\overline{x} + \hat{b}$$

つまり，推定直線はデータの平均 $(\overline{x}, \overline{y})$ を通ります．この関係は正規方程式の (8) 式をデータ数 m で割ると分かります (練習問題 [1]).

第 1 章の p.16 の例 4 を用いてこのことを確認しましょう.

$$\overline{x} = \frac{1+2+3}{3} = \frac{6}{3} = 2, \qquad \overline{y} = \frac{2+7+6}{3} = \frac{15}{3} = 5$$

このデータの平均 $(\overline{x}, \overline{y}) = (2, 5)$ は，パラメータ $(\hat{a}, \hat{b}) = (2, 1)$ の推定された直線上にあることが分かります.

$$\hat{a}\overline{x} + \hat{b} = 2 \cdot 2 + 1 = 5 = \overline{y}$$

データの散らばりを考えてみましょう．データの散らばりを**分散**といいます．分散は平均からの隔たりを考えてそれを 2 乗して足し合わせ，その値をデータ数で割ります．この x の分散を記号で σ_x^2 としましょう．これは σ_x を 2 乗した値です.

$$\sigma_x^2 = \frac{1}{m}\sum_i (x_i - \overline{x})^2$$

第 1 章の p.16 の例 4 では以下の値になります.

$$\sigma_x^2 = \frac{1}{3}\left((1-2)^2 + (2-2)^2 + (3-2)^2\right) = \frac{1}{3}(1+0+1) = \frac{2}{3}$$

p.57 では，内積はベクトル間の関連性を意味していることを説明しました．類似の概念として，データ間の**共分散**というものがあります．データの中心 (平均) を基準として，ある変数が他の変数とどのくらい関連しているかを測ります．共分散は英語で covariance といいますが，分散との関連で x と y の共分散を記号 σ_{xy} で表しましょう．それは各データの平均からの隔たりを掛け合わせてデータ数で割ることで導出できます．データの組が m 個あるときの共分散の公式は以下になります.

$$\sigma_{xy} = \frac{1}{m}\sum_i (x_i - \overline{x})(y_i - \overline{y})$$

第 1 章の p.16 の例 4 で与えられたデータの共分散は以下になります．

$$\begin{aligned}\sigma_{xy} &= \frac{1}{3}\left((1-2)(2-5)+(2-2)(7-5)+(3-2)(6-5)\right)\\ &= \frac{1}{3}((-1)(-3)+0\cdot 2+1\cdot 1) = \frac{4}{3}\end{aligned}$$

そうすると，x と y の共分散を x の分散で割った値は以下になります．

$$\frac{\sigma_{xy}}{\sigma_x^2} = \frac{\frac{4}{3}}{\frac{2}{3}} = 2$$

これは $\hat{a} = 2$ と等しくなります．この関係も正規方程式 (6) から導かれます．最小 2 乗法で推定したパラメータは，データの平均，分散および共分散で表現が可能です．

最小 2 乗推定量

最小 2 乗法で推定された直線 $y = ax + b$ の傾き $\hat{a}$ と y 切片 $\hat{b}$ は，以下を満たす．

$$\hat{a} = \frac{\sigma_{xy}}{\sigma_x^2}, \qquad \hat{b} = \overline{y} - \hat{a}\overline{x} \tag{11}$$

入門書ではこちらを最初に提示していることが多いようです (練習問題 [1]).

D　最小 2 乗法の 2 階の条件

第 B 項で平均が最小 2 乗推定量になることについて，最小化の 2 階の条件を用いて確認しました．ここでは第 A 項で 1 階の条件を求めた最小化問題について，2 階の条件を考察します．損失関数 L が p.267 の関数の凸性を満たすことを確かめます．そのヘッセ行列 H は次のように表されます．

$$H = \begin{pmatrix} \dfrac{\partial^2 L}{\partial a^2} & \dfrac{\partial^2 L}{\partial a \partial b} \\ \dfrac{\partial^2 L}{\partial a \partial b} & \dfrac{\partial^2 L}{\partial b^2} \end{pmatrix}$$

1 階の偏導関数 (5) と (7) をもう 1 回偏微分して，ヘッセ行列が計算されます．

$$\frac{\partial^2 L}{\partial a^2} = 2\sum_i x_i^2, \quad \frac{\partial^2 L}{\partial a \partial b} = 2\sum_i x_i, \quad \frac{\partial^2 L}{\partial b^2} = 2m$$

$$H = \begin{pmatrix} 2\sum_i x_i^2 & 2\sum_i x_i \\ 2\sum_i x_i & 2m \end{pmatrix}$$

最小化の 2 階の条件を確認します．まず，以下の不等式が明らかに成立します．

$$\frac{\partial^2 L}{\partial a^2} = 2\sum_i x_i^2 > 0, \quad \frac{\partial^2 L}{\partial b^2} = 2m > 0$$

次に，以下に計算されるヘッセ行列式の符号については少し工夫が必要です．

$$\begin{aligned} \det H &= \frac{\partial^2 L}{\partial a^2}\frac{\partial^2 L}{\partial b^2} - \left(\frac{\partial^2 L}{\partial a \partial b}\right)^2 = 2\sum_i x_i^2 \cdot 2m - \left(2\sum_i x_i\right)^2 \\ &= 4\left(m\sum_i x_i^2 - \left(\sum_i x_i\right)^2\right) \end{aligned}$$

このカッコ内は非負です．なぜならば，p.113 のコーシー・シュワルツの不等式 (5) を応用して p.116 の練習問題 [2] を計算したように，以下の不等式が成り立つからです．

$$\left(\sum_{i=1}^{m} x_i\right)^2 \leq m\sum_{i=1}^{m} x_i^2$$

よって，f のヘッセ行列 H は p.243 の (17) の半正定値です．p.267 の凸関数の条件より，損失関数 $L(a, b)$ は凸関数です．p.267 の凸関数の最小値より，正規方程式 (9) を満たす解 $(\hat{a}, \hat{b})$ が常に損失関数の最小値を与えることが分かります．

14.3 最小 2 乗法の行列表現

第 1 章で紹介した p.13 の最小 2 乗推定量 (21) を，もっとフォーマルに定式化しましょう．

これまで私たちが扱ってきた例では，1 種類の独立変数 x で従属変数 y の値を推測してきました．これらの変数は**説明変数**と**被説明変数**とも呼ばれます．このような 1 種類の説明変数で被説明変数を予測する手法を，**単回帰分析**といいます．さらに 2 種類以上の説明変数を用いて被説明変数を予測する手法を，**重回帰分析**といいます．以下，より一般的な重回帰分析の枠組みで最小 2 乗法を説明します．

観測されたデータ $\boldsymbol{x}_i$ が m 個あり，各々が n 次行ベクトルであるとします．前と同様，すべての $\boldsymbol{x}_i$ が同じ値を取らないと仮定します．各 i に

対応し被説明変数 y_i も m 個あるとします．私たちの例では，データ数が点の数 $m = 3$ であり，定数項 1 を含めた変数の数 $n = 2$ になります．

$$\boldsymbol{x}_1 = \begin{pmatrix} 1 & 1 \end{pmatrix},\ \boldsymbol{x}_2 = \begin{pmatrix} 1 & 2 \end{pmatrix},\ \boldsymbol{x}_3 = \begin{pmatrix} 1 & 3 \end{pmatrix},\ y_1 = 2,\ y_2 = 7,\ y_3 = 6$$

説明変数を格納した行列 X を**説明変数行列**，あるいは**デザイン行列**と呼びます．

$$X = \begin{pmatrix} 1 & 1 \\ 1 & 2 \\ 1 & 3 \end{pmatrix}$$

一般には各データ $\boldsymbol{x}_i$ が X の行ベクトルになります．各データの個数 m が行列 X の行数になります．データ $\boldsymbol{x}_i$ は n 次元ベクトルであるため，列数は n になります．よって，X は $m \times n$ 行列となります．

$$X = \begin{pmatrix} \boldsymbol{x}_1 \\ \boldsymbol{x}_2 \\ \vdots \\ \boldsymbol{x}_m \end{pmatrix} = \begin{pmatrix} x_{11} & x_{12} & \cdots & x_{1n} \\ x_{21} & x_{22} & \cdots & x_{2n} \\ \vdots & \vdots & \vdots & \vdots \\ x_{m1} & x_{m2} & \cdots & x_{mn} \end{pmatrix}$$

被説明変数も**被説明変数ベクトル**と呼ばれるベクトル $\boldsymbol{y}$ として代表します．

$$\boldsymbol{y} = \begin{pmatrix} y_1 \\ y_2 \\ \vdots \\ y_m \end{pmatrix}, \qquad \boldsymbol{y} = \begin{pmatrix} 2 \\ 7 \\ 6 \end{pmatrix}$$

右の $\boldsymbol{y}$ はこれまで取り上げてきた例です．

この $\boldsymbol{y}$ に対し，X に掛ける n 次列ベクトル $\boldsymbol{\beta}$ を選びます．このベクトルは**回帰係数ベクトル**，あるいは**係数ベクトル**と呼ばれます．

$$\boldsymbol{\beta} = \begin{pmatrix} \beta_1 \\ \beta_2 \\ \vdots \\ \beta_n \end{pmatrix}, \qquad \boldsymbol{\beta} = \begin{pmatrix} b \\ a \end{pmatrix}$$

右の例から分かるように，b が最初に来ています．回帰モデルでは定数項が最初にくる慣習があるため，ここでもそれに従っています．

データ X に対し $\boldsymbol{\beta}$ を適切に選んで，データ $\boldsymbol{y}$ に近い次の $\hat{\boldsymbol{y}}$ を求めます．

$$\hat{\boldsymbol{y}} = X\boldsymbol{\beta}$$

$\hat{\boldsymbol{y}}$ は**推計ベクトル**と呼ばれます．推計ベクトルは，説明変数行列に最適な係数ベクトルを掛けた結果得られます．

その最適な $\boldsymbol{\beta}$ を求めるため，**残差ベクトル** $\boldsymbol{\varepsilon}$ を定義しましょう．

$$\boldsymbol{\varepsilon} = \boldsymbol{y} - \hat{\boldsymbol{y}} = \boldsymbol{y} - X\boldsymbol{\beta} \tag{12}$$

そして，残差ベクトルの長さの 2 乗である以下の**損失関数** f を定義します．

$$f(\boldsymbol{\beta}) = |\boldsymbol{\varepsilon}|^2 = \boldsymbol{\varepsilon} \cdot \boldsymbol{\varepsilon} = (\boldsymbol{y} - X\boldsymbol{\beta}) \cdot (\boldsymbol{y} - X\boldsymbol{\beta}) \tag{13}$$

最右辺の等式は (12) を用いています．

そして，以下の最小化問題を解くことで，**最小 2 乗推定量** $\hat{\boldsymbol{\beta}}$ を導出します．

最小 2 乗推定問題

$$\min_{\boldsymbol{\beta}} f(\boldsymbol{\beta}) = \min_{\boldsymbol{\beta}} (\boldsymbol{y} - X\boldsymbol{\beta}) \cdot (\boldsymbol{y} - X\boldsymbol{\beta}) \tag{14}$$

この問題の変数 $\boldsymbol{\beta}$ はベクトルで表示されていて n 変数です．目的関数 (13) は一見複雑に見えますが，a, b を推計した 2 変数の目的関数 (4) と同様に，次数が 2 次であることが分かります．つまり，2 次形式の知識を用いて解くことができます．

14.4　最小 2 乗法の導出

残差の 2 乗を最小にする問題 (14) の解を行列とベクトルで表現して最適解を導出しましょう．

A　最小 2 乗法の 1 階の条件

最小化問題の 1 階の条件は $\nabla f(\boldsymbol{\beta}^*) = \boldsymbol{0}$ です．目的関数 f の内積を展開しましょう．

$$\begin{aligned} f(\boldsymbol{\beta}) &= |\boldsymbol{\varepsilon}|^2 = (\boldsymbol{y} - X\boldsymbol{\beta}) \cdot (\boldsymbol{y} - X\boldsymbol{\beta}) \\ &= \boldsymbol{y} \cdot \boldsymbol{y} - \boldsymbol{y} \cdot X\boldsymbol{\beta} - X\boldsymbol{\beta} \cdot \boldsymbol{y} + X\boldsymbol{\beta} \cdot X\boldsymbol{\beta} \\ &= \boldsymbol{y} \cdot \boldsymbol{y} - 2\boldsymbol{y} \cdot X\boldsymbol{\beta} + X\boldsymbol{\beta} \cdot X\boldsymbol{\beta} \end{aligned}$$

最小化問題の 1 階の条件より，目的関数 f を $\boldsymbol{\beta}$ で微分して $\boldsymbol{0}$ と置きます．

$$\frac{df}{d\boldsymbol{\beta}} = \mathbf{0}$$

微分の結果 $\dfrac{df}{d\boldsymbol{\beta}}$ は，以下の 3 つの項に分解されます．

$$\frac{df}{d\boldsymbol{\beta}} = \underbrace{\frac{d}{d\boldsymbol{\beta}}(\boldsymbol{y}\cdot\boldsymbol{y})}_{①} - 2\underbrace{\frac{d}{d\boldsymbol{\beta}}(\boldsymbol{y}\cdot X\boldsymbol{\beta})}_{②} + \underbrace{\frac{d}{d\boldsymbol{\beta}}(X\boldsymbol{\beta}\cdot X\boldsymbol{\beta})}_{③} \tag{15}$$

右辺の 1 つ 1 つの項の微分を検討しましょう．最初 ① の項 $\boldsymbol{y}\cdot\boldsymbol{y}$ は，$\boldsymbol{\beta}$ が入っていないので定数の扱いです．微分するとゼロになります．

$$\frac{d}{d\boldsymbol{\beta}}(\boldsymbol{y}\cdot\boldsymbol{y}) = \mathbf{0} \tag{16}$$

次は，②の 1 次の項 $\boldsymbol{y}\cdot X\boldsymbol{\beta}$ の $\boldsymbol{\beta}$ に関する微分です．内積の微分を適用するため，p.239 の内積と転置行列の関係 (9) で行列を移動して行列を転置します．

$$\frac{d}{d\boldsymbol{\beta}}(\boldsymbol{y}\cdot X\boldsymbol{\beta}) = \frac{d}{d\boldsymbol{\beta}}(X^\top\boldsymbol{y}\cdot\boldsymbol{\beta}) = X^\top\boldsymbol{y} \tag{17}$$

最右辺は，p.247 で学んだ内積の微分の公式 (27) の $(\boldsymbol{b}\cdot\boldsymbol{x})' = \boldsymbol{b}$ を用いてます．

最後は，③の 2 次の項です．まずは内積 $X\boldsymbol{\beta}\cdot X\boldsymbol{\beta}$ を p.138 の行列の積の転置の公式 (11) から変換します．

$$X\boldsymbol{\beta}\cdot X\boldsymbol{\beta} = (X\boldsymbol{\beta})^\top X\boldsymbol{\beta} = \boldsymbol{\beta}^\top X^\top X\boldsymbol{\beta}$$

ここで $\boldsymbol{\beta}^\top X^\top X\boldsymbol{\beta}$ の行列 $X^\top X$ は，自分の転置行列との積なので，p.140 の「転置行列の積は対称行列」から対称行列です．よって，この項は p.237 の 2 次形式 (6) です．p.252 にある 2 次形式の微分の公式 (33) から，③は以下になります．

$$\frac{d}{d\boldsymbol{\beta}}(\boldsymbol{\beta}^\top X^\top X\boldsymbol{\beta}) = 2X^\top X\boldsymbol{\beta} \tag{18}$$

微分の式 (15) に各項 (16),(17),(18) を代入すると以下になります．

$$\frac{df}{d\boldsymbol{\beta}} = \mathbf{0} - 2X^\top\boldsymbol{y} + 2X^\top X\boldsymbol{\beta} = -2X^\top\boldsymbol{y} + 2X^\top X\boldsymbol{\beta} \tag{19}$$

この微分をゼロと置いた 1 階の条件 $\dfrac{df}{d\boldsymbol{\beta}} = \mathbf{0}$ の方程式を解きます．

$$\begin{aligned} -2X^\top\boldsymbol{y} + 2X^\top X\hat{\boldsymbol{\beta}} &= \mathbf{0} \\ X^\top X\hat{\boldsymbol{\beta}} &= X^\top\boldsymbol{y} \end{aligned} \tag{20}$$

ここで $\det X^\top X \neq 0$ と仮定します．すると，逆行列 $(X^\top X)^{-1}$ が存在します．よって，p.180 の連立 1 次方程式の解の一意性 (22) から，その

逆行列を (20) 式に掛けると最適解が求まります.

$$\hat{\boldsymbol{\beta}} = (X^\top X)^{-1} X^\top \boldsymbol{y}$$

B 最小 2 乗推定量のまとめ

以上の導出をまとめましょう.

最小 2 乗推定量

$\boldsymbol{y}$ を m 次列ベクトル, X を $m \times n$ 行列とします. $X^\top X$ が正則ならば, $|\boldsymbol{y} - X\boldsymbol{\beta}|^2$ を最小にする n 次列ベクトル $\hat{\boldsymbol{\beta}}$ がただ 1 つ存在して, それは以下である.

$$\hat{\boldsymbol{\beta}} = (X^\top X)^{-1} X^\top \boldsymbol{y} \tag{21}$$

このように, 最小 2 乗法によってパラメータの推定量を導出することができました. 逆行列が存在しない場合がありますので, 一般的には逆行列を取る前の方程式である (20) で表される**正規方程式**を解いて推定量を導きます.

最小 2 乗推定の正規方程式

$$X^\top X \hat{\boldsymbol{\beta}} = X^\top \boldsymbol{y} \tag{22}$$

この正規方程式は, 第 14.2 節で分析した正規方程式 (9) と同じです (練習問題 2). これは難しい外見をもっていますが, データ $(X, \boldsymbol{y})$ が与えられたときの変数 $\boldsymbol{\beta}$ に関する連立 1 次方程式になっています. データ数が多くなり計算が難しい場合や, $X^\top X$ の逆行列が存在しない場合には, 様々な計算方法が開発されています.

最小 2 乗法の出発点は, データが多くて 1 本の直線にすべてのデータが乗らないということでした. しかし, データがすべて回帰式で説明できるとしても, 最小 2 乗法の公式が成り立ちます (練習問題 3). このように例外的に上手くデータがフィットしているケースでも, 最小 2 乗法の方法は有効であることが分かります.

正則な X の最小 2 乗推定量

最小 2 乗推定量 (21) の前提に加えて，X が正則ならば，$|\boldsymbol{y} - X\boldsymbol{\beta}|^2$ を最小にする n 次列ベクトル $\hat{\boldsymbol{\beta}}$ がただ 1 つ存在して，それは以下である．

$$\hat{\boldsymbol{\beta}} = X^{-1}\boldsymbol{y} \tag{23}$$

14.5　最小 2 乗法の例

いくつかの例を解いて公式を確認しましょう．

A　3 点に近い直線

最小 2 乗法の公式 (21) や (22) を，第 1 章の例で確認しましょう．第 1 章の例 4 を用いて計算します．与えられたデータからベクトルと行列は以下になります．

$$X = \begin{pmatrix} 1 & 1 \\ 1 & 2 \\ 1 & 3 \end{pmatrix}, \quad \boldsymbol{y} = \begin{pmatrix} 2 \\ 7 \\ 6 \end{pmatrix}$$

公式 (21) の $\hat{\boldsymbol{\beta}} = (X^\top X)^{-1} X^\top \boldsymbol{y}$ の転置行列との積 $X^\top X$ を求めます．

$$\begin{aligned} X^\top X &= \begin{pmatrix} 1 & 1 \\ 1 & 2 \\ 1 & 3 \end{pmatrix}^\top \begin{pmatrix} 1 & 1 \\ 1 & 2 \\ 1 & 3 \end{pmatrix} = \begin{pmatrix} 1 & 1 & 1 \\ 1 & 2 & 3 \end{pmatrix} \begin{pmatrix} 1 & 1 \\ 1 & 2 \\ 1 & 3 \end{pmatrix} \\ &= \begin{pmatrix} 1 \cdot 1 + 1 \cdot 1 + 1 \cdot 1 & 1 \cdot 1 + 1 \cdot 2 + 1 \cdot 3 \\ 1 \cdot 1 + 1 \cdot 2 + 1 \cdot 3 & 1 \cdot 1 + 2 \cdot 2 + 3 \cdot 3 \end{pmatrix} \\ &= \begin{pmatrix} 3 & 6 \\ 6 & 14 \end{pmatrix} \end{aligned}$$

確かにこの行列は対称行列になっています．逆行列を求めましょう．

$$\det X^\top X = 3 \cdot 14 - 6 \cdot 6 = 42 - 36 = 6 \neq 0$$

よって，第 6 章 p.144 の逆行列の公式 (17) から

$$(X^\top X)^{-1} = \frac{1}{\det X^\top X}\begin{pmatrix}14 & -6\\ -6 & 3\end{pmatrix} = \frac{1}{6}\begin{pmatrix}14 & -6\\ -6 & 3\end{pmatrix} = \begin{pmatrix}\frac{7}{3} & -1\\ -1 & \frac{1}{2}\end{pmatrix} \tag{24}$$

さらに公式 (21) の $\hat{\boldsymbol{\beta}} = (X^\top X)^{-1}X^\top \boldsymbol{y}$ の $X^\top \boldsymbol{y}$ の計算です.

$$X^\top \boldsymbol{y} = \begin{pmatrix}1 & 1 & 1\\ 1 & 2 & 3\end{pmatrix}\begin{pmatrix}2\\ 7\\ 6\end{pmatrix} = \begin{pmatrix}2+7+6\\ 2+14+18\end{pmatrix} = \begin{pmatrix}15\\ 34\end{pmatrix} \tag{25}$$

よって (24) と (25) から, $(X^\top X)^{-1}X^\top \boldsymbol{y}$ は推定量 $\hat{\boldsymbol{\beta}}$ に等しくなります.

$$(X^\top X)^{-1}X^\top \boldsymbol{y} = \begin{pmatrix}\frac{7}{3} & -1\\ -1 & \frac{1}{2}\end{pmatrix}\begin{pmatrix}15\\ 34\end{pmatrix} = \begin{pmatrix}35-34\\ -15+17\end{pmatrix} = \begin{pmatrix}1\\ 2\end{pmatrix} = \hat{\boldsymbol{\beta}}$$

第 1 章の例 4 の直線 $y = 2x + 1$ の y 切片 1 と傾き 2 が求まりました.

このように 3 組のデータがあり推定するパラメータが 2 つであっても, 計算は大変です. しかし, 実際は統計ソフトに計算を実行してもらいますので安心してください. そうであっても, 実際はどのようなロジックで計算がなされているかを理解するのは重要です.

B パンケーキの重さ

第 1 章 p.8 の例 2 のパンケーキミックスの重さを取り上げましょう. 第 14.2.B 項で平均が最小 2 乗推定量であることを確認しましたが, ここでは別角度から再確認しましょう. その例ではパンケーキの重さという 1 種類の値を求めました. それを β としましょう. 与えられたデータはパンケーキの重さ 98 と 102 でしたね. それをベクトル

$$\boldsymbol{y} = \begin{pmatrix}98\\ 102\end{pmatrix}$$

で表します. よって, 残差は以下となります.

$$\boldsymbol{\varepsilon} = \boldsymbol{y} - \beta\mathbf{1}$$

行列 X はデータ数が 2 , 変数 (ここでは $\mathbf{1}$) の数が 1 なので, 2×1 行列になります.

$$X = \mathbf{1} = \begin{pmatrix}1\\ 1\end{pmatrix}$$

そうすると, 最小 2 乗法の公式 (21) のパーツが求まります.

$$X^\top X = \begin{pmatrix} 1 & 1 \end{pmatrix} \begin{pmatrix} 1 \\ 1 \end{pmatrix} = 2, \quad X^\top \boldsymbol{y} = \begin{pmatrix} 1 & 1 \end{pmatrix} \begin{pmatrix} 98 \\ 102 \end{pmatrix} = 98 + 102 = 200 \tag{26}$$

ある数も 1×1 の行列とみなせます．数 2 はゼロではありません．これは逆行列が存在することを意味します．このとき，第 6 章 p.145 で説明したように，逆行列はその逆数 $\dfrac{1}{2}$ です．

よって，最小 2 乗法で推定値を計算できます．(26) より，それは第 1 章の例 2 で求めた平均 100 に等しくなります．

$$\hat{\beta} = (X^\top X)^{-1} X^\top \boldsymbol{y} = (2)^{-1} \cdot 200 = \frac{1}{2} \cdot 200 = 100$$

C　正則な X の推定量

第 1 章 p.15 の例 3 の，すべての点が直線上にある場合の推定量を最小 2 乗法の公式から導出しましょう．データは点 $(1, 2)$, $(3, 6)$ でしたので，行列とベクトルは

$$X = \begin{pmatrix} 1 & 1 \\ 1 & 3 \end{pmatrix}, \quad \boldsymbol{y} = \begin{pmatrix} 2 \\ 6 \end{pmatrix}$$

になります．最小 2 乗法の公式 (21) の $\hat{\boldsymbol{\beta}} = (X^\top X)^{-1} X^\top \boldsymbol{y}$ の各パーツを計算します．

$$\begin{aligned} X^\top X &= \begin{pmatrix} 1 & 1 \\ 1 & 3 \end{pmatrix}^\top \begin{pmatrix} 1 & 1 \\ 1 & 3 \end{pmatrix} = \begin{pmatrix} 1 & 1 \\ 1 & 3 \end{pmatrix} \begin{pmatrix} 1 & 1 \\ 1 & 3 \end{pmatrix} = \begin{pmatrix} 2 & 4 \\ 4 & 10 \end{pmatrix} \\ (X^\top X)^{-1} &= \frac{1}{\det X^\top X} \begin{pmatrix} 10 & -4 \\ -4 & 2 \end{pmatrix} = \frac{1}{20 - 16} \begin{pmatrix} 10 & -4 \\ -4 & 2 \end{pmatrix} \\ &= \frac{1}{2} \begin{pmatrix} 5 & -2 \\ -2 & 1 \end{pmatrix} \end{aligned}$$

よって，推定値は以下になります．

$$\begin{aligned} \hat{\boldsymbol{\beta}} = (X^\top X)^{-1} X^\top \boldsymbol{y} &= \frac{1}{2} \begin{pmatrix} 5 & -2 \\ -2 & 1 \end{pmatrix} \begin{pmatrix} 1 & 1 \\ 1 & 3 \end{pmatrix} \begin{pmatrix} 2 \\ 6 \end{pmatrix} \\ &= \frac{1}{2} \begin{pmatrix} 5 & -2 \\ -2 & 1 \end{pmatrix} \begin{pmatrix} 8 \\ 20 \end{pmatrix} = \frac{1}{2} \begin{pmatrix} 40 - 40 \\ -16 + 20 \end{pmatrix} = \begin{pmatrix} 0 \\ 2 \end{pmatrix} \end{aligned}$$

このように，y 切片が 0 で傾きが 2 の直線が求まりました．

14.6　最小 2 乗法の 2 階の条件

最後に，1 階の条件を満たす (20) の解 $\hat{\boldsymbol{\beta}}$ が，実際に目的関数 (残差の 2 乗和) を最小化しているか確かめます．

損失関数の 1 階微分 (19) の式 $-2X^\top \boldsymbol{y} + 2X^\top X\boldsymbol{\beta}$ をさらに $\boldsymbol{\beta}$ で微分します．これは $\boldsymbol{\beta}$ の 1 次式になっていることに注意してください．

$$\frac{d^2 f}{d\boldsymbol{\beta}^2} = \boldsymbol{0} + 2X^\top X = 2X^\top X \tag{27}$$

この式 (27) は $\boldsymbol{\beta}$ に依存していません．第 13 章の p.268 の議論により，この (27) の行列 $2X^\top X$ が半正定値であれば，推定量 $\hat{\boldsymbol{\beta}}$ は最小化の解になります．ここでは，もっと強くそれが正定値であることを示しましょう．行列が正定値であるとは，第 12 章の p.240 の (11) を満たすこと，つまり定数 2 を取った $X^\top X$ は

$$\boldsymbol{x}^\top X^\top X\boldsymbol{x} > 0, \qquad \boldsymbol{x} \neq \boldsymbol{0}$$

であることを示します．$X^\top X$ は n 次正方行列です．この左辺を変形します．

$$\boldsymbol{x}^\top X^\top X\boldsymbol{x} = (X\boldsymbol{x})^\top X\boldsymbol{x} = X\boldsymbol{x} \cdot X\boldsymbol{x} = |X\boldsymbol{x}|^2 > 0, \qquad \boldsymbol{x} \neq \boldsymbol{0}$$

最初の等式は，p.138 の行列の積の転置 (11) の公式を用いています．転置して $X\boldsymbol{x}$ が 2 箇所出てきますが，次の等式は，p.133 の内積とベクトルの積の公式 (8) を適用しています．最後の等式は，p.109 の内積と長さの関係①を用いています．

仮定より，X のすべての行ベクトルは同じベクトルではありません．特に，すべての成分が 0 であることはありませんから，長さの性質より，正定値であることが分かります．つまり，(13) の損失関数は，p.268 の (17) の**強い凸関数**です．よって，推定量 $\hat{\boldsymbol{\beta}}$ が f の最小化の解であることが分かりました．

練習問題 14

1. 正規方程式 (9) と平均・分散の公式 (11) は同値であることを示してください．
2. 単回帰の正規方程式 (9) と (22) は同値であることを証明してください．
3. X が正則なときの公式 (23) を証明してください．
4. 最小 2 乗法に基づく正規方程式 (22) の解 $\hat{a}$ および $\hat{b}$ について，残差ベクトル $\boldsymbol{\varepsilon}$ と推定ベクトル $\hat{a}\boldsymbol{x} + \hat{b}\boldsymbol{1}$ が直交する，すなわち $\boldsymbol{\varepsilon} \cdot (\hat{a}\boldsymbol{x} + \hat{b}\boldsymbol{1}) = 0$ が成り立つことを示してください．

[5]　第 1 章の練習問題 [8] (p.19) において，各データをベクトル $\boldsymbol{x}$ と $\boldsymbol{y}$ で表現してください．推定されたベクトル $\frac{1}{2}\boldsymbol{x} + 2\mathbf{1}$ と，その残差ベクトル $\boldsymbol{\varepsilon}$ を表現してください．最後に $\boldsymbol{\varepsilon} \cdot \left(\frac{1}{2}\boldsymbol{x} + 2\mathbf{1}\right) = 0$ を証明してください．

[6]　第 1 章の練習問題 [8] のデータ $(1,2)$, $(2,4)$, $(3,3)$ を説明変数行列と被説明変数ベクトルで表し，正規方程式より最小 2 乗推定値を求めてください．

索　引

英数字

ア　行

カ　行

サ 行

タ　行

ナ　行

ハ　行

マ 行

ヤ 行

ラ 行

ワ 行

丹野忠晋（たんの・ただのぶ）

1965年生まれ．一橋大学大学院経済学研究科博士課程単位取得満期退学．一橋大学経済学部助手，跡見学園女子大学マネジメント学部准教授などを経て，2016年より拓殖大学政経学部教授．専門は産業組織論．

著　書：『経済数学入門――初歩から一歩ずつ』日本評論社，2017年，『入門ミクロ経済学』武隈慎一/編著，金子浩一，丹野忠晋，小川浩，原千秋，山重慎二/著，ダイヤモンド社，2005年．

翻　訳：『エコノミスト数学マニュアル』ピーター・バーク，クヌート・シュドセーテル/著，鈴村興太郎/監訳，丹野忠晋/訳，日本評論社，1996年．

論　文：“Optimal Intellectual Property Rights Policy by an Importing Country,” *Economics Letters*, 209 (110113), with Takeshi Ikeda and Yoshihito Yasaki, 2021, “How Should We Protect Innovations?”『応用経済学研究』13：29-40, with Takeshi Ikeda and Yoshihito Yasaki, 2020年,「医療用医薬品の納入価格と流通チャネル形態」『JSMDレビュー』3 (1)：15-24, 2016年，櫻井秀彦，増原宏明，林行成，山田玲良との共著,「医療用医薬品の流通分析――卸の機能と情報提供サービスに関する実証研究」『日本商業学会流通研究』19 (1)：15-24, 櫻井秀彦，増原宏明，林行成，恩田光子，山田玲良との共著，2016年,「医療用医薬品流通における交渉力と薬価基準制度」『応用経済学研究』8：115-127, 林行成との共著，2014年,「チャネル選択と製品差別化投資」『経済研究』49 (1)：47-57, 1998年.

データ分析のための経済数学入門――初歩から一歩ずつ

2025年5月10日　第1版第1刷発行

著　者　丹野忠晋

発行所　株式会社 日本評論社
〒170-8474 東京都豊島区南大塚3-12-4
電話　(03) 3987-8621［販売］
(03) 3987-8595［編集］

印　刷　精文堂印刷株式会社
製　本　牧製本印刷株式会社
装　幀　菊地幸子

ISBN978-4-535-54069-9